커서 AI와 클로드 코드로 누구나!
# 바이브 코딩

## 커서 AI와 클로드 코드로 누구나! 바이브 코딩

**초판 1쇄 인쇄**  2025년 11월 5일
**초판 1쇄 발행**  2025년 11월 15일

**지은이**  이석현
**펴낸이**  한준희
**펴낸곳**  ㈜아이콕스

**책임편집**  한준희
**디자인**  홍정현
**영업**  김남권, 조용훈, 문성빈
**경영지원**  김효선, 이정민

| | |
|---|---|
| 주소 | (14556) 경기도 부천시 조마루로 385번길 122 삼보테크노타워 2002호 |
| 홈페이지 | www.icoxpublish.com |
| 쇼핑몰 | www.baek2.kr (백두도서쇼핑몰) |
| 이메일 | icoxpub@naver.com |
| 전화 | 032-674-5685 |
| 팩스 | 032-676-5685 |
| 등록 | 2015년 7월 9일 제 386-251002015000034호 |
| ISBN | 979-11-6426-274-8 (13000) |

※ 정가는 뒤표지에 있습니다.
※ 잘못된 책은 구입하신 서점에서 교환해 드립니다.

이 책은 저작권법에 따라 보호받는 저작물이므로 무단전재 및 복제를 금하며, 책의 내용을 이용하려면 반드시 저작권자와 ㈜아이콕스의 서면동의를 받아야 합니다. 내용에 대한 의견이 있는 경우 홈페이지에 내용을 기재해 주시면 감사하겠습니다.

> 이 도서는 2025년 문화체육관광부의 '중소출판사 도약부문 제작지원' 사업의 지원을 받아 제작되었습니다.

누구나! 딸깍!
내 아이디어가 **커서 AI**와 **클로드 코드**로 누구나!
# 바이브 코딩
서비스가 되는 순간
이석현 지음

Education by Sympathy

## 아이디어와 현실 사이의 거대한 장벽

저는 낮에는 코드로 논리를 세우고, 밤에는 글로 감성을 쌓는 인간이었습니다. 개발자로서, 그리고 작가로서 두 개의 세계를 오가며 늘 한 가지 아쉬움이 있었습니다. 바로 '아이디어'와 '현실' 사이의 거대한 장벽이었습니다. 머릿속에는 세상을 바꿀만한, 적어도 누군가의 하루를 즐겁게 만들 작은 서비스 아이디어가 번뜩였습니다. 하지만 그 아이디어를 현실로 옮기려 하면, 어김없이 '코딩'이라는 거대한 시간의 산이 앞을 가로막았습니다. 파이썬의 가상 환경 설정부터, 자바스크립트의 비동기 처리, 데이터베이스 설계까지… 새롭게 배우고 익혀야 할 것들은 끝이 없었고, 간절했던 아이디어는 그 기술의 무게에 짓눌려 낡은 것으로 변해버리기 일쑤였습니다.

아마 여러분의 처지도 저와 비슷할 겁니다. '이런 서비스 하나 있으면 대박일 텐데…' 하는 상상으로 시작했지만, 막상 코딩 책을 펼치자마자 까만 화면에 하얀 글씨를 해독하지 못해 길을 잃었던 경험. 그 좌절감을 누구보다 잘 압니다.

### 그런데 어느 날, 모든 상황이 바뀌었습니다.

생성형 AI의 등장은 마치 숙련된 개발자 수십 명을 제 작은 서재로 초대한 것과 같습니다. 저는 더 이상 복잡하고 생소한 개념과 씨름하지 않습니다. 대신, AI에게 아이디어가 떠오를 때마다 인간의 언어로 대화를 겁니다. 제가 원하는 것을 구체적으로 설명하고, 막히는 부분을 날카롭게 질문하며, 동료와 함께 프로젝트를 완성해 나갔습니다.

**이것이 바로 '바이브 코딩'이라 부르는, 새로운 시대의 창작 방식입니다.**

낯선 언어와 복잡한 문법 대신 '대화'로, 딱딱한 규칙 대신 '감각'으로, 정해진 절차 대신 '아이디어 브레인스토밍'으로 정리하고 코딩하는 시대. 아이디어의 본질에만 집중하고, 기술적인 구현은 AI라는 똑똑한 파트너에게 맡기는 혁명적인 변화가 시작된 것입니다. 이 책은 바로 그 혁명의 한가운데로 여러분을 초대하는 안내서입니다. 모호하고 추상적인 개념은 버리고 오직 실용적인 내용만 담았습니다.

우리는 함께 세상에서 가장 간단한 포트폴리오 홈페이지를 만들며 자신감을 얻고, '가위바위보 게임'을 만들며 AI와 협업하는 즐거움을 맛볼 것입니다. 거기서 멈추지 않고, 나의 감정을 분석해 음악을 추천해주는 'AI 코칭 다이어리'를 만들고, 영수증 사진 한 장으로 가계부를 정리하는 편리함을 경험하며, 3천만 원짜리 커뮤니티 서비스를 단 몇 시간 만에 짓는 기적까지 체험하게 될 겁니다.

**이 책은 여러분을 '코더'가 아닌 '크리에이터'로 만듭니다.**

기술의 장벽 앞에서 망설였던 모든 이들에게, 아이디어만 있다면 누구나 자신의 서비스를 만들고, 비즈니스를 시작하고, 세상을 바꿀 수 있다는 가능성을 증명하려 합니다.

더 이상 여러분의 아이디어를 머릿속에만 가둬두지 마십시오.

**이제, AI라는 파트너와 함께
여러분의 상상을 현실로 만드는 흥미진진한 여정을
시작해 봅시다.**

목차

# 첫걸음 떼기
# 개발 환경 설정하기

| CHAPTER 00 | 개발 환경 구축하기 | 014 |

# 딸깍!
# 나만의 첫 서비스 만들기

| CHAPTER 01 | 세상에서 가장 간단한 나만의 포트폴리오 홈페이지 | 030 |
| CHAPTER 02 | 5분 만에 만드는 나만의 웹 메모장 | 039 |
| CHAPTER 03 | 기억력 카드 게임 | 045 |
| CHAPTER 04 | 가위바위보 게임 | 051 |
| CHAPTER 05 | Cosmic Defender 슈팅 게임 | 055 |
| CHAPTER 06 | 레트로 아틸러리 워즈 | 060 |
| CHAPTER 07 | 로드런너 게임 | 066 |

## 실용적인 웹 서비스 만들기

| CHAPTER 01 | 맞춤형 여행 플래너 | 076 |
| CHAPTER 02 | 업무 자동 체크리스트 생성기 | 083 |
| CHAPTER 03 | 집중력과 성과를 한번에 잡는 AI 코칭 뽀모도로 타이머 | 088 |
| CHAPTER 04 | 나만의 D-Day 카운터 | 093 |
| CHAPTER 05 | 디지털 습관 도장판 | 097 |
| CHAPTER 06 | 스마트 OKR 서비스 | 102 |

## 외부 정보와 함께 내 서비스 더욱 강력하게 만들기

| CHAPTER 01 | Supabase로 만드는 독서 기록장 | 110 |
| CHAPTER 02 | MCP 기능으로 독서 기록장 앱을 챌린지 앱으로 업그레이드 | 118 |
| CHAPTER 03 | 맞춤형 성격 분석 테스트기 | 124 |

| CHAPTER 04 | 내 마음을 읽는 바이브 다이어리 | 132 |
| CHAPTER 05 | 나만의 장소를 기록하는 디지털 아카이브 | 139 |
| CHAPTER 06 | 내 머릿속의 학습 파트너, 메모리 큐브 | 144 |
| CHAPTER 07 | 나만의 OTT 감상 아카이브 | 150 |
| CHAPTER 08 | 영수증 사진 한 장이면 끝, AI 가계부 | 156 |

# PART 04
## 업무와 일상을 바꾸는 12가지 AI 자동화 프로젝트

| CHAPTER 01 | Streamlit으로 데이터 수집 자동화 첫걸음 | 164 |
| CHAPTER 02 | 흩어진 브런치 피드를 내 대시보드로 옮기기 | 172 |
| CHAPTER 03 | 구글 시트에 자동으로 쌓이는 AI 검색 비서 | 182 |
| CHAPTER 04 | RSS와 노션을 연결하는 자동화 파이프라인 | 196 |
| CHAPTER 05 | 잠든 사이에도 일하는 AI 경제 애널리스트 | 203 |
| CHAPTER 06 | Next.js로 구현하는 식단 기록 자동화 | 209 |
| CHAPTER 07 | AI 이메일 비서가 구글 캘린더에 내 약속을 등록해 준다고? | 217 |
| CHAPTER 08 | AI로 내 모든 링크들을 한 페이지에 모으기 | 232 |
| CHAPTER 09 | 브라우저에 심는 최저가 쇼핑 스캐너 | 236 |

| CHAPTER 10 | 클릭 한 번으로 끝내는 웹사이트 자동 로그인 | 245 |
| CHAPTER 11 | 내 감정의 좌표, AI 음악 테라피스트 | 251 |
| CHAPTER 12 | 바코드 스캔부터 AI 책장 인식까지, 내 손으로 만드는 디지털 책장 | 260 |

# PART 05 클로드 코드로 커뮤니티 웹서비스 뚝딱 만들기

| CHAPTER 01 | 커뮤니티 프로젝트 - 바이브 코더를 위한 프로젝트 기획서 작성법 | 278 |
| CHAPTER 02 | 본격적인 개발 시작하기 - 개발 환경 구축 | 285 |
| CHAPTER 03 | 커뮤니티의 핵심 기능 구현하기 - 공지사항과 소통공간 시스템 | 300 |
| CHAPTER 04 | 더욱 매력적인 커뮤니티 만들기 - 투표 & 설문조사 시스템 | 310 |
| CHAPTER 05 | 진짜 서비스로 완성하기 - 관리자 시스템과 서비스 배포 | 322 |

# 공통 가이드

| GUIDE 01 | Live Server 설치 및 실행 방법 | 342 |
| GUIDE 02 | Vercel 배포 방법 | 344 |
| GUIDE 03 | OpenAI의 API 키 발급하기 | 346 |
| GUIDE 04 | Next.js 프로젝트 생성하기 | 349 |
| GUIDE 05 | Supabase 회원 가입과 설정 방법 | 353 |
| GUIDE 06 | Supabase 접속 토큰 만들기 | 357 |
| GUIDE 07 | Supabase 프로젝트 ID 찾기 | 359 |
| GUIDE 08 | Subabase MCP 설정하기 | 360 |
| GUIDE 09 | Node.js 설치하기 | 363 |
| GUIDE 10 | 파이썬 설치 가이드 | 365 |
| GUIDE 11 | 노션 API 키 발급받기 | 368 |
| GUIDE 12 | 노션 MCP 서버 설치하기 | 371 |
| GUIDE 13 | 슬랙의 Incoming Webhook URL 발급받기 | 376 |

# 부록
## APPENDICES

# 바이브 코딩의 프롬프트 사용법

| 부 록 A | 기본 원칙: 명확하고 구체적으로 | 382 |
| 부 록 B | 코딩 초심자의 '바이브 코딩' 난관 대처법 | 385 |
| 부 록 C | 에러를 해결하는 프롬프트 작성법 | 393 |

## 학습 자료 다운로드 안내

### 예제 소스 다운로드

이 책의 실습을 위하여 필요한 예제 코드와 완성된 결과 파일, 그리고 산출물과 스케치 이미지 파일은 노션 템플릿 페이지에서 확인할 수 있습니다.

### 추가 자료 (프로젝트/프롬프트)

이 책에 수록된 주요 프로젝트 소스 코드 및 프롬프트 원문 전체는 다음 사이트에서 제공됩니다. 실습에 직접 활용하거나 학습 시 참고하기 바랍니다.

https://bit.ly/4na2jyd

# 첫걸음 떼기
## 개발 환경 설정하기

Chapter 0   개발 환경 구축하기

# PART 0

바이브 코딩을 시작하기에 앞서 몇 가지 필수 도구를 설치하고, 개발 환경을 설정하는 방법에 대해 알아 보겠습니다. 초보자의 부담을 줄이기 위하여 꼭 필요한 도구부터 순차적으로 설치를 진행할텐데, 일부 도구들은 이후 파트에서 실습을 진행하면서 책의 안내에 따라 설치하면 됩니다.

# 개발 환경 구축하기

CHAPTER 00

## 01  본격적인 바이브 코딩에 들어가기 전: 왜 도구 설치와 환경 설정이 중요할까요?

멋진 서비스를 만들고 싶어도 환경이 설정되지 않으면 곤란합니다. '바이브 코딩'을 시작하기에 앞서, **몇 가지 필수 도구를 설치하고 개발 환경을 설정**하겠습니다. "아, 코딩 시작하기도 전에 뭔가 벌써 지치는 기분인걸?"라고 생각하실 수도 있습니다. 하지만 앞으로 개발해야 할 서비스를 위한 필수적인 과정이니 꼭 따라와 주세요.

 환경 설정, 왜 필요할까요?

- **안정적인 작업 공간 확보:** 우리가 사용할 도구들은 각자의 역할이 있고, 서로 유기적으로 연결됩니다. 환경 설정은 이 도구들이 원활하게 돌아갈 수 있는 환경을 제공해 줍니다.
- **예상치 못한 오류 방지:** 개발에서는 버전이 맞아야 하고, 필요한 프로그램이 설치되어 있어야 오류가 일어나지 않습니다. 환경 설정을 꼼꼼히 해두어야 골치 아픈 오류들을 예방할 수 있습니다.
- **개발 효율성 증대:** 환경을 잘 갖춰야 개발 과정이 더 쉬워집니다.

##  우리가 준비할 핵심 도구들과 그 이유

그렇다면 우리가 앞으로 함께 설치할 도구들은 각각 어떤 역할을 담당할까요?

- **Node.js 설치**: 우리가 만들 웹 서비스에서 심장과 같은 역할을 담당해요. 웹 브라우저뿐만 아니라 여러분의 컴퓨터에서도 자바스크립트를 실행할 수 있게 해줍니다.
- **Vercel 회원 가입**: 우리가 열심히 만든 웹 서비스를 인터넷에서 누구나 접속할 수 있게 해주는 서비스입니다. 복잡한 서버 설정 없이 클릭 몇 번으로 여러분이 만든 서비스를 출시할 수 있습니다.
- **Next.js + ShadCN 라이브러리 설치** : 우리가 만들 웹 애플리케이션의 뼈대와 디자인을 담당합니다. Next.js는 웹 서비스를 빠르게 만들 수 있게 도와주는 웹 프레임워크이며, ShadCN/UI는 예쁘고 모던한 UI 컴포넌트(버튼, 입력창, 카드 등)를 제공합니다.
- **파이썬 설치**: 파이썬은 배우기 쉽고 강력한 언어입니다. 인터넷에 있는 유용한 정보들을 가져오는 '웹 크롤링' 작업을 할 때 아주 유용하며, 무언가를 자동화할 때 주로 이용합니다.
- **커서 AI 설치**: 바로 우리의 '바이브 코딩'을 현실로 만들어 줄 핵심 AI 개발도구입니다. 대화만으로 여러분이 원하는 서비스를 딸깍 만들어 주고, 코드를 짜다가 막히거나 더 좋은 아이디어가 필요할 때 똑똑한 비서처럼 여러분을 도와줄 것입니다. 마치 숙련된 개발자 한 명이 늘 옆에 있다고 생각하면 됩니다.

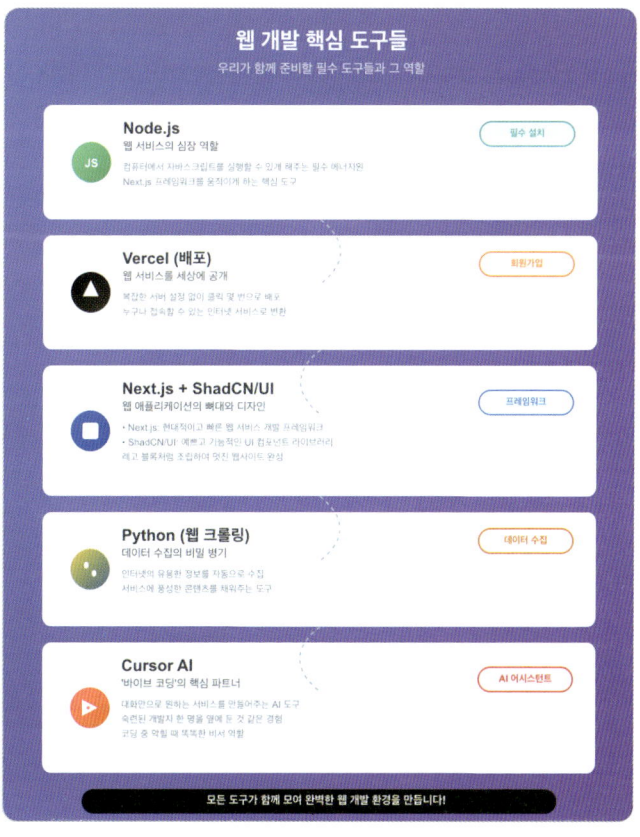

조금은 번거롭게 느껴질 수 있지만, 이 도구들이 각자의 위치에서 제 역할을 할 때, 우리의 '바이브'는 비로소 서비스로 탄생할 수 있습니다. 이 과정을 통해 여러분은 자신만의 서비스를 만들 수 있을 것입니다. 자, 그럼 이제부터 하나씩 필요한 도구들을 설치해 볼까요?

## 02 Node.js 설치 (Windows)

웹 서비스를 만들기 위한 첫 번째 도구, Node.js를 설치하겠습니다. Node.js는 웹 브라우저에서만 동작하던 자바스크립트라는 프로그래밍 언어를 여러분의 컴퓨터에서도 실행할 수 있게 해주는 프로그램입니다. 앞으로 사용할 Next.js 프레임워크를 비롯한 수많은 최신 웹 개발 도구들이 Node.js 기반으로 작동하기 때문에, 가장 먼저 설치해야 합니다.

###  Node.js 다운로드하기

가장 먼저 Node.js 설치 파일을 다운로드하겠습니다. 웹 브라우저를 열어 주소창에 ❶ https://nodejs.org를 입력해서 접속하고, ❷ [Node.js 다운로드(LTS)] 버튼을 클릭해서 LTS 버전을 다운로드합니다. LTS Long-Term Support는 장기적으로 안정적인 지원이 보장되는 버전입니다. 설치 화면은 사이트 접속 시기에 따라 변경될 수 있으므로, 최신 LTS 버전을 찾아 다운로드하면 됩니다.

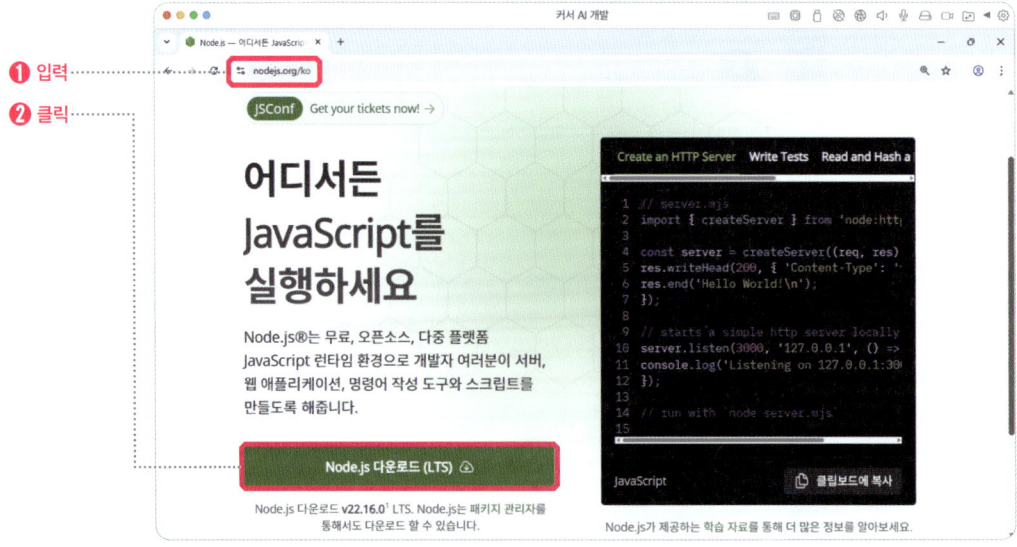

## Node.js 설치하기

다운로드가 완료되었다면, 이제 설치를 진행하겠습니다. 다운로드한 [.msi] 파일을 실행합니다. "이 앱이 디바이스를 변경하도록 허용하시겠어요?"라는 사용자 계정 컨트롤 창이 뜨면 [예]를 눌러 설치를 진행합니다.

01 [Welcome to the Node.js Setup Wizard]에서 [Next]를 클릭합니다.

02 [End-User License Agreement(사용권 계약 동의)] 내용을 한번 읽어보고 "I accept the terms in the License Agreement"에 체크한 후 [Next]를 클릭합니다.

03 [Destination Folder(설치 경로 지정)]에서 경로를 지정할 수 있는데, 기본으로 지정된 경로(C:\Program Files\nodejs\)에 설치합니다. 특별히 변경할 필요 없이 [Next]를 클릭합니다.

04 [Add to PATH] 항목이 매우 중요한데, 기본적으로 설치 항목에 포함되어 있습니다. 이것이 자동으로 환경 변수를 설정해 주는 부분이므로 꼭 확인해 주세요.

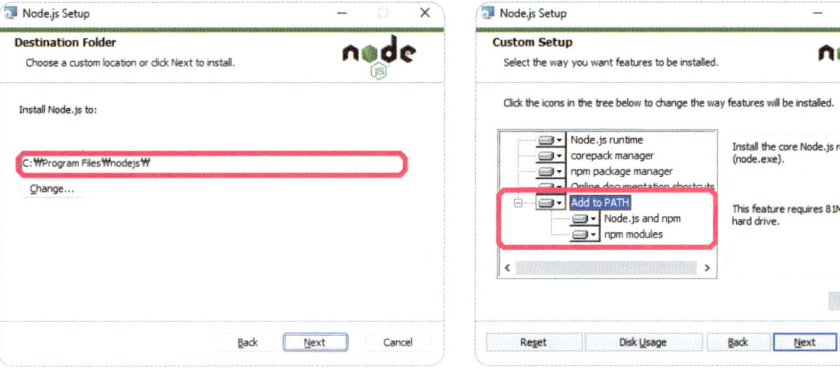

05 [Tools for Native Modules(네이티브 모듈 도구)]에서는 필요한 도구들을 자동으로 설치할지 묻습니다. "Automatically install the necessary tools. Note that this will also install Chocolatey…"를 체크하세요.

06 [Ready to install Node.js(설치 준비 완료)]에서 [Install]을 클릭하여 설치를 시작합니다.

07 설치가 완료되면 [Finish]를 클릭하여 마법사를 종료합니다.

**08** 추가적으로 필요한 파일을 설치할 수 있으니 [예]를 클릭하고 계속 진행하면 됩니다. 파워쉘을 시작하고 여러 라이브러리를 설치하는 과정이 표시될 것입니다.

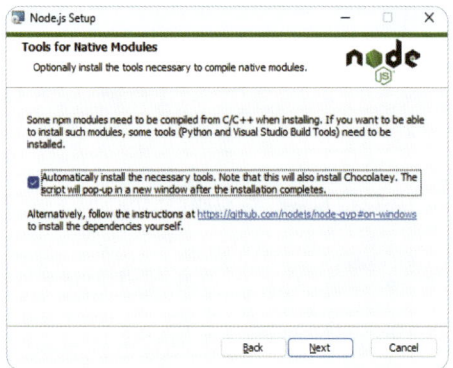
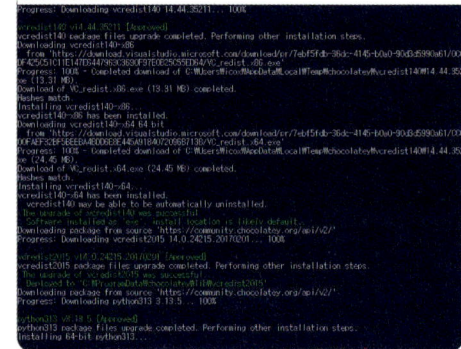

파워쉘이 실행된 모습

## Node.js 설치 확인하기

Node.js가 여러분의 컴퓨터에 잘 설치되었는지 확인해 볼까요?

**01** Windows 검색창(화면 왼쪽 아래 돋보기 아이콘 또는 ⊞ + ⓢ)에 **cmd**를 입력하여 명령 프롬프트CMD를 실행합니다.

**02** 검은색 명령 프롬프트 창에 **node -v**를 입력하고 Enter 키를 누릅니다. Node.js 버전을 확인하는 명령어입니다.

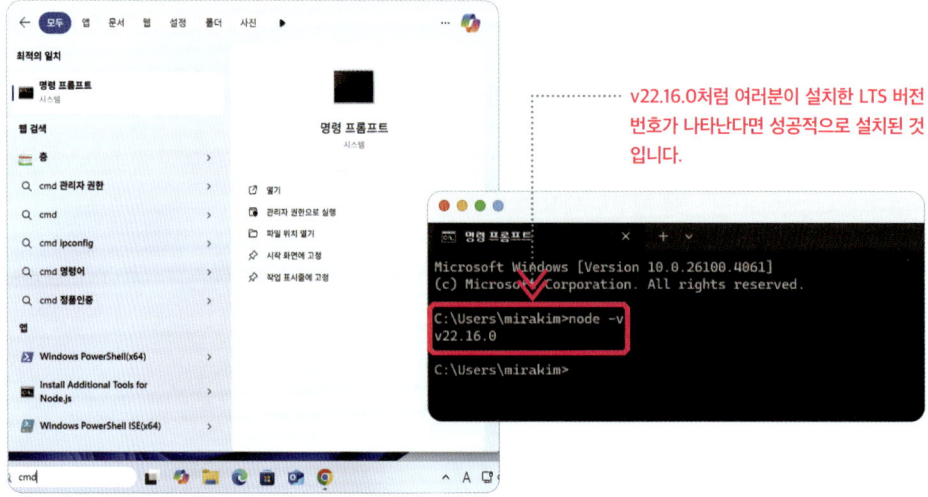

v22.16.0처럼 여러분이 설치한 LTS 버전 번호가 나타난다면 성공적으로 설치된 것입니다.

### 🔷 잠깐! 환경 변수 PATH란 무엇일까요?

Node.js 설치 과정에서 **[Add to PATH]**라는 옵션이 중요하다고 말씀드렸죠? 이게 바로 환경 변수 설정과 관련된 부분입니다. 특정 명령어를 실행할 때, 그 명령어가 어느 폴더에 저장되어 있는지 쉽게 찾기 위한 방법이라고 생각하면 됩니다.

만약 Node.js 설치 경로가 PATH에 등록되어 있지 않다면, 우리는 항상 node 명령어를 실행할 때마다 "C:₩Program Files₩nodejs₩node.exe"처럼 전체 경로를 다 입력해야 합니다. PATH에 Node.js 설치 폴더가 등록되어 있으면, 어떤 폴더에서든 명령 프롬프트에 "node"라고만 입력해도 윈도우가 알아서 Node.js 프로그램을 찾아 실행해 줍니다.

> 🎯 **혹시나 문제가 있다면? (대부분의 경우 필요 없습니다!)**
>
> 만약 node -v 명령어가 실행되지 않고 **"node은(는) 내부 또는 외부 명령, 실행할 수 있는 프로그램, 또는 배치 파일이 아닙니다"**와 같은 오류 메시지가 표시된다면, PATH 설정이 제대로 되지 않은 것입니다. 해결 방법을 간단히 안내해 드릴게요.
>
> 1. Windows 검색창에 [시스템 환경 변수 편집]을 입력하고 실행합니다.
> 2. [시스템 속성] 창이 뜨면 오른쪽 아래에 있는 [환경 변수(N)…] 버튼을 클릭합니다.
> 3. [환경 변수] 창에서 아래쪽 [시스템 변수(S)] 목록 중 [Path]를 찾아 더블클릭하거나, 선택 후 [편집(E)…]을 누릅니다.
> 4. [환경 변수 편집] 창에서 Node.js 설치 경로 (보통 C:₩Program Files₩nodejs₩)가 목록에 있는지 확인합니다.
> 5. 없다면 [새로 만들기(N)]를 클릭하고 C:₩Program Files₩nodejs₩ 를 입력한 후 [확인]을 누릅니다.
> 6. 모든 창에서 [확인]을 눌러 닫고, 실행 중인 모든 명령 프롬프트 창을 닫았다가 새로 열어서 다시 node -v를 시도해 보세요.

 # 세상에 내 서비스 보여주기: Vercel 회원 가입

이번에는 우리가 만든 웹 서비스를 전 세계 누구나 접속할 수 있는 **웹사이트 주소로 배포하는 Vercel** 서비스에 대해 알아보겠습니다. Vercel은 복잡한 서버 지식이 없어도 클릭 몇 번이면 내 아이디어를 세상에 공개할 수 있는 강력한 서비스입니다. 게다가 **무료**입니다.

## Vercel 회원 가입하기

**01** 웹 브라우저를 열어 주소창에 **https://vercel.com을 입력**하여 접속하고, 회원 가입을 위하여 화면 오른쪽 위에 있는 **[Sign Up]** 버튼을 클릭합니다.

**02** Plan Type에서 **[I'm working on personal projects]**를 선택하고 이름을 입력한 다음 **[Continue]** 버튼을 클릭합니다.

**03** 다음 창에서 **[Continue with Google]** 버튼을 클릭한 다음 여러분이 보유하고 있는 구글 계정을 선택해서 간편 가입을 진행해 주세요.

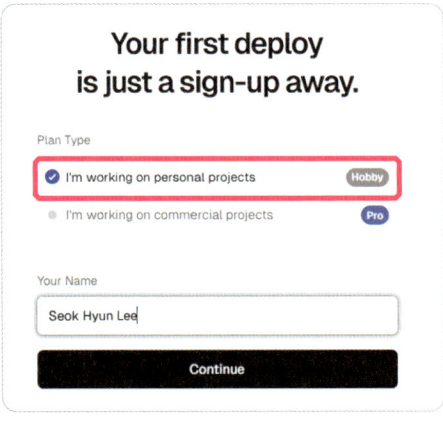 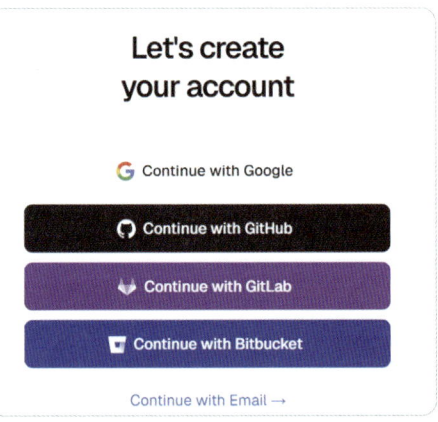

## 계정 설정 및 플랜 선택

Vercel은 다양한 요금제<sup>Plan</sup>를 제공하는데, 우리는 개인 프로젝트용으로 충분한 **무료 Hobby 플랜**을 사용할 거예요. 아마 기본으로 선택되어 있을 테니 그대로 진행하면 됩니다. ❶**[계정]** 아이콘을 클릭하고 ❷**[Dashboard]** 메뉴를 클릭해 보세요. 지금은 Vercel 대시보드에 아무런 프로젝트도 보이지 않지만, 그것이 정상입니다. 새로운 서비스를 출시할 준비만 해놓은 상태니까요.

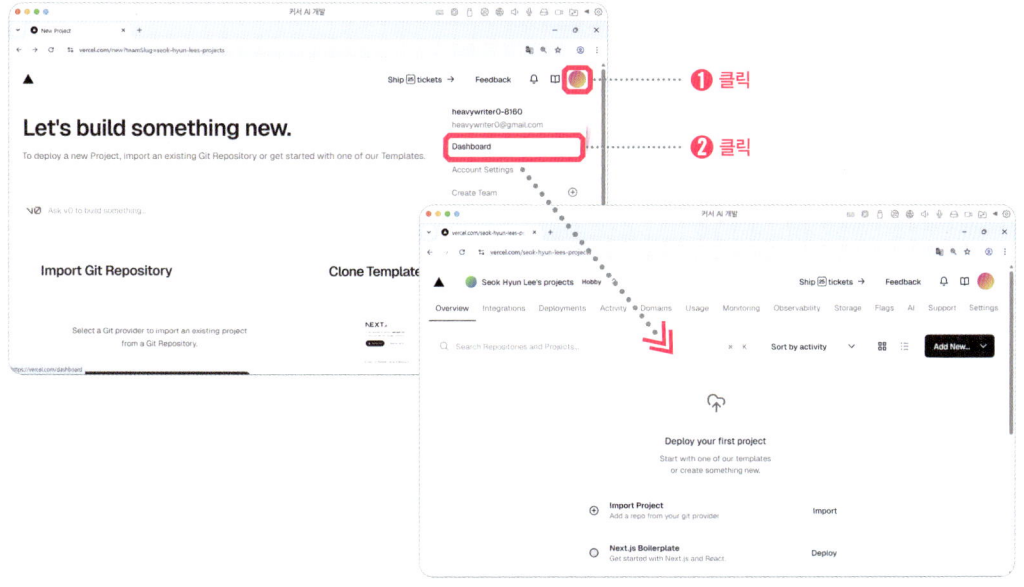

## 04 커서 AI 설치 및 기본 사용법

드디어 '바이브 코딩'의 핵심 파트너, **커서 AI**를 만날 시간입니다. 커서 AI는 코드를 작성하는 단순한 편집기가 아닙니다. 똑똑한 AI가 내장되어 있어서, 코딩하는 전 과정을 도와준답니다. 중요한 점은 커서 AI가 개발자들에게 익숙한 **Visual Studio Code**<sup>VS Code</sup>**를 기반**으로 만들어졌다는 것입니다. VS Code의 편리한 기능과 수많은 확장 프로그램<sup>Extensions</sup>을 그대로 사용하면서, 그 위에 강력한 AI까지 더해졌다는 의미입니다.

## 설치 및 기본 설정

**01 커서 공식 웹사이트 접속**: 웹 브라우저를 열고 cursor.sh에 접속합니다. **[Sign In]** 버튼을 클릭해서 간편하게 구글 계정으로 회원 가입을 진행합니다. 그리고 여러분의 운영체제에 맞는 설치 파일을 다운로드하고 설치를 진행하세요. 설치는 몇 번의 클릭만으로 간단하게 완료됩니다. **디폴트 옵션으로 설치**합니다.

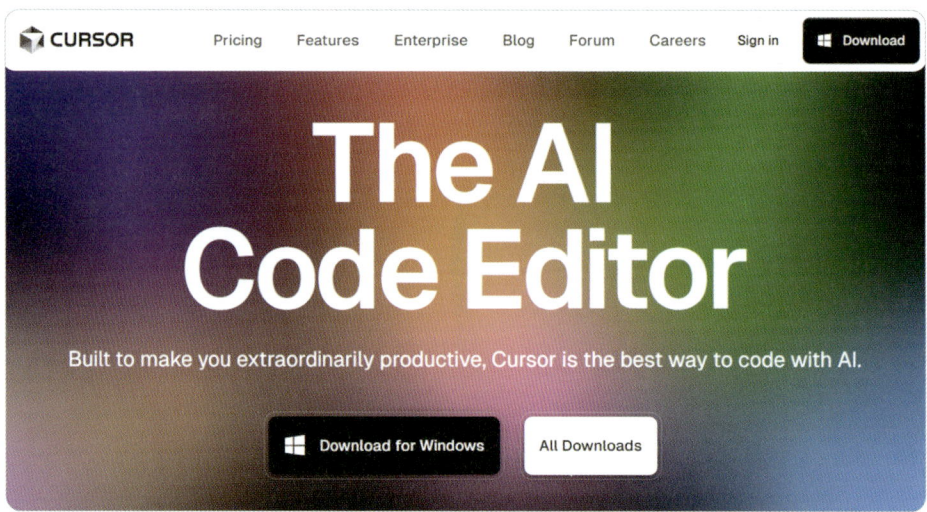

**02 로그인**: 설치 후 커서를 처음 실행하면 로그인 화면이 나타날 수 있습니다. 회원 가입한 구글 계정으로 로그인하세요. 로그인을 해야 AI 기능을 원활하게 사용하고 사용량을 관리할 수 있습니다.

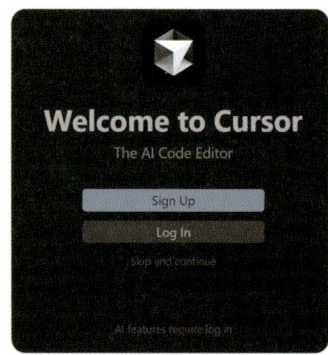

**03 기본 설정**: 커서를 처음 실행했을 때 단계적인 안내에 따라 몇 가지 기본 설정을 수행합니다.

- **Customize Theme:** 원하는 테마를 선택합니다.
- **Quick Start:** 주요 단축키와 간단한 사용법을 안내받습니다. 그리고 기존 프로젝트를 열고, 커서의 AI 기능을 바로 체험해 볼 수 있습니다.
- **Data Sharing:** 커서 AI의 정확도와 성능 향상을 위해 사용 데이터를 익명으로 공유할지 선택하며, 이 설정은 언제든지 변경할 수 있습니다.
- **Review Settings:** Language for AI에서 사용 언어로 [Korean]을 선택하고, Open from Terminal에서 터미널 실행을 위한 [cursor command]를 설치[Install]합니다.

## 프로젝트 폴더 열기

코딩을 시작하려면 작업할 프로젝트의 폴더를 생성하고 열어야 합니다. 커서 초기 메뉴에서 [Open project]를 클릭해서 프로젝트 폴더를 선택할 수 있는데, 처음 시작하는 프로젝트라면 새로운 폴더를 만들고 해당 폴더를 프로젝트 폴더로 지정합니다.

## 커서 화면 완벽 분석: 어디에 뭐가 있을까?

커서의 화면은 크게 ❶왼쪽 사이드 바, ❷중앙 편집기, ❸하단 패널, ❹오른쪽 AI 패널로 구성됩니다. 아래 화면은 실제 프로젝트를 작업하고 있는 모습이므로, 여러분은 책을 통해 화면 구성과 기능에 대해서만 간략하게 파악하고, 추후 프로젝트를 통해 하나씩 실습해 보겠습니다.

### 01 왼쪽 사이드 바 Activity Bar

프로젝트의 전반적인 상태를 확인하고 관리하는 곳입니다. 상단의 아이콘을 클릭하거나 단축키를 이용하여 왼쪽 사이드 바의 표시 항목을 변경할 수 있습니다.

- **탐색기** Explorer : 단축키 `Ctrl` + `Shift` + `E`

    프로젝트의 파일과 폴더를 트리 구조로 보여줍니다. 파일을 새로 만들거나, 이름을 바꾸거나, 삭제하는 등 파일 관리는 모두 여기서 이루어집니다.

- **검색** Search : 단축키 `Ctrl` + `Shift` + `F`

    프로젝트 전체에서 특정 단어나 코드를 검색하는 기능입니다.

- **소스 제어** Source Control : 단축키 `Ctrl` + `Shift` + `G`

    Git과 GitHub를 관리하는 곳입니다. Git 메뉴는 개발자가 코드를 작성하는 편집기 환경을 벗어나지 않고도 버전 관리 시스템인 Git의 기능 대부분을 사용할 수 있도록 돕는 통합 인터페이스입니다. 터미널에 명령어를 직접 입력하지 않아도 코드 작성부터 버전 관리까지의 작업 흐름을 하나로 매끄럽게 연결해 줍니다.

- **확장 프로그램** Extensions : 단축키 `Ctrl` + `Shift` + `X`

    VS Code에서 제공하는 확장 프로그램 마켓플레이스입니다. Visual Studio Code<sup>VS Code</sup>의 방대한 확장 프로그램 생태계를 그대로 활용할 수 있게 해줍니다. 커서가 VS Code를 기반으로 만들어졌기 때문에, VS Code 사용자들이 즐겨 쓰던 거의 모든 확장 프로그램을 커서에서도 동일하게 검색하고 설치하여 사용할 수 있습니다.

> 🎯 **확장 프로그램이란?**
>
> 확장 프로그램은은 커서 편집기를 사용자의 개발 환경에 맞게 맞춤 설정(커스터마이징)하고 기능을 확장합니다. 코드 색상을 예쁘게 바꿔주는 테마나, 특정 언어의 코딩을 도와주는 도구 등 원하는 기능을 검색해서 설치할 수 있습니다.

## 02 중앙 편집기

커서의 중앙 편집기는 AI 모델에 통합되어 개발자와 실시간으로 상호작용하는 AI 네이티브<sup>AI-Native</sup> 개발환경을 제공합니다. 가장 많이 쓰는 VS Code를 기반하므로, 이미 검증된 강력한 기본 편집 기능과 수많은 확장 프로그램을 그대로 사용하면서 AI의 이점을 추가로 누릴 수 있습니다. 기존 VS Code 사용자라면 거의 학습 과정 없이 바로 이용할 수 있습니다.

## 03 하단 패널 Integrated Terminal

하단 패널은 개발에 필요한 다양한 보조 작업을 수행합니다. 특히 터미널 Terminal 은 편집기 속의 명령 실행 창으로서 하단 패널에서 핵심적인 기능을 담당합니다. 코드를 작성한 후, 별도의 터미널 앱을 실행할 필요 없이 다양한 명령어를 바로 실행할 수 있습니다. 또한 다중 터미널을 지원해서 여러 개의 터미널 세션을 동시에 열 수 있습니다.

- **터미널 여는 법**: 단축키 `Ctrl` + `Shift` + `` ` ``(백틱)

  이곳에서 npm run dev 같은 명령어를 입력하여 웹 서버를 실행시키거나, npm install 명령어로 필요한 라이브러리를 설치하는 등 프로젝트와 관련된 여러 가지 작업을 실행합니다.

## 04 오른쪽 AI 패널 = AI 어시스턴트 창

커서의 진정한 힘은 AI 기능에 있습니다. 화면 오른쪽에 위치한 AI 패널에서 대화로 프로그래밍을 할 수 있는 환경을 제공합니다. 오른쪽 패널의 채팅창은 여러분의 메인 AI 파트너입니다.

- **코드 전체를 이해하는 대화(`Ctrl` + `I`)**: 가장 많이 사용하게 될 기능입니다. 채팅창에 작업 내용을 요청하세요. AI는 프로젝트 전체 코드를 이해하고 맥락에 맞는 답변을 줍니다.
- **모델 선택**: 채팅창 상단에서 AI 모델을 선택할 수 있습니다. 보통 [Auto]가 기본으로 설정되어 있으며, 커서 AI가 자동으로 모델을 선택합니다. 특정 작업에 따라 Claude Sonnet 4.5/Opus 4.1 같은 다른 모델을 선택할 수 있습니다. [Auto]를 선택하면 무제한으로 커서 AI를 사용할 수 있습니다. 다만 코딩에 특화된 모델을 이용할 수 없다는 단점이 있습니다.
- **프리미엄 카운트(사용량)**: 커서는 무료 사용자에게도 AI cursor-small 모델을 제공합니다. 하지만 향상된 모델을 이용하기 위해서는 결제가 필수입니다.

> 🎯 **더 스마트하게 AI 활용하기**
> 
> » **공식 문서 기반 답변 (@ 기호)**: 채팅창에 @를 입력하고 [Docs]를 선택하면 Next.js, React, MDN 등 다양한 기술의 공식 문서를 불러올 수 있습니다. @Nextjs를 선택하고 질문하면, AI는 Next.js 공식 문서에 기반한 답변을 해줍니다.
> 
> » **원클릭 에러 수정**: 코드에 노란색 또는 빨간색 밑줄(Linter 오류)이 생겼을 때, 해당 코드 근처에 나타나는 전구 아이콘(💡)이나 커서의 AI 기능을 통해 "Fix Linter Errors" 버튼으로 한 번에 오류를 수정할 수 있습니다.

## AI 모델 선택하기

"Auto"는 상황에 따라 적절한 AI 모델을 자동으로 선택하는 모드이며, 모델별로 각기 성능과 속도, 처리 능력에 차이가 있습니다. 모델을 직접 선택하기 위해 **[Auto] 모드를 해제**하고 AI 모델 중에서 **코딩에 특화된 모델인 [Claude-4.5-sonnet]을 추천**합니다. 현재는 사용자가 선택한 API 모델의 토큰 가격에 따라 사용한 토큰 만큼 결제 금액에서 차감되는 정책으로 변경되었습니다.

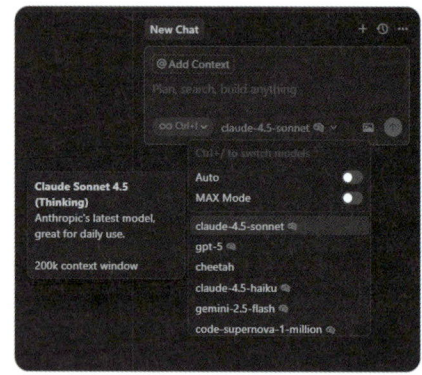

또한 [MAX Mode]에 주의해야 합니다. 만약 [MAX Mode]를 활성화하게 되면 모델별로 별도의 과금이 책정됩니다. [MAX Mode]를 선택하면 지원이 가능한 모델만 표시되는데, [MAX Mode]의 장점은 1M 토큰 이상을 사용하기 때문에 AI가 프로젝트의 맥락을 더 넓게 이해하고 작업한다는 점입니다. **중요한 부분에만 사용하고 평상시에는 비활성화하는 것을 추천**합니다.

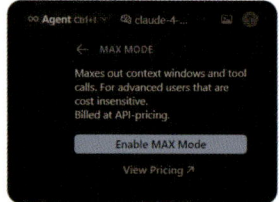

> ### 🎯 AI 모델 업데이트
>
> AI 모델은 시기에 따라 최신의 것으로 업데이트되므로 여러분께서 책을 보는 지금은 새로운 모델이 나와 있을 수도 있습니다. 25년 10월 현재 가장 코딩에 특화된 모델은 Claude-4.5-Sonnet입니다. 기본적으로 200K와 추론을 지원하는데, 만약 1M 이상의 콘텍스트를 사용하려면 MAX Mode를 활성화해야 합니다.

Chapter 0 개발 환경 구축하기

# 딸깍!
## 나만의 첫 서비스 만들기

| | |
|---|---|
| **Chapter 1** | 세상에서 가장 간단한 나만의 포트폴리오 홈페이지 |
| **Chapter 2** | 5분 만에 만드는 나만의 웹 메모장 |
| **Chapter 3** | 기억력 카드 게임 |
| **Chapter 4** | 가위바위보 게임 |
| **Chapter 5** | Cosmic Defender 슈팅 게임 |
| **Chapter 6** | 레트로 아틸러리 워즈 |
| **Chapter 7** | 로드런너 게임 |

# PART 1

PART 1에서는 AI와 함께 나만의 웹 서비스와 게임을 만드는 과정을 다룹니다. 포트폴리오 홈페이지부터 웹 메모장, 다양한 미니 게임(기억력 카드, 가위바위보, 슈팅, 레트로 아틸러리 워즈, 로드런너)까지, 아이디어만으로 실제 작동하는 결과물을 만들어내는 즐거움을 경험하게 됩니다.

# 세상에서 가장 간단한 나만의 포트폴리오 홈페이지

첫 번째 바이브 코딩 주제로 **세련되고 현대적인 디자인의 포트폴리오 홈페이지**를 만들어 보겠습니다. 스크롤할 때마다 애니메이션이 나타나고, 첫눈에 시선을 사로잡는 멋진 그라데이션도 사용하며 카드형 UI를 써서 깔끔한 배치를 만들어 보겠습니다. 그럼 함께 시작해 볼까요?

 **아이디어 구상**

정보를 단순하게 나열하는 방식은 누구나 상상할 수 있습니다. 그보다는 방문자에게 깊은 인상을 남기는 게 더 중요합니다. 포트폴리오 홈페이지의 각 섹션에서 어떤 메시지를 사용자에게 전달할지 명확하게 정의해야 목표를 달성할 수 있습니다. 또한 지루하지 않게 시각적인 즐거움도 전달해야 하며, 사용자가 스크롤하는 동안 자연스럽게 여러분의 이야기에 스미게 만들어야 합니다.

 # 챗GPT, 커서 AI와 함께 5단계로 포트폴리오 홈페이지 만들기

## Step 01 웹사이트 구조 및 디자인 컨셉 정의

코드를 짜기 전에, 먼저 밑그림부터 스케치하겠습니다. 챗GPT와 머리를 맞대고 포트폴리오 홈페이지의 전체적인 모습을 구상해 볼게요. 물론 이 작업도 커서 AI에게 바로 물어봐도 괜찮지만, 여기서는 챗GPT를 활용해 볼 거예요.

**챗GPT**에서 새 채팅창을 열고 아래 프롬프트를 입력해 보세요. 여러분의 실제 이력이나 자기소개 내용을 담아서 전달하면 훨씬 더 현실감 넘치는 답변을 얻을 수 있습니다. 참고로 이 책에 수록된 프롬프트 원문의 전체 내용은 다음 사이트에서 제공하므로 실습에 활용하거나 학습에 참고하기 바랍니다.

@ 프롬프트 제공 노션 템플릿

https://bit.ly/4na2jyd

> " 프롬프트 1-1
>
> 나는 작가로서 저서를 5권 출간했고 현재도 출간을 위해 원고를 쓰고 있어. 나를 위한 개인 포트폴리오 홈페이지를 만들고 싶은데, 구조와 디자인 시스템을 간략하게 제시해 주고, 디자인은 세련되고 모던한 스타일을 사용하면 좋겠어. 모든 자료는 표 대신에 글머리 기호 목록을 사용해서 작성해 줘.

🔧 **홈페이지 구조 (Navigation Structure)**

1. **홈** (Home)

- 인사말 또는 짧은 작가 소개
- 대표 저서 이미지 또는 인용구 한 줄
- 주요 섹션으로의 스크롤 유도 버튼

2. 작가 소개 (About)
   - 작가 이력 요약 (출간 이력, 활동 분야)
   - 작가의 창작 철학 및 작업 방식
   - 인터뷰, 수상 경력 등이 있다면 하단에 배치

3. 저서 소개 (Books)
   - 각 책 별 썸네일 + 간단 소개
   - 클릭 시 상세 페이지로 이동

4. 블로그 또는 집필 중인 글 (Writing / Journal)
   - 최근 집필 중인 글 일부 공개
   - 창작 과정, 글쓰기 노트, 작가로서의 일상 기록

5. 뉴스 & 미디어 (News / Media)
   - 언론 인터뷰, 출간 관련 기사, 강연 영상 등
   - 기사 또는 영상 썸네일 + 링크

6. 연락처 (Contact)
   - 에이전시 혹은 직접 연락 가능한 이메일 양식
   - SNS 링크 (인스타그램, 브런치, X 등)

## 🎨 디자인 시스템 (Design System)

1. 스타일 키워드
   - 모던하고 미니멀한 톤
   - 세리프체와 산세리프체 혼용 (감성 + 가독성)
   - 여백 중심의 레이아웃 구성
   - 다크모드 지원 권장

2. 색상 팔레트
   - 기본 색상: 깨끗한 흰색 배경 + 블랙 텍스트
   - 포인트 색상: 딥 블루 / 세이지 그린 / 미드나잇 퍼플 중 택 1
   - 서브 배경: 라이트 그레이 혹은 페일 베이지

3. 타이포그래피
   - 제목: Playfair Display, Libre Baskerville 등 감성적 세리프체
   - 본문: Noto Sans KR, Inter, Pretendard 등 깔끔한 산세리프체
   - 가독성 유지 위한 넉넉한 줄간격과 마진 설정

4. 레이아웃
   - 반응형 웹(모바일, 태블릿, PC 모두 최적화)
   - 섹션 간 경계는 컬러보다 여백으로 구분
   - 콘텐츠 카드: hover 시 그림자 또는 컬러 변화

5. 애니메이션
   - 부드러운 페이드 인/아웃, 스크롤 트리거 애니메이션 활용
   - 페이지 간 이동은 로딩 없이 자연스럽게 연결

어때요? 이렇게 요청했더니 챗GPT가 홈페이지 구조와 디자인 시스템을 그럴듯하게 정리해 줬죠? 챗GPT가 제안해 준 내용을 잘 보관해 주세요. 홈페이지 구조에서 마음에 들지 않는 부분이 있다면 필요한 내용으로 대체해 보세요.

## Step 02 / 프로젝트 만들기

이제 커서 AI를 실행하고 [Open project]를 클릭하여 새로운 프로젝트 폴더를 생성한 다음, 그 폴더를 선택하여 열어 줍니다. 저는 my-portfolio 라는 이름의 폴더를 만들었습니다.

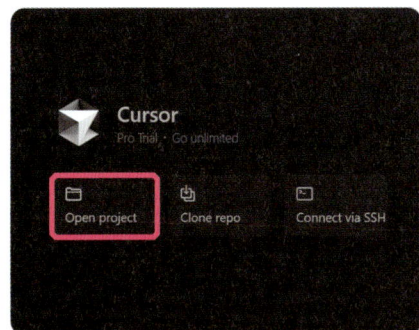

## Step 03 웹사이트 전체 레이아웃 및 상단 고정 헤더, 기본 푸터 만들기

이제부터 포트폴리오 홈페이지를 만들겠습니다. 오른쪽 AI 패널의 코드 어시스턴트 창(단축키 : Ctrl + I )에서 모드는 [Agent]로, 모델은 [claude-4.5-sonnet]을 선택하고 아래 프롬프트를 커서 AI에 입력해 주세요. 앞에서 챗GPT가 제안한 구조와 디자인 시스템을 바탕으로 커서 AI에게 실제 포트폴리오 홈페이지를 만들어 달라고 요청하겠습니다.

> **프롬프트 1 - 2**
>
> '이석현의 모던 포트폴리오'라는 제목으로 아래 스타일을 적용한 개인 포트폴리오 홈페이지를 아래 제시한 [구조]를 바탕으로 모던하고 세련된 스타일로 만들어 줘.
>
> **# 구조**
> **(앞에서 챗GPT가 만들어 준 웹사이트 구조 및 디자인 컨셉 정의 내용을 붙여넣기해 주세요)**
>
> **# 지침**
> - HTML, JavaScript. Tailwind CSS 사용하고 다중 페이지 구조로 HTML을 별도로 만들어 줘.
> - 홈페이지에 필요한 데이터를 별도의 JSON으로 저장하고 자바스크립트에서 이 데이터를 불러와서 필요한 페이지에 동적으로 내용을 채워 줘.
> - 화면 상단에 고정되고, 스크롤 시 약간의 투명도와 그림자 효과가 있는 배경, 스크롤 후 그림자 효과를 가지도록 해 줘. (첨부 파일의 '.header' 스타일 참고)

작업 중간에 라이브러리를 설치하거나 터미널에서 명령어를 실행하겠냐고 물어볼 수도 있습니다. 그럴 때는 [Run] 버튼을 클릭해 주세요. 작업이 종료되면 수정한 내용을 반영하기 위해 채팅창 아래에서 [Keep]이나 [Keep All]을 클릭해 주세요.

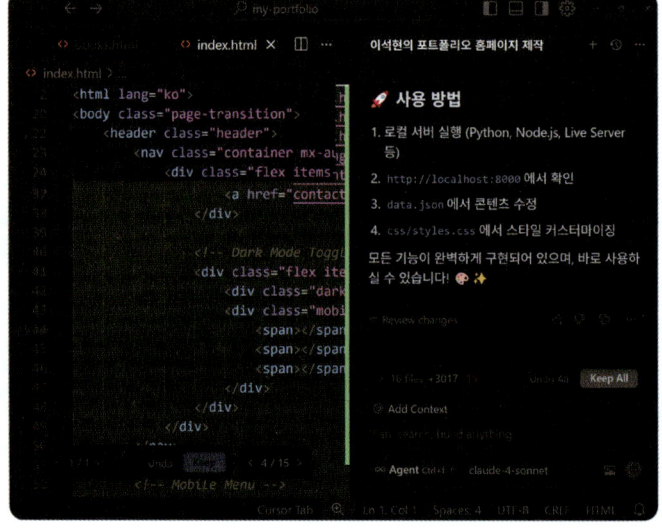

파일 탐색기에서 [index.html]을 직접 실행해서 오류 없이 화면이 잘 작동하는지 확인합니다. 우리는 데이터(JSON)와 디자인(HTML)을 분리했습니다. 하지만 [index.html] 파일을 직접 열어보니 의도대로 데이터가 잘 보이지 않습니다. 이건 여러분의 잘못이 아니라, 웹 브라우저가 보안을 위해 로컬 파일을 함부로 불러오지 못하게 막고 있기 때문입니다. 커서 AI에 [Live Server] 확장이 설치되어 있다면 이 문제를 해결할 수 있습니다. 커서 AI 창의 오른쪽 하단에 있는 [Go Live] 버튼을 클릭하면 새로운 탭이 열리면서 여러분의 포트폴리오가 완벽하게 보일 겁니다.

> 만약 [Go Live] 버튼이 보이지 않는다면 [Live Server] 확장을 설치해야 합니다.
> **Live Server 설치 및 실행 방법은 [공통 가이드 1(342쪽)]을 참조하세요.**

새로 열린 웹 브라우저의 주소창을 보세요. [http://127.0.0.1:5500]으로 잘 접속했죠? 여러분의 컴퓨터가 잠시동안 웹 서버로 변신합니다.

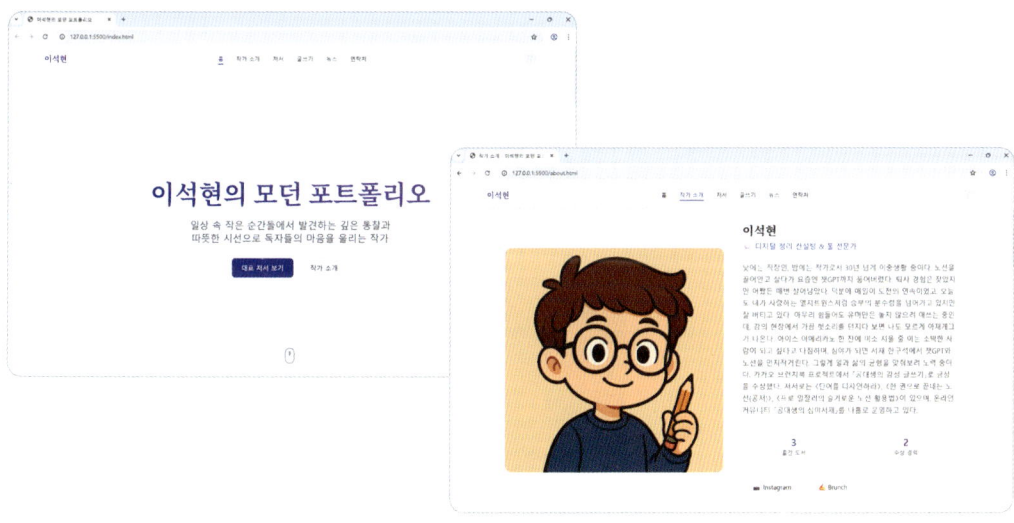

커서 AI는 요청한 프롬프트에 따라 모던한 포트폴리오 홈페이지를 성공적으로 완성했습니다. 이 홈페이지는 인사말과 작가 소개, 저서, 글쓰기, 뉴스, 연락처로 구성되며, 깔끔하고 세련된 디자인 컨셉을 갖추었습니다.

# Step 04 포트폴리오 홈페이지 기능 추가하기

홈페이지의 내용을 수정하고 기능을 더하는 방법을 살펴보겠습니다. 다시 커서 AI 어시스턴트 창을 열고 아래 프롬프트를 입력해 주세요. 그리고 미리 준비한 프로필 사진을 왼쪽 창의 파일 목록이 있는 곳에 드래그해 주세요. 저는 '지피.png'라는 프로필 이미지를 넣었습니다.

> **프롬프트 1-3**
>
> 저서의 각 카드를 클릭하면 별도의 페이지가 나타나도록 수정해 줘. 그리고 작가 소개 부분을 아래 텍스트로 바꿔주고 나중에 내가 직접 수정한다면 어느 소스코드에서 어느 부분을 수정해야 하는지 구체적으로 알려 줘. 그리고 작가 프로필 이미지를 [지피.png] 파일로 설정해 줘.
>
> # 작가 소개
> 제목: 디지털 정리 컨설팅 & 툴 전문가
>
> ---
>
> 낮에는 직장인, 밤에는 작가로서 30년 넘게 이중생활 중이다. 노션을 끌어안고 살다가 요즘엔 챗GPT까지 품어버렸다. 퇴사 경험은 잦았지만 어쨌든 매번 살아남았다. 덕분에 매일이 도전의 연속이었고, 오늘도 내가 사랑하는 엘지트윈스처럼 승부의 분수령을 넘어가고 있지만 잘 버티고 있다.
>
> ⋮

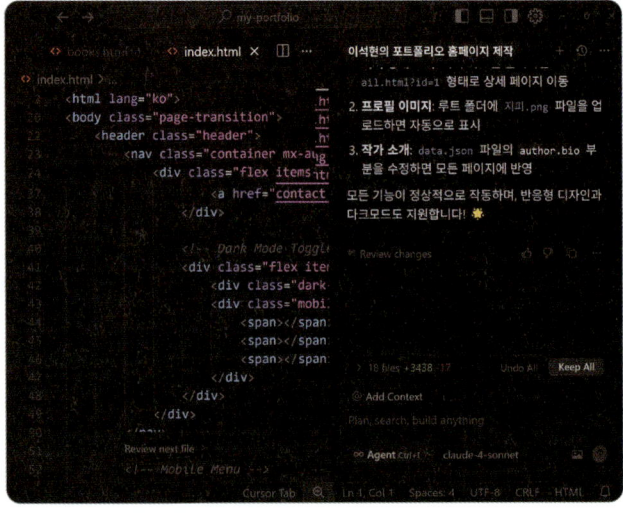

커서 AI는 이 요청을 받고, 스스로 소스코드를 검색하고 직접 수정할 겁니다. 간단한 부분은 직접 수정하고 싶어서 어느 부분을 수정하면 되는지 알려달라고 요청했습니다. 나중에 직접 내용을 고칠 수 있도록 파일 경로와 수정 위치까지 알려달라고 부탁했으니, 그 부분도 잊지 않고 답해줄 겁니다. 마지막에 [Keep]나 [Keep All] 클릭하는 거 잊지 마세요. 요청한 대로 내용이 변경되었는지 확인해 주세요.

## Step 05 포트폴리오 Vercel로 배포하기

드디어 마지막 단계입니다. 전 세계 누구나 여러분이 만든 서비스에 접속하기 위해서는 웹서버에 파일을 업로드하는 과정을 거쳐야 합니다. Vercel이라는 도구를 사용하면 이 과정이 눈 깜짝할 사이에 끝난답니다. 게다가 무료입니다.

> Vercel 배포는 [공통 가이드 2 (344 쪽)]를 참조하세요.

 결과 확인 ····» 나만의 포트폴리오 홈페이지 주소 생성

Vercel 배포가 완료되면, 다음과 같은 여러분만의 웹사이트 주소가 생성될 것입니다.

····» https://futurewave-portfolio-34bbljtdj-seok-hyun-lees-projects.vercel.app/

Vercel이 만든 주소로 접속해서 여러분의 웹사이트가 디자인 시안처럼 멋지게 구현되었는지, 스크롤 애니메이션과 각종 효과들이 의도한 대로 잘 작동하는지 꼼꼼히 확인해 보세요. 이제 생성된 링크를 전 세계 누구에게나 자신있게 공유할 수 있습니다.

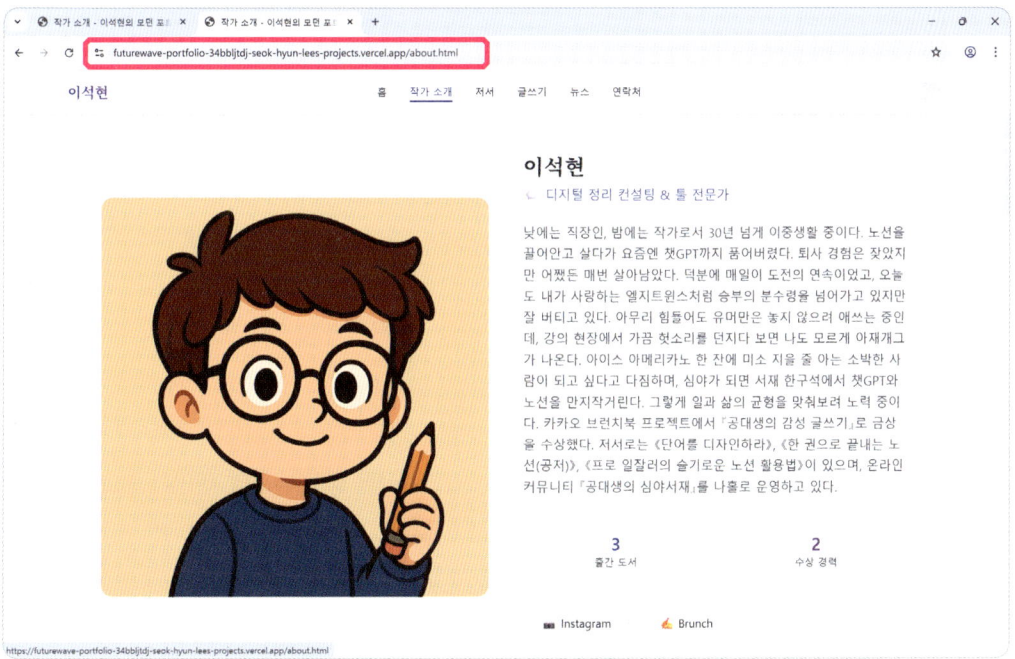

 ## 딸깍! 나만의 포트폴리오 홈페이지

여러분은 AI와 함께 단 몇 번의 대화(프롬프트)를 통해, 전문 디자이너가 만든 것 같은 멋진 포트폴리오 홈페이지를 완성하고, Vercel을 통해 전 세계 누구나 접속할 수 있도록 공개했습니다.

 ## 이것만은 알고 가요

오늘 여러분은 챗GPT와 소통하면서 포트폴리오 홈페이지의 기능을 설계하고 커서 AI에게 상세한 요구사항을 전달하고, 그 결과 거의 동일한 수준의 결과물을 얻어냈습니다. 포트폴리오 홈페이지의 각 세부적인 기능과 수정 사항은 커서 AI에게 자료를 제공하며 수정해 달라고 요청하면 됩니다. 그리고 홈페이지 내용을 수정하게 되면 반드시 Vercel에 다시 배포 작업을 수행해야 합니다.

 ## 더 잘하고 싶다면?

오늘 만든 홈페이지, 더 특별하게 만들고 싶으시죠? 그럴 때는 커서 AI에게 다음과 같이 추가로 요청해 보세요.

- 포트폴리오 섹션의 프로젝트 카드에 실제 프로젝트 스크린샷을 넣고 싶은데, 이미지 경로를 어떻게 수정하면 될까? 그리고 이미지 위에 마우스를 올리면 프로젝트 제목이 나타나는 효과도 추가해 줘.
- 스킬 섹션의 각 스킬 항목 옆에 나의 숙련도를 별점(예 ★★★★☆)이나 퍼센트 바 형태로 시각적으로 보여주고 싶어. 어떻게 하면 좋을까?
- 연락처 폼에 입력된 내용이 실제로 내 이메일로 전송되도록 하려면 어떤 기술이나 서비스를 사용해야 할까? 예시 코드를 보여 줘.

# 5분 만에 만드는 나만의 웹 메모장

**CHAPTER 02**

코딩을 1도 모르는데, 5분 만에 나만의 웹 서비스를 만들 수 있을까요? 정답은 "거의 그렇다"입니다. 나만의 웹 서비스를 만들려면 그저 커서 AI와 대화만 잘 하면 되죠. 이번 챕터에서는 **할 일을 기록하고 완료하는 아주 간단한 '나만의 웹 메모장'**을 만들어 보겠습니다. 이 챕터가 끝날 때쯤이면, 여러분은 웹 메모장을 스마트폰과 PC에서 사용하게 될 겁니다. "내가 이걸 만들었다고?" 하는 성취감을 맛볼 준비, 되셨나요?

 **아이디어 구상**

우리가 만들 서비스는 거창하지 않습니다만, 충분히 실용적인 도구가 될 수 있습니다. 다음과 같은 기능들을 오직 대화만으로 만들어 보겠습니다.

- **핵심 기능:** 오늘 할 일을 입력하고, '추가' 버튼을 누르면 목록에 쌓입니다.
- **완료 표시:** 목록에 있는 할 일을 클릭하면, 취소선이 그어지며 완료 처리됩니다.
- **데이터 보존:** 실수로 브라우저를 껐다 켜도, 내가 작성한 할 일 목록이 사라지지 않고 그대로 남아있습니다.

 커서 AI와 함께 3단계로 웹 메모장 만들기

이제 커서 AI를 켜고 새로운 프로젝트 폴더를 생성한 다음 그 폴더를 열어 주세요.

### Step 01 / 웹 메모장 기본 뼈대 세우기

가장 먼저 웹 메모장의 기본적인 얼굴, 즉 화면 구조를 만들겠습니다. 제목과 할 일을 입력하는 칸, 그리고 '추가' 버튼이 필요하겠죠. 아래 프롬프트를 커서 AI에 입력해 주세요.

> 프롬프트 1-4
>
> '오늘의 할 일'이라는 HTML 메모장을 만들 거야. 할 일을 입력할 수 있는 칸이랑 '추가' 버튼을 만들어 줘. 디자인은 Tailwind CSS를 사용해서 세련되고 깔끔하게 만들어 줘.

커서 AI는 요청을 받아서 HTML 코드를 작성할 겁니다. Tailwind CSS라는 도구를 사용해 별도의 디자인 파일이 없어도 전문 디자이너가 만진 것처럼 깔끔한 스타일을 만듭니다. 작업이 끝나면 [Keep]를 클릭해 주세요.

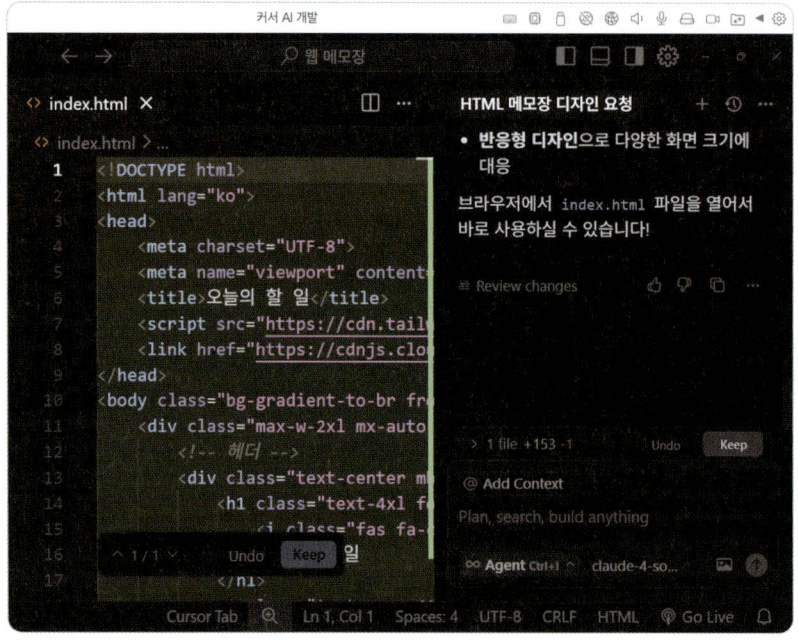

> 🥄 **코드 한 스푼**
>
> - **Tailwind CSS**: HTML 뼈대에 바로 입히는 옷입니다. bg-blue-500처럼 쉬운 명령어로 파란색 배경을 만드는 등, 디자인 과정을 매우 편리하게 만들어 줍니다.

결과 확인을 위해 커서 AI 창의 오른쪽 아래에서 **[Go Live]**를 클릭해 주세요. 아래처럼 '오늘의 할 일' 제목을 가진 웹 메모장이 만들어졌습니다.

> 🎯
>
> 만약 [Go Live] 버튼이 보이지 않는다면 [Live Server] 확장을 설치해야 합니다.
> **Live Server 설치 및 실행 방법은 [공통 가이드 1(342 쪽)]을 참조하세요.**

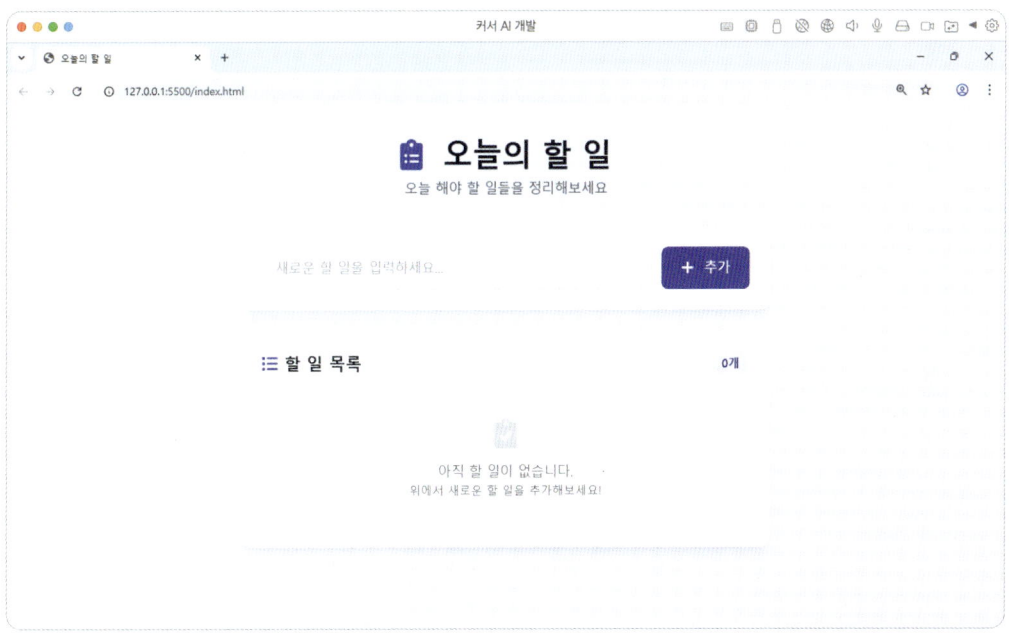

## Step 02 / 웹 메모장에 생명 불어넣기

이제 버튼을 클릭하면 뭔가 일이 발생하게 만들어 보겠습니다. 입력창에 쓴 내용을 목록에 추가하고, 클릭하면 완료 표시가 되는 동적인 기능을 추가하는 겁니다. 다음 프롬프트를 커서 AI에 입력해 주세요.

❝ 프롬프트 1-5

'추가' 버튼을 클릭하면 입력한 할 일이 아래쪽에 목록으로 추가되고, 할 일을 체크하면 글자에 취소선이 그어지면서 완료 표시되도록 수정해 줘.

커서 AI는 웹페이지가 마치 살아 움직이는 듯한 코드를 작성합니다. 우리는 '버튼을 클릭하면' 어떤 일이 벌어져야 하는지에 대한 구체적인 지침을 전달했습니다. 만약 의도대로 작동하지 않는다면 다시 수정하라는 프롬프트를 전달하면 됩니다. 저는 몇 가지 기능이 구현되지 않아 추가로 작업 요청을 했습니다.

❝ 프롬프트 1-6

취소선도 그려지지 않고 항목 삭제도 되지 않아. 수정해 줘.

기능이 구현되면 항상 **면밀하게 테스트를 진행**하세요. 다음 작업으로 넘어가기 전에 요청한 기능이 완벽하게 작동해야 합니다.

다시 미리보기 화면으로 돌아가세요. 이제 입력창에 '웹 메모장 만들기'라고 쓰고 '추가' 버튼을 눌러보세요. 아래에 웹 메모장 만들기 항목이 생기나요? 항목에서 체크를 클릭하면 취소선이 그어질 겁니다.

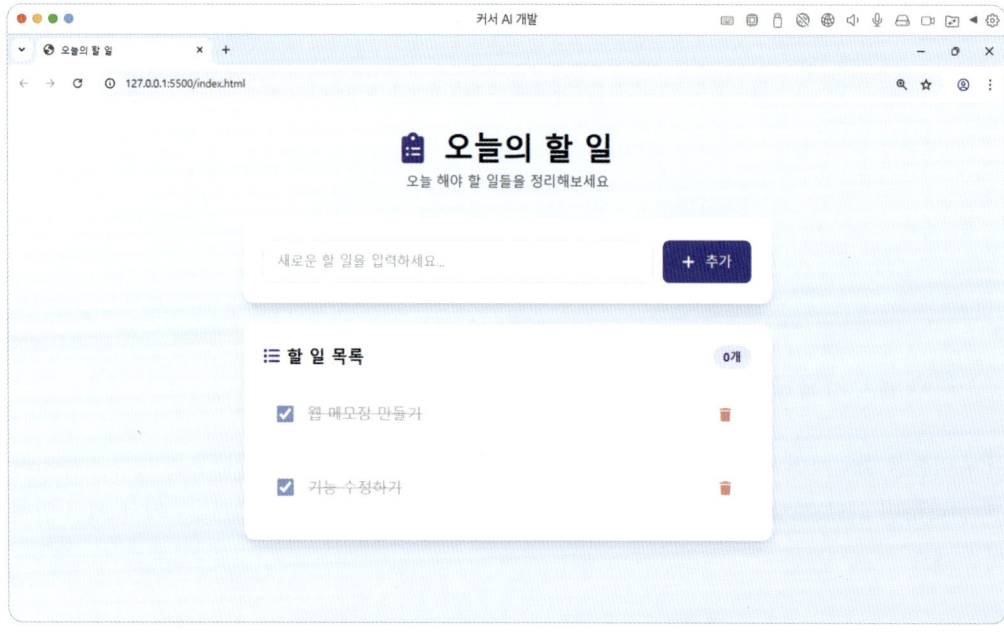

## Step 03 나의 소중한 데이터를 지켜줘

지금 상태로는 웹 브라우저를 새로고침하면 애써 입력한 할 일 목록이 모두 사라져 버립니다. 컴퓨터를 껐다 켜도 데이터가 유지되도록 만들어 보겠습니다. 아래 프롬프트를 커서 AI에 입력해 주세요.

> **프롬프트 1-7**
>
> 할 일 목록, 내가 컴퓨터를 껐다 켜도 그대로 남아있었으면 좋겠어. 그 기능을 구현해 줘.

커서 AI는 로컬 스토리지 Local Storage라는 기술을 사용해서 이 문제를 해결할 겁니다. 사용자의 웹 브라우저 안에 작은 비밀 서랍을 만들고 그 안에 할 일 목록을 저장하고, 페이지를 다시 열 때 그 서랍에서 목록을 꺼내오는 개념입니다.

할 일을 몇 개 추가한 뒤, 웹 브라우저의 **새로고침 버튼(F5)**을 눌러보세요. 목록이 사라지지 않고 그대로 남아있다면, 완벽하게 성공한 겁니다!

## 03 딸깍! 나만의 웹 메모장을 Vercel에 배포합시다

놀랍지 않나요? 여러분은 방금 AI와 단 세 번의 대화를 통해, 디자인과 기능, 데이터 저장까지 완벽하게 작동하는 웹 서비스를 '딸깍!' 만들어냈습니다. 이 웹 메모장을 Vercel 배포 기능으로 직접 배포해 보세요.

> 🎯 Vercel 배포는 [공통 가이드 2 (344 쪽)]를 참조하세요.

## 04 이것만은 알고 가요

오늘 우리는 코드를 전혀 입력하지 않았습니다. 대신, **'무엇을 만들고 싶은지'에 집중하고, 그것을 커서 AI에게 전달**했습니다. 이것이 바로 '바이브 코딩'의 핵심입니다.

## 05 더 잘하고 싶다면?

여기서 멈추지 말고, AI와 더 다양한 대화를 시도해 보세요. 여러분의 메모장은 얼마든지 더 똑똑해질 수 있습니다.

- 할 일 항목들을 분야별로 묶어 줘.
- 할 일과 완료된 일을 별도로 구분해 줘.
- 입력창이 비어있을 때 '추가' 버튼을 누르면, "할 일을 입력하세요!"라는 경고 메시지를 보여 줘.

# 기억력 카드 게임

### CHAPTER 03

지난 챕터에서 우리는 커서 AI와 대화하며 간단한 웹 메모장 서비스를 만들었습니다. 이번에는 방향을 바꿔서, 게임을 만들어 보겠습니다. **두뇌를 자극하는 '기억력 카드 맞추기'**라는 간단한 게임입니다. 코딩은 커서 AI에게 맡기고, 우리는 아이디어만 지시만 해봅시다. 이 챕터를 성공적으로 마치면, 여러분이 직접 만든 근사한 카드 게임을 친구에게 자랑할 수 있을 겁니다.

 **아이디어 구상**

이번에 만들 게임의 규칙은 아주 간단합니다.

- **게임 판**: 4×4, 총 16개의 사각형 카드가 뒤집힌 채로 놓여 있습니다.
- **게임 방법**:
    - 각 카드 뒤에는 1부터 8까지의 숫자가 두 개씩, 총 8쌍이 숨어 있습니다.
    - 사용자는 두 개의 카드를 클릭해서 뒤집습니다.
    - 두 카드의 숫자가 같으면, 카드는 계속 앞면을 유지합니다.
    - 숫자가 다르면, 잠시 후 카드는 다시 뒷면으로 뒤집힙니다.
- **게임 종료**: 모든 숫자 쌍을 찾으면 게임이 종료되고, 몇 번 만에 성공했는지 점수가 표시됩니다.

이 모든 기능을 오직 대화만으로 만들어 보겠습니다.

 **커서 AI와 함께 3단계로 웹 게임 만들기**

이제 커서 AI를 켜고 새로운 프로젝트 폴더를 생성한 다음 그 폴더를 열어 주세요.

### Step 01 / 4×4 카드 게임판 만들기

가장 먼저 게임을 플레이할 무대, 즉 4×4 카드 게임판을 만들어야 합니다. 커서 AI에 아래 프롬프트를 입력해 주세요.

> **프롬프트 1-8**
>
> **기억력 게임판 만들기**
>
> 4x4 크기의 사각형 카드 게임판을 만들어 줘. 총 16개의 카드가 그리드 형태로 배치되고, 각 카드는 클릭할 수 있게 해 줘. 카드의 뒷면은 일단 파란색으로 보여주면 좋겠어. HTML/자바스크립트/Tailwind CSS를 이용해서 예쁘게 만들어 줘.

커서 AI는 이 요청을 받고 HTML과 CSS를 사용해 게임의 기본 판을 구성할 겁니다. 특히 CSS의 '그리드Grid' 속성을 사용하면, 마치 바둑판처럼 행과 열이 딱딱 맞는 카드 배치 UI를 만들어낼 수 있습니다.

> **코드 한 스푼**
>
> - **HTML/CSS:** HTML로 16개의 카드(div 태그)를 만들고, CSS 그리드 레이아웃으로 4×4 구조를 잡아줍니다.

코드가 완성되면 미리보기 화면을 확인하세요. 파란색 사각형 16개가 4×4 형태의 게임판이 보일 겁니다. 이제 이 카드 뒤에 숫자를 숨기고, 게임 규칙을 적용할 차례입니다.

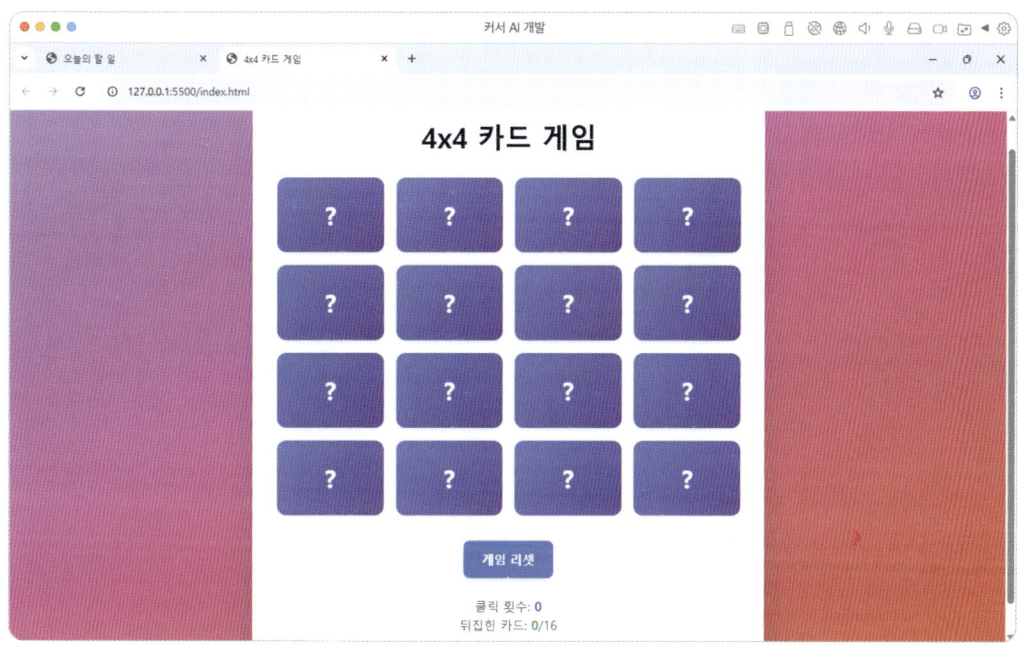

### Step 02 / 카드 뒤집기 로직 구현하기

이제 게임의 핵심 규칙을 만들 시간입니다. 카드를 섞고, 뒤집고, 숫자를 비교하는 모든 과정을 AI에게 맡겨 보겠습니다. 아래 프롬프트를 커서 AI에 입력해 주세요.

> **프롬프트 1-9**
>
> **카드 뒤집기 로직**
>
> 1부터 8까지의 숫자를 두 개씩, 총 16개 만들어서 카드 뒤에 무작위로 숨겨 줘. 사용자가 카드를 클릭하면 숫자가 보이게 하고, 두 번째 카드를 클릭했을 때 두 숫자가 같으면 그대로 두고, 다르면 1초 뒤에 다시 뒷면으로 뒤집어 줘.

이것은 꽤 복잡한 요청이지만 커서 AI에게는 쉬운 일입니다. JavaScript를 사용해 숫자 쌍을 만들고, 섞고, 각 카드에 할당한 뒤, 사용자의 클릭에 따라 카드를 뒤집고 숫자를 비교하는 로직을 구현할 겁니다.

이제 게임을 시작하고 카드를 두 개씩 클릭하며 같은 숫자를 찾아보세요. 숫자가 다르면 카드가 다시 뒤집히는 것을 볼 수 있습니다. 모든 쌍을 찾아 게임을 클리어해 보세요.

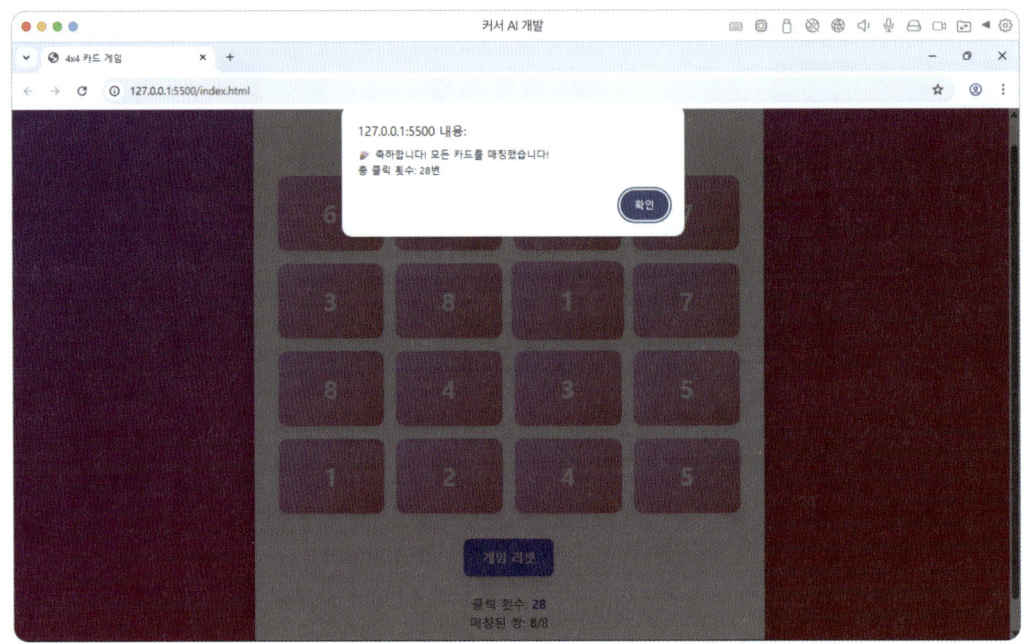

## Step 03 게임의 완성, 점수와 재시작 기능 추가하기

마지막으로 게임의 재미와 편의성을 더할 기능을 추가하겠습니다. 내가 몇 번이나 카드를 뒤집었는지 기록하고, 언제든 게임을 다시 시작할 수 있게 만들겠습니다. 아래 프롬프트를 커서 AI에 입력해 주세요.

" 프롬프트 1-10

**점수 및 재시작 기능**

사용자가 카드를 뒤집을 때마다 시도 횟수를 세어 줘. 모든 숫자 쌍을 맞추면, "게임 클리어! 총 시도 횟수: [횟수]" 라는 메시지를 보여 줘. 그리고 게임을 처음부터 다시 할 수 있는 '다시 시작' 버튼도 만들어 줘. 그리고 카드를 뒤집을 때마다 어울리는 효과음을 내주고 카드를 맞추면 딩동댕 효과음을 내주고 모두 맞추면 축하 음악을 재생해 줘.

커서 AI는 클릭 횟수를 저장할 변수를 하나 만들고, 카드를 뒤집을 때마다 이 숫자를 1씩 증가시킬 겁니다. 모든 쌍을 맞췄는지 확인한 후, 축하 메시지와 함께 최종 점수를 보여주고, 모든 것을 초기 상태로 되돌리는 '다시 시작' 로직을 추가할 겁니다.

미리보기 화면에서 최종 완성된 게임을 플레이해 보세요. 이제 게임을 클리어하면 나의 점수(시도 횟수)를 확인할 수 있고, '다시 시작' 버튼으로 더 좋은 기록에 도전할 수 있습니다. 그리고 효과음이 재생되는지도 확인해 보세요.

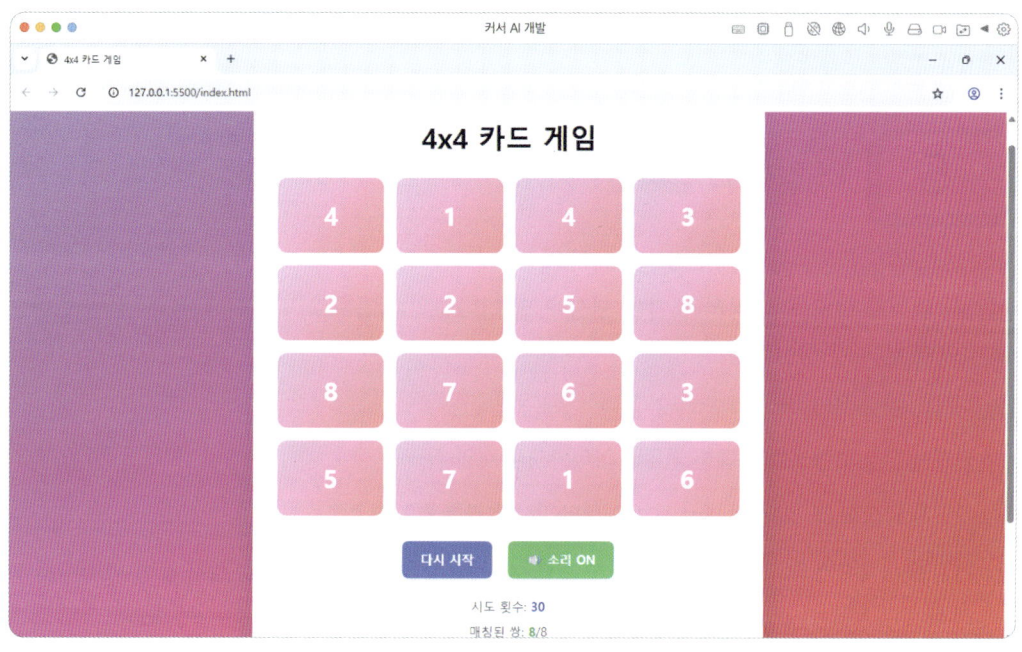

 **딸깍! 완성된 나만의 기억력 게임**

여러분은 커서 AI와 게임을 만들었습니다, 그리고 두뇌를 자극하는 기억력 카드 게임도 성공적으로 구현했습니다. 이 게임에는 화면 구성, 핵심 로직, 부가 기능까지 웹 게임의 아이디어가 담겨 있으니 여러분의 게임을 만들 때 응용해 보세요.

## 04 이것만은 알고 가요

오늘 우리는 '기억력 게임'이라는, 제법 복잡해 보이는 목표를 ❶판 만들기, ❷규칙 구현하기, ❸마무리하기라는 세 가지 단계로 나누어 커서 AI에게 요청했습니다. 이처럼 **복잡한 문제를 잘게 쪼개어 단계별로 AI와 소통**하는 것이 '바이브 코딩'의 핵심 전략이랍니다.

## 05 더 잘하고 싶다면?

여기서 멈추지 말고, 여러분의 게임을 세상에 단 하나뿐인 작품으로 만들어 보세요. AI에게 이렇게 요청해 보는 건 어떨까요?

- 카드 뒷면을 파란색 대신 예쁜 클로버 아이콘으로 채워 줘.
- 카드가 뒤집힐 때, 3D처럼 빙글 도는 애니메이션 효과를 추가해 줘.
- 게임을 시작하면 60초 타이머가 거꾸로 흐르게 하고, 시간 안에 못 맞추면 '게임 오버' 메시지를 보여 줘.

# 가위바위보 게임

**CHAPTER 04**

이번 챕터에서는 **사용자와 실시간으로 상호작용하는 인터랙티브 게임**을 만들어 보겠습니다. 바로 누구나 잘 아는, '가위바위보' 게임을 만드는 것입니다. AI와 긴장감 넘치는 가위바위보 대결을 펼쳐볼까요?

## 01 아이디어 구상

우리가 만들 게임의 규칙은 아주 간단합니다.

- **선택**: 화면에 있는 '가위', '바위', '보' 버튼 중 하나를 클릭합니다.
- **대결**: 내가 버튼을 누르는 순간, AI도 가위, 바위, 보 중 하나를 무작위로 냅니다.
- **결과**: 누가 이겼는지, 비겼는지, 졌는지 결과를 즉시 화면에 보여줍니다.
- **기록**: 지금까지의 승패 기록이 화면 한쪽에 차곡차곡 쌓입니다.

이 모든 기능을 오직 대화만으로 만들어 보겠습니다.

 **커서 AI와 함께 2단계로 웹 게임 만들기**

이제 커서 AI를 켜고 새로운 프로젝트 폴더를 생성한 다음 그 폴더를 열어 주세요.

### Step 01 게임판과 기본 규칙 만들기

가장 먼저 게임의 무대와 핵심 규칙을 동시에 만들어 보겠습니다. 사용자가 누를 버튼과, 버튼을 눌렀을 때 일어나는 상호작용을 AI에게 요청하겠습니다. 아래 프롬프트를 커서 AI에 입력해 주세요.

> **프롬프트 1-11**
>
> **가위바위보 게임 기본판**
> 화면에 '가위', '바위', '보' 그림 버튼 세 개를 만들어 줘. 내가 버튼 중 하나를 클릭하면 AI도 가위, 바위, 보 중 하나를 랜덤으로 내고, 그 결과를 비교해서 누가 이겼는지(승/무/패) 바로 알려주는 기능을 넣어 줘. HTML/자바스크립트/Tailwind CSS를 이용해서 예쁘게 만들어 줘.

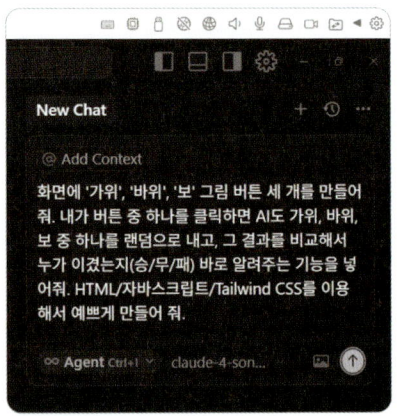

커서 AI는 HTML, CSS, JavaScript를 조합하여 게임의 뼈대와 두뇌를 동시에 만들어낼 겁니다. 화면에 버튼을 그리고, 사용자의 클릭을 감지하며, 승패를 판단하는 모든 과정이 하나의 요청으로 해결됩니다.

코드가 완성되면 바로 라이브 서버 [Go Live] 버튼을 클릭해서 게임을 테스트해 보세요. '가위', '바위', '보' 버튼을 누를 때마다 "승리!", "패배!", "무승부!" 같은 메시지가 잘 나타나나요? 그렇다면 첫 단계는 성공적으로 완수된 것입니다.

## Step 02 게임의 재미를 더할 승패 기록 추가하기

단판 승부도 재미있지만, 전적을 기록하면 승부욕이 더 불타오르는 법이죠. 지금까지의 승패 기록을 한눈에 볼 수 있도록 AI에게 요청해 보겠습니다. 아래 프롬프트를 커서 AI에 입력해 주세요.

> 프롬프트 1 - 12
>
> **승패 기록 기능 추가**
>
> 지금까지 내가 몇 번 이기고 몇 번 졌는지 간단한 승패 기록을 화면 한쪽에 보여주면 더 재미있을 것 같아. '전적: O승 O패 O무' 형태로 보여 줘.

커서 AI는 프롬프트에 따라, 승리, 패배, 무승부 횟수를 기억할 저장 공간(변수)을 JavaScript 코드에 추가할 겁니다. 그리고 게임이 한 판 끝날 때마다 해당하는 변수의 숫자를 1씩 올린 뒤, 그 결과를 화면에 업데이트해 줄 것입니다.

코드가 수정되었다면 다시 게임을 플레이해 보세요. 버튼을 누를 때마다 화면 한쪽에 여러분의 전적이 실시간으로 업데이트되는지 확인해 보세요.

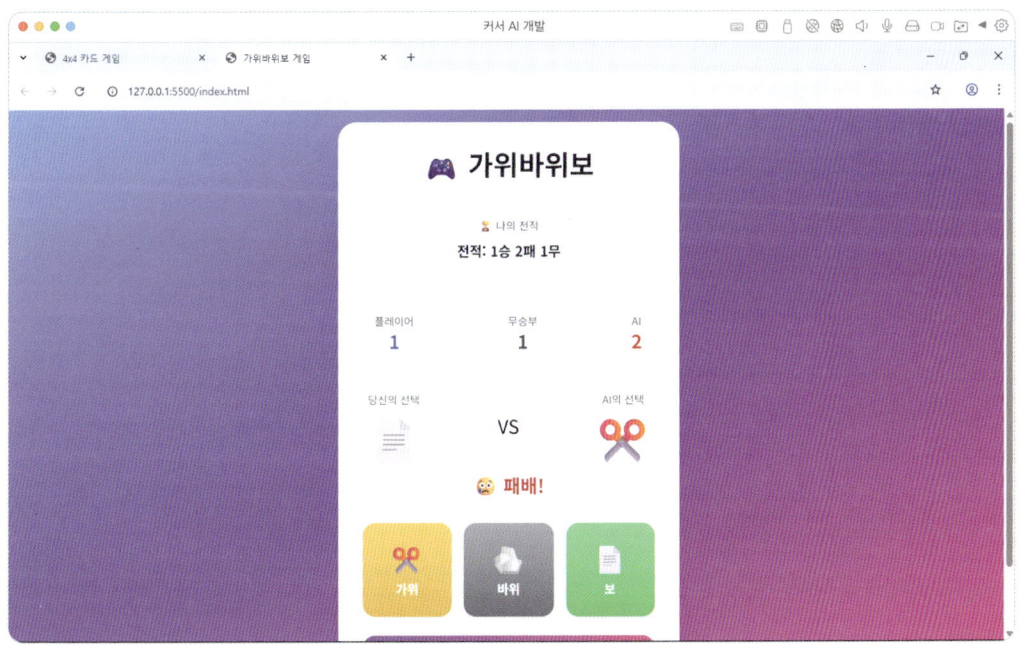

 ## 딸깍! 완성된 나만의 가위바위보 게임

여러분은 또 한 번 커서 AI와 함께 멋진 게임을 완성했습니다. 사용자의 행동에 반응하고, 그 결과를 기록하며, 게임의 상태를 관리하는 모든 과정을 단 두 번의 대화로 끝냈습니다.

 ## 이것만은 알고 가요

오늘 우리는 **사용자의 행동Event이 어떻게 웹 화면의 변화를 일으키는지 직접 경험**했습니다. "버튼을 누르면, 결과가 보인다"는 이 단순한 상호작용이 바로 모든 인터랙티브 웹 서비스와 게임의 기본입니다. 여러분은 코딩 문법이 아닌, '경험'으로 이 중요한 원리를 배운 것입니다.

 ## 더 잘하고 싶다면?

여러분의 가위바위보 게임을 더욱 특별하게 만들어 보세요. 커서 AI에게 이렇게 한번 요청해 보는 건 어떨까요?

- 내가 낸 것과 AI가 낸 것을 실제 가위, 바위, 보 손가락 이미지로 보여주면 더 실감 날 것 같아!
- 내가 이기면 '축하합니다!', 지면 '아쉬워요!' 같은 좀 더 감정이 담긴 메시지를 보여 줘.
- 5판 3선승제 모드를 추가해 줘. 먼저 3승을 하는 쪽이 최종 승리하는 거야.

# Cosmic Defender 슈팅 게임

아주 오래된 게임 속의 미래 도시를 떠올려볼까요. 네온사인이 번쩍이는 거리, 합성음으로 만든 음악, 그리고 픽셀로 그린 우주선이 레이저를 쏘며 날아다니는 장면 말이죠. 이번 챕터에서는 바로 그런 분위기를 담아 **횡스크롤 슈팅 게임**을 만들어 보겠습니다. 이 게임의 목표는 플레이어가 우주선을 조종하여 산맥을 피하고 외계인을 무찌르는 것입니다.

 **아이디어 구상**

먼저 우리가 만들 게임이 어떤 모습일지 구체적으로 그려봅시다.

- **핵심 설정**
    - 플레이어는 미래형 우주선을 조종합니다.
    - 화면 왼쪽에서 오른쪽으로 자동 스크롤됩니다.
    - 아래쪽에는 험준한 산맥이 펼쳐져 있어 충돌하면 게임 오버!
    - 하늘에서는 랜덤하게 외계인이 나타나 공격해 옵니다.
    - 지상의 미사일 기지에서 요격 미사일이 발사됩니다.
    - 시간이 지날수록 속도가 빨라지고 적이 많아집니다.

이 모든 기능을 오직 대화만으로 만들어 보겠습니다.

 **커서 AI와 함께 3단계로 게임 완성하기**

이제 커서 AI를 켜고 새로운 프로젝트 폴더를 생성한 다음 그 폴더를 열어 주세요.

### Step 01 게임의 기본 뼈대 만들기

가장 먼저 플레이어가 조종할 우주선과 기본적인 움직임, 그리고 산맥 지형을 만들어 보겠습니다. 아래 프롬프트를 커서 AI에 입력해 주세요.

> 프롬프트 1 - 13
>
> **신스웨이브 스타일 기본 게임 화면**
> HTML5 Canvas를 사용해서 횡스크롤 슈팅 게임의 기본 화면을 만들어 줘.
> - 화면 크기: 800x600
> - 배경: 검은색에 청록색 그리드 패턴
> - 플레이어 우주선: 삼각형 모양, 네온 핑크색
> - 키보드 방향키로 상하좌우 이동 가능
> - 아래쪽에 산맥 지형을 사인파로 생성 (네온 보라색)
> - 지형과 우주선 충돌시 게임오버 메시지 표시
> - 전체적으로 80년대 신스웨이브 느낌으로 디자인해 줘.

커서 AI는 게임의 기본 틀을 HTML과 JavaScript로 구현할 것입니다. [Go Live]를 클릭해서 웹브라우저에서 게임을 테스트해 봅니다. 화면에 나타나는 네온 핑크색 삼각형(우주선)을 방향키로 움직여 보세요. 산맥에 닿으면 게임이 멈추는지도 확인해 봅시다.

### Step 02 액션 요소 추가하기

이제 게임다운 재미를 위해 레이저 발사와 적 등장 시스템을 구현하겠습니다. 다음 프롬프트를 커서 AI에 입력해 주세요.

> **프롬프트 1-14**

### 레이저 발사와 적 시스템 구현

기존 게임에 다음 기능들을 추가해 줘:

- 스페이스바 누르면 우주선에서 네온 청록색 레이저 발사
- 화면 오른쪽에서 랜덤하게 외계인 적 등장 (네온 빨간색 원형)
- 외계인은 왼쪽으로 이동하며 가끔 미사일 발사
- 지상에서 위쪽으로 노란색 미사일이 발사됨
- 레이저가 적에 맞으면 적 제거, 점수 증가
- 적이나 미사일이 플레이어에 맞으면 게임오버
- 화면 왼쪽 상단에 점수 표시
- 파티클 효과로 폭발 연출 추가

웹브라우저를 새로 고침(F5)해서 게임을 다시 시작해 봅니다. 이제 스페이스바를 눌러 레이저를 쏘고, 나타나는 적들을 격파해 보세요. 폭발할 때 번쩍이는 파티클 효과도 확인해 봅시다. 진짜 게임다운 느낌이 들기 시작할 겁니다.

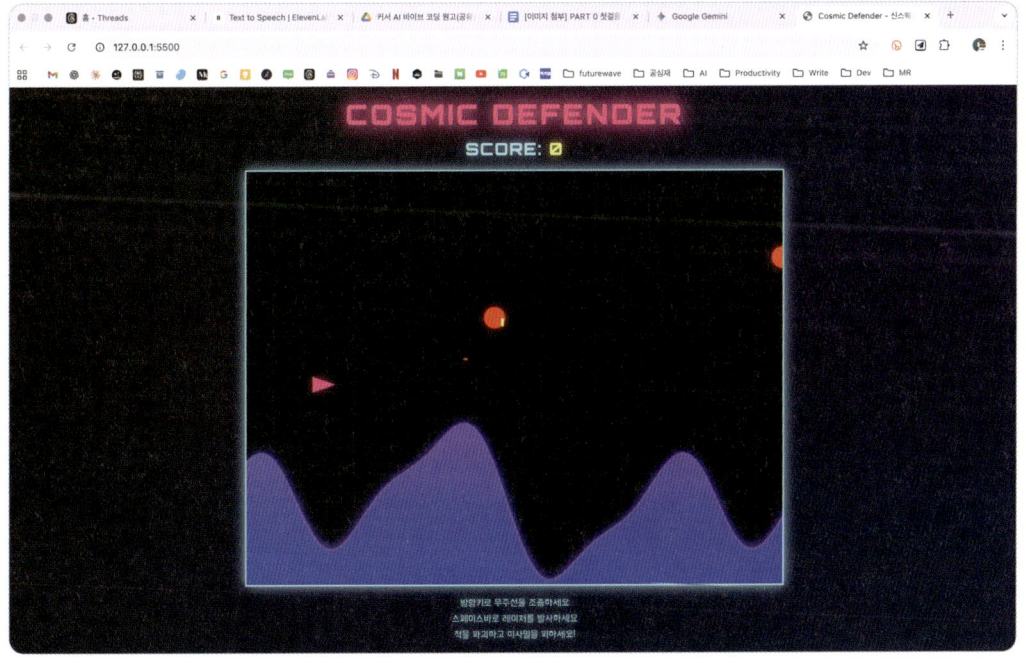

## Step 03 / 레벨 시스템과 바이브 완성하기

마지막으로 게임을 더욱 흥미진진하게 만들 난이도 조절과 신스웨이브 특유의 시각 효과를 추가하겠습니다. 아래 프롬프트를 커서 AI에 입력해 주세요.

> **프롬프트 1 - 15**
>
> **레벨 시스템과 바이브 효과 완성**
>
> 게임을 완성하기 위해 다음 기능들을 구현해 줘:
>
> - 시간이 지날수록 스크롤 속도와 적 출현율 증가
> - 레벨이 올라갈 때마다 화면 전체에 글리치 효과
> - 배경에 스캔라인과 노이즈 효과 추가
> - 점수에 따른 레벨 표시 (레벨 1, 2, 3…)
> - 보스 적 등장 (큰 크기, 체력 여러 번)
> - 게임오버 시 최고 점수 저장 기능
> - 시작 화면과 재시작 버튼 추가
> - 전체적으로 더 강렬한 네온 색상과 블룸 효과 적용
> - 간단한 배경음악이나 효과음 추가

커서 AI는 게임의 완성도를 높이는 모든 요소들을 구현해줄 겁니다. 레벨이 올라갈 때의 글리치 효과와 화면을 가득 채우는 보스의 등장을 확인해 보세요. 진정한 레트로 게임의 향수를 느낄 수 있을 겁니다.

 ## 딸깍! 나만의 아케이드 게임

축하합니다! 여러분은 이제 80년대 아케이드 게임장에서나 볼 법한 멋진 슈팅 게임을 소유하게 되었습니다. 친구들에게 자랑하고 싶다면 Vercel에 배포해서 링크를 공유해 보세요.

 ## 이것만은 알고 가요

오늘 우리는 게임 개발의 핵심 요소인 **실시간 애니메이션, 충돌 검사, 사용자 입력 처리, 게임 상태 관리까지 모두 경험**했습니다. 복잡해 보이지만 커서 AI가 모든 기술적 부분을 해결해 주니, 우리는 오로지 재미있는 아이디어에만 집중할 수 있었습니다.

게임이 단순해 보여도 그 안에는 물리학, 수학, 디자인, 심리학이 모두 녹아있습니다. 여러분이 만든 이 작은 게임 하나가 바로 그 모든 것의 결합체인 셈이죠.

 ## 더 잘하고 싶다면?

여기서 멈추지 말고 커서 AI와 더 깊이 있는 대화를 나눠보세요.

- 플레이어가 죽을 때 슬로우모션 효과를 추가해 줘.
- 무기 업그레이드 시스템을 만들어서 더 강한 레이저를 쏠 수 있게 해 줘.
- 적마다 다른 움직임 패턴을 가지도록 AI를 더 똑똑하게 만들어 줘.
- 모바일에서도 터치로 조작할 수 있게 반응형으로 만들어 줘.

# 레트로 아틸러리 워즈

90년대 애플 컴퓨터에서 친구와 밤새 즐겼던 포병 게임이 있습니다. 대포 각도를 맞추고, 바람을 계산해서 상대방을 맞추면 승리하는 간단한 게임이었죠. 이번 챕터에서는 바로 그 추억의 게임을 현대적으로 재해석한 **'레트로 아틸러리 워즈'**를 만들어보겠습니다. 단순해 보이지만 물리 엔진, 지형 파괴, 실시간 애니메이션까지 게임 개발의 핵심 요소들이 모두 들어있는 게임입니다.

 **아이디어 구상**

우리가 만들 게임은 단순합니다. 화면 양쪽에 대포가 하나씩 있고, 중간에는 울퉁불퉁한 지형이 있습니다. 플레이어는 각도와 파워를 조절해서 상대방을 맞추면 됩니다. 하지만 여기에 바람, 다양한 무기, 지형 파괴 같은 요소들이 더해지면서 전략적인 재미가 배가됩니다.

- **핵심 설정**
  - 물리 기반 포물선 궤적 (중력 + 바람 효과)
  - 실시간 지형 파괴 시스템
  - 다양한 무기 타입 (일반탄, 고폭탄, 클러스터 폭탄)
  - 턴제 게임플레이
  - 레트로 픽셀 아트 스타일

이 모든 기능을 오직 대화만으로 만들어 보겠습니다.

## 02 커서 AI와 함께 3단계로 레트로 게임 만들기

이제 커서 AI를 켜고 새로운 프로젝트 폴더를 생성한 다음 그 폴더를 열어 주세요.

### Step 01 게임 무대 설정하기

먼저 게임이 펼쳐질 무대를 만들어 보겠습니다. HTML5 Canvas를 사용해서 게임 화면을 구성하고, 기본적인 지형과 대포를 배치해 보죠. 아래 프롬프트를 커서 AI에 입력해 주세요.

> **프롬프트 1-16**
>
> **레트로 아틸러리 게임 기본 화면**
> - HTML5 Canvas를 사용해서 800x600 크기의 게임 화면을 만들어 줘.
> - 화면 양쪽 끝에 간단한 대포 2개를 그리고, 중간에는 랜덤한 언덕 지형을 생성해 줘.
> - 배경은 진한 파란색 하늘이고, 지형은 갈색으로 칠해 줘.
> - 화면 상단에는 현재 플레이어 턴과 바람 정보를 표시할 UI도 추가해 줘.
> - 레트로 픽셀 게임 느낌으로 만들어 줘.

커서 AI가 Canvas 기반의 게임 화면을 만들어낼 겁니다. [Go Live]를 클릭해서 웹브라우저에서 게임을 테스트해 봅니다. 두 개의 대포가 지형 위에 자리 잡고, 중간에는 울퉁불퉁한 언덕이 나타날 거예요.

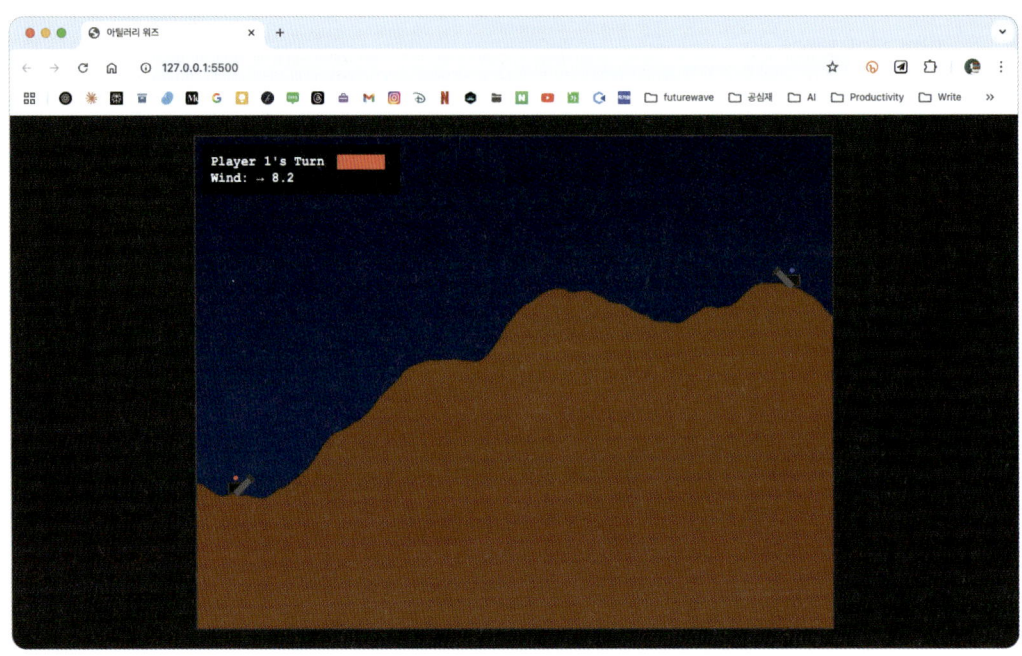

### Step 02 / 물리 엔진과 발사 시스템 구현하기

이제 게임의 핵심인 대포 발사 시스템을 만들어 보겠습니다. 마우스로 각도를 조절하고, 파워를 설정해서 포탄이 날아가는 모습을 구현해 봅시다. 아래 프롬프트를 커서 AI에 입력해 주세요.

> 프롬프트 1-17
>
> **물리 기반 발사 시스템**
>
> - 현재 턴 플레이어의 대포에서 마우스 위치를 향해 조준선을 그려 줘.
> - 클릭하면 거리에 따라 파워가 결정되고, 포탄이 발사되도록 해 줘.
> - 포탄은 중력(9.8)과 바람의 영향을 받아서 포물선으로 날아가야 해.
> - 포탄이 지형이나 상대방 대포에 맞으면 폭발 애니메이션과 함께 지형을 파괴하는 기능도 넣어 줘.
> - 매 프레임마다 포탄의 위치를 계산해서 부드럽게 움직이도록 구현해 줘.

커서 AI는 복잡한 물리 계산을 포함한 발사 시스템을 구현할 겁니다. 포탄이 실제 물리 법칙에 따라 날아가고, 바람의 영향까지 받는 모습을 볼 수 있어요. 포탄을 발사해 보세요. 포물선을 그리며 포탄이 날아가나요? 지형에 맞으면 폭발하면서 땅이 파괴되는지 확인해 보세요.

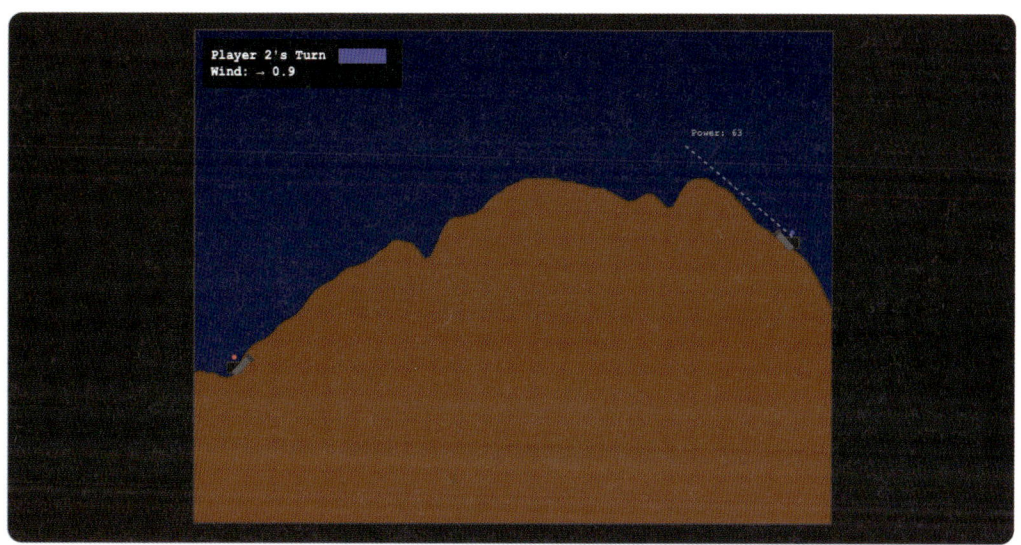

## Step 03 게임 시스템과 재미 요소 완성하기

마지막으로 턴 관리, 승부 판정, 그리고 다양한 무기 시스템을 추가해서 완전한 게임으로 만들어 보겠습니다. 아래 프롬프트를 커서 AI에 입력해 주세요.

> 프롬프트 1-18

**게임 시스템 완성**

- 턴제 시스템을 구현해서 플레이어 1과 2가 번갈아가며 발사하도록 해 줘.
- 각 플레이어의 HP를 100으로 설정하고, 폭발 데미지를 거리에 따라 계산해 줘.
- 3가지 무기 타입을 추가해 줘.
    ① 일반탄(기본),
    ② 고폭탄(넓은 폭발),
    ③ 클러스터 폭탄(공중에서 3개로 분리).
- 무기 선택은 키보드 1,2,3번으로 하고, 현재 선택된 무기와 남은 탄약수를 화면에 표시해 줘.
- 게임 종료 조건과 승자 판정, 재시작 기능도 넣어 줘.

커서 AI가 완전한 게임 시스템을 구현할 겁니다. 이제 친구와 함께 진짜 게임을 즐길 수 있어요. 각 무기를 써보세요. 클러스터 폭탄이 공중에서 분리되는 모습이 재미있을 겁니다. 상대방의 HP를 0으로 만들어서 승리해 보세요.

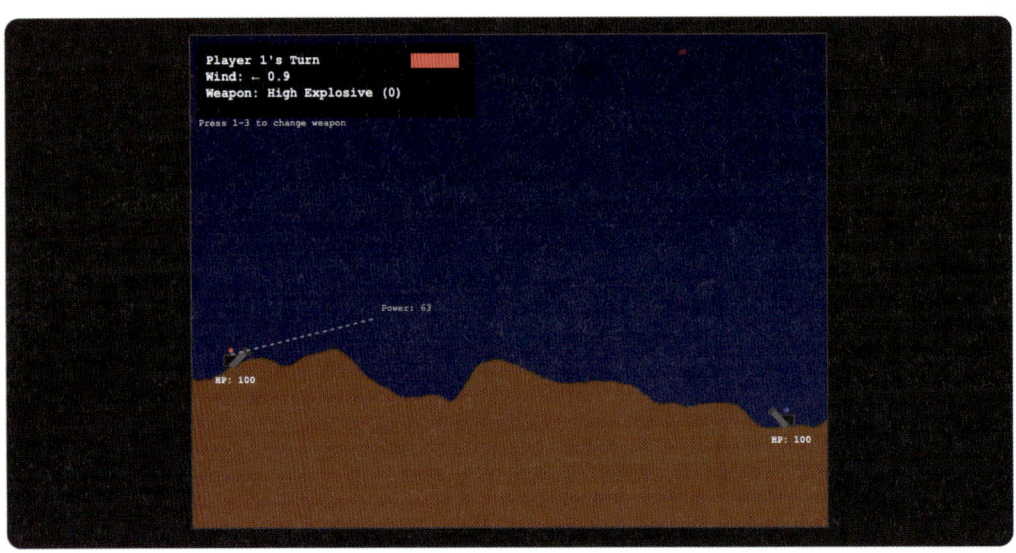

 **딸깍! 추억이 살아 숨쉬는 레트로 게임**

여러분은 90년대 추억의 게임을 현대적으로 재탄생시켰습니다. 단순해 보이지만 그 안에는 물리 엔진, 충돌 감지, 실시간 렌더링, 게임 상태 관리 등 게임 개발의 핵심 기술들이 모두 들어있어요.

 **이것만은 알고 가요**

게임 개발은 프로그래밍의 꽃이라고 불립니다. **사용자 인터페이스, 데이터 처리, 실시간 연산, 그래픽 처리 등 웹 개발의 모든 요소가 집약**되어 있기 때문이죠. 오늘 만든 간단한 게임 안에도 실제 상용 게임에서 사용되는 기술들이 상당히 많이 들어있어요.

## 05 더 잘하고 싶다면?

게임이 완성되었다고 끝이 아닙니다. 더 재미있게 만들어 보세요!

- 핵폭탄을 추가해 줘. 게임당 1번만 사용 가능하고, 화면 전체를 흔드는 효과도 넣어 줘.
- AI 상대를 만들어 줘. 거리와 바람을 계산해서 적당히 정확하게 쏘도록 해 줘.
- 지형이 무너지는 애니메이션을 더 자연스럽게 만들어 줘. 중력에 따라 떨어지는 효과를 넣어 줘.
- 사운드 효과를 추가해 줘. 발사음, 폭발음, 승리 사운드 같은 거 말이야.

# 로드러너 게임

80년대 오락실을 떠들썩하게 만들었던 로드러너라는 게임을 아시나요? **사다리를 타고 올라가서 금괴를 모으고, 적들을 피해 탈출하던 게임입니다.** 이번 챕터에서는 이 클래식 게임을 현대적으로 재해석하여 코딩을 배우면서 게임도 즐길 수 있는 특별한 서비스를 만들어 보겠습니다.

 아이디어 구상

일반적인 게임 튜토리얼들은 정적인 화면에 네모난 상자들만 움직이죠. 하지만 우리는 다릅니다. 실제로 플레이하고 싶어지는, 진짜 게임다운 게임을 만들 겁니다.

- **핵심 설정**
  - 심플한 스타일의 캐릭터와 애니메이션
  - 실제 게임처럼 부드러운 움직임과 사운드 효과
  - **바이브 코딩**: 키보드 조작 대신 코드로 캐릭터 제어
  - **점진적 학습**: 게임을 즐기다 보면 자연스럽게 프로그래밍 개념 습득

이 모든 기능을 오직 대화만으로 만들어 보겠습니다.

# 02 커서 AI와 함께 3단계로 완성도 높은 게임 만들기

이제 커서 AI를 켜고 새로운 프로젝트 폴더를 생성한 다음 그 폴더를 열어 주세요.

## Step 01 게임 엔진과 기본 시스템 구축하기

먼저 게임의 핵심 엔진을 만들겠습니다. 단순한 화면이 아닌, 실제 게임처럼 동작하는 시스템이 필요하죠. 아래 프롬프트를 커서 AI에 입력해 주세요.

> **프롬프트 1 - 19**
>
> **게임 엔진 기본 구조**
>
> HTML5 Canvas 기반의 게임 엔진을 만들어 줘. 다음 핵심 시스템들을 포함해 줘:
>
> 1. **게임 루프 시스템:**
>    - 60FPS 렌더링 루프 (requestAnimationFrame 사용)
>    - Update/Render 분리 구조
>    - 델타 타임 기반 애니메이션
>
> 2. **리소스 관리 시스템:**
>    - 아주 심플한 컨셉의 사람 모양의 캐릭터 사용
>    - 사운드 효과 (Web Audio API 또는 HTML5 Audio)
>    - 게임 상태 관리 (메뉴, 게임중, 게임오버)
>
> 3. **입력 시스템:**
>    - 키보드 입력 처리
>
> 4. **기본 UI:**
>    - 800x600 게임 캔버스
>    - 상단에 게임 정보 (점수, 레벨, 생명)
>
> 모든 게임 오브젝트는 GameObject 클래스를 상속받도록 구조화해 줘.

작업이 완료되면 [Go Live]를 클릭해서 웹브라우저에서 게임을 테스트해 봅니다. 이 단계에서는 아직 캐릭터가 움직이지 않아도 괜찮습니다. 중요한 건 게임이 실제로 돌아가는 기반을 만드는 거예요. 브라우저 콘솔을 열어서 에러가 없는지 확인해 보세요.

## Step 02 플레이어와 맵 시스템 구현하기

이제 실제로 조작할 수 있는 캐릭터와 탐험할 수 있는 맵을 만들겠습니다. 아래 프롬프트를 커서 AI에 입력해 주세요.

> **프롬프트 1 - 20**
>
> **플레이어와 맵 시스템**
> 실제 로드러너처럼 동작하는 플레이어와 맵을 구현해 줘:
>
> 1. **플레이어 클래스:**
>    - 32x32 픽셀 크기 (게임 한 칸의 크기)
>    - 부드러운 이동 애니메이션 (0.3초에 걸쳐 한 칸 이동)
>    - 스프라이트 애니메이션 (걷기, 오르기, 떨어지기 동작)
>    - 물리 법칙 (중력, 사다리 타기, 로프 매달리기)
>    - 충돌 감지 시스템
>
> 2. **맵 시스템:**
>    - 28x16 타일 기반 맵
>    - 타일 종류별 렌더링:

- ⋯▶ 벽돌 (갈색, 텍스처 느낌)
- ⋯▶ 콘크리트 (회색, 단단한 느낌)
- ⋯▶ 사다리 (갈색 세로 막대)
- ⋯▶ 로프 (갈색 점선)
- ⋯▶ 배경 (검은색)
- 맵 데이터는 2차원 배열로 관리

3. **카메라 시스템:**
   - 플레이어 중심으로 화면 스크롤
   - 맵 경계에서는 스크롤 제한

4. **첫 번째 테스트 맵:**
   - 3층 구조의 단순한 맵
   - 금괴 3개 배치
   - 출구 1개

임시로 화살표 키로도 조작 가능하게 해서 게임이 제대로 동작하는지 테스트할 수 있게 해 줘.

이제 화살표 키를 눌러서 캐릭터가 부드럽게 움직이는지 확인해 보세요. 사다리를 타고 올라가고, 중력에 의해 떨어지는 모습을 확인해 보세요. 만약 게임에 문제점이 있다면 수정해 달라고 요청하면 됩니다.

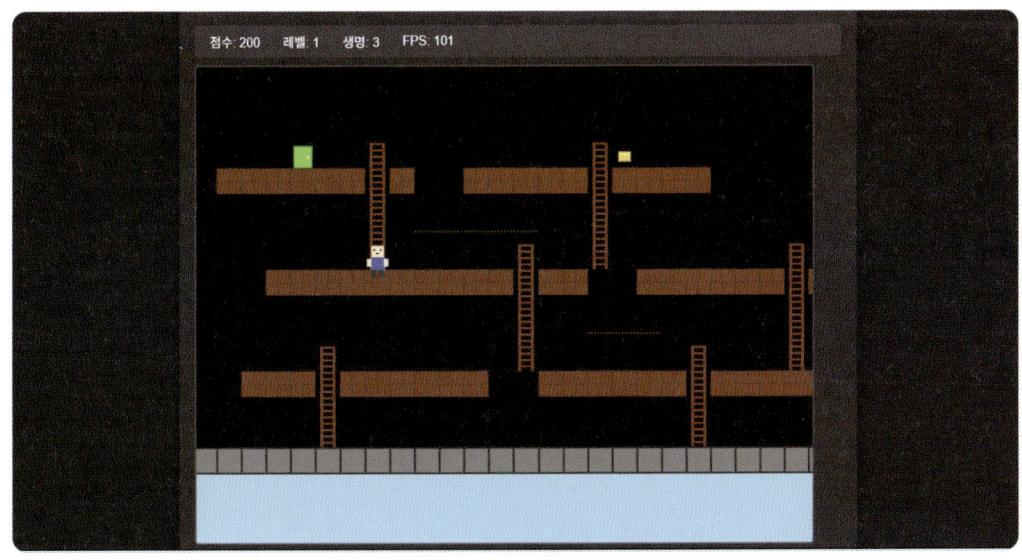

## Step 03 적 AI와 게임 메카닉 구현하기

이제 게임을 흥미롭게 만들 적들과 핵심 게임플레이 요소들을 추가하겠습니다. 아래 프롬프트를 커서 AI에 입력해 주세요.

> **프롬프트 1 - 21**
>
> **적 AI와 게임 메카닉**
>
> 로드러너의 핵심 재미요소들을 구현해 줘:
>
> 1. **가드(적) AI 시스템:**
>    - 기본 순찰 패턴 (좌우 이동, 막다른 길에서 방향 전환)
>    - 플레이어 감지 (시야 범위 내에서 추격 모드 전환)
>    - 길찾기 알고리즘 (사다리와 로프 이용해서 플레이어 추적)
>    - 구멍에 빠졌을 때 탈출 로직 (10초 후 자동 탈출)
>    - 각 적마다 다른 속도와 지능 수준
>
> 2. **드릴 시스템:**
>    - 플레이어 양쪽 바닥에만 구멍 뚫기 가능
>    - 콘크리트는 뚫을 수 없음
>    - 구멍은 15초 후 자동으로 메워짐
>    - 구멍에 빠진 적이나 플레이어는 일정 시간 후 탈출
>
> 3. **수집 요소:**
>    - 금괴 수집 시 점수 증가
>    - 모든 금괴 수집하면 출구 활성화
>    - 출구 도달 시 레벨 클리어
>
> 4. **생명 시스템:**
>    - 시작 시 생명 3개
>    - 적과 접촉하거나 너무 높은 곳에서 떨어지면 생명 감소
>    - 생명이 0이 되면 게임 오버
>
> 5. **사운드 효과:**
>    - 걷기, 드릴, 금괴 수집, 적 조우 등 각종 효과음
>    - 배경 음악 (8비트 스타일)
>
> 적 2명을 배치해서 실제로 쫓아오는지 테스트해 봐.

[Go Live]를 클릭해서 게임을 테스트해 보세요. 이제 정말 게임다워졌나요? 적들이 여러분을 쫓아오고, 드릴로 구멍을 뚫어서 함정을 만들 수 있나요? 실제 로드런너의 긴장감이 느껴지는지 테스트해 보세요. 만약 게임이 정상적으로 작동하지 않거나 에러가 발생했다면 웹브라우저의 마우스 우측 버튼 [검사] …» [개발자 도구] …» [콘솔] 창의 빨간색 에러 메시지를 복사해서 커서 AI에게 전달해주면 됩니다.

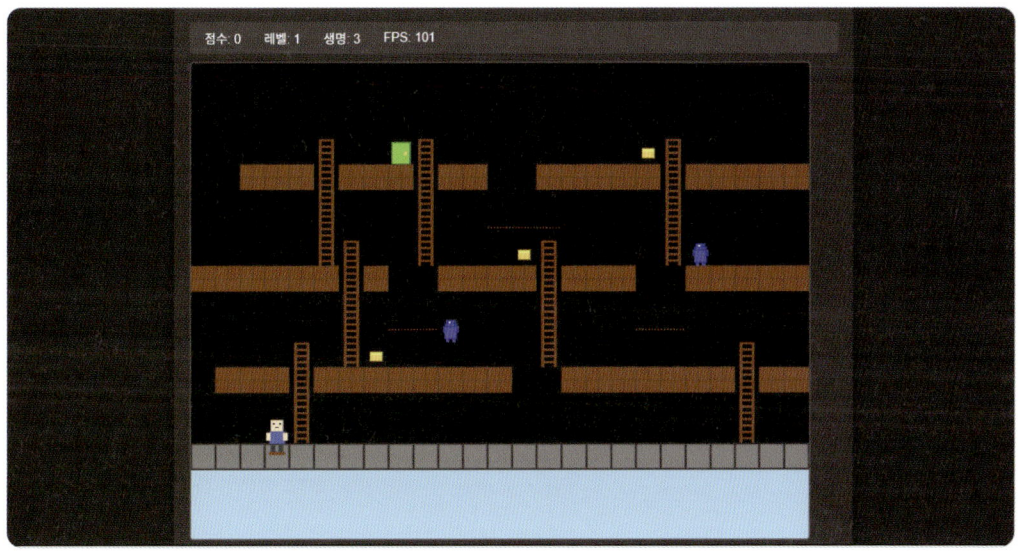

이제 완전한 게임이 완성되었습니다! 레벨 1부터 차근차근 플레이해 보세요.

  딸깍! 완성된 진짜 게임

여러분은 단순한 교육 도구가 아닌, 실제로 재미있게 플레이할 수 있는 게임을 만들었습니다. 친구들에게 보여 줘도 "이거 어디서 다운받은 거야?"라는 말이 나올 정도의 퀄리티죠.

- **완성된 게임의 특징:**
    - 60FPS 부드러운 애니메이션과 반응성
    - 실제 게임 수준의 사운드와 비주얼 효과
    - 단계별로 체계화된 프로그래밍 학습 과정
    - 키보드 조작과 코딩 조작 모드 자유 전환
    - 도전적이면서도 성취감 있는 10개 레벨
    - 코드 리뷰와 최적화 피드백 시스템

 **이것만은 알고 가요**

오늘 우리가 만든 건 단순한 튜토리얼이 아닙니다. 실제 게임 개발의 모든 요소를 경험한 거예요. 게임 루프, 오브젝트 지향 설계, 애니메이션 시스템, AI 프로그래밍, 사용자 인터페이스 설계까지 말이죠.

- **핵심 개발 경험**:
  - 실시간 렌더링과 게임 루프 최적화
  - 객체지향 프로그래밍과 디자인 패턴 적용
  - 사용자 경험(UX) 중심의 인터페이스 설계
  - 교육 콘텐츠의 게임화 전략과 심리학
  - 안전한 코드 실행 환경 구축

 **더 잘하고 싶다면?**

이제 여러분은 오늘부터 게임 개발자입니다. 더 큰 꿈을 꿔보세요!

- 스팀에 올려도 될 만한 수준으로 그래픽과 사운드를 업그레이드해 줘.
- 온라인 멀티플레이어를 추가해서 친구들과 코딩 대결을 할 수 있게 해 줘.
- AI가 플레이어의 코딩 스타일을 분석해서 맞춤형 문제를 생성하도록 해 줘.
- VR 지원을 추가해서 3D 공간에서 코드를 작성하며 게임할 수 있게 해 줘.
- 모바일 앱으로 포팅해서 언제 어디서나 플레이할 수 있게 해 줘.

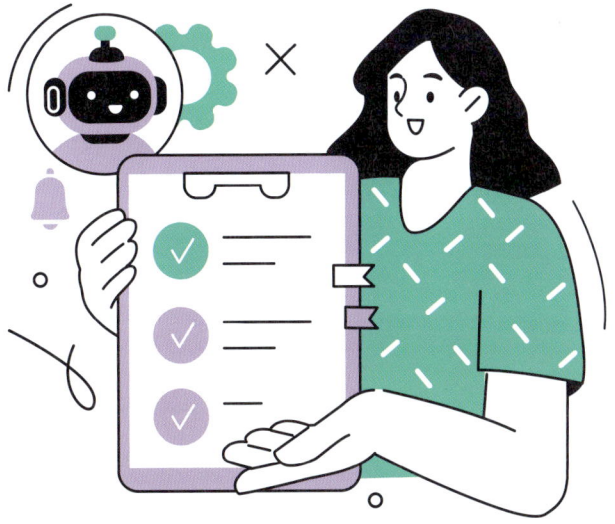

Chapter 7 로드러너 게임

# 실용적인
# 웹 서비스 만들기

| Chapter 1 | 맞춤형 여행 플래너 |
| Chapter 2 | 업무 자동 체크리스트 생성기 |
| Chapter 3 | 집중력과 성과를 한번에 잡는 AI 코칭 뽀모도로 타이머 |
| Chapter 4 | 나만의 D-Day 카운터 |
| Chapter 5 | 디지털 습관 도장판 |
| Chapter 6 | 스마트 OKR 서비스 |

# PART 2

PART 2에서는 커서 AI와 함께 여행 플래너, 업무 자동 체크리스트 생성기, AI 코칭 뽀모도로 타이머, D-Day 카운터, 디지털 습관 도장판, 스마트 OKR 서비스 등 실용적인 웹 서비스를 직접 만들면서 AI와 웹 서비스 개발의 핵심 원리를 배우게 됩니다.

# 맞춤형 여행 플래너

여행을 떠나게 되면, 제일 먼저 하는 일이 정보를 찾는 일입니다. 하지만 정보가 너무 많은 나머지 그 중에서 '나만을 위한 맞춤 여행 계획'을 짜기란 쉽지 않죠. 이번 챕터에서는 이 문제를 해결하는 웹 서비스를 만들어 보겠습니다. 장소만 안내하는 것이 아닌, **나의 감정과 관심사는 물론 실시간 날씨까지 고려해서 멋진 관광지를 추천해 주는 '맞춤형 여행 플래너'**를 만드는 것이 목표입니다. 그럼 시작해 볼까요?

 아이디어 구상

기존 여행 앱의 뻔한 추천이 아닌, 이제 우리만의 똑똑한 여행 플래너를 만들어 봅시다.

- **나를 읽는 AI**: '활기찬' 혹은 '여유로운' 같은 나의 현재 기분, '미식', '역사', '자연' 등의 관심사, 그리고 정해진 예산을 AI에게 알려줍니다.
- **하늘을 읽는 AI**: 사용자가 가고 싶은 도시의 실시간 날씨 정보를 외부에서 가져옵니다. 비가 오는 날에 야외 활동을 추천하는 실수는 이제 없을 것입니다.
- **최적의 추천**: 이 모든 정보를 종합하여, AI는 "오늘은 날씨가 화창하고 활동적인 기분이시니, 북한산 등반 후 근처 맛집에서 막걸리 한잔 어떠세요?" 와 같은 완벽한 맞춤 여행 계획을 제안합니다.

이 모든 기능을 오직 대화만으로 만들어 보겠습니다.

## 커서 AI와 함께 3단계로 웹 서비스 만들기

이제 커서 AI를 켜고 새로운 프로젝트 폴더를 생성한 다음 그 폴더를 열어 주세요.

### Step 01 여행의 첫인상, 사용자 입력 화면 만들기

가장 먼저 사용자가 자신의 여행 스타일을 입력할 수 있는 화면을 만들겠습니다. 여행의 시작은 언제나 설레는 법이죠. 아래 프롬프트를 커서 AI에 입력해 주세요.

> **프롬프트 2-1**
>
> **AI 여행 플래너 UI**
>
> 'AI 여행 비서'라는 제목으로 여행 계획 서비스 화면을 만들어 줘. 사용자가 '여행지', '오늘의 기분', '관심사', '예산'을 입력할 수 있는 칸을 만들어 줘. '기분'은 드롭다운, '관심사'는 여러 개 선택할 수 있는 체크박스로 만들어. 그리고 아래에는 '여행지 추천받기' 버튼과 추천 결과가 표시될 공간도 멋지게 만들어 줘. HTML/JavaScript/Tailwind CSS로 세련되게 디자인해 줘.

커서 AI는 이 요청을 받고, HTML로 각 입력 요소를 배치하고 Tailwind CSS로 보기 좋게 디자인할 겁니다. 작업이 끝나면 커서 AI가 만들어준 화면을 확인해 보세요. 아직은 기능이 없는 껍데기에 불과하지만, 사용자의 입력을 기다리는 인터페이스가 구현되어 있을 겁니다.

## Step 02 날씨 API 연동하기

이제 서비스를 외부 세계와 연결하겠습니다. 사용자가 입력한 도시의 **실시간 날씨 정보를 가져오는 API와 연동**하겠습니다. 아래 프롬프트를 커서 AI에 입력해 주세요.

> 프롬프트 2 - 2
>
> **날씨 API 연동**
> 사용자가 '여행지 추천받기' 버튼을 누르면, 입력된 도시의 현재 날씨 정보를 가져오는 기능을 추가해 줘. OpenWeatherMap의 무료 API를 사용할 거야. API를 호출하는 JavaScript 코드를 짜주고, API 키를 어떻게 발급받고 어디에 넣어야 하는지 구체적으로 알려 줘야 해. 나는 개발자가 아니니 친절하게 알려 줘야 해. 가져온 날씨 정보(예: '맑음', '비', 현재 온도)는 결과 공간에 표시해 줘.

  CUSOR AI

### 🔑 OpenWeatherMap API 키 발급 방법

✅ **1단계: 회원가입**

- https://openweathermap.org/ 에 접속하세요.
- 우측 상단 "Sign In" 클릭 → "Create an Account" 선택
- 이메일, 사용자명, 비밀번호를 입력하고 회원가입
- 이메일 인증을 완료하세요.

✅ **2단계: API 키 발급**

- 로그인 후 "My API keys" 메뉴로 이동 (또는 https://home.openweathermap.org/api_keys)
- "Default" API 키가 자동으로 생성되어 있습니다.
- 이 키를 복사해두세요 (예: a1b2c3d4e5f6g7h8i9j0k1l2m3n4o5p6)

✅ **3단계: API 키 활성화 대기**

- 새로 발급받은 API 키는 약 10분~2시간 후에 활성화됩니다.
- 즉시 사용하면 "Invalid API key" 오류가 발생할 수 있어요.

커서 AI가 안내하는대로 https://openweathermap.org/ 에 접속해서 회원 가입을 진행하고 이메일 인증을 받은 다음, API 키를 발급받아 주세요. API 키가 활성화되려면 1시간 정도 소요됩니다. 기다렸다가 다음 과정을 진행해 주세요.

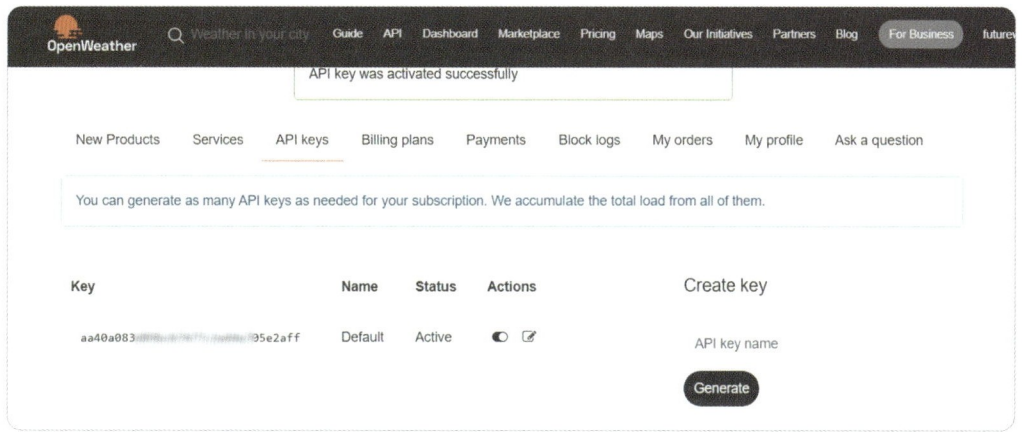

API 키를 발급받았으면 소스에 적용해야 합니다. 아래 프롬프트를 커서 AI에 입력해 주세요.

>  프롬프트 2-3
>
> **날씨 API Key 연동**
> API 키를 발급받았어. 아래 키를 코드에 반영해 줘.
> **(이곳에 발급받은 API 키 입력)**

> 📝 **코드 한 스푼**
>
> - **API 키**: 특정 API를 사용할 수 있도록 허가된 사용자임을 증명하는 '비밀 열쇠'입니다. (날씨 관련 API 키는 OpenWeatherMap 웹사이트에서 무료로 발급받을 수 있습니다.)

'서울'이라고 입력하고 버튼을 눌러보세요. "서울의 현재 날씨: 맑음, 25°C" 와 같은 메시지가 뜨면 성공입니다.

## Step 03 / 맞춤 여행 계획 추천하기

이제 모든 정보를 종합해 최종 추천을 할 시간입니다. 실제 AI의 도움을 받아서 맞춤 여행지를 추천받겠습니다. 그에 앞서 OpenAI에서 발급받은 API 키를 사용해서 **날씨 정보 가져오는 방법을 개선**하겠습니다. 우리 서비스는 OpenWeatherMap API로 실시간 날씨라는 객관적 데이터를 얻은 뒤, OpenAI의 API를 이용해서 개인화된 의미를 추가로 부여합니다. 즉, 날씨와 관광지 정보를 바탕으로 '비 오는 날 어울리는 갤러리 카페'처럼 각 사용자의 상황과 취향에 최적화된 경험을 지능적으로 추천하는 것이 두 API를 사용하는 이유입니다. 참고로 OpenAI의 API는 사용량에 따라 과금되는 구조이니 유의하셔야 합니다.

> OpenAI 회원 가입 및 API Key 발급 방법은 [공통 가이드 3 (346 쪽)]을 참조하세요.

맞춤 여행지를 추천받기 위하여 아래 프롬프트를 커서 AI에 입력해 주세요.

> **프롬프트 2-4**
>
> **맞춤 여행지 추천**
>
> 사용자가 입력한 정보를 바탕으로 그곳의 현재 날씨와 핵심 여행 정보를 제공해 줘.
> OpenWeatherMap 서비스 대신에 OpenAI의 API를 사용하고, 사용자가 입력한 {여행지}의 실시간 날씨 정보를 찾아서 알려 줘. 날씨에 맞는 옷차림 팁도 한 줄 덧붙여 줘. 그리고 사용자가 입력한 옵션을 분석해서 해당 여행지에서 지금 가장 가볼 만한 핵심 장소 3곳을 추천해 줘. 아래 카테고리에 맞춰 하나씩 골라 줘.
>
> - 핫플레이스: 요즘 가장 인기 있거나 트렌디한 장소
> - 힐링 스팟: 아름다운 자연이나 여유를 즐길 수 있는 곳
> - 로컬 맛집: 현지인이나 여행객에게 유명한 대표 맛집
>
> 추천하는 모든 장소에는 왜 추천하는지 매력적인 이유를 한 줄로 설명해 줘.
> 전체적인 톤은 너무 길지 않게, 친절한 가이드처럼 말해 줘.
> 그리고 아래 OpenAI의 API 키 정보를 적용해 줘. 그리고 모델은 [GPT-5-Nano]를 사용하고 API를 호출할 때 JSON으로 응답하고 파싱해서 처리하도록 해 줘. 웹 검색을 사용해서 실시간 정보를 반드시 제공해야 해.
>
> ⋮
>
> **(여기에 발급받은 OpenAI API 키 정보 입력)**

커서 AI는 OpenAI의 API 키 값을 코드에 적용하고 OpenAI의 AI 서비스를 실행해서 사용자의 선택과 날씨에 가장 부합하는 장소를 안내할 겁니다. 여행지, 기분, 관심사를 선택하고 버튼을 클릭해 보세요. 커서 AI가 현재 날씨까지 고려하여 당신만을 위한 완벽한 여행 계획을 제인할 겁니다. 만약 결과가 제대로 나오지 않는다면 에러 메시지를 커서 AI에게 전달해 주세요.

### 🎯 API 사용 현황 확인하기

현재 API 사용으로 충전된 금액에서 얼마나 소비했는지 알고 싶다면 https://platform.openai.com/ 사이트의 톱니바퀴 모양의 아이콘을 클릭하고 왼쪽 메뉴에서 [Usage]를 클릭하면 얼마나 소비했는지 알 수 있습니다. API를 총 2번 호출했고, 677개의 토큰을 사용하여 0.01달러 미만의 아주 적은 비용이 발생했으니 큰 부담을 갖지 않고 사용하셔도 됩니다.

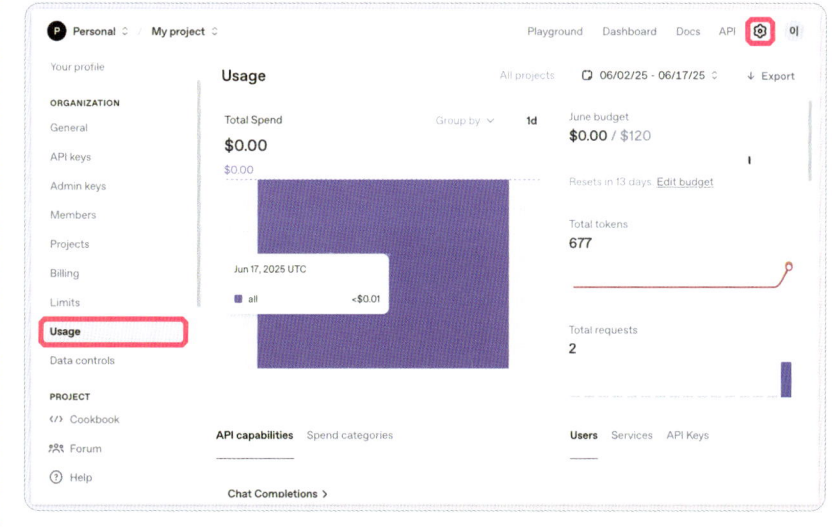

 **딸깍! 완성된 나만의 여행 비서**

여러분은 외부 데이터와 연동하고 사용자에게 맞는 추천 서비스를 제공하는 웹 서비스를 완성했습니다.

 **이것만은 알고 가요**

오늘의 가장 큰 수확은 **'API'를 이용해서 서비스를 확장**했다는 것입니다. 내 컴퓨터 안에 갇혀 있던 프로그램이 인터넷을 통해 날씨, 지도, 뉴스 등 세상의 무한한 정보와 연결될 수 있게 된 것이죠. 그리고 OpenAI에서 **발급한 API 키가 외부에 노출되지 않도록 각별히 주의**해 주세요.

 **더 잘하고 싶다면?**

여기서 멈추지 말고, 여러분의 AI 비서를 더욱 유능하게 만들어 보세요.

- 추천된 장소의 위치를 지도 위에 표시하고 싶어. 구글 지도 API를 어떻게 연동하면 될까?
- 각 여행 계획마다 예상 비용도 함께 계산해서 보여줄 수 있을까?
- 사용자가 '좋아요'를 누른 추천 장소를 기록했다가, 다음 추천에 반영하는 개인화 기능을 넣어 줘.

# 업무 자동 체크리스트 생성기

## CHAPTER 02

직장인이라면 누구나 '주간 보고'처럼 반복되는 업무에 늘 치여 살아갈 겁니다. 비슷한 일을 하면서도 혹시 빼먹은 건 없는지 불안하기도 합니다. 이번 챕터에서는 이 지긋지긋한 반복 업무에서 해방해 줄 웹 서비스를 만들어 보겠습니다. 목표는 내가 하는 일을 설명하면 AI가 **맞춤형 체크리스트를 딸깍 만들어주는 '자동 체크리스트 생성기'를 개발**하는 것입니다. 자, 그럼 어떻게 하는지 알아봅시다.

 **아이디어 구상**

더 이상 빈 종이에 할 일을 하나씩 적어 내려갈 필요가 없습니다. 이제 커서 AI에게 맡기세요.

- **나의 업무 패턴을 설명:** '매월 마지막 주에 하는 비용 정산'이나 '신규 입사자 온보딩 절차'처럼, 반복적인 업무를 자유롭게 설명합니다.
- **AI의 맞춤 템플릿 생성:** 커서 AI는 나의 설명을 분석해서 그 업무에 필요한 구체적인 할 일 목록, 즉 체크리스트 템플릿을 생성해 줍니다.
- **나만의 템플릿 라이브러리:** 이렇게 만들어진 템플릿은 저장해두고, 필요할 때마다 꺼내서 사용하면 됩니다.

이 모든 기능을 오직 대화만으로 만들어 보겠습니다.

 **커서 AI와 함께 3단계로 웹 서비스 만들기**

이제 커서 AI를 켜고 새로운 프로젝트 폴더를 생성한 다음 그 폴더를 열어 주세요.

### Step 01 화면 구성하기

가장 먼저 우리가 AI에게 업무를 설명하고, 결과를 확인할 수 있는 화면을 만들겠습니다. 아래 프롬프트를 커서 AI에 입력해 주세요.

> **프롬프트 2-5**
>
> **자동 체크리스트 UI**
> 'AI 체크리스트 자동 생성기'라는 제목으로, 반복 업무 패턴을 입력할 수 있는 큰 텍스트 입력창과 '체크리스트 생성' 버튼을 만들어 줘. 생성된 체크리스트가 표시될 영역과, 저장된 템플릿 목록을 보여줄 사이드바도 구성해 줘. HTML/JavaScript/Tailwind CSS로 세련되게 디자인해 줘.

커서 AI는 사용자와 소통할 수 있는 화면을 만들어낼 겁니다. 큰 텍스트 입력창과 버튼, 그리고 결과가 표시될 공간들이 나타나는지 확인합니다. [Go Live]를 클릭해서 미리보기 화면을 확인해 보세요.

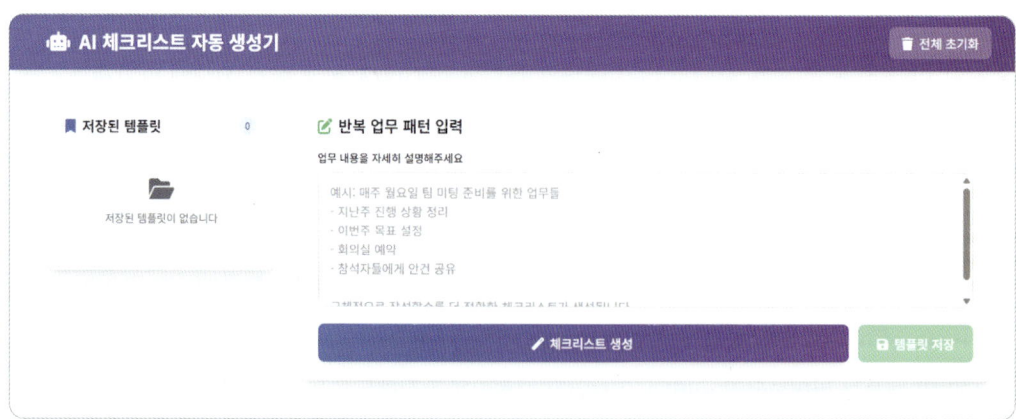

## Step 02 / 내 말을 알아듣는 AI의 두뇌 만들기

이제 이 서비스의 핵심인 사용자의 말을 분석해서 체크리스트를 만드는 기능을 추가하겠습니다. 사용자가 입력한 정보를 정교하게 분석하기 위해 OpenAI의 API 키를 사용하겠습니다. 아래 프롬프트를 커서 AI에 입력해 주세요.

> **프롬프트 2-6**
>
> **패턴 기반 체크리스트 생성 로직**
> OpenAI의 API를 사용해서 다음 기능을 구현해 줘. 사용자가 '생성' 버튼을 누르면, 입력한 텍스트를 분석해서 맞춤 체크리스트를 정교하게 만들어 줘. 아래 OpenAI의 API 키 정보를 적용해 줘. 그리고 모델은 [GPT-5-Nano]를 사용하고 API를 호출할 때 JSON으로 응답하고 파싱해서 처리하도록 해 줘.
> ⋮
> **(여기에 OpenAI API 키 정보 입력)**

커서 AI는 OpenAI의 API 서비스를 호출해서 사용자의 입력 텍스트에서 특정 키워드를 분석해내는 로직을 구현합니다. 입력창에 여러분의 업무 내용을 자세히 입력하고 [체크리스트 생성] 버튼을 눌러 보세요. 체크리스트가 나타나는지 확인합니다.

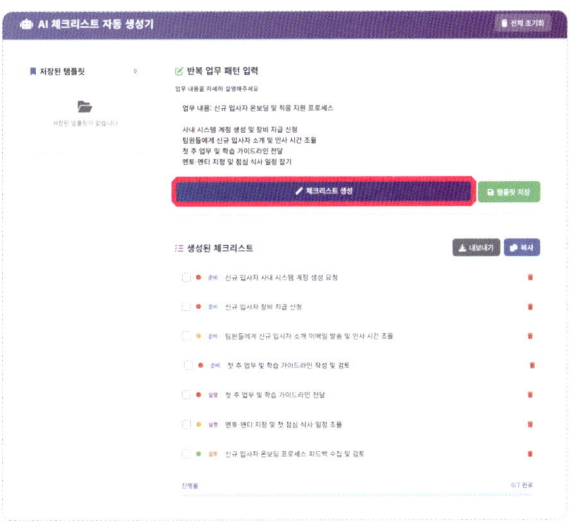

## Step 03 / AI가 만든 템플릿, 저장하고 관리하기

커서 AI와 OpenAI의 API 서비스가 협업으로 만들어준 템플릿을 한 번만 쓰고 버릴 순 없습니다. 필요할 때마다 꺼내 쓸 수 있도록 저장하는 기능을 추가하겠습니다. 다음 프롬프트를 커서 AI에 입력해 주세요.

## 프롬프트 2-7

### 체크리스트 저장 및 관리 기능

생성된 체크리스트 아래에 '이 템플릿 저장' 버튼을 추가해 줘. 버튼을 누르면 현재 체크리스트가 제목과 함께 로컬 스토리지에 저장되게 해 줘. 그리고 사이드바에 저장된 템플릿 목록이 나타나고, 목록의 항목을 클릭하면 해당 체크리스트가 메인 화면에 불러와지도록 만들어 줘.

커서 AI는 생성된 체크리스트 데이터를 브라우저의 개인 서랍인 **로컬 스토리지**Local Storage에 저장하는 코드를 추가할 겁니다. 또한, 서랍에 있는 템플릿 목록을 읽어와 사이드바에 보여주고, 클릭하면 다시 꺼내오는 기능까지 완벽하게 구현할 것입니다.

### 코드 한 스푼

- **로컬 스토리지**Local Storage: 웹 브라우저가 제공하는 작은 데이터 저장소입니다. 여기에 저장된 정보는 브라우저를 닫았다 열어도 사라지지 않아, 나만의 데이터를 반영구적으로 보관할 수 있습니다.

마음에 드는 체크리스트를 생성하고 [이 템플릿 저장] 버튼을 눌러보세요. 오른쪽에 방금 저장한 템플릿이 목록으로 나타날 겁니다. 이제 여러분은 자신만의 업무 템플릿 라이브러리를 갖게 되었습니다.

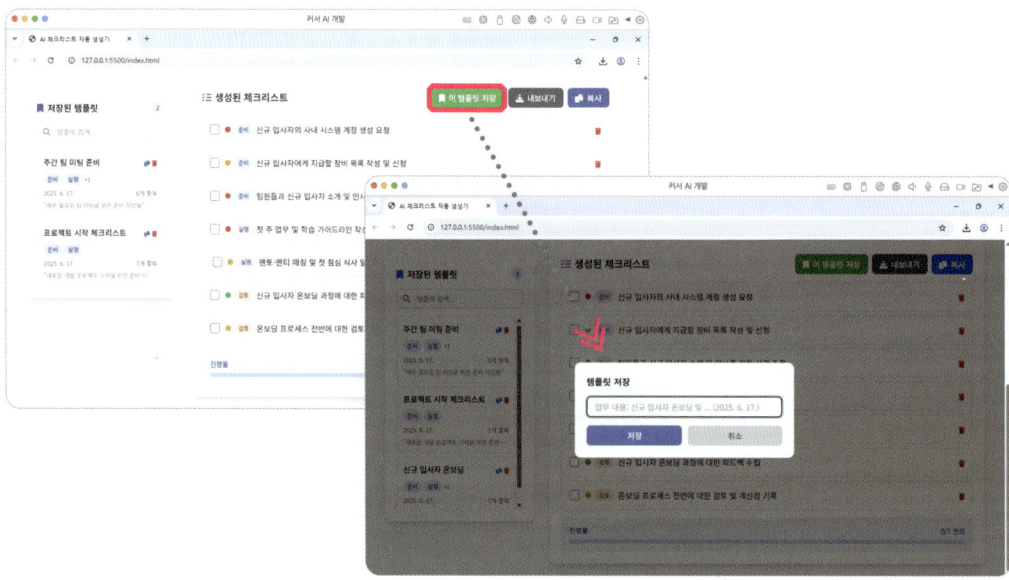

 **딸깍! 완성된 나만의 AI 업무 비서**

여러분은 반복적인 업무의 고통을 덜어줄 강력하고 스마트한 웹 서비스를 완성했습니다. 이제부터 '그거 어떻게 하더라?'하고 고민하는 대신, 커서 AI에게 "주간 보고 템플릿 보여 줘"라고 말하기만 하면 됩니다.

 **이것만은 알고 가요**

오늘 우리는 **사람의 언어(자연어)를 분석하여 구조화된 데이터(체크리스트)로 만드는 경험**을 했습니다. 간단해 보이지만, API로 AI 서비스를 호출하게 되면 그 어떠한 복잡한 기능도 구현할 수 있습니다.

 **더 잘하고 싶다면?**

여기서 멈추지 말고, 여러분의 AI 비서를 더욱 유능하게 만들어 보세요.

- 생성된 체크리스트의 각 항목을 수정하거나 삭제하는 기능을 추가해 줘.
- 템플릿마다 '중요도'를 별점으로 표시하고, 별점 순으로 정렬하는 기능을 넣어 줘.
- 키워드 방식 말고, 내가 아무리 복잡하게 설명해도 알아서 체크리스트를 만들게 할 수는 없을까?

커서 AI는 여러분의 상상력을 현실로 만들어 줄 최고의 파트너입니다. 더 구체적인 아이디어를 요청하며 여러분만의 서비스를 완성해 보세요.

# 집중력과 성과를 한번에 잡는 AI 코칭 뽀모도로 타이머

## CHAPTER 03

우리는 시간이 없다고 말을 자주 하는 편이죠. 그런데 사실은 시간이 없는 게 아니라 집중을 못하는 경우가 더 많습니다. 이번 챕터에서는 **시간 관리기법인 '뽀모도로'에 AI 코칭 기능을 더하겠습니다.** 이 기능으로 집중력을 최고로 끌어올리고 성과까지 관리해 주는 웹 서비스를 만들어 볼까요?

## 01 아이디어 구상

단순한 타이머가 아닌, 성장을 돕는 AI 코칭 타이머를 만들어 보겠습니다.

- **뽀모도로 타이머**: 25분 집중, 5분 휴식을 기본으로 하는 타이머가 작동합니다.
- **업무 기록**: 25분 집중 세션 동안, 내가 어떤 중요한 업무를 하고 있는지 간단히 기록합니다.
- **AI의 성과 피드백**: 세션이 끝나면, 내가 기록한 업무 내용을 OpenAI의 API 서비스로 보내서 피드백을 받습니다.
- **성과 리포트**: 나의 집중 시간과 커서 AI의 피드백은 차곡차곡 기록됩니다. 이 데이터를 바탕으로 주간/월간 집중 시간 그래프를 보며 나의 성과를 한눈에 파악할 수 있습니다.

이 모든 기능을 오직 대화만으로 만들어 보겠습니다.

 **커서 AI와 함께 3단계로 웹 서비스 만들기**

이제 커서 AI를 켜고 새로운 프로젝트 폴더를 생성한 다음 그 폴더를 열어 주세요.

### Step 01 타이머 화면 만들기

가장 먼저 집중의 시작을 알릴 타이머 화면을 만들겠습니다. 아래 프롬프트를 커서 AI에 입력해 주세요.

> **프롬프트 2-8**
>
> **AI 뽀모도로 타이머 UI**
> 'AI 코칭 뽀모도로'라는 제목의 타이머 화면을 만들어 줘. 화면 중앙에 '25:00'을 표시하는 큰 타이머와 '시작', '정지', '리셋' 버튼을 배치해. 타이머 아래에는 '이번 세션에 집중할 업무는?'이라는 제목의 텍스트 입력창을 만들어 줘. HTML/JavaScript/Tailwind CSS로 미니멀하고 집중이 잘 되는 디자인으로 만들어 줘.

커서 AI는 이 요청을 받고, 타이머의 시각적인 요소를 HTML로 구성하고, JavaScript로 타이머의 기본 로직을 구현할 것입니다. [Go Live]를 클릭해서 미리보기 화면을 확인해 보세요. 아직 버튼이 완벽하게 작동하진 않더라도, 큼직한 타이머와 버튼들이 배치된 깔끔한 화면이 나타날 겁니다.

# Step 02 나의 노력을 알아주는 AI 코치 연결하기

이제 이 서비스의 하이라이트, AI 코칭 기능을 구현하겠습니다. 세션 종료 후 내가 한 일을 OpenAI의 API 서비스를 호출하고 AI의 피드백을 실시간으로 받겠습니다. 아래 프롬프트를 커서 AI에 입력해 주세요.

> **프롬프트 2-9**
>
> **OpenAI 피드백 받기**
> OpenAI의 API를 사용해서 다음 기능을 구현해 줘. 타이머에서 25분 집중 세션이 끝나면, 텍스트 입력창에 기록한 업무 내용을 분석해서 간단한 성과를 피드백 받는 기능을 추가해 줘. 그리고 '종료' 버튼을 추가해주고 종료 버튼을 클릭하면 API로 성과 피드백을 동일하게 수행해 줘. 아래 OpenAI의 API 키 정보를 적용해 줘. 그리고 모델은 [GPT-5-Nano]를 사용하고 API를 호출할 때 JSON으로 응답하고 파싱해서 처리하도록 해 줘.
> ⋮
> **(여기에 OpenAI API 키 정보 입력)**

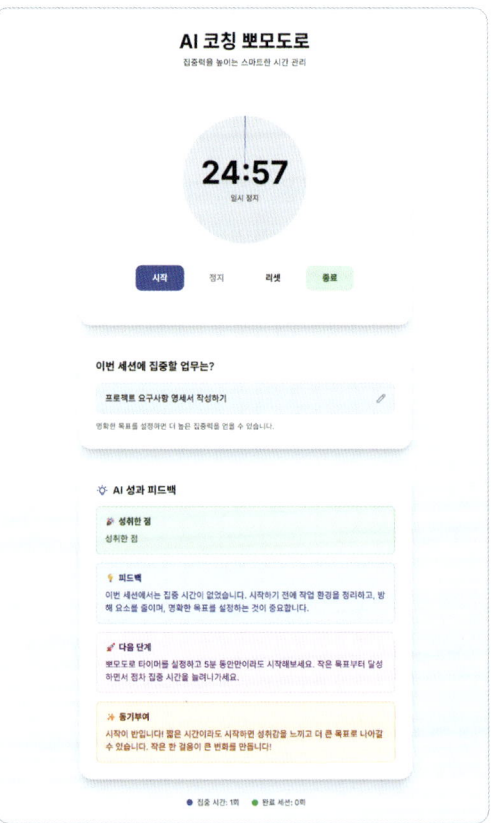

커서 AI는 **fetch** 명령을 사용해 우리가 입력한 업무 내용을 OpenAI 서버로 전송하고, 응답으로 받은 AI의 피드백 메시지를 화면에 표시하는 JavaScript 코드를 작성할 겁니다. 테스트를 위해 타이머 시작한 다음, 10초 정도로 지나면 종료 버튼을 클릭해 보세요. 업무 내용에 "프로젝트 요구사항 명세서 작성"이라고 입력해 보세요. 피드백이 나타나는지 확인해 봅니다.

> 커서 AI의 코딩 모델은 과거에 학습되었기 때문에 GPT-5-Nao API 모델이 존재하지 않는다고 답변할 수도 있습니다. 그럴 때는 25년 현재 API 출시된 것이 확실하다고, 프롬프트에 따라 개발을 진행하라고 강조해 요청하면 됩니다.

## Step 03 / 나의 성장을 기록하고 시각화하기

여러분이 집중한 시간과 기록을 저장하고, 나의 성과를 그래프로 한눈에 볼 수 있는 리포트 기능을 만들겠습니다. 커서 AI에 아래 프롬프트를 입력해 주세요.

> **프롬프트 2 - 10**
>
> **성과 리포트 및 시각화**
>
> 각 뽀모도로 세션이 끝나거나 사용자가 종료 버튼을 클릭할 때, 날짜, 집중 시간(25분), 내가 기록한 업무, AI의 피드백을 로컬 스토리지에 저장해 줘. 그리고 '리포트 보기' 버튼을 만들고, 버튼을 누르면 이 기록들을 표 형태로 보여주고, 주간 총 집중 시간을 간단한 막대그래프로 시각화해서 보여주는 기능을 구현해 줘.

AI는 세션이 끝날 때마다 관련 데이터를 로컬 스토리지에 차곡차곡 쌓는 코드를 추가하고, 저장된 데이터를 모두 읽어와 표와 그래프로 변환하여 화면에 그려주는 로직을 구현할 것입니다. 몇 번의 뽀모도로 세션을 완료한 뒤 [리포트 보기] 버튼을 눌러 보세요. 그동안의 기록이 표로 정리되고, 나의 주간 집중 시간이 멋진 그래프로 표시되는지 확인합니다.

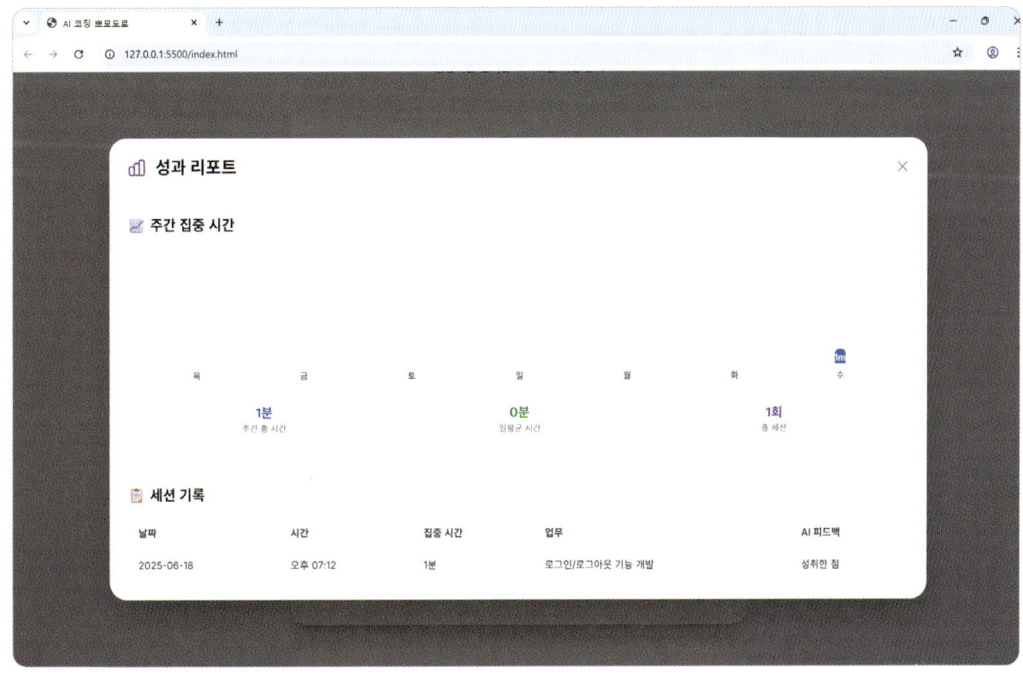

 **딸깍! 완성된 나만의 AI 코칭 타이머**

여러분은 단순한 타이머를 넘어, AI 코칭과 데이터 시각화 기능까지 갖춘 고성능 뽀모도로 타이머를 완성했습니다. 이제 막연한 '열심히'가 아닌, 데이터에 기반한 '스마트한 집중'을 시작할 수 있습니다.

 **이것만은 알고 가요**

오늘 우리는 ❶시간 관리(타이머), ❷자기 기록(업무 내용), ❸외부 지능(AI 피드백), ❹데이터 분석(리포트)이라는 네 가지 요소를 하나의 서비스로 엮어내는 경험을 했습니다.

 **더 잘하고 싶다면?**

여기서 멈추지 말고, 여러분의 AI 코치를 더욱 유능하게 만들어 보세요.

- 집중 시간과 휴식 시간을 내가 직접 설정할 수 있는 옵션을 추가해 줘.
- 주간 리포트에서, 내가 어떤 종류의 업무에 가장 많은 시간을 썼는지 키워드 분석으로 보여줄 수 있을까?
- 집중 세션이 끝나면, 브라우저 알림으로 알려주는 기능을 넣어 줘.

# 나만의 D-Day 카운터

**CHAPTER 04**

기념일, 시험, 여행까지 기억해야 할 날들이 많습니다. 이번 챕터에서는 **소중한 날들을 잊지 않도록 도와주는 '나만의 D-Day 카운터'**를 만들어 보겠습니다. D-Day 카운터에 "여름휴가", "내 생일" 등을 등록하고, 남은 날짜를 카운트할 수 있습니다. 코딩으로 나의 일상을 더 특별하게 만드는 경험, 지금 바로 시작하겠습니다.

## 01 아이디어 구상: 중요한 모든 날을 한눈에!

우리가 만들 D-Day 카운터는 아주 단순합니다.

- **D-Day 계산**: 이벤트 이름과 날짜를 입력하면, 오늘을 기준으로 남은 날짜(D-) 또는 지난 날짜(D+)를 자동으로 계산해 보여줍니다.
- **나만의 목록**: 여러 개의 중요한 날들을 등록하고, 한눈에 볼 수 있는 목록으로 관리합니다.
- **영구 저장**: 내가 등록한 D-Day 목록은 브라우저를 껐다 켜도 사라지지 않고 그대로 남아있습니다.

이 모든 기능을 오직 대화만으로 만들어 보겠습니다.

 **커서 AI와 함께 2단계로 웹 서비스 만들기**

이제 커서 AI를 켜고 새로운 프로젝트 폴더를 생성한 다음 그 폴더를 열어 주세요.

### Step 01 / D-Day 계산의 핵심, 카운터 컴포넌트 만들기

가장 먼저 D-Day를 계산하고 보여주는 핵심 부품부터 만들겠습니다. 아래 프롬프트를 커서 AI에 입력해 주세요.

> 프롬프트 2 - 11
>
> **D-Day 카운터**
>
> D-Day 카운터를 만들 거야. 사용자가 '이벤트 이름'이랑 '날짜'를 입력하고 '추가' 버튼을 누르면, 오늘 날짜를 기준으로 남은 날짜나 지난 날짜를 계산해서 보여주는 기능을 구현해 줘. 예를 들어 '시험까지 D-7'이나 '1주년 D+10'처럼 말이야. HTML/JavaScript/Tailwind CSS로 세련된 디자인으로 만들어 줘.

커서 AI는 이 요청을 받고, 날짜 계산에 필요한 JavaScript 로직과 이를 보여줄 화면(HTML, Tailwind CSS)을 만들어낼 겁니다. 미리보기 화면에서 이벤트 이름과 미래의 날짜를 선택하고 '추가' 버튼을 눌러보세요. 'D-XX' 형식으로 남은 날짜가 정확히 표시되는지 확인해 주세요.

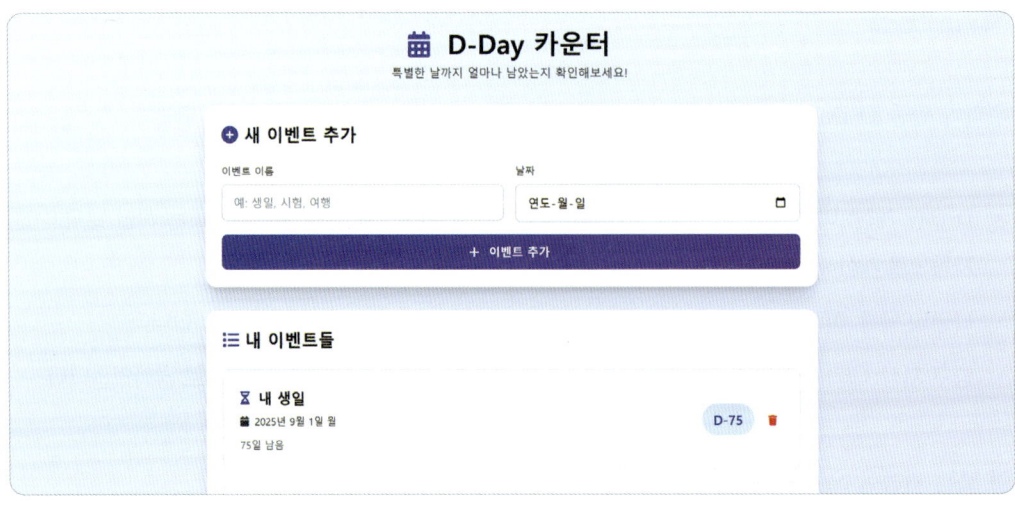

## Step 02 | 나만의 D-Day 목록 만들고 저장하기

이제 계산된 D-Day를 하나씩 목록으로 쌓고, 이 목록을 안전하게 저장하는 기능을 추가해 보겠습니다. 아래 프롬프트를 커서 AI에 입력해 주세요.

> **프롬프트 2 - 12**
>
> **D-Day 목록 관리 및 저장**
> 방금 만든 D-Day 카운터 기능을 확장해 줘. '추가' 버튼을 누르면, 계산된 D-Day 결과가 아래쪽에 목록으로 착착 쌓이게 만들어 줘. 각 목록 항목 옆에는 '삭제' 버튼도 있어야 해. 그리고 이 모든 목록 데이터는 내가 브라우저를 껐다 켜도 사라지지 않도록 로컬 스토리지에 저장해 줘.

커서 AI는 사용자가 '추가' 버튼을 누를 때마다 D-Day 정보를 목록 데이터에 추가하고, 이 목록을 로컬 스토리지에 저장하는 코드를 작성합니다. 또한, 저장된 배열 데이터를 읽어와서 화면에 목록으로 표시하는 로직도 함께 구현할 것입니다.

중요한 날들을 몇 개 추가해서 목록을 만들어 보세요. 그리고 웹 브라우저 탭을 종료했다가 다시 열어 보세요. 이전에 만든 D-Day 목록이 그대로 남아있다면, 성공한 겁니다.

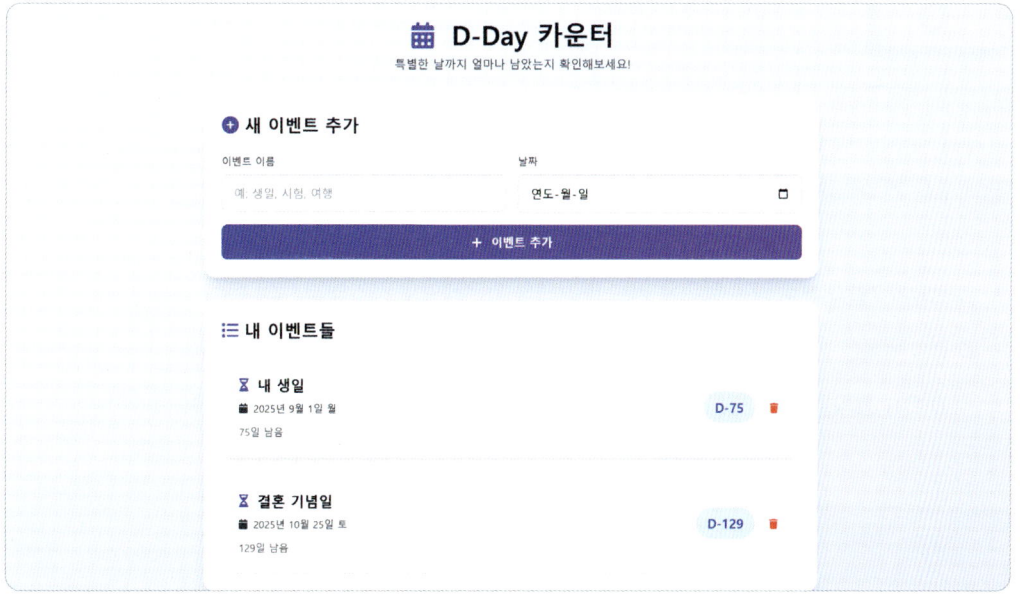

 **딸깍! 완성된 나만의 D-Day 카운터**

여러분은 이제 중요한 모든 날을 잊지 않게 도와줄 든든한 개인 비서를 갖게 되었습니다. 커서 AI와 대화하면서 유용한 웹 서비스를 완성한 것이죠.

 **이것만은 알고 가요**

오늘 우리는 코딩의 가장 기본적이면서도 중요한 두 가지 개념을 경험했습니다. 바로 **시간을 다루는 방법(Date 객체)**과 **데이터를 유지하는 방법(Local Storage)**입니다. 이 두 가지 기술만 잘 활용해도 만들 수 있는 서비스의 종류는 무궁무진합니다.

 **더 잘하고 싶다면?**

여기서 멈추지 말고, 여러분의 D-Day 카운터를 더욱 특별하게 만들어 보세요. AI에게 이렇게 요청해 보는 건 어떨까요?

- D-Day가 7일 이내로 남은 항목은 카드 배경색을 붉은색으로 강조해서 보여 줘.
- D-Day 목록을 '남은 날짜가 적은 순'으로 자동 정렬하는 버튼을 만들어 줘.
- 각 D-Day 항목을 클릭하면 날짜나 이벤트 이름을 수정할 수 있는 기능을 추가해 줘.

# 디지털 습관 도장판

매일 1리터 물 마시기, 영양제 챙겨 먹기, 사무실에서 스트레칭하기…. 분명 다짐하는데, 바쁘게 지내다 보면 깜빡하기 일쑤입니다. 이번 챕터에서는 이런 **사소하지만 소중한 일상을 놓치지 않게 도와주는 '디지털 습관 도장판'**을 만들어 보겠습니다.

## 아이디어 구상

우리의 목표는 매일 반복하고 싶은 습관들을 등록하고, 달성할 때마다 도장을 찍으며, 얼마나 잘 지키고 있는지 확인하는 것입니다.

- 핵심 기능:
    - 내가 원하는 습관 목록을 관리합니다.
    - 매일 달성한 습관을 클릭해서 표시합니다.
    - 체크하면 도장이 찍힌 것처럼 시각적인 만족감을 줍니다.
    - 월별 달성률을 계산해서 보여줍니다.

이 모든 기능을 오직 대화만으로 만들어 보겠습니다.

#  커서 AI와 함께 3단계로 웹 서비스 만들기

이제 커서 AI를 켜고 새로운 프로젝트 폴더를 생성한 다음 그 폴더를 열어 주세요.

## Step 01 습관을 기록할 도화지 그리기

가장 먼저 습관 목록을 보여주고, 우리가 관리할 수 있는 기본 화면을 구성하겠습니다. 아래 프롬프트를 커서 AI에 입력해 주세요.

> **프롬프트 2 - 13**
>
> **습관 도장판 UI**
> '나의 작은 습관 챌린지'라는 제목을 상단에 배치해 줘. 아래에는 '물 마시기', '영양제 먹기', '스트레칭하기', '화분에 물 주기' 습관 목록을 만들고, 각 항목 옆에 체크박스를 추가해 줘. 맨 아래에는 '월별 달성률'이 표시될 공간도 마련해 줘. HTML, JavaScript, Tailwind CSS로 심플하고 보기 좋게 만들어 줘.

커서 AI는 이 요청을 받고 제목과 습관 목록, 체크박스, 그리고 달성률이 표시될 공간을 만들어 낼겁니다. 코드 작성이 완료되었다면 [Keep] 버튼을 클릭해 주세요. 그리고 에디터 우측 하단의 [Go Live] 버튼을 눌러보세요. 브라우저에 방금 여러분이 요청한 화면이 나타날 겁니다. 아직은 아무런 기능도 하지 않는 껍데기지만, 모든 시작은 이처럼 단순합니다.

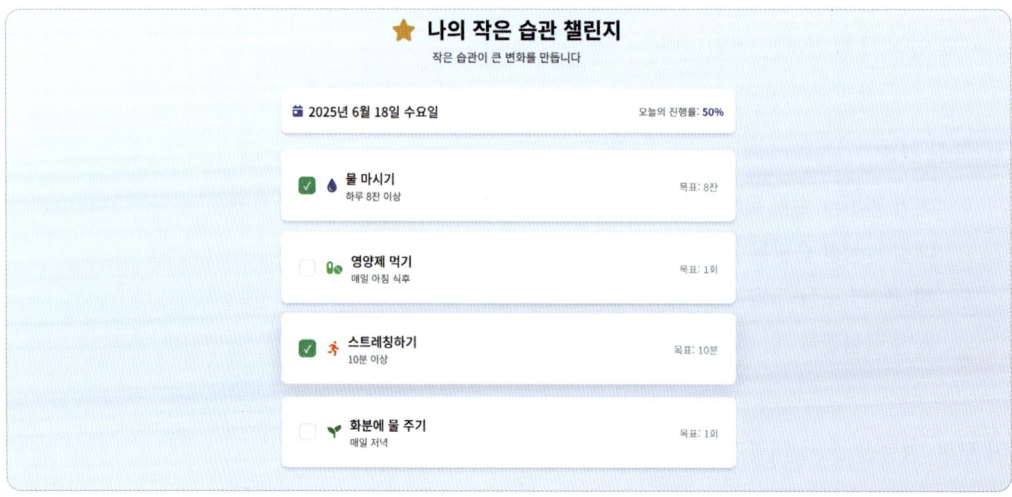

## Step 02 도장 찍고 기억하기

이제 체크박스에 생명을 불어넣겠습니다. 어쩌면 커서 AI가 스스로 판단해서 체크박스를 추가해 놓았을 수도 있습니다. 습관을 달성했을 때 시각적인 피드백을 주고, 그 기록을 브라우저가 기억하도록 만들겠습니다. 다음 프롬프트를 커서 AI에 입력해 주세요.

> 프롬프트 2-14
>
> **체크 기능 및 데이터 저장**
>
> 체크박스를 클릭하면 해당 습관 텍스트에 취소선이 생기고 글자색이 회색으로 바뀌게 해 줘. 도장 찍은 것처럼 보이게 말이야. 그리고 이 체크 상태는 브라우저를 껐다 켜도 유지되도록 로컬 스토리지에 저장하고 불러오는 기능을 추가해 줘.

커서 AI는 사용자의 클릭에 반응하는 JavaScript 코드를 작성하고, 로컬 스토리지를 활용해 데이터를 저장하는 로직을 구현할 겁니다. 이제 미리보기 화면에서 습관을 체크해 보세요.

## Step 03 노력의 결실, 달성률 보여주기

마지막으로, 우리의 성과를 수치로 확인하는 기능을 추가하겠습니다. 아래 프롬프트를 커서 AI에 요청해 주세요.

> **프롬프트 2 - 15**
>
> **월별 달성률 계산**
> 로컬 스토리지에 저장된 데이터를 바탕으로, 전체 습관 중 체크된 습관의 비율을 계산해서 '월별 달성률' 공간에 퍼센티지(%)로 보여 줘. 습관을 체크하거나 해제할 때마다 달성률이 실시간으로 업데이트되어야 해.

커서 AI는 저장된 데이터를 읽어와 간단한 계산을 수행하고, 그 결과를 화면에 표시하는 JavaScript 코드를 추가할 것입니다. 이제 습관을 하나씩 체크할 때마다 하단의 달성률 숫자가 부드럽게 변하는 것을 지켜보세요.

 딸깍! 완성된 나만의 습관 비서

여러분은 단 3번의 대화만으로 매일의 성장을 기록하고 응원하는 웹 서비스를 완성했습니다. 이제 더 이상 '오늘 약 먹었던가?' 하고 기억을 더듬을 필요가 없습니다. 여러분의 손으로 만든 이 작은 비서가 훌륭하게 그 역할을 해낼 테니까요.

 이것만은 알고 가요

오늘 우리는 사용자의 행동(클릭)에 반응하고 데이터를 저장하며, 그 데이터를 기반으로 유의미한 정보(달성률)를 보여주는 **웹 서비스의 흐름을 경험**했습니다.

 더 잘하고 싶다면?

여기서 만족하지 말고, 여러분만의 아이디어를 더해 서비스를 발전시켜 보세요. 커서 AI는 언제나 준비되어 있습니다.

- 습관 목록을 내가 직접 추가하거나 삭제하는 기능을 만들어 줘.
- 달성률을 숫자 대신 원형 프로그레스 바로 보여 줘.
- 매일 0시가 되면 모든 체크가 자동으로 초기화되는 기능을 넣어 줘.

# 스마트 OKR 서비스

목표를 세워도 지키기는 어렵습니다. 목표가 지나치게 막연하거나, 진행 상황이 한눈에 보이지 않기 때문이죠. 이번 챕터에서는 이러한 문제를 해결해 줄 **개인 맞춤형 'OKR**<sup>Objective and Key Results</sup> **관리 서비스'**를 만들어 보겠습니다. Objective<sup>목표</sup>와 Key Results<sup>핵심 결과</sup>를 설정하고, 진행 상황을 입력하면 AI가 알아서 달성률을 보여주는 서비스입니다. 자, 지금 바로 시작해 볼까요?

 **아이디어 구상**

엑셀 시트나 메모장에서 이제 벗어납시다. 커서 AI가 여러분의 목표를 관리해줄 겁니다.

- **나만의 OKR 설정**: '상반기 내 앱 출시' 같은 큰 목표<sup>Objective</sup>를 세우고, '디자인 시안 3개 완성', '핵심 기능 5개 개발'처럼 구체적인 핵심 결과<sup>Key Results</sup>를 추가합니다.
- **AI의 OKR 제안**: 막연한 목표를 입력하면 AI가 이를 측정 가능한 핵심 결과들로 구체화하여 제안해 줍니다.
- **실시간 진행률 확인**: 핵심 결과를 얼마나 달성했는지 숫자로 입력하면, 전체 목표 달성률이 진행률 막대(프로그레스 바, Progress Bar) 형태로 즉시 시각화됩니다.

이 모든 기능을 오직 대화만으로 만들어 보겠습니다.

 **커서 AI와 함께 3단계로 웹 서비스 만들기**

이제 커서 AI를 켜고 새로운 프로젝트 폴더를 생성한 다음 그 폴더를 열어 주세요.

### Step 01 목표를 담을 그릇, 화면 구성하기

가장 먼저 우리가 목표를 입력하고 진행 상황을 한눈에 볼 수 있는 화면을 만들겠습니다. 아래 프롬프트를 커서 AI에 입력해 주세요.

> **프롬프트 2 - 16**
>
> **OKR 관리 앱 UI**
> '나의 OKR 대시보드'라는 제목을 만들어 줘. 사용자가 Objective를 입력할 텍스트 필드와 '목표 추가' 버튼을 만들어 줘. 추가된 목표 아래에는 여러 개의 Key Result를 추가할 수 있어야 해. 각 Key Result는 '명칭', '목표치', '현재값'을 입력할 수 있는 필드를 가져야 하고, 그 옆에는 달성률을 보여줄 프로그레스 바 영역을 만들어 줘. HTML/JavaScript를 사용하고 디자인은 Tailwind CSS를 사용해서 깔끔하고 현대적인 느낌으로 만들어 줘.

커서 AI는 우리가 목표를 추가하고 관리할 수 있는 기본 구조를 HTML과 Tailwind CSS로 그려낼 겁니다. Objective를 추가하는 영역과 그 하위에 Key Result를 입력하는 공간들이 제대로 나타나는지 확인합니다. 작업이 완료되면 [Keep]를 클릭해 주세요.

> **코드 한 스푼**
>
> - **프로그레스 바:** Tailwind CSS를 이용하면 간단한 <div> 태그 몇 개와 배경색, 너비(w-[ ]) 클래스만으로도 진행 상황을 시각적으로 보여주는 세련된 프로그레스 바를 손쉽게 만들 수 있습니다.

[Go Live]를 클릭해서 웹 브라우저에서 결과물을 확인해 보세요.

## Step 02 똑똑한 계산기, 달성률 자동화하기

이제 이 서비스의 핵심인, 진행 상황에 따라 달성률을 자동으로 계산하고 시각화하는 기능을 구현하겠습니다. 아래 프롬프트를 커서 AI에 입력해 주세요.

> **프롬프트 2 - 17**
>
> **OKR 달성률 자동 계산**
>
> 사용자가 Key Result의 '현재값'을 변경할 때마다, 해당 Key Result의 달성률('현재값'/'목표치' * 100)을 계산해서 프로그레스 바 너비에 실시간으로 반영해 줘. 그리고 관련된 모든 Key Result들의 평균 달성률을 계산해서, 상위 Objective의 전체 달성률도 똑같이 프로그레스 바로 보여주도록 해 줘.

커서 AI는 JavaScript 코드를 추가하여 사용자의 입력을 감지하고, 간단한 나눗셈과 평균 계산을 통해 달성률을 구하는 로직을 구현할 겁니다. 이제 '현재값'을 입력하거나 수정해 보세요. Key Result와 Objective의 프로그레스 바가 실시간으로 움직이는지 확인해 보세요. 만약 제대로 작동하지 않는다면 프롬프트에 수정해 달라고 요청하세요.

### Step 03. 내 목표 저장하고, AI에게 조언 구하기

열심히 입력한 목표가 사라지면 안 되겠죠. 브라우저를 닫았다 열어도 데이터가 유지되도록 저장 기능을 추가하고, AI에게 더 좋은 Key Result를 추천받는 기능까지 구현해 보겠습니다. 아래 프롬프트를 커서 AI에 입력해 주세요.

> **프롬프트 2-18**
>
> **데이터 저장 및 AI 제안 기능**
>
> 첫째, 현재까지 작성한 모든 OKR 데이터를 '저장하기' 버튼을 누르면 브라우저의 로컬 스토리지에 저장하고, 페이지를 새로고침해도 데이터가 그대로 복원되도록 해 줘. 둘째, Objective 입력창 옆에 'AI로 KR 제안받기' 버튼을 추가해 줘. 이 버튼을 누르면 Objective 텍스트를 기반으로 OpenAI API(모델: GPT-5-Nano)를 호출해서, 측정 가능한 Key Result 아이디어 3가지를 JSON 형태로 제공받아서 파싱한 후 화면에 표시해 줘.
>
> ⋮
>
> **(여기에 API 키 정보 입력)**

커서 AI는 먼저 OKR 데이터를 JSON 형태로 변환하여 브라우저의 로컬 스토리지에 저장하고, 페이지가 로드될 때 다시 불러오는 코드를 추가할 것입니다. 이어서 OpenAI API를 호출해서, 여러분이 막연하게 생각한 목표를 구체적인 실행 계획으로 바꿔줄 AI 제안 기능까지 완성할 겁니다.

[OKR 대시보드 화면 이미지]

만약 오류가 발생한다면 커서 AI에 수정을 요청하세요. 보통 크롬 브라우저에서 F12 키를 누르고 콘솔 탭에서 발생한 오류를 복사해서 수정해달라고 요청하면 됩니다. 또는 마우스 우측 버튼 ⋯» 검사 ⋯» 콘솔 탭에서 오류를 확인해도 됩니다.

> **프롬프트 2 - 19**
>
> 아래처럼 에러가 났어. 수정해 줘.
>
> ```
> script.js:541 JSON 파싱 오류: SyntaxError: Unexpected token '`', "```json
> {
> "… is not valid JSON
>     at JSON.parse (<anonymous>)
>     at getAISuggestions (script.js:537:40)
>     at async suggestKeyResults (script.js:434:29)
> ```

## 03 딸깍! 완성된 나만의 목표 관리 코치

이제 여러분은 목표를 설정하고, 진행 상황을 추적하며, 때로는 AI에게 영감을 얻을 수도 있는 강력한 개인용 OKR 관리 앱을 완성했습니다.

## 04 이것만은 알고 가요

오늘 우리는 추상적인 '목표'를 측정 가능한 '데이터'로 만들고, 이를 **시각화하여 동기를 부여하는 과정을 경험**했습니다.

## 05 더 잘하고 싶다면?

여기서 멈추지 말고, 여러분의 목표 관리 코치를 더욱 유능하게 만들어 보세요.

- 만들어진 Objective나 Key Result를 수정하거나 삭제하는 기능을 추가해 줘.
- 데이터를 CSV 파일로 만들어서 구글 시트로 내보내는 기능을 만들어 줘.
- 각 Objective마다 마감 기한을 설정하고, 남은 날짜를 보여주는 기능을 넣어 줘.

# 외부 정보와 함께
# 내 서비스 더욱
# 강력하게 만들기

| Chapter 1 | Supabase로 만드는 독서 기록장 |
| Chapter 2 | MCP 기능으로 독서 기록장 앱을 챌린지 앱으로 업그레이드 |
| Chapter 3 | 맞춤형 성격 분석 테스트기 |
| Chapter 4 | 내 마음을 읽는 바이브 다이어리 |
| Chapter 5 | 나만의 장소를 기록하는 디지털 아카이브 |
| Chapter 6 | 내 머릿속의 학습 파트너, 메모리 큐브 |
| Chapter 7 | 나만의 OTT 감상 아카이브 |
| Chapter 8 | 영수증 사진 한 장이면 끝, AI 가계부 |

# PART 3

PART 3에서는 AI와 클라우드 데이터베이스(Supabase)를 활용하여 나만의 서비스를 구축하는 과정을 다룹니다. 다양한 프로젝트를 통해 UI/UX 디자인부터 데이터베이스 연동, PWA 앱 배포까지 개발의 전반적인 흐름을 경험할 수 있습니다. 특히 MCP(Model Context Protocol)를 이용한 AI와의 대화형 개발 방식은 복잡한 코딩 없이도 창의적인 아이디어를 현실로 만드는 새로운 패러다임을 제시합니다.

# Supabase로 만드는 독서 기록장

스마트폰에 아이콘을 추가하면, 터치 한 번으로 앱이 실행됩니다.

PWA<sup>Progressive Web App</sup>는 웹 서비스를 앱으로 바꿔주는 기술입니다. 앱은 내가 어제 무엇을 했는지, 무엇을 저장했는지 꺼져도 모두 기억합니다. 반면, 웹은 특별한 기술을 사용하지 않으면 브라우저를 닫으면 모든 것을 잃어버립니다. 결국 **PWA의 핵심은 바로 이 데이터를 영구적으로 저장하는 데이터베이스 기술**에 있습니다. 우리는 이번 챕터에서 바이브 코딩계에서 요즘 가장 핫한 **Supabase 데이터베이스를 사용해서 '온라인 독서 기록장'**을 만들 겁니다. 내가 읽은 책의 정보는 언제 어디서든 열어볼 수 있어야 하는데, Supabase가 그 역할을 담당합니다. 게다가 무료로 이용할 수 있습니다.

이번 챕터에서는 조금 어려울 수도 있겠지만, Supabase 데이터베이스를 직접 구축하는 것부터 시작하겠습니다. 그리고 커서 AI와 함께 그 위에 사용자가 직접 만지고 쓸 수 있는 웹 서비스를 스마트폰에 PWA 앱의 형태로 설치까지 진행하겠습니다.

 데이터베이스가 뭔가요? (feat. 똑똑한 구글 시트)

'데이터베이스'라는 말만 들어도 머리가 아프죠? 전혀 그럴 필요 없습니다. 데이터베이스는 일종의 '구글 시트나 엑셀'과 비슷한 개념이라고 생각하면 쉽습니다.

우리가 만들려는 독서 기록장을 예로 들어볼까요?

- 테이블Table: 구글 시트 그 자체입니다. 우리는 'Books'라는 이름의 시트를 만들 겁니다.
- 열Column: 시트의 맨 윗줄에 있는 제목들입니다. '책 제목', '저자', '나의 별점', '한줄평' 같은 것들이죠.
- 행Row: 우리가 기록하는 책 한 권 한 권의 데이터입니다.
- API 키API Key: 바로 이 '구글 시트'에 접근할 수 있는 고유의 '열쇠'라고 생각하면 됩니다. 앞서 다룬 OpenAI의 API 키와 비슷한 개념입니다.

 나만의 비밀 창고Supabase 만들기

Supabase는 '서버'나 '데이터베이스' 같이 어려운 뒷단의 일을 처리해주는 클라우드 서비스입니다. 눈에 보이는 부분에 집중할 수 있도록, 회원가입/로그인이나 데이터 저장 같은 기능들을 가져다 쓸 수 있게 도와주는 서비스죠. 먼저 Supabase 회원가입부터 해야겠죠?

Supabase의 회원가입과 설정은 [공통 가이드 5 (353 쪽)]를 참조하세요.

전 세계 어디서든 접근할 수 있는 Supabase에 가입하여 **온라인 데이터베이스를 생성**하고, 그곳에 **접근할 수 있는 열쇠**까지 모두 손에 넣었다면 앱을 완성해 봅시다.

 **커서 AI와 함께 4단계로 앱 완성하기**

텅 비어 있던 프로젝트에 이제 생명을 불어넣을 시간입니다. 커서 AI 초기화면에서 [Open Project] 버튼을 클릭해서 새 프로젝트를 만들어 주세요. 커서 AI와 함께 앱의 얼굴을 만들고, 방금 얻은 API 키로 Supabase의 문을 열어 앱과 연결하겠습니다.

### Step 01 독서 기록장 얼굴(UI) 만들기

가장 먼저 사용자가 책 정보를 입력하고, 저장된 목록을 볼 수 있는 화면의 뼈대를 만들겠습니다. 아래 프롬프트를 커서 AI에 입력해 주세요.

> **프롬프트 3-1**
>
> **독서 기록장 UI 생성**
> HTML/JavaScript/Tailwind CSS로 '온라인 독서 기록장' 화면을 만들어 줘.
>
> 1. **헤더:** '나의 온라인 독서 기록장'이라는 큰 제목을 보여 줘.
> 2. **입력 폼:** 아래 항목을 입력받을 수 있는 폼(form)을 만들어 줘.
>    - 책 제목 (텍스트 입력)
>    - 저자 (텍스트 입력)
>    - 별점 (1점부터 5점까지 선택할 수 있는 라디오 버튼)
>    - 한줄평 (여러 줄 입력 가능한 텍스트 영역)
>    - '기록하기' 버튼
> 3. **책장:** 폼 아래에, 저장된 책 목록이 카드 형태로 표시될 '책장' 섹션을 만들어 줘. 각 카드에는 제목, 저자, 별점, 한줄평이 모두 보여야 해.

커서 AI는 이 지시를 받고 세련된 디자인의 UI 코드를 생성할 겁니다. 작업이 완료되면 [Keep] 버튼을 클릭해 적용하고, [Go Live]를 클릭해서 사용자가 정보를 입력할 수 있는 폼과, 결과가 표시될 HTML 페이지를 확인해 주세요.

## Step 02 / 데이터베이스에서 테이블 만들기

데이터베이스 테이블과 연결하기 전에 테이블(엑셀의 시트 개념)을 생성해야 합니다. Supabase 대시보드에 접속해 주세요. 여러분이 이미 생성한 프로젝트를 선택하고, 좌측 사이드바에서 [SQL Editor]를 선택합니다. 그리고 아래 프롬프트에 있는 SQL을 복사해서 에디터에 붙여넣기한 다음, [Run] 버튼을 클릭해 주세요.

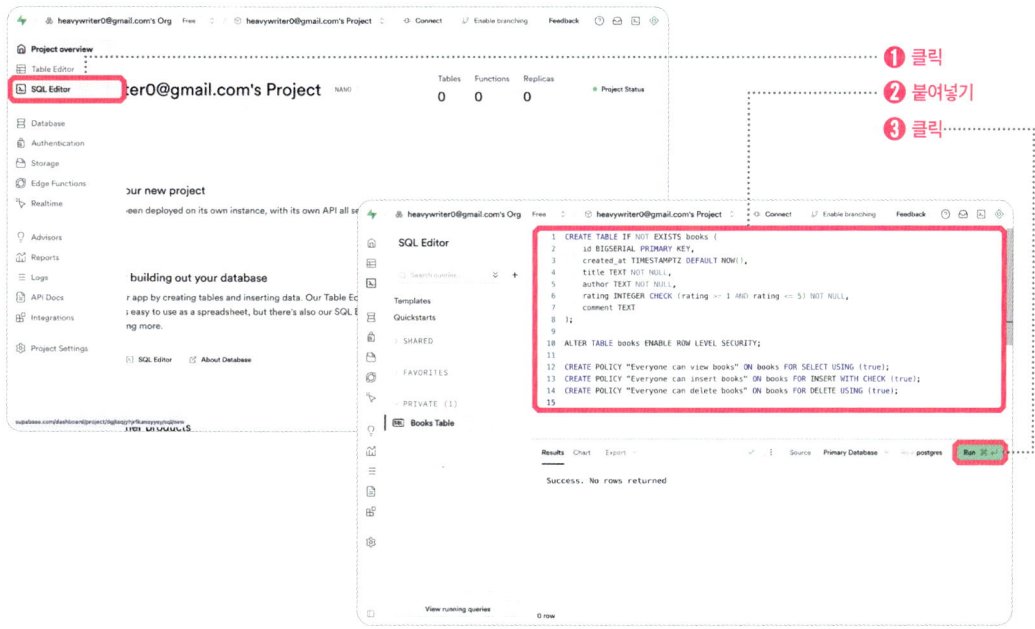

> **프롬프트 3-2**

```sql
CREATE TABLE IF NOT EXISTS books (
    id BIGSERIAL PRIMARY KEY,
    created_at TIMESTAMPTZ DEFAULT NOW(),
    title TEXT NOT NULL,
    author TEXT NOT NULL,
    rating INTEGER CHECK (rating >= 1 AND rating <= 5) NOT NULL,
    comment TEXT
);

ALTER TABLE books ENABLE ROW LEVEL SECURITY;

CREATE POLICY "Everyone can view books" ON books FOR SELECT USING (true);
CREATE POLICY "Everyone can insert books" ON books FOR INSERT WITH CHECK (true);
CREATE POLICY "Everyone can delete books" ON books FOR DELETE USING (true);
```

### Step 03 / 데이터베이스와 두뇌(기능) 연결하기

이제 이 예쁘기만 한 껍데기에 실제 기능을 담당할 두뇌를 연결할 차례입니다. '기록하기' 버튼을 누르면 우리가 만든 Supabase 서버에 데이터가 저장되고, 저장된 데이터가 '책장'에 나타나도록 만들겠습니다. 아래 프롬프트를 커서 AI에 입력해 주세요. **anon public 키가 외부에 유출되지 않도록 조심하세요. anon public 키는 Supabase의 회원가입과 설정 [공통 가이드 5 (353 쪽)]를 참조하세요.**

> **프롬프트 3-3**

**Supabase 기능 연동**
이전 단계에서 만든 UI에 Supabase 데이터베이스를 연결하는 자바스크립트 코드를 추가해 줘.

1. **접속 설정:** 아래 정보를 사용해서 Supabase 클라이언트를 초기화해 줘.
    - Supabase URL: **(복사한 Project URL 붙여넣기)**
    - Supabase Anon Key: **(복사한 anon public 키 붙여넣기)**

2. **테이블 연결:** 만약 'books'라는 테이블을 생성했어. 연결해 줘.
3. **데이터 저장 기능:** '기록하기' 버튼을 누르면, 폼에 입력된 데이터를 Supabase 'books' 테이블에 저장하는 함수를 만들어 줘. 저장이 성공하면 입력 폼은 깨끗하게 비워 줘.
4. **데이터 불러오기 기능:** 페이지가 처음 열릴 때, 그리고 새 책이 기록될 때마다 Supabase 'books' 테이블의 모든 데이터를 가져와서 '책장' 섹션에 카드 형태로 목록을 보여주는 함수를 만들어 줘. 최신순으로 정렬해 줘.
5. **Table 구조는 아래와 같아.**

```
CREATE TABLE IF NOT EXISTS books (
    id BIGSERIAL PRIMARY KEY,
    created_at TIMESTAMPTZ DEFAULT NOW(),
    title TEXT NOT NULL,
    author TEXT NOT NULL,
    rating INTEGER CHECK (rating >= 1 AND rating <= 5) NOT NULL,
    comment TEXT
);

ALTER TABLE books ENABLE ROW LEVEL SECURITY;

CREATE POLICY "Everyone can view books" ON books FOR SELECT USING (true);
CREATE POLICY "Everyone can insert books" ON books FOR INSERT WITH CHECK (true);
CREATE POLICY "Everyone can delete books" ON books FOR DELETE USING (true);
```

커서 AI는 우리가 알려준 비밀 열쇠를 이용해 Supabase 서버와 통신하는 코드를 짤 겁니다. 이전에 만든 테이블과 연결을 해줄 겁니다. 이제 [Go Live]로 웹브라우저를 열고 직접 책 정보를 입력한 뒤 '기록하기' 버튼을 눌러보세요. 잠시 후, '책장' 섹션에 방금 입력한 책 카드가 나타난다면 성공입니다. 만약 실행했는데 에러가 발생했다면 크롬 브라우저에서 [F12] ···» [콘솔 탭 선택] 에러 메시지를 복사해서 커서 AI에게 수정을 요청하세요.

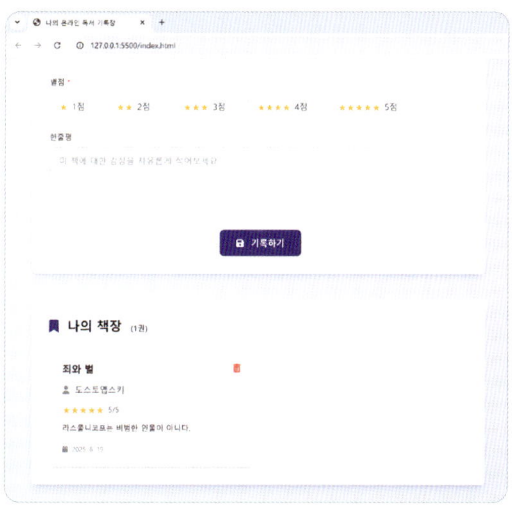

## Step 04 PWA 앱으로 변신시키기

이제 웹사이트를 넘어, 스마트폰에 설치해서 진짜 앱처럼 사용할 수 있도록 변신시키겠습니다. 아래 프롬프트를 커서 AI에 입력해 주세요.

> **프롬프트 3-4**
>
> **PWA 기능 추가**
>
> 이 웹사이트를 진짜 앱처럼 스마트폰 홈 화면에 설치할 수 있도록 PWA(Progressive Web App)로 만들어 줘.
>
> 1. 'manifest.json' 파일을 생성해 줘. 앱의 이름은 '나의 독서 기록장', 아이콘, 테마 색상 등을 포함해 줘.
> 2. 오프라인 상태에서도 작동할 수 있도록 기본적인 'service-worker.js' 파일을 만들어 줘.
> 3. 이 두 파일을 'index.html'에 연결해 줘.

커서 AI는 PWA의 핵심 구성 요소인 manifest.json 파일과 서비스 워커Service Worker 스크립트를 생성하고, 이를 우리의 HTML 파일에 등록하는 코드를 추가할 것입니다. 현재 프로젝트를 Vercel에 업로드한 다음, 여러분의 스마트폰 웹 브라우저로 접속한 후 화면에서 [앱 설치하기] 버튼을 클릭하면 스마트폰에 앱으로 설치됩니다.

그렇다면 굳이 왜 웹서비스를 PWA 앱으로 설치하려는 걸까요? 우리가 개발한 '독서 기록장'이 그저 브라우저의 즐겨찾기로 남는다면 조금 아쉬울 겁니다. PWA는 바로 이 웹서비스를 앱처럼 여러분의 스마트폰 홈 화면에 설치할 수 있게 도와줍니다. URL을 사용해서 접속하지 않아도 터치 한 번으로 전체 화면으로 앱을 실행할 수 있고, 심지어 인터넷이 끊겨도 마지막으로 본 기록들을 언제든 다시 열어볼 수 있습니다. 단순한 '웹 서비스'가 아니라, 언제나 내 손안에 있는 '나만의 앱'이 되는 겁니다.

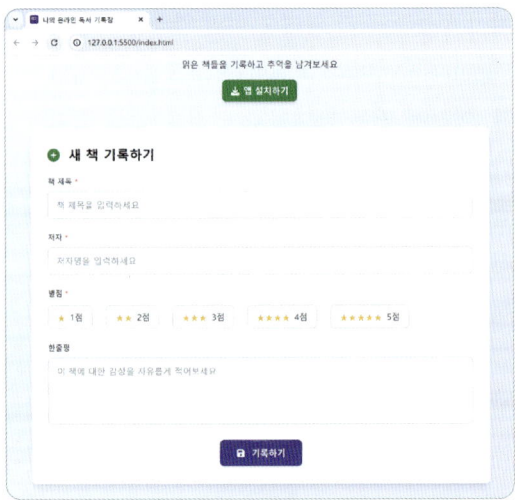

 ## 딸깍! 내 손안에 들어온 나만의 앱

Supabase 설치와 테이블 생성을 위한 SQL 실행까지 엄청난 난관을 넘으셨습니다. 그냥 딸깍이었으면 좋았겠지만 몇 차례의 수고스러운 딸깍을 경험해야 했습니다. 처음에는 굉장히 어렵게 느껴질 수밖에 없습니다. 그렇지만 반드시 극복해야 다음 단계로 진입할 수 있습니다. 그저 취미적으로만 커서 AI를 이용할 수는 없지 않겠습니까?

이제 여러분은 단순한 웹사이트가 아닌, 완벽하게 데이터를 저장하고 불러오며, 심지어 스마트폰에 설치까지 가능한 PWA를 완성했습니다. 완성된 사이트를 스마트폰 브라우저에서 열고 '홈 화면에 추가' 버튼을 눌러보세요. 바탕화면에 '나의 독서 기록장' 아이콘이 생성되는 것을 볼 수 있을 겁니다.

 ## 이것만은 알고 가요

오늘 우리는 서버 구축부터 UI 제작, 기능 연결, 그리고 앱 배포PWA까지 서비스 개발의 전체 과정을 경험했습니다.

 ## 더 잘하고 싶다면?

여기서 멈추지 말고, 여러분의 앱을 더욱 강력하게 만들어 보세요.

- 책 카드마다 '삭제' 버튼을 추가하고, 버튼을 누르면 Supabase에서 해당 데이터가 삭제되게 해 줘.
- 검색창을 하나 만들어서, 책 제목으로 내가 기록한 책을 검색하는 기능을 넣어 줘.
- 별점을 숫자가 아니라 별 모양 아이콘으로 표시해 줘.

# MCP 기능으로 독서 기록장 앱을 챌린지 앱으로 업그레이드

이전 챕터에서 Supabase 테이블 만든 과정을 기억하시나요? Supabase 대시보드에 접속해서, [SQL Editor]를 찾아 클릭하고, CREATE TABLE…로 시작하는 긴 SQL 구문을 붙여넣던 그 순간을요. 엄밀히 말해, 그건 '바이브 코딩'이 아니죠. '복사/붙여넣기'에 가까웠습니다만, 생각보다 난관이었을 겁니다. 이제 MCP라는 기술을 사용해서 Supabase에 이전보다 더 쉽게 접근해볼 예정입니다. 어려운 SQL을 사용하지 않고 커서 AI에게 말을 걸어 데이터베이스를 만들고, 독서 기록장을 '독서 챌린지' 앱으로 업그레이드합니다. 자, 그럼 준비되셨나요?

 **커서 AI에게 데이터베이스의 열쇠를 - MCP 혁명**

커서 AI가 데이터베이스에 접속해서 구조를 파악하고 테이블을 다루려면, 딱 한 번, '열쇠'를 쥐어주는 의식이 필요합니다. 이것이 바로 MCP<sup>Model Context Protocol</sup> 설정입니다. MCP는 서로 다른 AI들이 통신하는 중요한 약속 같은 것이죠. MCP를 설정하게 되면, 커서 AI는 코드 편집기에서 데이터베이스까지 영역을 확장하는 더 똑똑한 툴로 진화합니다.

## Step 01 '열쇠'를 만들기 위한 준비물

커서 AI에게 줄 열쇠를 만들려면 몇 가지 준비물이 필요합니다. 하나씩 차근차근 따라 해보세요.

### 01 Node.js: AI의 필수 도구 설치하기

MCP에서 사용할 [npx]라는 도구는 Node.js에 포함되어 있습니다. 따라서 먼저 Node.js부터 설치해야 합니다. 이미 설치되어 있다면 설치는 건너뛰어도 됩니다.

Node.js의 설치 방법은 [공통 가이드 9 (363 쪽)]를 참조하세요.

### 02 Supabase 접속 토큰 만들기

접속 토큰은 커서 AI가 Supabase 계정에 접속할 때 사용되는 비밀번호와 비슷한 개념입니다.

Supabase 접속 토큰을 만드는 방법은 [공통 가이드 6 (357 쪽)]을 참조하세요.

### 03 Supabase 프로젝트 ID (Project Ref): 데이터베이스 고유 주소 찾기

커서 AI가 수많은 Supabase 프로젝트 중에서 우리가 작업할 '독서 챌린지' 프로젝트를 정확히 찾아갈 수 있도록 고유한 주소를 알려 줘야 합니다.

Supabase 프로젝트 ID를 찾는 방법은 [공통 가이드 7 (359 쪽)]을 참조하세요.

## Step 02 커서 AI에 열쇠 등록하기

이제 준비물을 가지고 커서 AI에 열쇠를 등록할 차례입니다. 이제 커서 AI를 켜고 새로운 프로젝트 폴더를 생성한 다음 그 폴더를 열어 주세요. 저는 [독서 챌린지]라는 폴더를 생성하고 오픈했습니다.

**mcp 설정하기**

프로젝트 폴더 최상단인 [독서 챌린지]를 선택하고 하위에 [New Folder…]를 클릭해서 [.cursor] 폴더를 만들고, 그 안에서 다시 [New File…]를 클릭해서 [mcp.json] 파일을 만듭니다.

> 자세한 mcp 파일의 설정 방법은 [공통 가이드 8 (360쪽)]을 참조하세요.

 **커서 AI와 대화하며 '독서 챌린지' 기능 구현하기**

이제 SQL Editor는 잊어버리세요. 우리는 오직 '대화'로 서비스를 만들겠습니다.

### Step 01 기존 테이블 업그레이드하기

우리는 이전 챕터에서 독서 기록장을 개발하며 [books] 테이블을 만들었습니다. 하지만 '독서 챌린지'를 위해서는 매일의 독서 활동을 기록할 별도의 공간이 필요합니다. 아래 프롬프트를 커서 AI에 입력해 주세요.

> **프롬프트 3-5**
>
> **데이터베이스 업그레이드**
> 1. 지금 Supabase 데이터베이스에 있는 books 테이블을 활용해서 '독서 챌린지' 웹 서비스를 만들 거야.
> 2. 매일의 독서 활동을 기록할 reading_sessions 테이블을 새로 만들어 줘. 이 테이블에는 session_date(날짜), pages_read(읽은 페이지 수) 정보가 들어가야 해.
> 3. **가장 중요한 것**: reading_sessions 테이블이 어떤 책에 대한 기록인지 알아야 하니까, 기존 books 테이블의 id와 연결해 줘. book_id라는 이름으로 관계를 설정해 주면 좋겠어.
> 4. 새로 만든 테이블도 아무나 데이터를 넣고 볼 수 있게 정책을 설정해 줘.
>
> 위의 기능들은 Supabase MCP를 사용해서 구현해 줘.

아래와 같은 MCP 툴 호출 화면이 나타나면 **[Run tool]** 버튼을 꼭 클릭해 주세요. **여러 번 나타날 겁니다. 그때마다 꼭 클릭해야 합니다.**

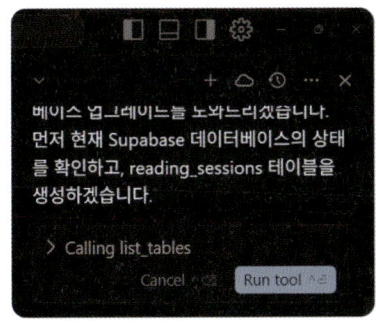 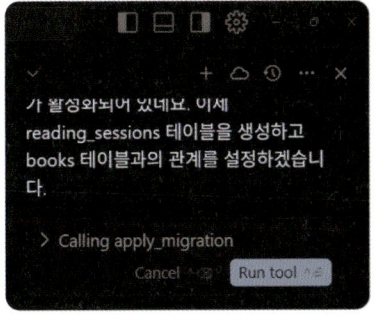

이 프롬프트를 받은 커서 AI는 더 이상 SQL 코드를 실행해 달라고 요청하지 않습니다. MCP를 통해 Supabase에 직접 접속하여 우리가 요청한 모든 작업을 처리합니다.

## Step 02 UI와 기능, 한 번에 요청하기

데이터베이스가 준비되었으니, 이제 사용자가 사용할 화면과 실제 작동 로직을 구현하겠습니다. 아래 프롬프트를 커서 AI에 입력해 주세요.

> 프롬프트 3-6
>
> **AI, '독서 챌린지' 앱 완성**
>
> HTML, Tailwind, JavaScript로 '독서 챌린지' 앱을 만들어 줘.(Supabase MCP를 사용해 줘)
>
> 1. 화면은 아래와 같이 구성해 줘:
>    - '나의 독서 챌린지'라는 큰 제목.
>    - 그 아래에 '연속 독서 N일째!' 라고 표시될 스트릭(Streak) 카운터.
>    - 책을 등록하는 폼과, 매일 독서 활동을 기록하는 폼.
> 2. 기능은 이렇게 구현해 줘:
>    - 각 폼에서 '저장' 버튼을 누르면 books와 reading_sessions 테이블에 데이터가 저장되게 해 줘.
>    - 핵심 기능: 페이지가 열릴 때마다 reading_sessions 테이블 기록을 분석해서, 연속으로 며칠이나 책을 읽었는지 계산하고 스트릭 카운터에 숫자를 업데이트 해 줘.
> 3. Supabase 접속 정보는 아래와 같아.
>    - Supabase URL: **(Project URL 붙여넣기)**
>    - Supabase Anon Key: **(anon public 키 붙여넣기)**

작업이 완료되면 [Keep]를 클릭해 주세요. 그리고 [Go Live] 버튼을 클릭해서 작동이 잘 되는지 확인합니다. AI는 이제 두 테이블의 관계를 완벽하게 이해하고 있으므로, '연속 독서 일수 계산'과 같은 다소 복잡한 로직도 막힘없이 구현해 줍니다. 우리는 그저 결과물을 보며 감탄하기만 하면 됩니다.

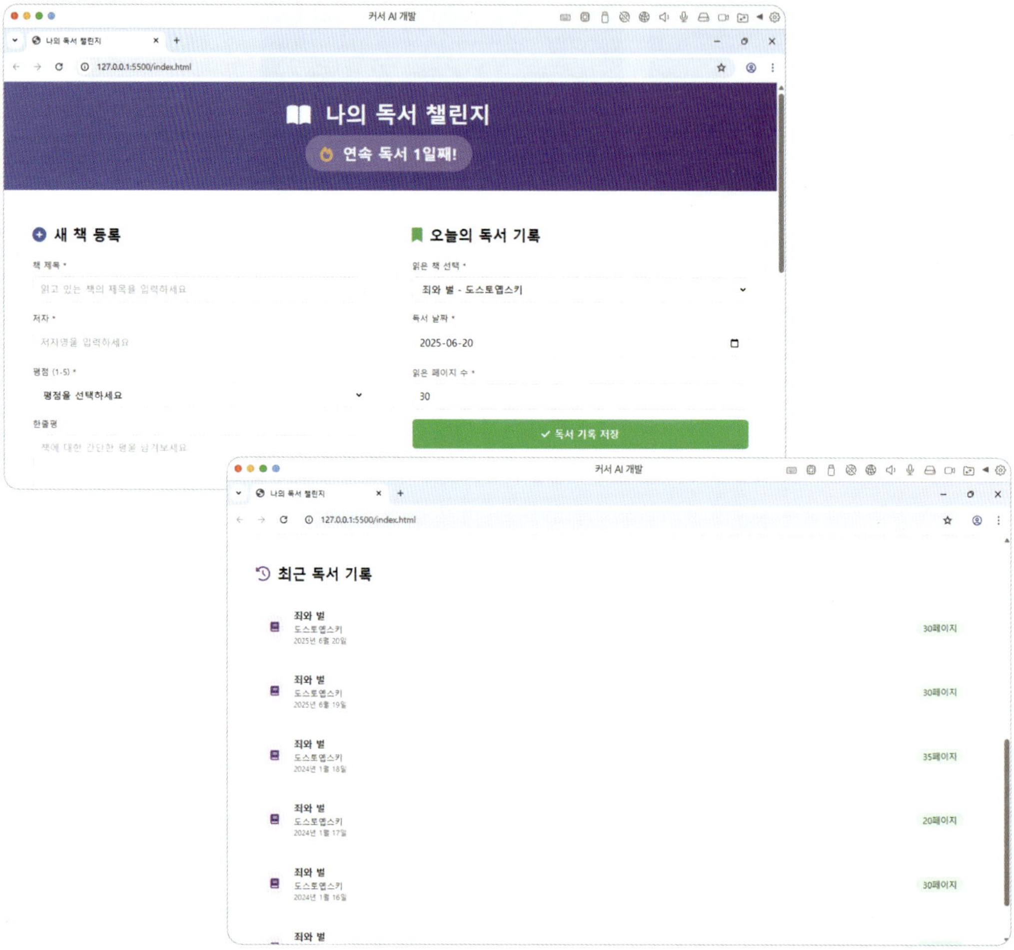

## 03 딸깍! 내 손안에 들어온 나만의 앱

여러분은 두 가지 개발 방식을 모두 경험했습니다. SQL 구문을 한 글자 한 글자 타이핑하던 과거와, MCP 기술을 통하여 커서 AI에게 자연어로 지시하는 현재. 어떤 방식이 더 '바이브'에 가깝다고 느끼시나요?

 **이것만은 알고 가요**

MCP는 단순히 개발을 편하게 만드는 도구입니다. MCP는 개발의 패러다임을 '코딩'에서 'AI와의 소통'으로 바꾸고 있습니다. 이제 개발자는 지루하고 반복적인 작업에서 해방되어, 더 창의적이고 본질적인 문제 해결에 집중할 수 있습니다.

 **더 잘하고 싶다면?**

여기서 만족하지 마세요. 여러분의 손으로 탄생한 이 서비스는 무한한 가능성을 품고 있습니다. 커서 AI에게 다음과 같이 요청하며 더 멋진 서비스로 발전시켜 보세요.

- 내가 언제 책을 읽었는지 한눈에 볼 수 있도록, 독서 기록이 있는 날짜를 달력에 표시해 줘.
- 올해 총 몇 권의 책을 읽을지 목표를 설정하고, 달성률을 보여주는 기능을 추가해 보면 어떨까?
- 매일의 독서 기록에 간단한 메모나 인상 깊었던 구절을 함께 저장하는 기능을 만들어 줘.

# 맞춤형 성격 분석 테스트기

CHAPTER 03

'나는 어떤 성격을 가진 사람일까?' 우리는 끊임없이 자신에게 이런 질문을 던집니다. MBTI 같은 성격 유형 검사가 꾸준히 인기를 끄는 이유도 그 때문이죠. 이번에는 여기서 한 걸음 더 나아가, **'나'를 위한 맞춤형 성격 분석 테스트를 진행하는 웹 서비스**를 개발하겠습니다. 몇 가지 질문에 답하면 AI가 'Big5 성격 모델'을 기반으로 성격을 심층 분석하고, 그 결과를 시각적으로 보여주는 서비스입니다.

 **아이디어 구체화**

우리가 만들 서비스는 단순한 심리테스트가 아닙니다. 내면의 목소리를 데이터로 번역하고, 그를 통해 나 자신을 새로운 관점에서 돌아보게 돕는 개인화된 성찰 도구입니다.

- **나를 찾아 떠나는 질문 여행**: Big5 모델 기반 질문들에 답변합니다.
- **AI, 내 마음을 번역하다**: 답변이 완료되면, 커서 AI는 OpenAI의 GPT API를 호출하여 내 답변 패턴을 분석합니다. 분석 결과는 단순한 점수가 아닌, '고요한 몽상가'와 같은 고유한 '성격 아키타입'으로 제공합니다.

- **한눈에 보는 나의 모습**: 분석 결과는 시각적인 리포트로 변환됩니다. 5대 성향 점수를 비교하는 막대 그래프, 30개 하위 요인을 보여주는 레이더 차트, 그리고 친구에게 공유할 수 있는 멋진 '아키타입 카드' 이미지까지 생성됩니다.
- **성장의 기록 보관하기**: 모든 결과는 Supabase 데이터베이스에 차곡차곡 쌓여, 시간이 흐른 뒤 나의 성격 변화를 되돌아볼 수 있는 기록이 됩니다.

이 모든 기능을 오직 대화만으로 만들어 보겠습니다.

## 02 커서 AI와 함께 3단계로 웹 서비스 만들기

이제 커서 AI를 켜고 새로운 프로젝트 폴더를 생성한 다음 그 폴더를 열어 주세요.

 **내 마음을 입력할 공간 만들기**

사용자가 성격 검사를 진행하면 결과를 표시할 수 있는 화면을 구성하겠습니다. 깔끔하고 직관적인 컨셉으로 제작합니다. supabase MCP를 사용해야 하니, **[공통 가이드 8 (360 쪽)] MCP 설정하기** 편을 참조해 주세요. MCP 설정이 완료되면 아래 프롬프트를 커서 AI에 입력해 주세요.

> **프롬프트 3-7**
>
> **Big5 성격 분석 UI**
> '나의 성격 아키타입 찾기'라는 제목을 중앙에 배치해 줘.
>
> 그 아래에 Big5 성격 검사 질문이 표시될 영역을 만들고, 각 질문마다 사용자가 '전혀 그렇지 않다(1점)'부터 '매우 그렇다(5점)'까지 선택할 수 있는 라디오 버튼 그룹을 만들어 줘. 모든 질문에 답한 후 누를 수 있는 '결과 분석하기' 버튼도 추가해 줘.
>
> 분석 결과가 표시될 영역은 처음에는 숨겨져 있다가, 분석이 완료되면 나타나게 해 줘. 이 모든 것을 HTML, JavaScript, 그리고 Tailwind CSS를 사용해서 모던하고 반응형으로 디자인해 줘.

커서 AI는 이 명령을 받고 즉시 웹 페이지의 뼈대와 디자인을 만들어낼 것입니다. 질문과 선택지, 그리고 결과를 위한 버튼이 담긴 구조가 생성되는지 확인하세요. 작업이 완료되면 [Keep] 버튼을 클릭해서 변경사항을 적용합니다. 그리고 요구사항대로 작동하는지 [Go Live]를 클릭해서 확인해 보세요.

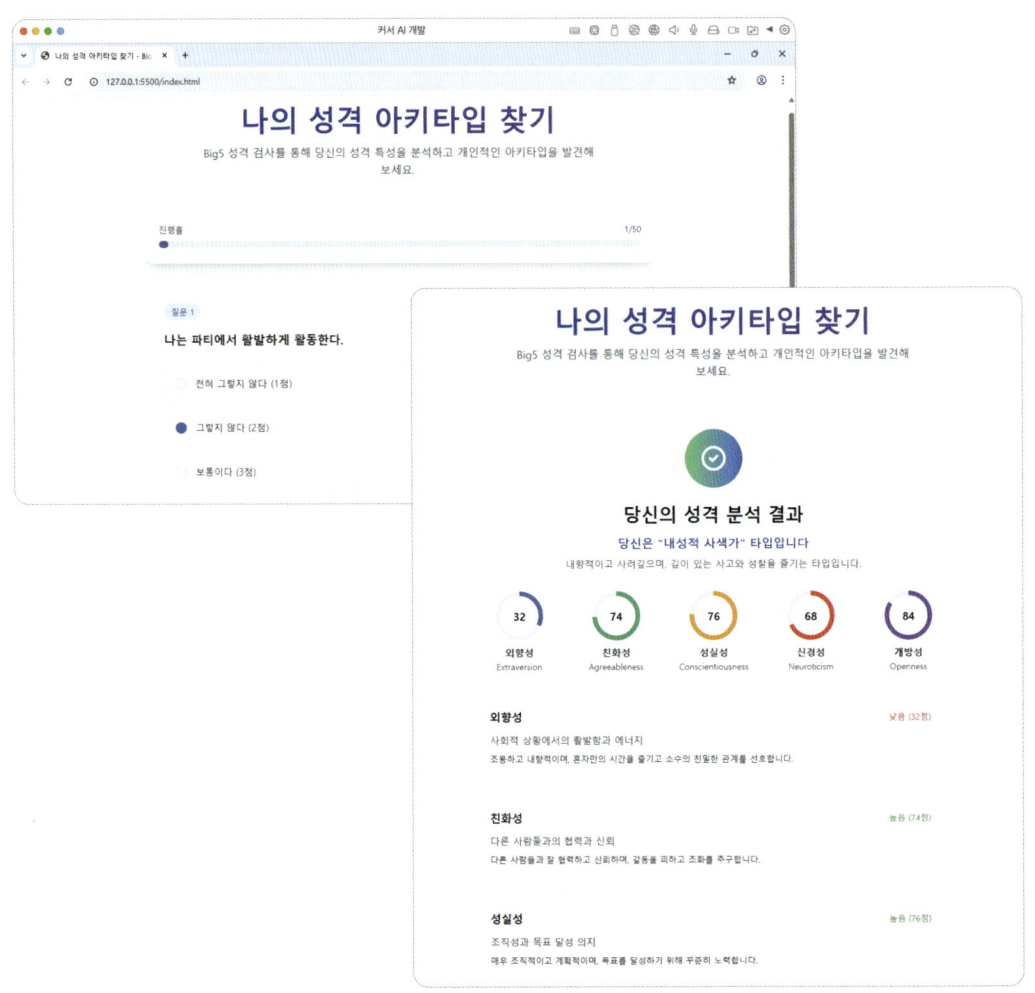

### Step 02 AI의 분석 두뇌 심기

이제 AI 분석 기능을 추가하겠습니다. 사용자가 입력한 답변들을 OpenAI의 언어 모델에게 보내고, 성격 분석 결과를 리포트로 생성하겠습니다. 이 단계에서는 OpenAI API 키가 필요합니다. 아래 프롬프트를 커서 AI에 입력해 주세요.

> **프롬프트 3 - 8**

### OpenAI 연동 성격 분석 로직

'결과 분석하기' 버튼을 클릭했을 때, OpenAI API를 호출하는 JavaScript 코드를 만들어 줘.

1. **데이터 전송:** 사용자가 선택한 모든 질문의 답변(점수)을 모아서 API에 전송해 줘.
2. **AI 역할 부여:** API를 호출할 때, AI에게 다음과 같은 역할을 부여하고, 반드시 JSON 형식으로만 응답하도록 지시해 줘.
   - 너는 Big5 성격 모델 전문가이자 창의적인 작가야. 입력받은 점수들을 분석해서, 아래 규칙에 따라 고유한 성격 분석 리포트를 JSON 객체로 생성해 줘.
3. **JSON 생성 규칙:**
   - 'archetype_info': 사용자를 대표하는 아키타입 정보. 점수 조합을 보고 '고요한 몽상가', '열정적인 탐험가', '치밀한 전략가' 등 검사 결과와 어울리는 이름과 페르소나, 핵심 질문을 창의적으로 부여해 줘.
   - 'main_scores': 5대 성향(개방성, 성실성, 외향성, 우호성, 신경성) 각각의 점수를 계산하고, 각 성향에 대한 해석을 다양한 키워드를 사용해서 제시해 줘.
   - 'sub_scores_analysis': 30개 하위 요인 점수를 분석하고, '상상력: 머릿속에 자신만의 영화관을 가지고 있어요.' 와 같이 각 특성에 대한 창의적인 해석을 덧붙여 줘.
   - 'strengths_and_opportunities': 점수가 높은 강점과 낮은 성장 기회를 키워드 형태로 요약해 줘.
4. **모델 지정:** OpenAI 모델은 'GPT-5-nano'를 사용해 줘.
   ⋮
5. **API 키 적용: (여기에 API 키 정보 입력)**

커서 AI는 프롬프트로 요구한 기획 의도를 이해하고 OpenAI와 소통합니다. 사용자의 답변을 OpenAI에 보내고, 약속된 형식(JSON)으로 분석 결과를 받아오는 코드를 작성할 겁니다. 코드 작성이 완료되면 [Keep]나 [Keep All]을 클릭해 주세요. 그리고 OpenAI를 통해서 사용자의 응답 결과를 분석하고 제대로 분석결과를 제공하는지 확인해 보세요.

만약 AI 분석 결과가 나타나지 않는다면 크롬 브라우저에서 Ctrl + Shift + I 키를 누르고 [Console] …» 에러 내용 복사 …» 커서 AI에게 에러 수정해 달라고 요청하세요.

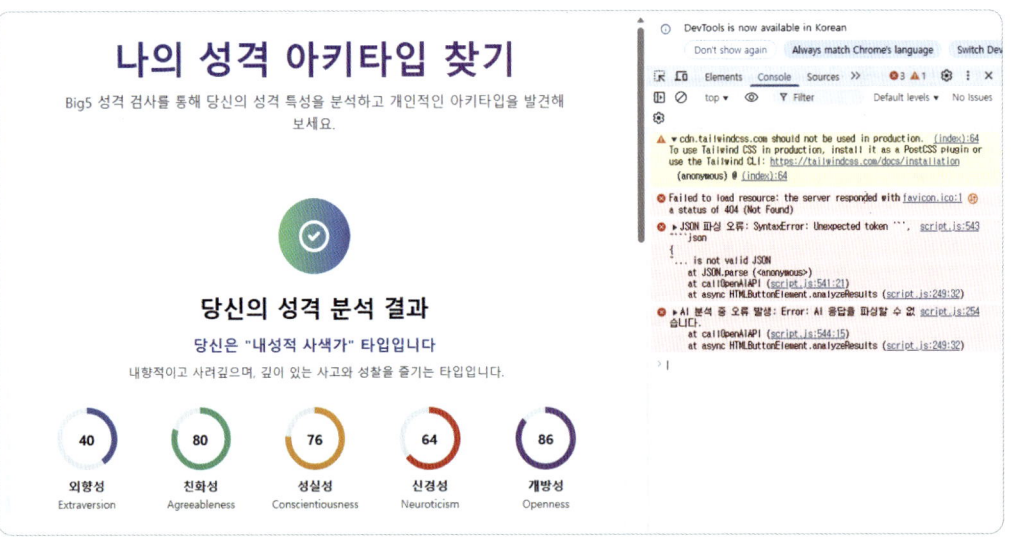

# Step 03 / 데이터에 생명 불어넣기 (시각화 & 저장)

AI가 만들어준 레시피(JSON)를 시각화하겠습니다. 데이터를 활용해서 사용자가 한눈에 자신의 성격을 파악할 수 있게 만들고, 나중에 다시 볼 수 있는 저장 기능도 구현하겠습니다. 아래 프롬프트를 커서 AI에 입력해 주세요.

> **프롬프트 3-9**
>
> **분석 결과 시각화 및 Supabase 저장**
> 이전 단계에서 받은 JSON 데이터를 사용해서 다음 기능들을 구현해 줘.
>
> 1. **5대 성향 차트**: 'main_scores' 데이터를 이용해, 5대 성향의 점수를 보여주는 가로 막대그래프를 그려줘. Chart.js 라이브러리를 사용해 줘.
> 2. **하위 요인 차트**: 'sub_scores_analysis' 데이터를 그룹별로 묶어, 5개의 레이더 차트를 생성해 줘. 각 차트는 하나의 5대 성향에 속한 6개 하위 요인의 점수를 보여 줘야 해.
> 3. **아키타입 카드**: 'archetype_info'와 'strengths_and_opportunities' 데이터를 조합해서, 공유할 수 있는 이미지 카드(div 요소)를 디자인해 줘. 카드에는 아키타입 이름, 페르소나, 강점/기회 키워드가 포함되어야 해.
> 4. **데이터 저장**: 결과 페이지에 '내 리포트 저장하기' 버튼을 추가해 줘. 이 버튼을 누르면, 현재 분석 결과 JSON 전체가 Supabase 데이터베이스에 저장되도록 해 줘. Supabase 연동하기 위한 코드도 추가해 줘. (MCP 기능을 활용해서 연동해 줘)

이 프롬프트를 보내면, 커서 AI는 데이터 시각화 라이브러리인 Chart.js를 활용할 겁니다. **Chart.js는 숫자들을 기반으로 움직이는 그래프를 만듭니다.** 또한 서버리스 데이터베이스인 Supabase와 연동하여 분설 결과를 영구적으로 보관하는 기능까지 구현할 겁니다. 작업이 종료되면 [Keep All]을 클릭하고 웹 브라우저에서 결과를 확인해 주세요.

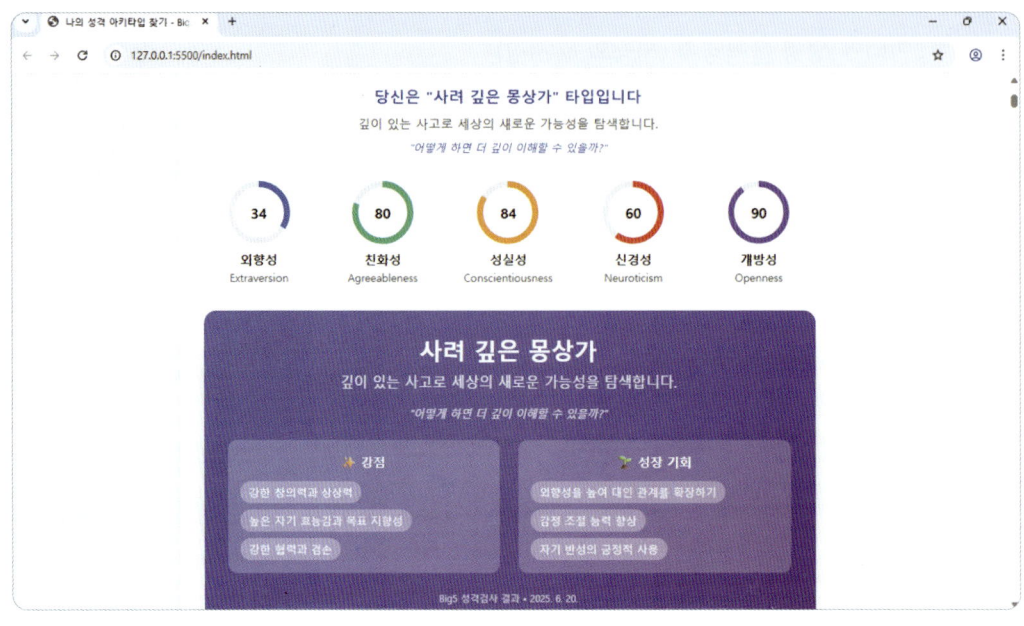

 **딸깍! 완성된 나만의 성격 분석기**

여러분은 이제 단순한 웹 사이트가 아닌, 사용자의 내면을 탐험하고 성장을 돕는 깊이 있는 서비스를 완성했습니다.

 **이것만은 알고 가요**

오늘 우리는 구조화되지 않은 사용자의 생각(질문 답변)을 AI를 통해 **정교하고 구조화된 데이터 (JSON)로 변환**하고, 이를 다시 인간이 **이해하기 쉬운 시각 정보(차트, 카드)로 재창조**하는 전 과정을 경험했습니다.

 **더 잘하고 싶다면?**

여기서 만족하지 마세요. 여러분의 손으로 탄생한 이 서비스는 무한한 가능성을 품고 있습니다. 커서 AI에게 다음과 같이 요청하며 더 멋진 서비스로 발전시켜 보세요.

- 저장된 과거의 성격 분석 결과들을 시간순으로 비교해서 볼 수 있는 페이지를 만들어 줘.
- 나와 비슷한 '성격 아키타입'을 가진 다른 사용자들의 평균 점수와 내 점수를 비교해서 보여주는 기능은 어때?
- 아키타입 카드를 진짜 PNG 이미지 파일로 다운로드하는 기능을 추가해 줘.

# 내 마음을 읽는 바이브 다이어리

## CHAPTER 04

매일 쓰는 일기에서 감정 변화를 자동으로 알아차릴 수 있다면 얼마나 좋을까요? 그날 벌어진 일을 솔직하게 기록하면, AI가 감정을 분석해 주는 거죠. 그렇게 되면 자신을 더 깊이 이해할 수 있지 않겠습니까? 이번 챕터에서는 그런 **'바이브 다이어리' 서비스**를 만들어 보겠습니다.

## 01 아이디어 구상

바이브 다이어리는 단순히 텍스트만 저장하는 일기장 앱이 아닙니다. AI를 통해서 내면의 목소리에 귀 기울이게 도와주는 다이어리입니다.

- **나의 하루를 기록**: 오늘 있었던 일, 느꼈던 감정을 웹페이지에 솔직하게 기록합니다.
- **AI의 섬세한 분석**: 내가 쓴 일기를 AI가 읽고, -1.0부터 1.0까지의 감정 점수, 핵심 감정 키워드, 감정이 가장 잘 드러나는 문장, 그리고 따뜻한 위로의 코멘트까지 담아줍니다.
- **데이터베이스에 차곡차곡**: AI의 분석 결과와 원본 일기는 클라우드 데이터베이스(Supabase)에 저장됩니다.

- **한눈에 보는 감정 리포트:** 저장된 데이터를 바탕으로 주간/월간 감정 변화 그래프와 감정 빈도 차트를 만들어, 나의 감정 패턴을 시각적으로 돌아볼 수 있습니다.

이 모든 과정을 오직 대화만으로 커서 AI와 함께 구현하겠습니다.

 **커서 AI와 함께 4단계로 웹 서비스 만들기**

이제 커서 AI를 켜고 새로운 프로젝트 폴더를 생성한 다음 그 폴더를 열어 주세요.

### Step 01 AI와 대화할 프레임워크 만들기

먼저 일기를 쓰고 AI의 분석 결과를 확인할 수 있는 기본 화면을 구성하겠습니다. 아래 프롬프트를 커서 AI에 입력해 주세요. 참고로 supabase를 사용해야 하니, **[공통 가이드 8 (360 쪽)] MCP 설정하기** 편을 참고해서 진행해 주세요. MCP 설정이 완료되면 커서 AI에 아래 프롬프트를 입력해 주세요.

> **프롬프트 3 - 10**
>
> **바이브 다이어리 UI**
>
> '바이브 다이어리'라는 제목을 가진 PWA 앱을 만들고 싶어. 메인 화면에는 오늘의 날짜가 표시되고, 일기를 입력할 수 있는 넓은 텍스트 영역과 '오늘 하루 기록하기' 버튼을 만들어 줘. AI 분석 결과(감정 점수, 핵심 감정, 핵심 문장, AI 코멘트)가 표시될 영역도 디자인해 줘. 전체적으로 차분하고 세련된 느낌을 주기 위해 Tailwind CSS를 사용해 줘. HTML, JavaScript, CSS 코드를 각각 파일로 분리해서 생성해 줘.

커서 AI는 이 요청을 받고 프로젝트의 뼈대가 되는 파일들을 생성할 것입니다. index.html, style.css, script.js 파일이 만들어지고, 우리가 구상한 화면이 대략적으로 그려지는지 확인합니다. 작업이 완료되면 [Keep]를 클릭해 주세요. 그리고 [Go Live]를 클릭해서 작동 여부를 테스트해 주세요.

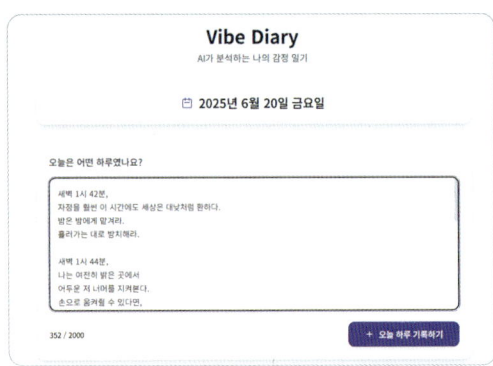

> **코드 한 스푼**
>
> - **PWA (Progressive Web App)**: 웹사이트지만 스마트폰에 앱처럼 설치해서 사용할 수 있는 기술입니다. 사용자는 주소창 없이 오프라인 상태에서도 일부 기능을 사용할 수 있습니다.

### Step 02 AI두뇌 심기: 감정 분석 엔진 만들기

이제 서비스의 심장인 감정 분석 엔진을 만들 차례입니다. 사용자가 작성한 일기를 OpenAI의 API를 이용해 분석하고, 의미 있는 결과를 추출하겠습니다. 아래 프롬프트를 커서 AI에 입력해 주세요.

> 프롬프트 3 - 11
>
> **일기 감정 분석 로직**
> OpenAI API를 사용해서, 사용자가 '오늘 하루 기록하기' 버튼을 누르면 텍스트 영역에 입력된 일기 내용을 분석하는 JavaScript 함수를 만들어 줘. 분석 결과는 아래 JSON 형식에 맞춰서 반환해야 해.
>
> ```
> {
>   "emotion_score": 0.8,
>   "main_emotions": ["기쁨", "감사", "기대감"],
>   "key_sentence": "오랜만에 만난 친구와 정말 즐거운 시간을 보냈다.",
>   "ai_comment": "소중한 친구와 함께한 행복한 하루였네요! 이 기분 좋은 에너지가 내일도 이어지길 바라요."
> }
> ```
>
> **모델 지정**: OpenAI 모델은 'GPT-5-nano'를 사용해 줘.
> ⋮
> **API 키 적용: (여기에 API 키 정보 입력)**

커서 AI는 OpenAI API와 통신하여 일기 텍스트를 보내고, 지정된 JSON 형식으로 응답을 받아 파싱(해석)하는 코드를 script.js 파일에 추가할 것입니다. 간단한 일기를 쓴 뒤 버튼을 눌러보세요. AI의 마음 분석 결과를 화면에서 확인할 수 있습니다.

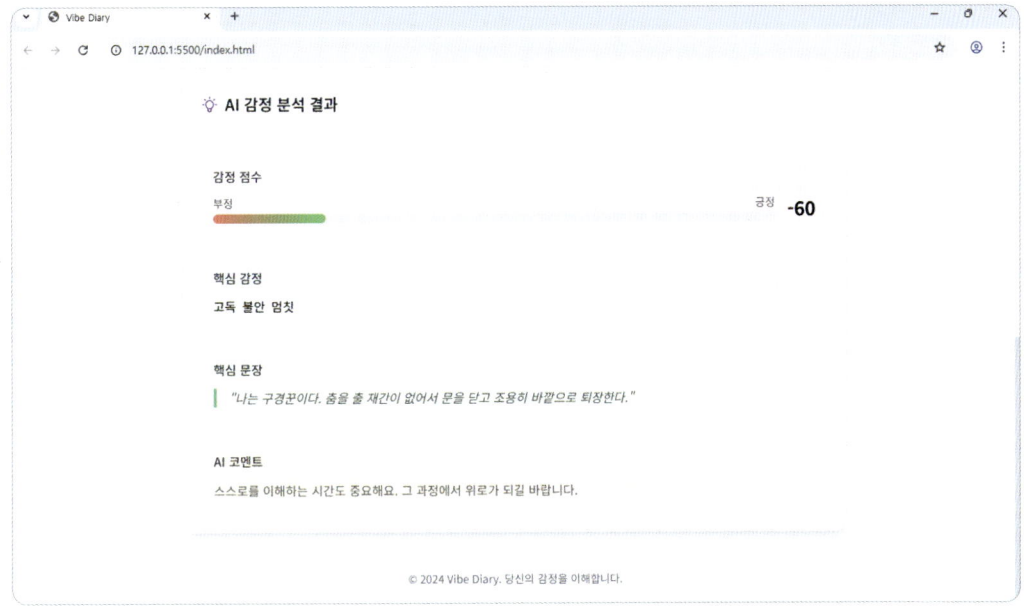

## Step 03. AI의 기억 창고, Supabase 연결하기

AI가 분석해준 감정 기록을 서버리스 데이터베이스인 Supabase에 저장하는 기능을 추가하겠습니다. 아래 프롬프트를 커서 AI에 입력해 주세요.

> **프롬프트 3 - 12**
>
> **Supabase 데이터 저장 기능**
>
> Supabase에 일기 데이터를 저장할 'diary' 테이블을 만들 거야. 컬럼은 id(기본 키), created_at(생성 시간), content(일기 원본), emotion_score, main_emotions(텍스트 배열), key_sentence, ai_comment를 포함해 줘.
>
> 다음으로, '오늘 하루 기록하기' 버튼을 눌렀을 때, AI 분석이 끝난 후 이 데이터를 Supabase 'diary' 테이블에 저장하는 코드를 만들어 줘. (MCP 기능을 활용해서 연동해 줘)
>
> supabase 테이블에 데이터를 성공적으로 저장하면 화면 맨 아래에 저장된 테이블 목록을 보여 줘. 목록의 특정 레코드를 클릭하면 상세한 정보를 팝업으로 보여 줘.

작업이 완료되면 [Keep]를 클릭해 주세요. 웹 브라우저에서 일기를 입력하면 OpenAI의 API 서비스를 통해서 일기를 분석하고, 분석한 결과는 Supabase 테이블에 저장됩니다. 커서 AI는 MCP 기능을 통해서 데이터베이스 관련 작업을 자동으로 진행합니다.

## Step 04 내 감정 리포트, 시각적으로 돌아보기

데이터가 쌓였으니, 이제 그 의미를 한눈에 파악할 시간입니다. 저장된 감정 데이터를 바탕으로 대시보드로 시각화하겠습니다. 아래 프롬프트를 커서 AI에 입력해 주세요.

> 프롬프트 3 - 13
>
> **감정 대시보드 시각화**
>
> 새로운 페이지(dashboard.html)를 만들고, Supabase에 저장된 'diary' 테이블 데이터를 가져와서 시각화해 줘. Chart.js 라이브러리를 사용해서 아래 두 개의 차트를 그려 줘.
>
> - **감정 변화 그래프:** 최근 30일간의 'emotion_score' 변화를 보여주는 꺾은선 그래프.
> - **감정 빈도 차트:** 가장 자주 나타난 'main_emotions' 키워드 상위 5개를 보여주는 막대그래프.
>
> 이 두 그래프를 합쳐서 하나의 이미지 파일(dashboard.png)로 다운로드할 수 있는 버튼도 추가해 줘. 데이터베이스 기능은 MCP를 사용해 줘.

커서 AI는 Supabase에서 데이터를 조회하고, Chart.js를 이용해서 그래프로 변환하는 코드를 작성할 겁니다. 며칠간 꾸준히 일기를 작성한 뒤 대시보드 페이지를 열어보세요. 시간에 따라 변화하는 내 감정의 흐름과 내가 주로 느끼는 감정들을 객관적으로 마주하게 될 겁니다.

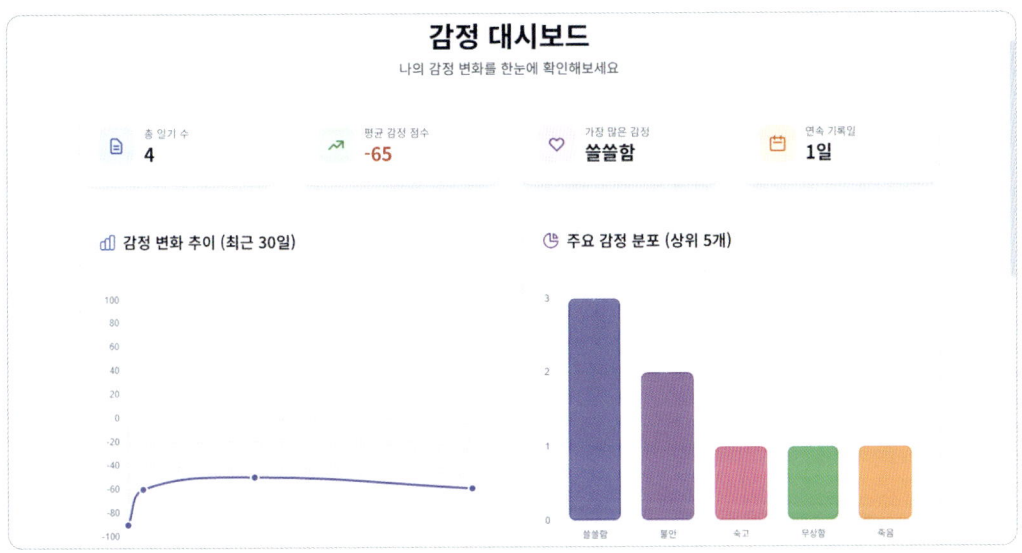

## 딸깍! 완성된 나만의 AI 마음 비서

여러분은 세상에 단 하나뿐인 AI 감정 분석 다이어리, '바이브 다이어리'를 완성했습니다.

## 이것만은 알고 가요

오늘 우리는 사용자의 비정형 텍스트(일기)를 AI API를 통해 정형 데이터(JSON)로 변환하고, 이를 데이터베이스에 저장한 뒤, 다시 시각화하는 전체 과정을 경험했습니다.

## 05 더 잘하고 싶다면?

여기서 만족하지 말고, 여러분의 바이브 다이어리를 더욱 특별하게 만들어 보세요. 커서 AI에게 이렇게 물어보는 건 어떨까요?

- 일기를 쓸 때, 어제의 감정 점수를 보여주는 기능을 추가해 줘.
- 감정 점수가 유독 낮은 날에는 위로가 되는 명언이나 음악을 추천해 주는 기능을 넣고 싶어.
- 월별로 감정 리포트를 요약해서 PDF 파일로 생성해 주는 기능도 가능할까?

# 나만의 장소를 기록하는 디지털 아카이브

맛집이나 멋진 카페를 발견하면, "다음에 또 와야지!" 라고 생각하지만 저장해두지 않으면 기억하기 쉽지 않죠? 이럴 때 앨범이나 지도를 뒤적거리는 대신, 나만의 느낌과 별점을 간단하게 기록해둔 디지털 아카이브가 있다면 어떨까요? 이번 챕터에서는 **장소 이름과 별점, 짧은 메모만으로 소중한 장소들을 기록하고 관리하는 서비스**를 만들어 보겠습니다.

 **아이디어 구상**

우리가 만들 서비스는 직관적이고 단순해야 합니다.

- **핵심 기능**: 장소 이름, 별점(1~5점), 한 줄 메모를 입력하고, 이들을 목록 형태로 확인합니다.
- **부가 기능**: 저장된 장소가 많아졌을 때를 대비해, 이름으로 원하는 장소를 바로 찾아내는 검색 기능을 더하겠습니다.
- **데이터 관리**: 기록한 데이터는 사라지면 안 되겠죠. Supabase 데이터베이스에 안전하게 저장하여 언제 어디서든 접속할 수 있도록 만들겠습니다.

이 모든 기능을 오직 대화만으로 만들어 보겠습니다.

## 커서 AI와 함께 3단계로 서비스 만들기

이제 커서 AI를 켜고 새로운 프로젝트 폴더를 생성한 다음 그 폴더를 열어 주세요.

### Step 01 내 생각을 담을 그릇, 화면 구성하기

가장 먼저 사용자가 장소를 기록하고, 목록을 확인할 수 있는 기본 화면을 만들어야 합니다. 서비스의 첫인상이자 뼈대라고 할 수 있습니다. 아래 프롬프트를 커서 AI에 입력해 주세요. 참고로 supabase를 사용해야 하니, **[공통 가이드 8 (360 쪽)] MCP 설정하기** 편을 참고해서 진행해 주세요. MCP 설정이 완료되면 커서 AI에 아래 프롬프트를 입력해 주세요.

> 프롬프트 3 - 14
>
> **나만의 추천 장소 리스트 UI**
> '나만의 추천 장소 리스트'라는 제목을 상단에 표시해 줘.
> 그 아래에는 카드 형태로 다음 입력 폼을 만들어 줘.
>
> - 장소 이름 (텍스트 입력)
> - 별점 (1부터 5까지 선택할 수 있는 라디오 버튼)
> - 메모 (짧은 텍스트 입력)
> - '추가' 버튼
>
> 입력 폼 아래에는, 추가된 장소 목록이 표시될 영역을 만들어 줘. 전체적으로 HTML / JavaScript / Tailwind CSS를 사용해서 모던하고 깔끔한 디자인으로 구성해 줘.

커서 AI는 이 요구사항을 바탕으로 HTML 구조를 짜고, Tailwind CSS 클래스를 이용해 디자인을 입히기 시작할 겁니다. 작업이 완료되면 [Keep]를 클릭해서 코드를 적용합니다. 그리고 [Go Live]를 클릭해서 입력창, 별점을 선택하는 동그란 버튼, 그리고 목록이 표시될 공간이 그려지는지 확인하세요.

## Step 02 기록을 영원히, Supabase 데이터베이스 연동하기

화면만 있어서는 소용이 없습니다. 입력한 데이터를 저장하고 다시 불러올 데이터베이스가 필요합니다. Supabase를 데이터 창고로 사용할 겁니다. 아래 프롬프트를 커서 AI에 입력해 주세요. **MCP 기능을 사용하면 수동으로 설정했던 [Project URL]과 [anon Key]를 자동으로 설정해 줍니다.**

> 프롬프트 3 - 15
>
> **Supabase 연동 및 데이터 관리**
>
> JavaScript를 사용해서 Supabase와 연동하는 기능을 만들어 줘.
> 사용자가 '추가' 버튼을 클릭하면, 폼에 입력된 장소 이름, 별점, 메모가 Supabase의 'places' 테이블에 저장되게 해 줘.
> 페이지가 처음 열릴 때, 'places' 테이블에 저장된 모든 데이터를 가져와서 목록 영역에 표시해 줘.
> 데이터베이스 기능은 MCP를 사용해 줘.

이 프롬프트는 우리 서비스의 핵심입니다. 커서 AI는 Supabase MCP와 연결해서, '추가' 버튼에 이벤트 리스너를 연결하여 데이터를 전송하는 코드를 작성합니다. 또한, 페이지가 로딩될 때 저장된 데이터를 가져와 화면에 뿌려주는 로직까지 구현할 것입니다. 작업이 완료되면 [Keep]를 클릭하고 웹 브라우저에서 기능을 테스트해 주세요.

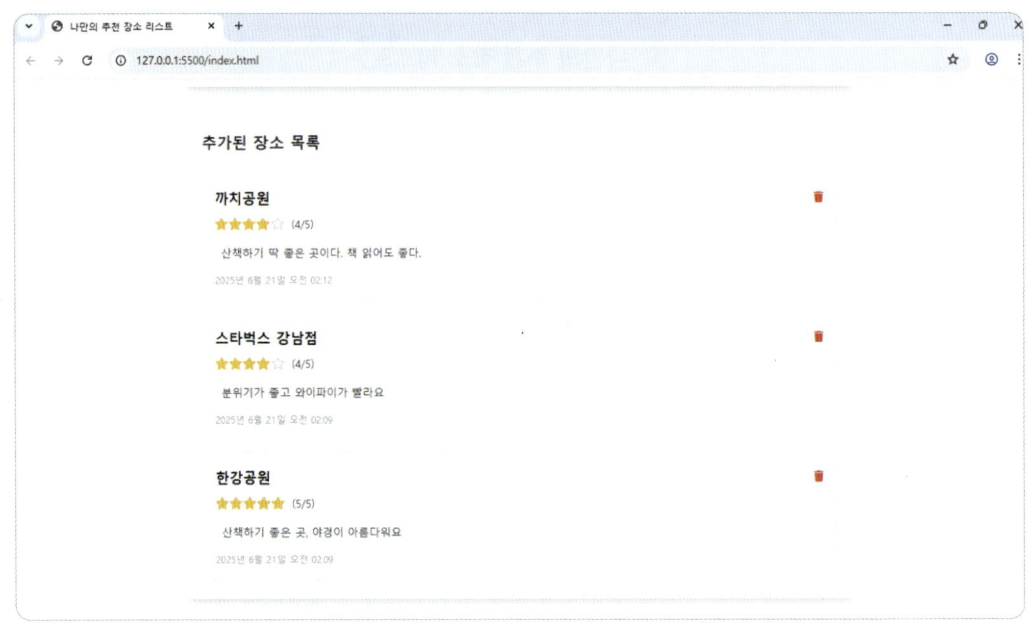

## Step 03 / 원하는 장소만 콕, 검색 기능 추가하기

리스트가 점점 길어지면 특정 장소를 찾기 어려워집니다. 마지막으로, 사용자의 편의성을 높여줄 검색 기능을 추가하겠습니다. 아래 프롬프트를 커서 AI에게 입력해 주세요.

> **프롬프트 3 - 16**
>
> **장소 이름으로 검색 기능**
>
> 장소 목록 위에 검색창을 하나 추가해 줘. 사용자가 검색창에 글자를 입력할 때마다, 실시간으로 장소 이름에 해당 글자가 포함된 항목만 목록에 보이도록 필터링하는 JavaScript 코드를 작성해 줘. 검색어가 없으면 전체 목록을 보여 줘.

커서 AI는 검색창 HTML을 추가하고, 키보드 입력이 있을 때마다 실행되는 함수를 만들 겁니다. 이 함수는 전체 목록 데이터를 기반으로, 검색어와 일치하는 항목만 추려서 화면을 다시 그리는 역할을 합니다.

## 03  딸깍! 완성된 나만의 디지털 아카이브

여러분은 단 3번의 대화로 세상에 단 하나뿐인 '나만의 추천 장소 리스트' 웹 서비스를 완성했습니다.

## 04  이것만은 알고 가요

이번 프로젝트를 통해 우리는 사용자가 보는 화면(프론트엔드)과 데이터가 실제로 저장되고 관리되는 공간(백엔드, Supabase)을 분리하고, 이 둘을 API라는 통로로 연결하는 경험을 했습니다.

## 05  더 잘하고 싶다면?

여기서 만족하지 마세요. 여러분의 서비스는 이제 시작일 뿐입니다. 커서 AI에게 다음과 같이 요청하며 더 멋진 서비스로 발전시켜 보세요.

- 각 목록 항목 옆에 '삭제' 버튼을 추가하고, 버튼을 누르면 해당 데이터가 Supabase에서도 삭제되게 만들어 줘.
- 별점 순서대로 목록을 정렬하는 '높은 평점 순', '낮은 평점 순' 정렬 버튼을 추가해 줘.
- 장소 이름을 클릭하면, 구글 지도에서 해당 장소를 검색한 결과 페이지가 새 탭으로 열리는 기능을 넣어 줘.

# 내 머릿속의 학습 파트너, 메모리 큐브

## CHAPTER 06

우리는 늘 무언가를 배우지만, 금세 잊어버리기도 합니다. 영어 단어, 감명 깊은 문장, 꼭 기억해야 할 지식까지 말이죠. 이번 챕터에서는 **아쉬운 망각 기능을 극복할 수 있는 개인 맞춤형 학습 시스템, '메모리 큐브'** 를 만들어 보겠습니다. 기억하고 싶은 문장을 넣으면, AI와 퀴즈를 풀면서 장기 기억을 돕는 웹 서비스입니다. 그럼 함께 만들어 볼까요?

## 01 아이디어 구상

이제 무작정 반복해서 읽거나 필기하는 방식에서 벗어나겠습니다. 이제 AI는 우리의 학습 파트너입니다.

- **기억의 씨앗 심기:** 기억하고 싶은 문장(영어, 명언, 지식 등)을 입력합니다.
- **AI의 자동 분석 및 퀴즈 출제:** 입력된 문장을 AI가 분석하여 빈칸 채우기, 단어 순서 맞추기 등 다양한 유형의 퀴즈를 즉시 생성합니다.

- **나만의 기억 창고:** 만들어진 문장과 퀴즈는 나만의 데이터베이스에 차곡차곡 저장되어 언제든 다시 학습할 수 있습니다.

이 모든 기능을 오직 대화만으로 만들어 보겠습니다.

## 02 커서 AI와 함께 3단계로 웹 서비스 만들기

이제 커서 AI를 켜고 새로운 프로젝트 폴더를 생성한 다음 그 폴더를 열어 주세요.

### Step 01 기억을 담을 그릇, 화면 구성하기

가장 먼저 우리가 문장을 입력하고, AI가 만들어준 퀴즈를 풀 수 있는 화면을 만들겠습니다. 커서 AI에 아래 프롬프트를 입력해 주세요. 참고로 supabase를 사용해야 하니, **[공통 가이드 8 (360쪽)] MCP 설정하기** 편을 참고해서 진행해 주세요. mcp 설정이 완료되면 커서 AI에 아래 프롬프트를 입력해 주세요.

> **프롬프트 3 - 17**
>
> **Memory Cube UI**
> 'Memory Cube'라는 제목 아래, 기억하고 싶은 문장을 입력할 넓은 텍스트 창과 '기억 심기' 버튼을 만들어 줘.
> 버튼 아래에는 AI가 생성할 퀴즈가 표시될 영역을 만들어 줘. 예를 들어 'Quiz:'라는 소제목과 함께 질문과 정답 입력 칸, 그리고 '정답 확인' 버튼이 있으면 좋겠어.
> 전체적인 디자인은 HTML, JavaScript, Tailwind CSS를 사용해서 깔끔하고 현대적인 느낌으로 만들어 줘.

커서 AI는 우리가 아이디어가 펼쳐질 무대를 빠르게 만들어낼 겁니다. 작업이 완료되면 [Keep]를 클릭해서 코드를 적용합니다. 그리고 [Go Live]를 클릭해서 문장을 입력할 공간과 퀴즈가 나타날 공간이 적절히 배치되었는지 테스트해 보세요.

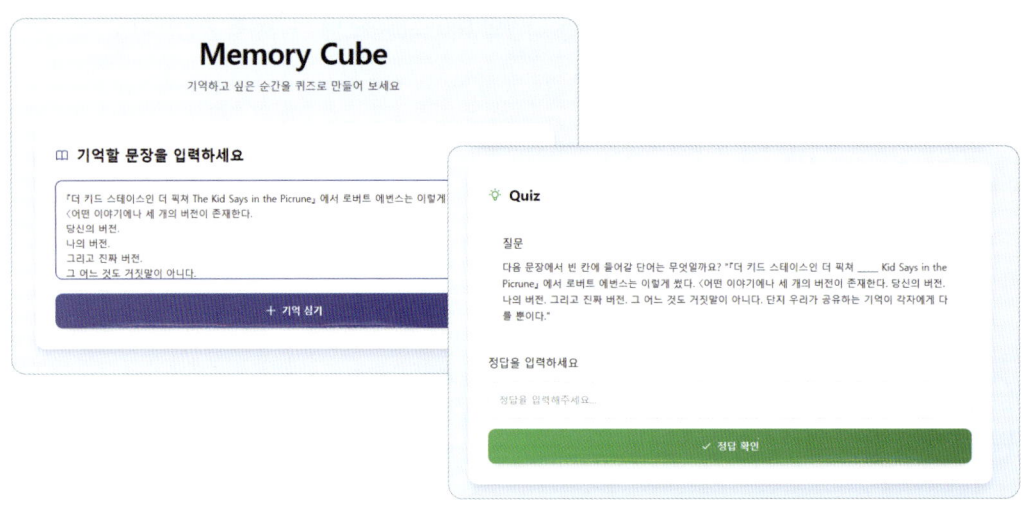

## Step 02 AI의 두뇌 만들기, 자동 퀴즈 생성 로직

이제 이 서비스의 심장인 '자동 퀴즈 생성' 기능을 구현하겠습니다. 사용자가 입력한 문장의 핵심을 파악하고, 그에 맞는 퀴즈를 만들기 위해 OpenAI의 언어 모델을 활용합니다. 이전 챕터에서 발급받은 OpenAI API 키를 준비해 주세요. 아래 프롬프트를 커서 AI에 입력해 주세요.

> **프롬프트 3 - 18**
>
> **AI 퀴즈 생성 로직**
>
> '기억 심기' 버튼을 누르면, 텍스트 창에 입력된 문장을 OpenAI API를 이용해 분석하고 '스마트 빈 칸 채우기' 퀴즈를 생성하는 JavaScript 함수를 만들어 줘.
>
> API를 호출할 때, 모델은 'GPT-5-nano'를 사용해 줘.
>
> API에게 "다음 문장에서 가장 중요한 키워드 하나를 찾아 '{'와 '}'로 감싸서 돌려줘." 라고 요청해 줘. 예를 들어, "To be, or not to be, that is the question"이 입력되면, API가 "To be, or not to be, that is the {question}" 처럼 응답하도록 유도해 줘.
>
> API 응답을 받으면, '{'와 '}'로 감싸진 단어를 빈칸으로 만들고, 원래 단어를 정답으로 저장해서 퀴즈 영역에 표시해 줘.
>
> ⋮
>
> 아래 OpenAI API 키를 사용해 줘.
>
> **(여기에 API 키 정보 입력)**

커서 AI는 OpenAI와 통신하는 코드를 작성할 겁니다. 문장을 표시하는 것뿐만 아니라, AI가 문장의 의미를 이해하고 핵심을 꿰뚫어 보는 지능적인 서비스로 발전합니다. 미리보기 화면에서 기억하고 싶은 문장을 입력하고 '기억 심기' 버튼을 눌러보세요. AI가 문장의 핵심 단어를 찾아내고 빈칸 퀴즈로 만드는지 확인합니다.

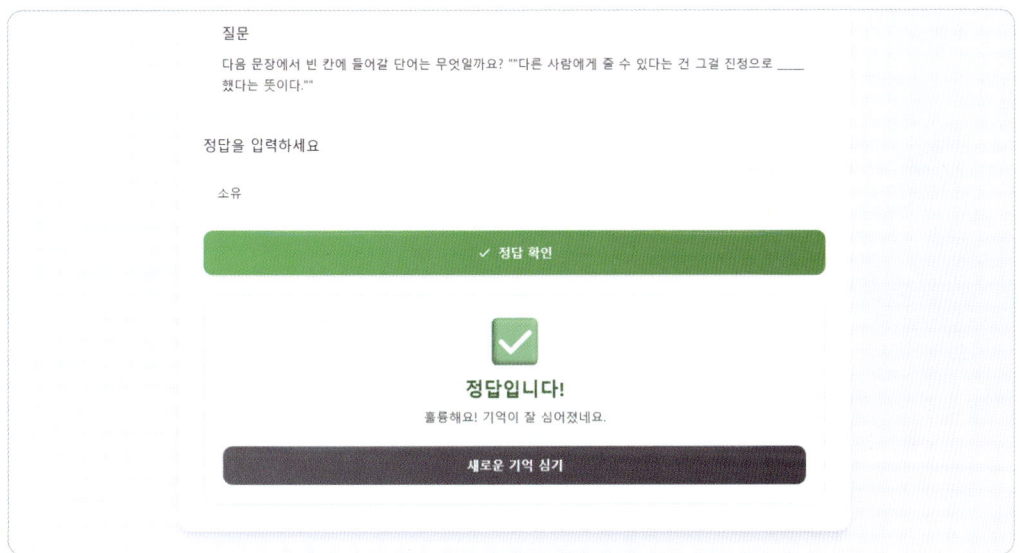

## Step 03 나의 기억들, Supabase에 저장하기

AI가 만들어준 귀한 문장과 퀴즈를 일회성으로 사용하는 것은 아쉽습니다. 언제든 다시 꺼내볼 수 있도록 나만의 데이터베이스에 저장하는 기능을 추가하겠습니다. Supabase의 MCP 기능을 활용하면 복잡한 SQL을 몰라도 쉽기 기능을 구현할 수 있습니다.

> **프롬프트 3-19**
>
> **Supabase 데이터 저장 기능**
> '기억 심기'로 퀴즈가 생성되면, 원문과 정답을 Supabase 데이터베이스에 저장하는 기능을 추가해 줘.
> Supabase MCP를 사용해서 연결과 작업을 자동으로 처리해 줘.
> 'sentences'라는 테이블에 'original_text'와 'answer'라는 컬럼을 만들어 데이터를 저장해 줘.
> 별도의 '저장' 버튼 없이, '기억 심기'를 누를 때 퀴즈 생성과 저장이 동시에 일어나게 해 줘.

커서 AI는 단 몇 줄의 코드로 우리의 웹 서비스를 Supabase 데이터베이스와 연결할 것입니다. 이제 여러분이 입력하는 모든 문장은 디지털 저장소에 영구적으로 보관됩니다.

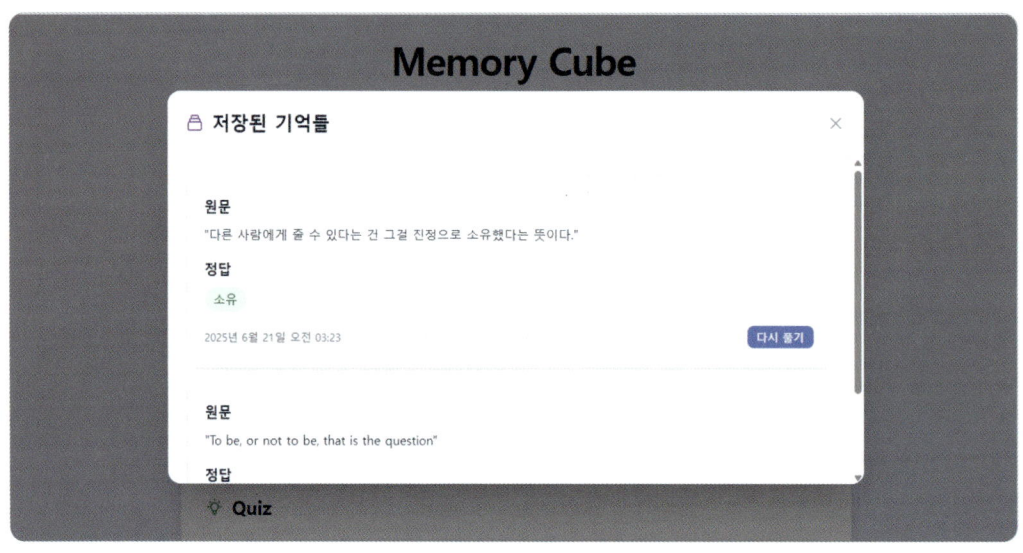

## 03 딸깍! 완성된 나만의 AI 학습 파트너

여러분은 이제 단순한 정보 소비자를 넘어, 자신만의 학습 도구를 직접 만들어낸 창조자가 되었습니다.

## 04 이것만은 알고 가요

이번 챕터에서 우리는 두 가지 강력한 AI 협업을 경험했습니다. 첫째, OpenAI API를 통해 비정형 데이터인 '자연어 문장'에서 '핵심 키워드'라는 정형화된 정보를 추출했습니다. 둘째, Supabase라는 서비스를 통해 그 정보를 손쉽게 저장하고 관리하는 방법을 배웠습니다.

 더 잘하고 싶다면?

여기서 만족하지 말고, 여러분의 학습 파트너를 더욱 유능하게 만들어 보세요. 커서 AI에게 다음과 같이 요청하며 상상력을 펼쳐보세요.

- 단어 순서 재조합 퀴즈 기능을 추가해 줘. 문장의 단어들을 섞어서 버튼으로 보여주고, 사용자가 올바른 순서로 클릭하게 만들어 줘.
- 데이터베이스에 저장된 문장 목록을 화면에 보여주고, 클릭하면 해당 문장으로 다시 퀴즈를 풀 수 있게 해 줘.
- AI가 문장을 분석해서 '혼동하기 쉬운 단어'를 오답 보기로 제시하는 객관식 퀴즈 기능은 어때?

# 나만의 OTT 감상 아카이브

영화나 드라마는 자신의 취향을 반영하죠. 혼자 보는 것도 좋지만 남들과 취향을 공유하는 일도 재미가 됩니다. 하지만 공유하고 싶어도 제목과 내용을 기억하지 못하면 소용이 없습니다. 수많은 OTT 서비스 속에서 내가 픽한 콘텐츠들을 모아놓고 공유까지 할 수 있다면 얼마나 좋을까요? 그런 희망을 담은 웹 서비스, **'마이 아카이브'**를 만들어 보겠습니다.

 **아이디어 구상**

나만의 OTT 아카이브는 단순히 기록만 하는 앱이 아닙니다. 나의 OTT 감상 역사를 한눈에 정리하는 취향 공간입니다.

- **직관적인 카드 UI:** 스크롤하며 훑어보는 것만으로도 즐겁도록, 포스터 이미지가 강조된 모던한 카드 디자인을 채택합니다.
- **간편한 데이터 입력:** '+' 버튼 하나로 새 기록을 추가하고, 이미지와 텍스트를 입력하면 나만의 데이터베이스에 차곡차곡 쌓입니다.

- **인터랙티브 정렬과 통계:** 최신순, 별점순으로 카드를 재배치하고, 내가 지금까지 몇 편의 작품을 봤는지, 평균 별점은 얼마인지 바로 확인합니다.

이 모든 기능을 오직 대화만으로 만들어 보겠습니다.

##  커서 AI와 함께 3단계로 웹 서비스 만들기

이제 커서 AI를 켜고 새로운 프로젝트 폴더를 생성한 다음 그 폴더를 열어 주세요.

### Step 01 아카이브의 뼈대와 얼굴, 화면 구성하기

가장 먼저, 감상 기록이 담길 카드들과 데이터를 추가할 버튼이 들어갈 기본 화면을 만들겠습니다. 아래 프롬프트를 커서 AI에 입력해 주세요. 참고로 supabase를 사용해야 하니, **[공통 가이드 8 (360 쪽)] MCP 설정하기** 편을 참고해서 진행해 주세요. MCP 설정이 완료되면 커서 AI에 아래 프롬프트를 입력해 주세요.

> 프롬프트 3 - 20
>
> **마이 아카이브 UI 레이아웃**
> - '마이 아카이브'라는 제목을 상단에 표시해 줘.
> - 화면 우측 하단에는 콘텐츠 추가를 위한 '+' 모양의 플로팅 버튼을 만들어 줘.
> - 메인 영역에는 감상 기록 카드들이 3열 그리드 형태로 표시될 거야. 카드에는 포스터 이미지, 제목, 별점(5개 만점), 감상 날짜, 한 줄 평이 들어갈 자리를 마련해 줘.
> - '+' 버튼을 누르면 화면 중앙에 새 기록을 입력하는 모달(Modal) 창이 나타나야 해. 이 모달 창에는 이미지 업로드, 제목, 별점, 날짜, 한 줄 평을 입력할 수 있는 폼(Form)과 '저장', '닫기' 버튼을 포함해 줘.
> - HTML / JavaScript / Tailwind CSS를 사용해서 넷플릭스처럼 어두운 테마의 모던하고 깔끔한 스타일로 만들어 줘. 반응형 디자인도 적용해 줘.

커서 AI는 이 요구사항을 바탕으로 HTML 구조를 짜고, Tailwind CSS 클래스를 이용해 디자인을 입힐 겁니다. 작업이 완료되면 [Keep]를 눌러 코드를 반영해 주세요. 그리고 [Go Live]를 클릭해서 웹 브라우저에서 기능을 테스트해 주세요.

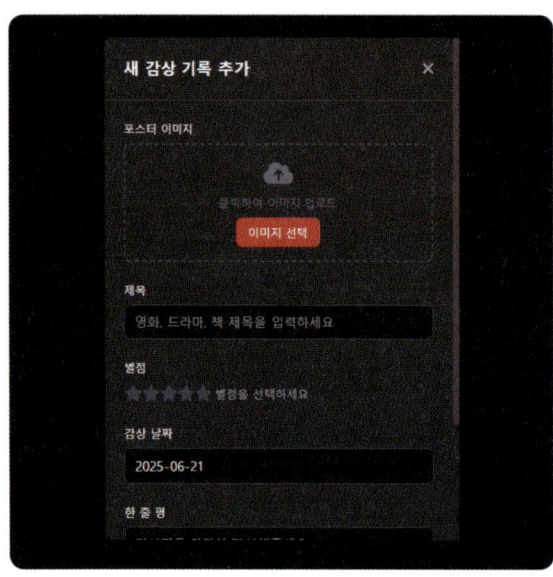

### Step 02 소중한 기록을 데이터베이스에 저장하기

이제 멋지게 디자인된 입력 폼에 생명을 불어넣을 차례입니다. 사용자가 입력한 감상 기록과 이미지를 받아 서버리스 데이터베이스인 Supabase에 저장하는 기능을 구현하겠습니다. 이미지 파일은 텍스트(Base64)로 변환하여 데이터와 함께 관리하겠습니다. 아래 프롬프트를 커서 AI에 입력해 주세요.

> 프롬프트 3 - 21
>
> **감상 기록 저장 로직**
>
> 모달 창의 '저장' 버튼을 클릭했을 때 실행될 JavaScript 로직을 만들어 줘.
>
> - 폼에 입력된 제목, 별점, 날짜, 한 줄 평 데이터를 가져와.
> - 업로드된 이미지 파일은 FileReader API를 사용해서 Base64 문자열로 변환해 줘.
> - 이 모든 데이터(제목, 별점, 날짜, 한줄평, 이미지 Base64)를 하나의 JSON 객체로 묶어.
> - Supabase 데이터베이스의 'archive'라는 테이블에 이 객체를 저장하는 코드를 MCP를 사용해서 작성해 줘. Supabase 연동을 위한 기본 설정 코드도 추가해 줘.
> - 저장이 완료되면 모달 창을 닫아줘.

커서 AI는 이미지 파일을 텍스트로 변환하는 복잡한 과정부터 Supabase MCP와 통신하여 데이터를 저장하는 비동기 로직까지 모두 작성할 것입니다. 웹브라우저를 종료했다가 다시 접속해서 여러분이 입력한 정보가 그대로 있는지 확인하기 바랍니다.

이제 모달 창에 여러분이 최근에 본 영화 정보를 입력하고 '저장' 버튼을 눌러보세요. 아무 일도 일어나지 않는 것처럼 보이지만, 여러분의 데이터는 Supabase 클라우드에 안전하게 보관되었습니다.

## Step 03 / 데이터베이스에서 기록을 불러와 화면에 생동감 더하기

데이터베이스에 저장된 기록을 불러와 우리가 만든 카드 UI에 채워 넣고, 정렬과 통계 기능까지 추가하여 앱을 완성하겠습니다. 아래 프롬프트를 커서 AI에 입력해 주세요.

> **프롬프트 3 - 22**
>
> **데이터 동적 렌더링 및 통계 기능**
>
> 페이지가 처음 로드될 때, Supabase의 'archive' 테이블에서 모든 데이터를 가져와 줘.
> 가져온 데이터 각각에 대해, 우리가 1단계에서 디자인한 카드 HTML을 동적으로 생성해서 메인 그리드 영역에 표시해 줘. 이미지 src에는 Base64 데이터를 넣으면 돼.
> 화면 상단에 '최신순', '별점 높은순' 정렬 버튼을 만들어 줘. 각 버튼을 클릭하면 해당 기준으로 카드들이 재정렬되어 화면에 다시 표시되도록 해 줘.
> 제목 아래에 "총 N편 감상 | 나의 평균 별점: M점" 형태로 간단한 통계 정보를 표시해 줘. N과 M은 불

러온 전체 데이터를 기반으로 계산해야 해.
데이터베이스 기능은 MCP를 사용해 줘.

커서 AI는 페이지가 열릴 때 Supabase에서 데이터를 가져와서, 배열을 순회하며 각 항목을 HTML 카드로 만듭니다. 그리고 각 항목을 화면에 표시하는 코드를 작성합니다. 웹 브라우저에서 기능이 제대로 작동하는지 테스트해 주세요.

 **딸깍! 완성된 나만의 OTT 감상 아카이브**

단 3번의 프롬프트만으로 세상에 단 하나뿐인 여러분만의 OTT 감상 아카이브를 완성했습니다.

 **이것만은 알고 가요**

오늘 우리는 사용자의 입력을 받아(Form), 가공하고(Base64), 원격지에 저장한 뒤(Supabase), 다시 불러와 사용자에게 보여주고(Dynamic Rendering), 상호작용하는(Sorting) 웹 애플리케이션의 핵심적인 데이터 흐름 전체를 경험했습니다.

 **더 잘하고 싶다면?**

여기서 만족하지 마세요. 커서 AI와 함께 여러분의 아카이브를 더욱 강력하게 만들어 보세요. 아래 질문들을 던져보는 건 어떨까요?

- 카드에 마우스를 올리면 포스터가 살짝 커지는 애니메이션 효과를 추가해 줘.
- 각 카드에 '수정'과 '삭제' 버튼을 만들고, 실제로 데이터베이스에서 수정하고 삭제하는 기능을 구현해 줘.
- 제목으로 카드를 검색할 수 있는 검색창을 상단에 추가해 줘.
- Chart.js 라이브러리를 사용해서 월별 감상 편수를 막대그래프로 보여주는 대시보드 페이지를 새로 만들어 줘.

# 영수증 사진 한 장이면 끝, AI 가계부

## CHAPTER 08

매일 쌓여가는 영수증, 정리할지 버려야 할지 막막하죠. 노션에 가계부를 만들어놨지만 지출 내역을 일일이 가계부에 옮겨 적는 일도 꽤나 번거롭습니다. 이번 챕터에서는 이 **귀찮은 과정을 단번에 해결해 줄 똑똑한 'AI 가계부'** 를 만들어 보겠습니다. 영수증 사진만 올리면, AI가 알아서 내용을 분석하고 데이터베이스에 차곡차곡 정리해 주는 서비스입니다.

 **아이디어 구상**

우리가 만들 서비스는 다음과 같이 작동합니다.

- **간편한 업로드**: 사용자는 스마트폰으로 찍거나 스캔한 영수증 이미지 파일을 웹에 바로 올립니다.
- **AI의 자동 분석**: OpenAI의 강력한 Vision API가 이미지 속 글자들을 인식하여 '지출 금액, 날짜, 구매처, 품목 분류' 같은 핵심 정보를 정확히 추출합니다.
- **자동 저장 및 관리**: 추출된 데이터는 클라우드 데이터베이스인 Supabase에 자동으로 저장됩니다. 덕분에 언제 어디서든 내 지출 내역을 확인하고 관리할 수 있습니다.

이 모든 기능을 오직 대화만으로 만들어 보겠습니다.

# 커서 AI와 함께 3단계로 웹 서비스 만들기

이제 커서 AI를 켜고 새로운 프로젝트 폴더를 생성한 다음 그 폴더를 열어 주세요.

## Step 01 영수증을 올릴 창구 만들기

가장 먼저 사용자가 영수증 이미지를 올리고, 분석된 결과를 한눈에 볼 수 있는 화면을 구성하겠습니다. 커서 AI에 아래 프롬프트를 입력해 주세요. 참고로 supabase를 사용해야 하니, **[공통 가이드 8 (360 쪽)] MCP 설정하기** 편을 참고해서 진행해 주세요. mcp 설정이 완료되면 커서 AI에 아래 프롬프트를 입력해 주세요.

> **프롬프트 3 - 23**
>
> **AI 영수증 가계부 UI**
>
> 'AI 영수증 가계부'라는 제목으로 화면을 만들어 줘. 상단에는 사용자가 자신의 OpenAI API 키를 입력할 수 있는 비밀번호 입력창과 '키 저장' 버튼을 배치해 줘. 중앙에는 '영수증 이미지 선택'이라는 문구가 포함된 파일 업로드 영역을 만들어 줘. 업로드하면 이미지 미리보기가 나타나야 해. 하단에는 분석된 지출 내역이 카드 형태로 표시될 공간을 구성해 줘. HTML, JavaScript, Tailwind CSS로 모던하고 직관적으로 디자인해 줘.

커서 AI는 이 요청을 받고 사용자와 소통할 수 있는 웹 화면을 바로 만들어낼 겁니다. 특히 Tailwind CSS를 활용해 별도의 CSS 파일 없이도 세련된 디자인을 완성합니다. 작업이 완료되면 [Keep]를 클릭해 주세요. 그리고 [Go Live]를 클릭해서 웹 브라우저에서 API 키 입력창, 파일 업로드 영역, 결과 표시 공간이 제대로 나타나는지 확인해 주세요.

## Step 02 / AI 두뇌와 데이터베이스 창고 연결하기

이제 이 서비스의 핵심인 AI 분석 기능과 데이터 저장 기능을 동시에 구현하겠습니다. 먼저 커서 AI의 채팅 기능을 활용해 데이터를 저장할 창고, 즉 데이터베이스 테이블부터 만들겠습니다. 아래 프롬프트를 커서 AI에 입력해 주세요.

> **프롬프트 3 - 24**
>
> **Supabase 데이터베이스 설정**
>
> MCP를 사용해서 Supabase에 'expenses' 테이블을 생성해 줘.
> 컬럼은 amount(숫자), date(날짜), category(텍스트), store(텍스트)로 구성해 줘.

커서 AI는 MCP 기능을 사용해서 Supabase에 테이블을 생성해 줄겁니다.

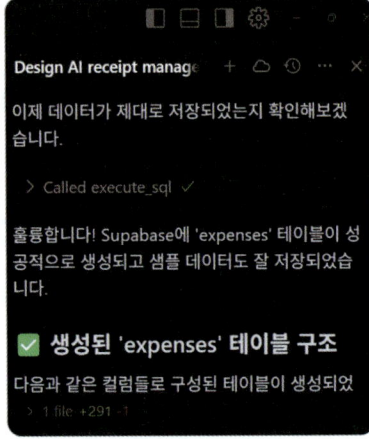

데이터 창고가 준비되었으니, 이제 AI 두뇌를 연결할 차례입니다. 파일이 업로드되면 AI가 분석하고 데이터베이스에 저장하겠습니다. 아래 프롬프트를 커서 AI에 입력해 주세요.

> **프롬프트 3 - 25**
>
> **영수증 분석 및 데이터 저장 로직**
>
> 사용자가 이미지를 업로드하면, JavaScript의 FileReader API를 사용해 이미지를 Base64 문자열로 인코딩해 줘. 사용자가 입력한 OpenAI API 키와 이 이미지 데이터를 함께 OpenAI Vision API(모델: GPT-5-nano)로 보내.
> "영수증 이미지에서 지출 총액(amount), 날짜(date), 가게 이름(store), 그리고 지출 항목을 식비, 교통, 쇼핑, 기타 중 하나로 분류(category)해서 JSON 형식으로 추출해 줘" 라고 요청해.
> AI로부터 받은 JSON 응답을 Supabase 클라이언트 라이브러리를 사용해서 'expenses' 테이블에 저장하는 코드를 작성해 줘. API 호출 중에는 로딩 스피너를 표시해서 사용자가 기다리고 있음을 알 수 있게 해 줘.
> ⋮
> 데이터베이스 기능은 MCP를 사용해 줘.

이 프롬프트는 이미지 처리, AI API 연동, 데이터베이스 저장이라는 세 가지 핵심 작업을 한 번에 처리합니다. 커서 AI는 각 단계에 필요한 JavaScript 코드를 유기적으로 연결하여 전체 로직을 완성할 겁니다. 작업이 완료되면 웹 브라우저에서 기능을 테스트 해주세요. 영수증 이미지를 업로드해 보세요. 로딩 스피너가 잠시 돌아간 후, Supabase의 'expenses' 테이블에 방금 분석된 데이터가 한 줄 추가되는 것을 확인할 수 있다면 성공입니다. 만약 AI 분석 결과가 나타나지 않는다면 크롬 브라우저에서 `Ctrl` + `Shift` + `I` 키를 누르고 [Console] ⋯» 에러 내용 복사 ⋯» 커서 AI에게 에러 수정해 달라고 요청하세요.

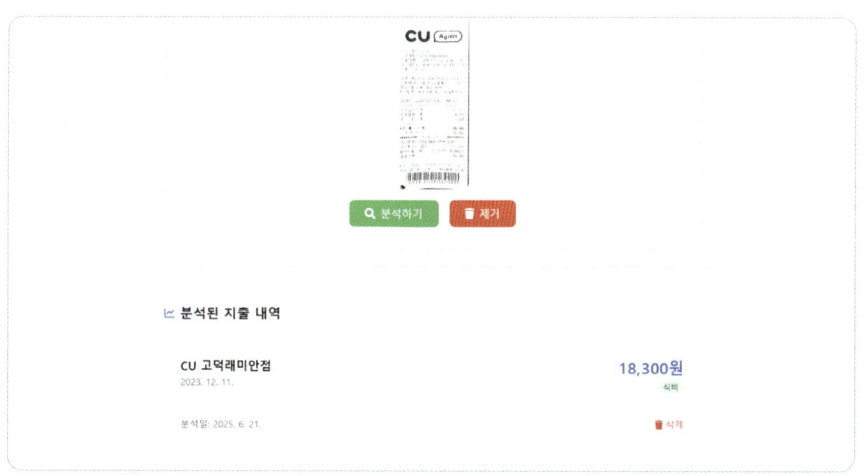

## Step 03 / 저장된 내역을 한눈에 보기

마지막으로, 데이터베이스에 저장된 지출 내역들을 우리 웹 화면에 보기 좋게 불러와 표시하는 기능을 추가하겠습니다. 아래 프롬프트를 커서 AI에 입력해 주세요.

> 프롬프트 3 - 26
>
> **지출 내역 조회 및 표시**
>
> Supabase 'expenses' 테이블에서 모든 지출 내역을 가져와서, 1단계에서 만든 카드 형태의 UI에 최신순으로 정렬해서 보여주는 코드를 추가해 줘.
> 페이지가 처음 로드될 때, 그리고 새로운 지출 내역이 저장될 때마다 목록이 자동으로 새로고침되게 만들어 줘.
> 데이터베이스 기능은 MCP를 사용해 줘.

커서 AI는 Supabase에서 데이터를 조회하고, 가져온 데이터를 기반으로 HTML 카드 요소를 동적으로 생성합니다.

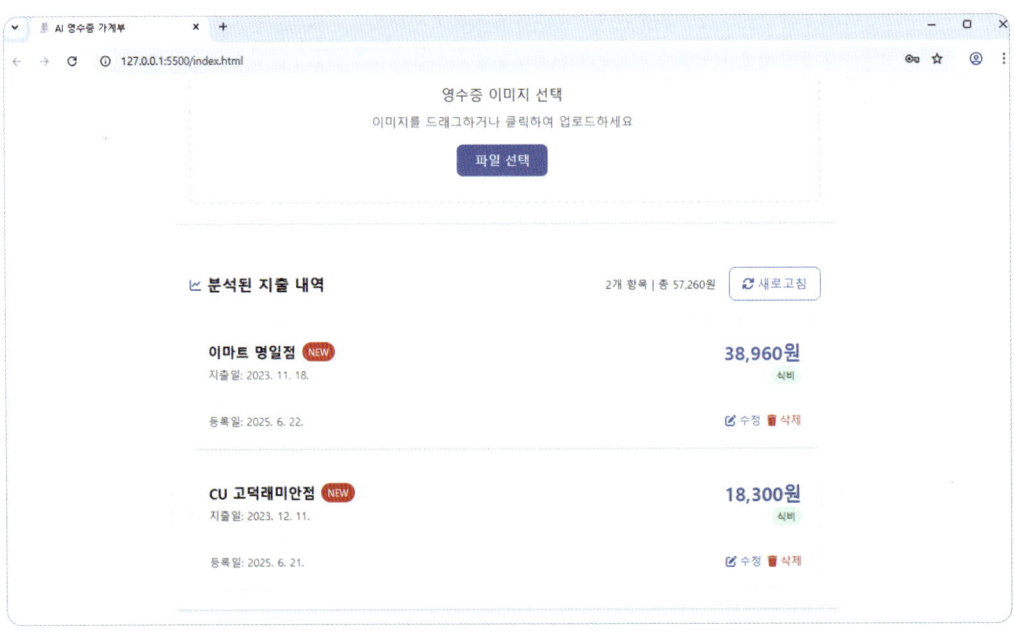

## 03 딸깍! 완성된 나만의 AI 가계부 드디어 완성!

여러분은 이제 영수증 사진만으로 모든 것을 처리하는 강력하고 자동화된 가계부 서비스를 손에 넣었습니다.

## 04 이것만은 알고 가요

이번 챕터에서는 비정형 데이터(영수증 이미지)를 AI를 통해 정형 데이터(JSON)로 변환하고, 이를 데이터베이스에 저장 및 조회하는 완전한 웹 서비스의 흐름을 경험했습니다. 특히 사용자의 API 키를 직접 입력받아 사용하는 방식은, 개발자의 키를 코드에 노출시키지 않으면서도 사용자가 직접 AI 서비스를 이용하게 하는 실용적인 접근법입니다.

## 05 더 잘하고 싶다면?

여기서 만족하지 말고, 여러분의 AI 가계부를 더욱 유능하게 만들어 보세요. 커서 AI에게 다음과 같이 요청해 볼 수 있습니다.

- 월별, 카테고리별 지출 합계를 계산해서 상단에 요약 정보를 보여주는 기능을 추가해 줘.
- 지출 내역을 차트(Chart.js 라이브러리 사용)로 시각화해서 보여주는 건 어때?
- 각 지출 내역 카드에 '메모'를 추가로 입력하고 수정할 수 있는 기능을 만들어 줘.

# 업무와 일상을 바꾸는
# 12가지 AI 자동화 프로젝트

| | |
|---|---|
| Chapter 1 | Streamlit으로 데이터 수집 자동화의 첫걸음 |
| Chapter 2 | 흩어진 브런치 피드를 내 대시보드로 옮기기 |
| Chapter 3 | 구글 시트에 자동으로 쌓이는 AI 검색 비서 |
| Chapter 4 | RSS와 노션을 연결하는 자동화 파이프라인 |
| Chapter 5 | 잠든 사이에도 일하는 AI 경제 애널리스트 |
| Chapter 6 | Next.js로 구현하는 식단 기록 자동화 |
| Chapter 7 | AI 이메일 비서가 구글 캘린더에 내 약속을 등록해 준다고? |
| Chapter 8 | AI로 내 모든 링크들을 한 페이지에 모으기 |
| Chapter 9 | 브라우저에 심는 최저가 쇼핑 스캐너 |
| Chapter 10 | 클릭 한 번으로 끝내는 웹사이트 자동 로그인 |
| Chapter 11 | 내 감정의 좌표, AI 음악 테라피스트 |
| Chapter 12 | 바코드 스캔부터 AI 책장 인식까지, 내 손으로 만드는 디지털 책장 |

업무 자동화 시스템의 개발을 시작하려면 먼저 파이썬 언어를 설치해야 합니다. 아직 파이썬이 설치되어 있지 않다면 [공통 가이드 10 (365 쪽)] 파이썬 설치 가이드 편을 참조해 주세요.

# PART 4

PART 4는 데이터 자동화라는 주제로 웹 스크레이핑 앱, 브런치 피드 대시보드, AI 정보 탐색기, AI 브리핑 노션 자동 기록, AI 경제 비서, AI 푸드 카메라 서비스 만들기까지 다양한 자동화 프로젝트를 다룹니다. 이 파트를 통해 데이터 수집, 분석, 기록을 자동화하는 실제적인 방법을 배울 수 있습니다.

# Streamlit, 데이터 수집 자동화의 첫걸음

웹 페이지를 모니터링하고 싶지만 모든 데이터가 관심의 대상은 아니죠. 포털 사이트에서 제공하는 정보는 너무 많아서 그 중에서 정작 필요한 데이터를 찾기는 쉽지 않습니다. 또 필요한 데이터도 개인마다 다르고요. 사이트에 접속해서 일일이 필요한 부분을 확인하는 것도 귀찮습니다. 찾는 일 자체가 노동이 되니까요. 이번 챕터에서는 파이썬 코드 몇 줄만으로, **사용자가 직접 URL과 규칙을 입력하면 알아서 웹사이트의 정보를 긁어와 표로 보여주는 웹 앱을 제작**하겠습니다.

 아이디어 구상

우리가 만들 시스템은 아래와 같이 작동합니다.

- **직관적인 UI**: 사용자는 웹 브라우저에서 우리 앱에 접속합니다. 앱 화면에는 'URL 입력창', 'CSS 선택자 입력창', 그리고 '실행!' 버튼이 있습니다.
- **실시간 스크레이핑**: 사용자가 정보를 입력하고 버튼을 누르면, 프로그램이 즉시 해당 웹사이트에 접속해 원하는 데이터를 긁어옵니다.
- **세련된 결과 표시**: 스크레이핑 결과는 앱 화면에 깔끔하고 보기 좋은 데이터 표 형태로 즉시 나타납니다.

이 모든 기능을 오직 대화만으로 만들어 보겠습니다.

 ## 커서 AI와 함께 4단계로 웹 앱 만들기

이제 커서 AI를 켜고 새로운 프로젝트 폴더를 생성한 다음 그 폴더를 열어 주세요. 여러분의 컴퓨터에 [Streamlit]을 설치해야 합니다. Ctrl+` 단축키를 입력해서 터미널을 실행해 주세요. 그리고 터미널에서 아래 명령어를 입력해 주세요. 커서 AI에게 프롬프트로 설치해달라고 요청할 수도 있습니다.

> **</> 터미널**
>
> ```
> pip install streamlit
> ```

### Step 01 웹 앱의 얼굴 만들기

가장 먼저 사용자가 보게 될 웹 앱의 기본적인 화면부터 만들겠습니다. 아래 프롬프트를 커서 AI에 입력해 주세요. 만약 아래와 같은 다이얼로그 화면이 나온다면 [Install] 버튼을 클릭해 주세요.

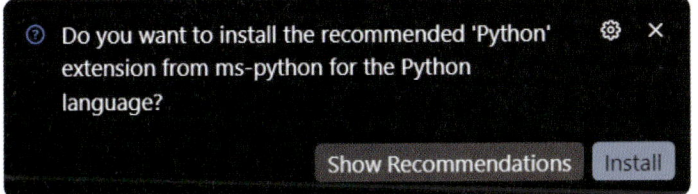

> **" 프롬프트 4-1**
>
> **Streamlit으로 스크레이퍼 UI 기본 화면 제작**
>
> Streamlit 라이브러리를 사용해서 웹 스크레이퍼 앱의 UI를 만들어 줘.(라이브러리는 설치했음)
> - st.title()을 사용해서 '나만의 웹 스크레이퍼'라는 제목을 보여 줘.
> - st.text_input()을 사용해서 'URL 주소'와 'CSS 선택자'를 입력받을 두 개의 입력 상자를 만들어 줘.
> - st.button()으로 '스크레이핑 시작' 버튼을 만들어 줘.

그리고 streamlit으로 파이썬 앱을 실행하겠다고 물어보면 [Open terminal] 버튼을 클릭해 주세요.

만약 에러가 났다면 아래처럼 에러 메시지를 복사해서 커서 AI에 입력해 주세요.

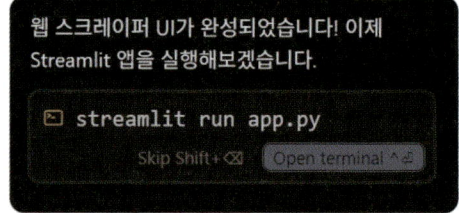

> **프롬프트 4-2**
>
> **아래 에러를 수정해 줘**
>
> streamlit : 'streamlit' 용어가 cmd let, 함수, 스크립트 파일 또는 실행할 수 있는 프로그램 이름으로 인식되지 않습니다. 이름이 정확한지 확인하고 경로가 포함된 경우 경로가 올바른지 검증한 다음 다시 시도하십시오.
>
> 위치 줄:1 문자:1
>
> + streamlit run app.py
>
> + ~~~~~~~~~~
>
>     + CategoryInfo : ObjectNotFound: (streamlit:String) [], CommandNotFoundException
>
>     + FullyQualifiedErrorId : CommandNotFoundException

작업이 완료되면 [Keep]를 클릭해 주세요. 안내에 따라 streamlit을 파이썬 라이브러리와 연결하라고 물으면 수락하고, 마지막에 이메일 주소를 입력하면 설치가 완전히 종료됩니다.

웹 브라우저에서 http://localhost:8501로 접속하면 웹 앱을 실행할 수 있습니다.

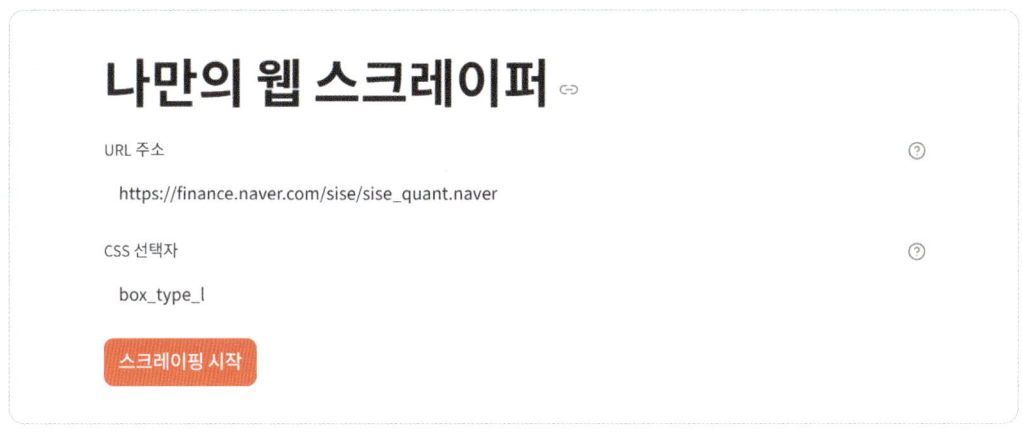

## Step 02 CSS 선택자 찾기

웹 스크래핑을 진행하려면 추출할 부분의 **CSS 선택자** 값을 알아야 합니다. 그 부분을 찾는 작업도 커서 AI에 요청하겠습니다. 아래 프롬프트를 커서 AI에 입력해 주세요.

> 프롬프트 4-3
>
> **CSS Selector 찾기**
>
> 아래 링크에서 코스피 거래 상위에 해당하는 테이블의 CSS 선택자를 찾으려고 해. 그 값이 무엇인지 알려 줘.
>
> [https://finance.naver.com/sise/sise_quant.naver]

커서 AI가 찾아준 CSS 선택자를 잘 메모해둡니다. 웹 스크래핑을 수행할 때 입력값으로 사용합니다.

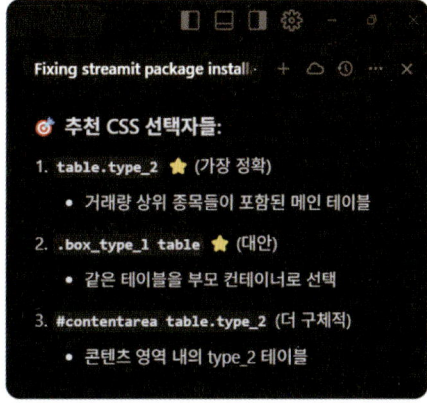

## Step 03 / 웹사이트 정보를 가져오는 두뇌 심기

이제 웹사이트에 접속해 데이터를 가져오는 핵심 로직을 만들 차례입니다. 이 로직은 하나의 함수로 깔끔하게 정리해서, 필요할 때마다 호출하겠습니다. 아래 프롬프트를 커서 AI에 입력해 주세요.

> **프롬프트 4-4**
>
> **웹 스크레이핑 함수 구현**
> URL과 CSS 선택자를 인자로 받아서, 웹 스크레이핑을 수행하고 결과를 리스트 형태로 반환하는 scrape_data 함수를 만들어 줘.
> - requests로 페이지 HTML을 가져오고 BeautifulSoup으로 분석해 줘.
> - 전달받은 CSS 선택자를 사용해서 원하는 데이터를 추출해 줘.
> - 만약 스크레이핑 도중 오류가 발생하면, 빈 리스트를 반환하도록 예외 처리를 해 줘.

작업 과정에 BeautifulSoup 설치를 물어보면 수락해 주세요. 그리고 작업이 완료되면 [Keep]를 클릭하고 [http://localhost:8501]에 접속해서 기능을 테스트해 주세요. 이전에 우리가 찾은 CSS 선택자를 [CSS 선택자]에 입력하면 됩니다. 아래처럼 스크레이핑이 성공적으로 이루어져서 데이터를 가져왔습니다.

## Step 04 얼굴과 두뇌를 연결하는 마법

사용자가 버튼을 누르면, 입력창의 정보로 '두뇌' 함수를 실행시키고, 그 결과를 화면에 멋지게 보여주는 부분을 연결하겠습니다.

> **프롬프트 4-5**
>
> **Streamlit UI와 스크레이핑 함수 연동**
>
> 이전에 만든 Streamlit UI 코드와 scrape_data 함수를 연결해 줘.
> '스크레이핑 시작' 버튼이 눌렸을 때만 (if 문 사용) 아래 로직이 실행되게 해 줘.
> - 두 개의 텍스트 입력창에서 URL과 CSS 선택자 값을 가져와.
> - st.spinner('데이터를 가져오는 중...')을 사용해서 로딩 중임을 표시해 줘.
> - 가져온 값으로 scrape_data 함수를 호출하고, 결과를 받아와.
> - 결과가 비어있지 않다면, pandas 데이터프레임으로 변환한 뒤 st.dataframe()을 사용해서 화면에 세련된 표로 출력해 줘.
> - 만약 결과가 비어있다면, st.error('데이터를 가져오는데 실패했습니다.') 메시지를 보여 줘.

이제 스크레이핑 작업이 모두 끝났습니다. 커서 AI는 사용자가 버튼을 클릭하면 백그라운드에서 데이터를 처리하고, 그 결과를 깔끔한 표에 보여줄 겁니다.

### 📊 스크레이핑 결과

| N | 종목명 | 현재가 | 전일비 | 등락률 | 거래량 | 거래대금 | 매수호가 | 매도 |
|---|---|---|---|---|---|---|---|---|
| 1 | KODEX 200선물인버스2X | 1,499 | 하락44 | -2.85% | 325,187,411 | 493,406 | 1,499 | 1,5 |
| 2 | 삼성 인버스 2X WTI원유 선물 ETN | 67 | 보합0 | 0.00% | 45,808,704 | 3,057 | 66 | 67 |
| 3 | KODEX 2차전지산업레버리지 | 816 | 상승54 | +7.09% | 43,876,725 | 35,042 | 815 | 81( |
| 4 | KODEX 인버스 | 3,715 | 하락60 | -1.59% | 38,592,811 | 144,360 | 3,715 | 3,7 |
| 5 | KODEX 코스닥150레버리지 | 8,215 | 상승250 | +3.14% | 31,872,570 | 258,722 | 8,210 | 8,2 |
| 6 | KODEX 레버리지 | 22,065 | 상승585 | +2.72% | 30,062,845 | 656,022 | 22,060 | 22, |
| 7 | KODEX 코스닥150선물인버스 | 3,600 | 하락65 | -1.77% | 28,815,922 | 104,469 | 3,600 | 3,6 |
| 8 | 신한 인버스 2X WTI원유 선물 ETN(H) | 56 | 보합0 | 0.00% | 25,994,578 | 1,437 | 55 | 56 |
| 9 | 삼성전자 | 59,500 | 상승300 | +0.51% | 17,184,801 | 1,021,598 | 59,400 | 59, |
| 10 | 카카오 | 66,600 | 상승6,20( | +10.26% | 16,723,282 | 1,062,961 | 66,600 | 66, |

 나만의 웹 앱, 세상에 공개하기

이제 여러분은 단순한 스크립트가 아닌, 진짜 '웹 애플리케이션'을 완성했습니다. 이 앱을 실행하는 방법은 아주 간단합니다. 터미널을 열어 파이썬 파일이 저장된 폴더로 이동한 뒤, 아래의 명령어를 입력해 보세요.

> 터미널
```
python -m streamlit run app.py
```

명령어를 실행하면, 잠시 후 자동으로 웹 브라우저 창이 열리며 방금 만든 웹 앱이 나타날 겁니다. 네이버 금융의 거래 상위 페이지 URL과 CSS 선택자를 입력하고 버튼을 눌러보세요.

 이것만은 알고 가요

이번 챕터에서 우리는 파이썬 코드 외에는 아무것도 사용하지 않고 인터랙티브 웹 앱을 만드는 경험을 했습니다. Streamlit 같은 도구는 **백엔드나 프론트엔드에 대한 깊은 지식 없이도, 데이터 분석가나 기획자, 혹은 아이디어를 가진 누구나 자신의 아이디어를 빠르게 프로토타입으로 만들 수 있도록** 도와줍니다.

 더 잘하고 싶다면?

여기서 멈추지 말고, 여러분의 웹 앱을 더욱 유능하게 만들어 보세요. 커서 AI에게 이렇게 요청해 보는 건 어떨까요?

- 스크레이핑한 데이터를 표 아래에 꺾은선 그래프로도 보여줄 수 있어?
- 자주 사용하는 URL과 CSS 선택자를 몇 개 저장해두고, 드롭다운 메뉴에서 선택해서 불러올 수 있게 해 줘.
- 결과 데이터를 사용자가 바로 엑셀 파일로 다운로드할 수 있도록 '다운로드 버튼'을 추가해 줘.

# 흩어진 브런치 피드를 내 대시보드로 옮기기

카카오스토리 브런치에는 수많은 작가들의 글이 쏟아집니다. 구독하는 작가들의 글을 놓치지 않고 싶지만, 피드를 보면 어쩐지 어수선하게 느껴지기도 합니다. 이번 챕터에서는 **내가 구독하는 작가들의 최신 글의 제목과 링크만 깔끔하게 모아보는 '나만의 브런치 피드 대시보드'**를 만들어 보겠습니다. 만약 카카오 브런치에 가입되어 있지 않다면 미리 회원가입을 진행해 주시고 몇 명의 작가도 구독을 신청해 주세요.

 **아이디어 구상**

넘쳐나는 정보 속에서 나만의 질서를 만드는 것, 바로 그것이 이번 프로젝트의 핵심입니다.

- **로그인은 안전하게, 웹에서 편리하게**: 서비스가 실행되면 브런치 로그인 창이 자동으로 열립니다. 우리는 평소처럼 아이디와 비밀번호를 직접 입력해 로그인합니다.

- **AI의 자동 정보 수집**: 로그인이 완료되었다는 신호를 받으면, AI는 우리의 지시에 따라 피드 페이지로 이동하고, 최신 글 목록을 수집합니다.

- **한눈에 보는 대시보드**: 수집된 글의 제목과 링크는 우리가 만든 웹 화면에 격자 형태로 착착 정리됩니다. 더 이상 피드를 접속할 필요 없이, 나만의 대시보드에서 모든 것을 한눈에 파악할 수 있습니다.

이 모든 기능을 오직 대화만으로 만들어 보겠습니다.

## 커서 AI와 함께 4단계로 웹 서비스 만들기

이제 커서 AI를 켜고 새로운 프로젝트 폴더를 생성한 다음 그 폴더를 열어 주세요. 브런치 피드가 어떻게 나만의 대시보드로 변신하는지, 그 과정을 만들어 보겠습니다.

### Step 01 브런치 피드 HTML 분석하기

스크레이핑 작업을 정확하게 수행하려면 먼저 HTML 구조를 분석해서 커서 AI에게 전달하는 것이 좋습니다. **아래 절차를 잘 따라주세요.**

#### 01 개발자 도구 실행

크롬과 같은 웹 브라우저로 스크레이핑할 페이지(https://brunch.co.kr/feed)에 접속합니다. 마우스 오른쪽 버튼을 클릭하고 [검사]를 선택하거나, Ctrl + Shift + I 키를 눌러 개발자 도구를 엽니다.

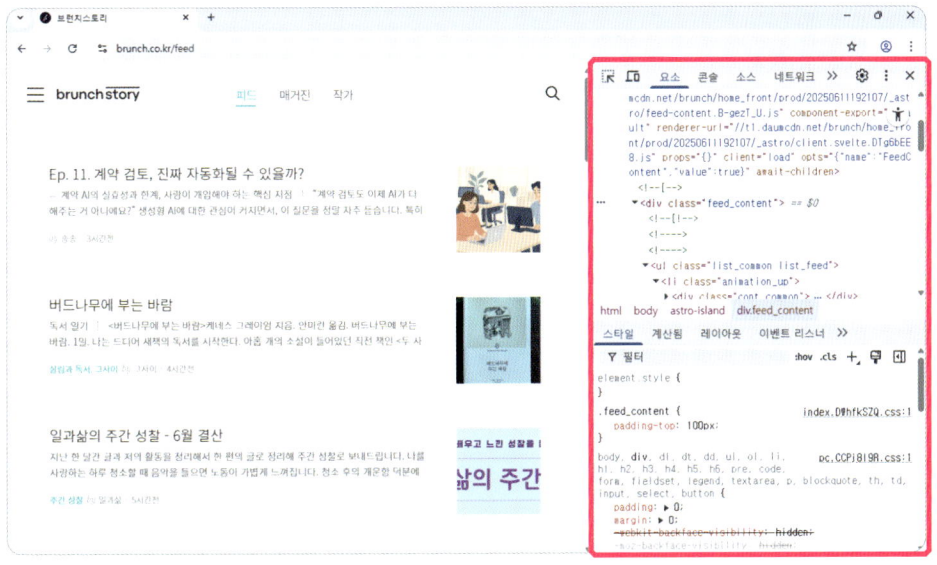

## 02 요소 검사기 사용

개발자 도구 좌측 상단의 요소 선택 아이콘( )을 클릭합니다.

## 03 전체 피드 컨테이너 확인

요소 선택기가 활성화된 상태에서 웹페이지의 글 목록 위로 마우스를 이동하여, 모든 게시물을 감싸는 영역을 찾습니다. 보통 이 영역은 `<div class="feed_content">` 또는 그 안의 `<ul class="list_common list_feed">` 입니다.

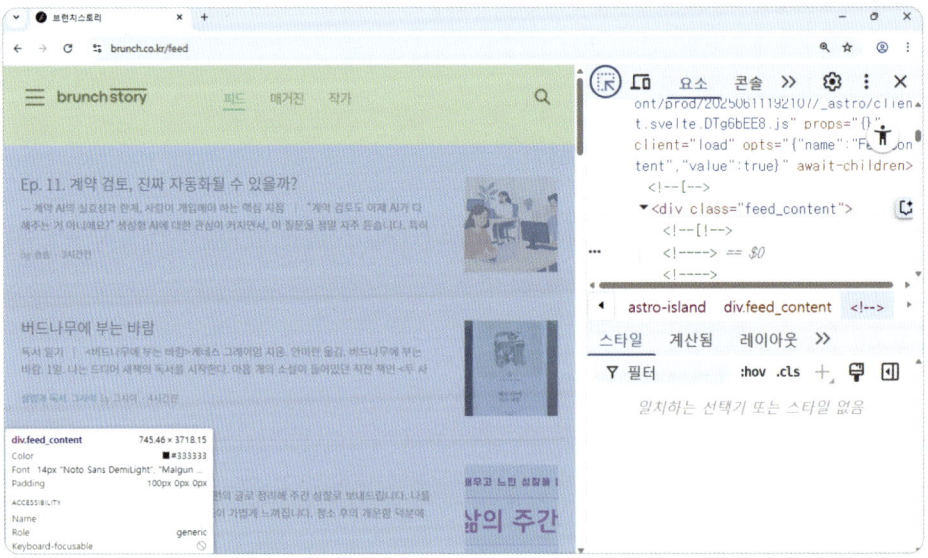

## 04 요소 복사

요소 창에서 `div class="feed_content"`를 선택하고 마우스 오른쪽 버튼을 누른 다음 [복사] → [요소 복사] 메뉴를 선택합니다.

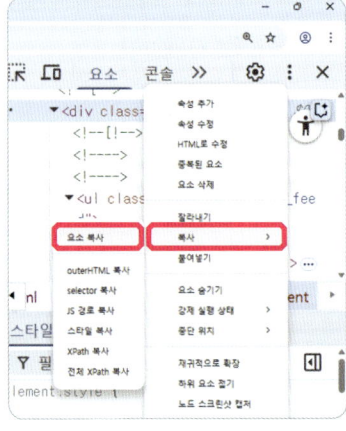

## 05 파일 생성하기

커서 AI로 돌아와 파일을 하나 생성합니다. 파일 이름은 [feed.md]로 합니다. 그리고 이전에 복사한 요소를 붙여넣기하고 저장합니다. [feed.md] 파일이 생성되었습니다.

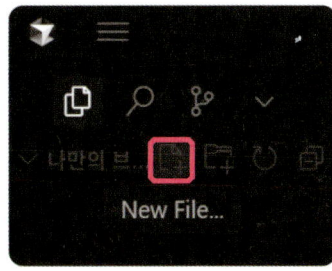
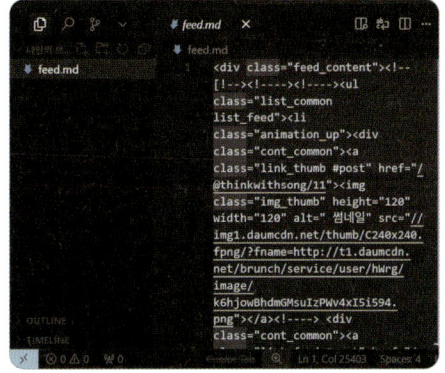

## Step 02 터미널에서 브런치 피드 수집하기

커서 AI 프롬프트 창에서 "@"를 클릭하고 팝업 메뉴에서 [Files & Folders] ···» [feed.md]를 선택해 줍니다. 프롬프트에 [feed.md]가 멘션되었습니다. 그리고 아래 프롬프트를 커서 AI에 입력해 주세요.

> **프롬프트 4 - 6**
>
> **브런치 피드 스크레이핑 함수**
>
> 파이썬으로 브런치 피드를 스크레이핑하는 함수를 만들어 줘. selenium, beautifulsoup4, webdriver-manager 라이브러리를 사용할 거야.
>
> 함수가 실행되면 다음 순서대로 동작해야 해.
>
> - 새 크롬 브라우저 창을 열고 https://brunch.co.kr 로그인 페이지로 이동.
> - 사용자가 터미널에 'Enter'를 누를 때까지 기다리기. (이 시간에 내가 직접 로그인할 거야. 로그인이 완료되면 사용자 프로필을 저장해 줘)
> - 로그인 완료 후 https://brunch.co.kr/feed 페이지로 이동.
> - 페이지를 한 번 아래로 스크롤하고 3초 대기.
> - 최종 페이지의 HTML을 가져와서 beautifulsoup으로 파싱하고 아래 정보를 찾아줘.
> - 게시물의 제목과 작성자, 날짜, 링크를 추출해서, JSON 형태의 리스트로 반환해 줘.
>
> 파싱을 위해 브런치 피드의 [feed.md]를 제공했으니 분석하도록 해.

작업이 완료되면 [Keep]를 클릭하고 터미널에서 다음 작업을 실행해 주세요.

먼저 터미널(Ctrl+`)을 실행하고 아래 명령어를 실행하여 라이브러리를 설치합니다.

- </> 터미널

```
pip install -r requirements.txt
```

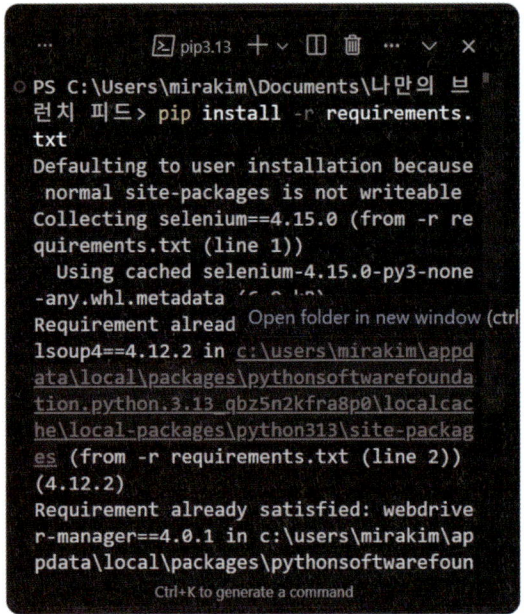

만약 설치 중에 빨간색 에러 메시지가 표시되면 복사해서 커서 AI에 입력하면 에러를 수정합니다. 에러 수정한 후 위의 명령어를 다시 실행해 주세요.

계속해서 [python brunch_scraper.py]을 실행하고 브런치 로그인을 진행해 주세요. [brunch_scraper.py] 이름은 좌측 창에 생성된 파이썬 파일(*.py)과 일치하게 바꿔주시면 됩니다.

- </> 터미널

```
python brunch_scraper.py
```

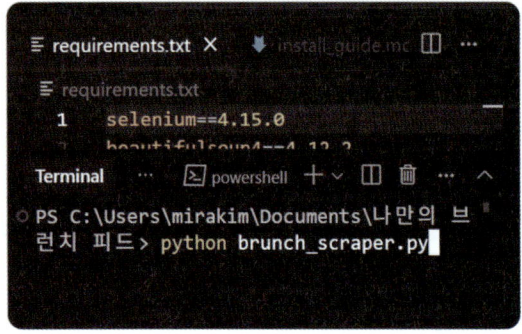

로그인이 완료되면 커서 AI 터미널로 돌아와서 Enter 키를 입력해 주세요. 브런치 피드를 스크레이핑하기 시작합니다. 아래 화면처럼 피드 결과가 [JSON] 파일에 저장이 잘 되었습니다.

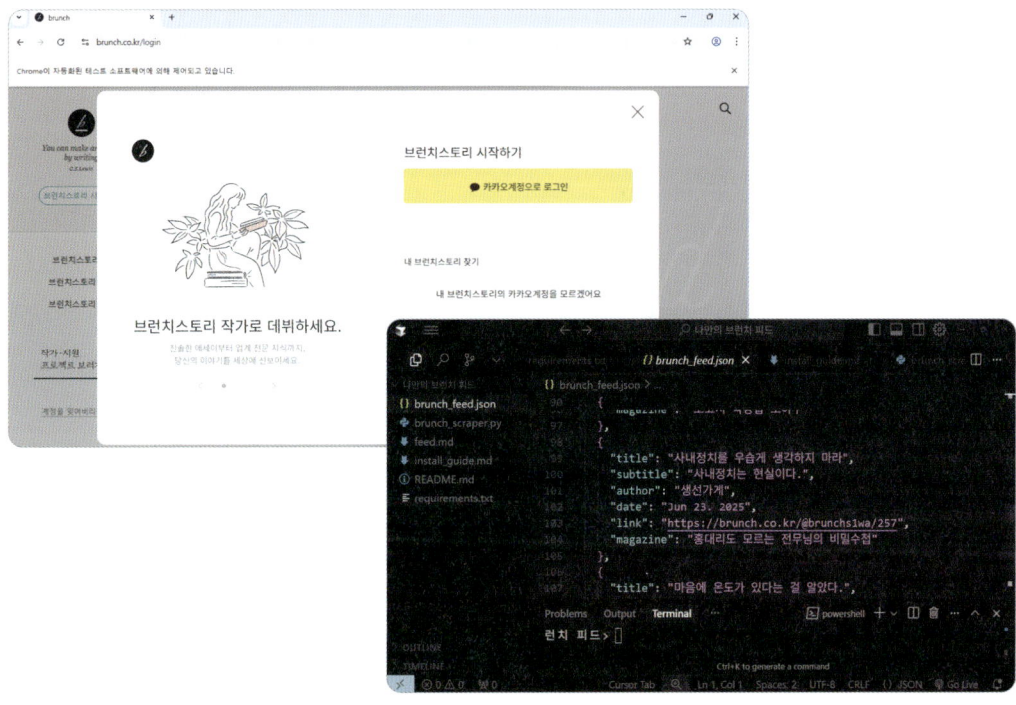

## Step 03 사용자와 소통할 페이지 만들기

이제 사용자가 스크레이핑 엔진을 쉽게 사용할 수 있도록 간단한 웹 인터페이스를 만들겠습니다. 파이썬과 몇 가지 도구를 준비하라고 AI에게 알려주는 단계입니다. Streamlit을 사용하면 몇 줄의 코드만으로 근사한 웹 앱을 만들 수 있습니다. 아래 프롬프트를 커서 AI에 입력해 주세요.

### 프롬프트 4-7

**스크레이퍼용 웹 UI**

스트림릿(Streamlit)으로 웹 앱을 만들어 주고 필요한 라이브러리도 설치해 줘.

- 화면에 '나만의 브런치 피드 콜렉터'라는 제목을 보여 줘.
- '최신 피드 가져오기' 버튼을 추가해 줘.
- 사용자가 버튼을 누르면, 이전에 만든 스크레이핑 함수를 호출하도록 연결해 줘.
- 함수가 실행되는 동안에는 '피드를 부지런히 읽어오는 중…'이라는 메시지와 함께 로딩 스피너를 보여 줘.

작업이 완료되면 [Keep]를 클릭해 주세요. 커서 AI는 스트림릿의 기능들을 활용하여 웹 화면에 제목과 버튼을 생성하고, 버튼 클릭 시 이전의 단계에서 만든 스크레이핑 함수가 실행되도록 두 기능을 연결할 겁니다. Streamlit 웹 앱이 실행되지 않으면 아래의 명령어를 터미널에서 실행해 주세요. 아래 명령어를 입력하면 Streamlit 웹 앱이 자동으로 실행됩니다.

```
python -m streamlit run app.py
```

[최신 피드 가져오기] 버튼을 클릭한 후 웹 브라우저에서 로그인을 진행합니다. 로그인이 완료되면 터미널로 돌아와 Enter 키를 누릅니다. 아래 화면처럼 브런치 피드 웹 앱이 실행되었습니다.

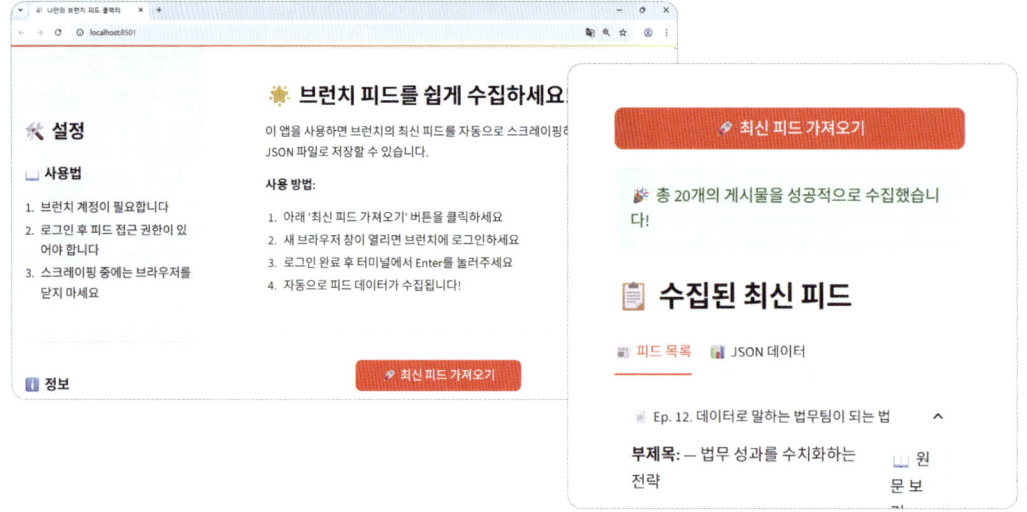

만약 로그인을 완료했는데, 로그인하지 않았다고 나오면 그 사항을 "셀레니움 브라우저 창에서 로그인을 완료했는데, 완료하지 않았다고 나와 수정해 줘."와 같이 커서 AI에게 전달해주시면 됩니다.

완료되면 기존 터미널 프로그램은 Ctrl + C 를 실행해서 종료하고 다시 [python -m streamlit run streamlit_app.py]를 실행해 주세요.

버튼의 순서대로 기능을 실행하면 됩니다. [브라우저 열기]를 실행해서 브런치에서 로그인합니다. [피드 페이지]를 클릭해서 셀레니움 브라우저를 피드 페이지로 이동합니다. 로그인이 완료 됐으니 [로그인 완료] 버튼을 클릭해서 알려줍니다. [피드 가져오기] 버튼을 눌러 새글을 가져옵니다. [브라우저 닫기]를 눌러서 셀레니움 브라우저를 닫습니다. 제 화면과 여러분의 화면이 다르겠지만, 좌측에서 우측으로 순서대로 버튼을 클릭하며 관련 기능을 실행하시면 됩니다.

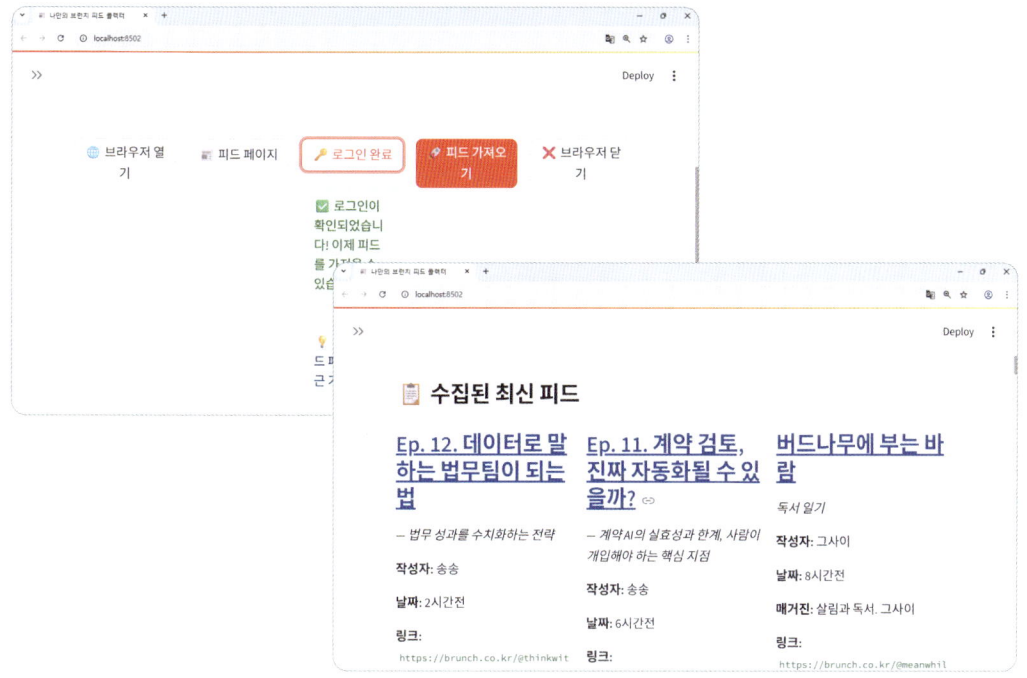

## Step 04 수집한 데이터를 한눈에 보기 좋게 진열하기

마지막으로, 스크레이핑 엔진이 가져온 데이터를 사용자가 보기 편한 형태로 웹 화면에 출력하는 기능을 추가하겠습니다. 단순히 텍스트만 나열하는 것이 아니라, 깔끔한 그리드 형태로 정돈해 보겠습니다. 커서 AI에 아래 프롬프트를 입력해 주세요.

> **프롬프트 4-8**
>
> **스크레이핑 결과 시각화**
>
> 스크레이핑 함수가 반환한 게시물 리스트를 깔끔하게 웹 화면에 보여주는 기능을 추가해 줘.
> 가져온 데이터(게시물 리스트)를 JSON에 수집된 형식 그대로 그리드(격자) 형태로 화면에 표시해 줘.
> - 각 게시물은 카드 형태로 만들고, 제목과 작성자, 날짜, 전체 링크 주소를 보여 줘.
> - 제목을 클릭하면 해당 글로 이동할 수 있도록 마크다운 형식의 링크로 만들어 줘.

커서 AI는 스트림릿의 [st.columns] 기능을 사용해 화면을 여러 개의 열로 나누고, 가져온 데이터 목록을 하나씩 순회하며 각 열에 보기 좋게 배치할 겁니다. 이제 텍스트 뭉치였던 데이터는 한눈에 파악하기 쉬운 정보 카드로 재탄생합니다.

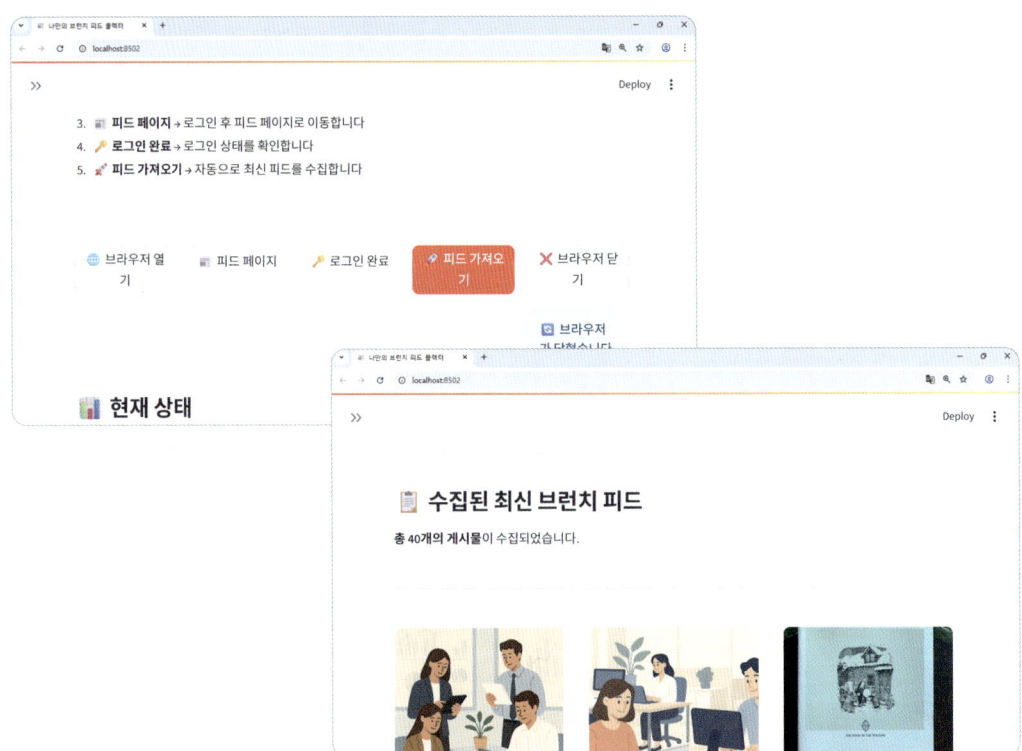

 **딸깍! 완성된 나만의 정보 비서**

여러분은 이제 더 이상 브런치 피드에서 방황하지 않아도 됩니다. 단 몇 번의 대화만으로 나만의 정보 비서를 완성했습니다.

 **이것만은 알고 가요**

오늘 우리는 사람이 직접 웹 브라우저를 조작했습니다. 그 기술은 '웹 스크레이핑' 혹은 '웹 자동화'라고 부릅니다. 핵심은 **안전한 인증과 사용자 친화적인 흐름 설계**였습니다. 코드가 비밀번호를 묻는 대신 사람이 직접 로그인하게 하고, 터미널에서 간단하게 상호작용하며 피드를 모아봤습니다.

## 05 더 잘하고 싶다면?

여기서 만족하지 말고, 여러분의 AI 정보 비서를 더욱 유능하게 만들어 보세요. 커서 AI에게 이렇게 물어보는 건 어떨까요?

- 게시물 제목과 함께 저자 이름도 같이 표시해 줄 수 있어?
- 가져온 글 목록을 엑셀 파일로 저장하는 버튼을 추가해 줘.
- 페이지를 한 번만 스크롤하지 말고, 맨 아래까지 전부 스크롤해서 모든 글을 다 가져오게 만들고 싶어.

# 구글 시트에 자동으로 쌓이는 AI 검색 비서

정보가 넘쳐나는 세상이라지만, 정작 내가 필요한 자료는 찾기 힘든 실정입니다. 뉴스 기사를 닥치는 대로 읽거나 특정 주제로 블로그 글을 검색하는 일에 시간을 뺏기기 일쑤죠. 이번 챕터에서는 내가 아닌 AI에게 정보를 찾는 일을 맡겨보겠습니다. **키워드 하나만 입력하면 AI가 네이버를 검색하고, 결과도 깔끔하게 정리해 주는 웹 서비스**입니다.

 아이디어 구상

이제 여러분은 정보의 바다에서 힘들게 유영할 필요가 없습니다. AI라는 파도를 타고 원하는 정보를 건져 올리기만 하면 됩니다.

- **명령 한 마디면 끝**: 웹 화면에 '인공지능' 같은 키워드를 입력하고 버튼만 누릅니다.
- **AI의 자동 항해**: AI가 백그라운드에서 네이버를 돌아다니며 관련 뉴스나 블로그 글을 찾아냅니다.
- **깔끔한 결과 보고**: AI는 찾아온 정보의 제목, 링크, 작성일 등을 한눈에 보기 좋은 표로 정리해서 우리에게 보여줍니다.

- **영구 저장**: 이 결과물은 나만의 데이터베이스인 구글 시트에 차곡차곡 쌓아 갑니다.

이 모든 기능을 오직 대화만으로 만들어 보겠습니다.

# 02 커서 AI와 함께 3단계로 웹 서비스 만들기

이제 커서 AI를 켜고 새로운 프로젝트 폴더를 생성한 다음 그 폴더를 열어 주세요.

## Step 01 정보 탐색기의 '얼굴' 만들기

가장 먼저 사용자인 우리가 키워드를 입력하고 결과를 확인할 화면이 필요합니다. 아래 프롬프트를 커서 AI에 입력해 주세요.

> **프롬프트 4-9**
>
> **네이버 검색 앱 기본 화면**
>
> Streamlit으로 웹 앱을 만들어 줘. 상단에 '나만의 AI 정보 탐색기'라는 제목을 만들어 줘. 그리고 검색어를 입력할 텍스트 상자와 '검색 시작' 버튼을 만들어 줘. 검색 결과가 표시될 영역도 미리 마련해 줘. 파이썬으로 만들어야 해. UI만 만들고 비즈니스 로직은 나중에 만들 거야.

커서 AI는 이 프롬프트를 듣고 [Streamlit]이라는 도구를 사용해서 웹 화면을 만들어 줄 겁니다. 작업이 완료되면 [Accept]를 클릭해서 반영해 주세요. 그리고 아래 명령어를 터미널에서 실행(Ctrl+`)해 주세요.

> **터미널**
>
> ```
> # 의존성 설치
> pip install -r requirements.txt
> ```

> **터미널**
>
> ```
> # 앱 실행
> python -m streamlit run app.py
> ```

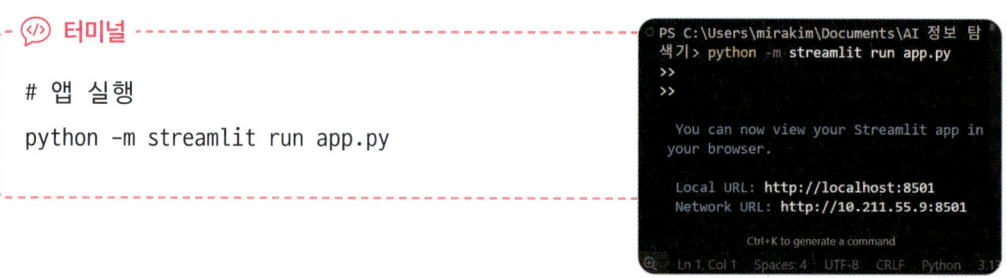

아래와 같이 Streamlit 웹 앱이 작성되었습니다. [http://localhost:8501]로 접속해 봅니다.

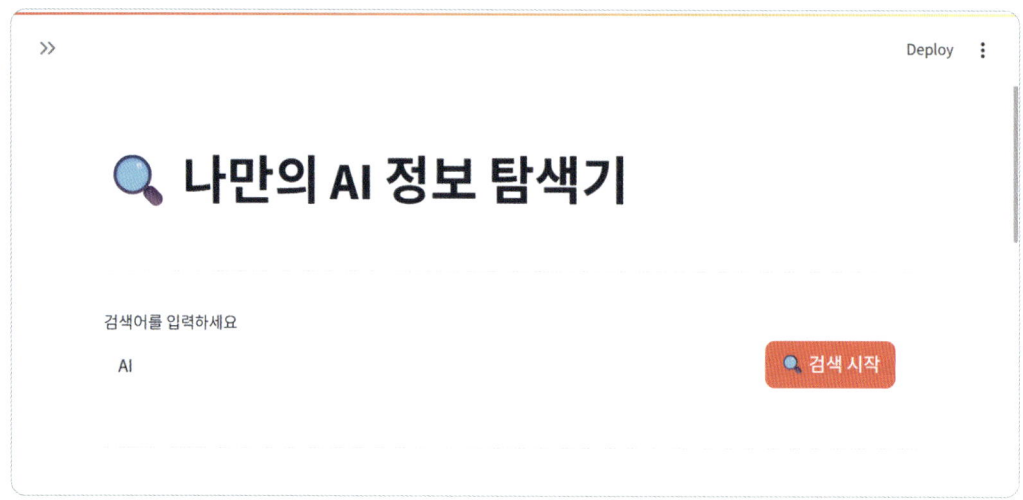

### Step 02 / 스스로 움직이는 '손과 발' 만들기

이제 버튼에 기능을 넣겠습니다. '검색 시작' 버튼을 눌렀을 때, AI가 실제로 네이버에 접속하고 정보를 가져오는 기능을 추가하겠습니다. 아래 프롬프트를 커서 AI에 입력해 주세요.

> **프롬프트 4-10**
>
> **'검색 시작' 버튼 핵심 로직**
>
> 먼저 [https://www.naver.com/] 사이트로 이동해 줘. 사용자가 '검색 시작' 버튼을 누르면, 텍스트 상자에 입력된 키워드로 Selenium을 사용해서 네이버에서 크롤링해 줘. 필요하다면 BeautifulSoup을 사용해서, 검색 결과에서 제목, 링크, 작성자, 간략한 요약 내용을 가져와서 별도의 JSON파일에 저장해 놓고 그 내용을 Pandas DataFrame 화면에 표로 보여 줘.

만약 크롤링 작업 중에 에러가 발생했다면 메시지를 복사해서 커서 AI에게 수정해 달라고 요청하면 됩니다. 정상적으로 작업이 완료됐다면 아래 화면처럼 검색어를 입력하면 크롤링 결과를 표 형태로 표시해 줍니다. 이제 웹 앱을 실행하고 원하는 키워드(예 챗GPT)를 입력한 뒤 버튼을 눌러보세요.

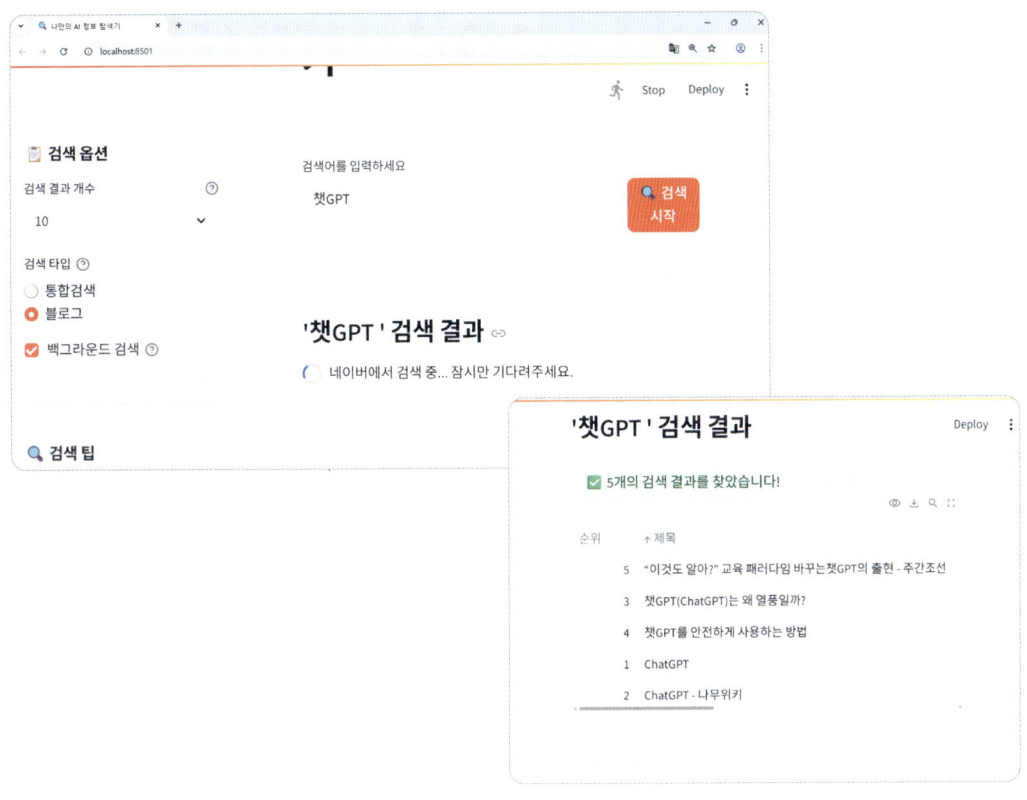

### 주의 사항

네이버의 HTML 구조는 언제든 바뀔 수 있습니다. 커서 AI가 똑똑하게 HTML 태그를 분석해서 크롤링해줄 수도 있겠지만, 더 확실한 결과를 얻기 위해서는 앞에서 말씀드린 것처럼 개발자 도구를 이용하여 키워드 입력 부분, 결과 창에서 제목, 작성자, 링크의 CSS 선택자가 무엇인지 지정해 주세요.

이 프롬프트는 아주 중요한 역할을 합니다. 커서 AI는 이 말을 듣고 아래와 같은 절차를 처리합니다.

1. 웹 브라우저를 열고 (Selenium)
2. 네이버에 접속해서 키워드를 입력하고
3. 나타난 결과 페이지를 꼼꼼히 분석해서 (BeautifulSoup)
4. 필요한 정보(제목, 작성자, 링크 등)를 뽑아낸 뒤
5. 보기 좋은 표 형태로 가공하여 (Pandas)
6. 화면에 보기좋게 표시하여 보여줍니다.

## Step 03 나만의 '노트'에 저장하기

AI가 애써 찾아온 소중한 정보를 한 번만 보고 버리기엔 아깝습니다. 언제든 다시 꺼내볼 수 있도록, 결과를 구글 시트에 차곡차곡 저장하는 기능을 추가하겠습니다. 이 작업을 수행하기 전에 딱 한 번만 거쳐야할 과정이 있습니다. 천천히 따라해 주세요.

### 01 구글 클라우드에 우리만의 '프로젝트' 만들기

먼저 구글 클라우드 플랫폼에 접속해서 로그인을 합니다. 이곳은 구글의 다양한 고급 기능을 빌려 쓸 수 있는 거대한 디지털 공간입니다.

1. 구글 클라우드 플랫폼 Google Cloud Platform 사이트로 이동합니다.
   ⋯▸ https://console.cloud.google.com
2. 구글 클라우드 플랫폼 콘솔 화면 상단에서 [프로젝트 선택 도구 열기] 드롭다운을 클릭한 후, [새 프로젝트] 버튼을 누릅니다.

3. 프로젝트 이름은 [my-ai-note]처럼 내가 알아보기 쉬운 이름으로 지어주세요. 그리고 [만들기]를 클릭하면, 우리 앱만을 위한 독립적인 작업 공간이 생성됩니다.

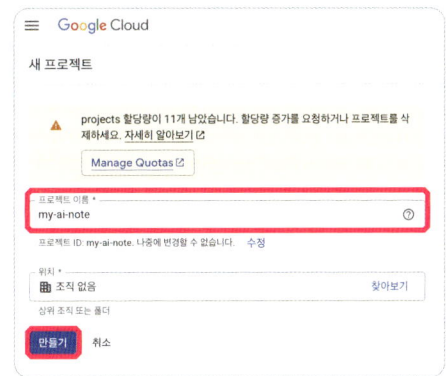

4. [프로젝트 선택] 글자를 클릭해 주세요. 방금 생성한 [my-ai-note] 프로젝트로 진입했습니다.

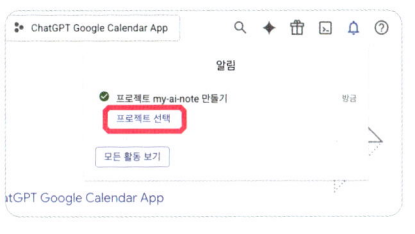

## 02 필요한 서비스 창구 열기 (API 활성화)

프로젝트라는 공간을 만들었으니, 이제 우리가 사용할 서비스의 창구를 열 차례입니다.

1. 프로젝트 화면에서, 왼쪽 메뉴의 설정 아이콘(☰)을 클릭하고 목록에서 [API 및 서비스]를 선택하여 해당 메뉴로 이동합니다.
2. 화면 위쪽에 있는 [+ API 및 서비스 사용 설정] 버튼을 클릭합니다.

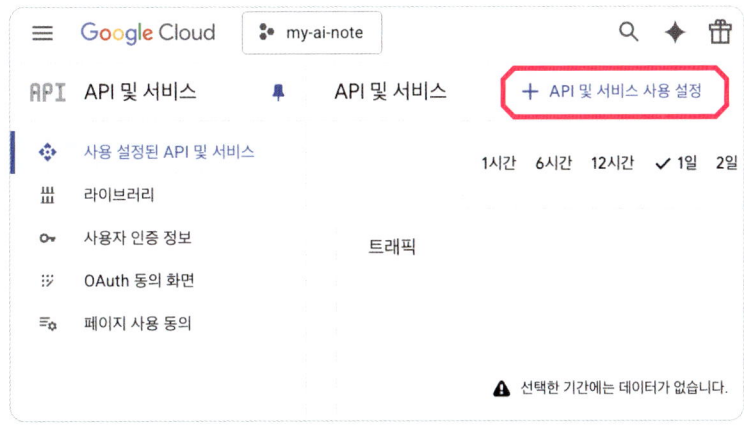

3. API 라이브러리 검색창에 "Google Drive API"를 검색해서 선택한 뒤, [사용] 버튼을 눌러 활성화합니다.
4. 동일한 방법으로 "Google Sheets API"도 검색해서 [사용] 버튼을 눌러줍니다.

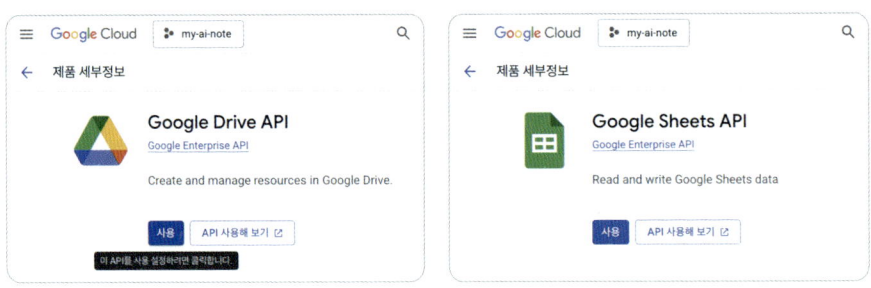

이제 우리 앱이 구글 드라이브와 구글 시트의 기능을 사용할 수 있게 허가를 받았습니다.

## 03 AI 서비스 계정 생성하기

이제 우리 앱을 대신해 구글 시트에 접속할 'AI 로봇 직원'을 만들어야 합니다. 이 직원은 우리 개인 구글 계정과 완전히 분리되어, 오직 앱만을 위해 일합니다.

1. [API 및 서비스] 메뉴로 돌아와 왼쪽 메뉴에서 [사용자 인증 정보]를 클릭합니다.
2. 화면 위쪽의 [+ 사용자 인증 정보 만들기]를 누르고 [서비스 계정]을 선택합니다.

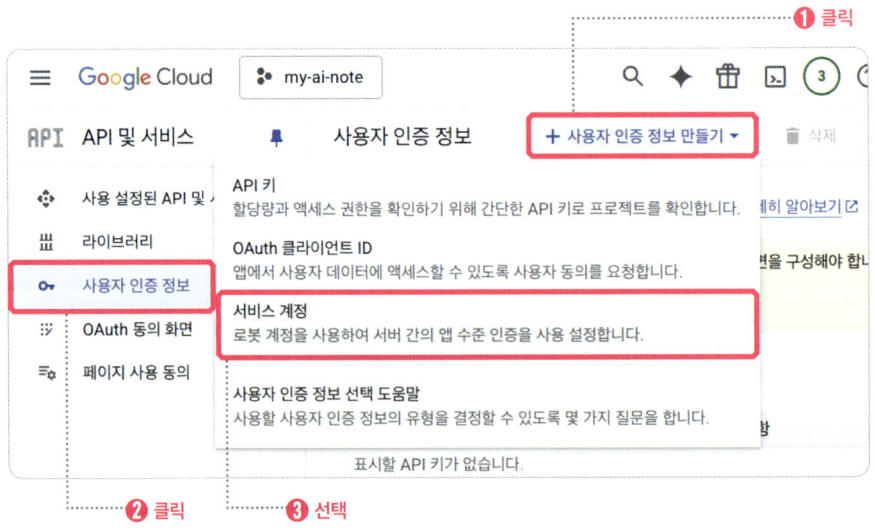

3. '서비스 계정 이름'을 sheet-writer와 같이 역할에 맞게 지어주세요. 서비스 계정 ID는 자동으로 생성되니 그대로 두면 됩니다. [만들고 계속하기]를 누릅니다.

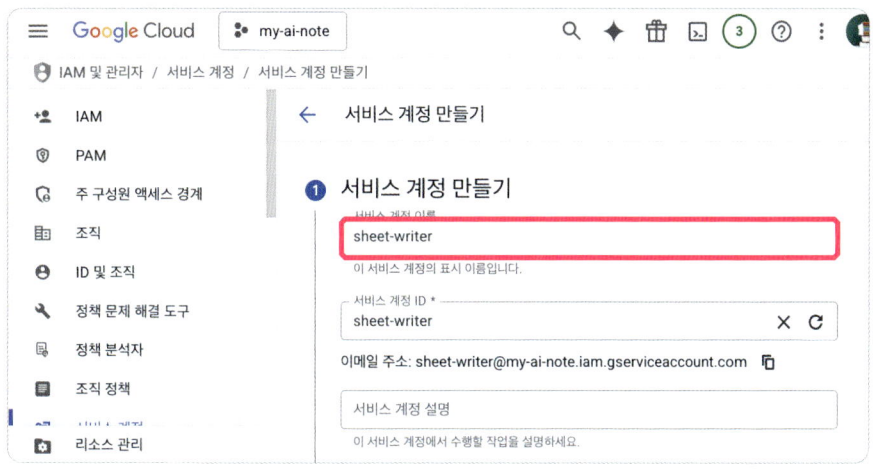

4. '역할 선택' 단계가 나오면 [소유자(Owner)] 역할을 부여하고 [계속]을 클릭한 뒤, 마지막 [완료] 버튼을 누릅니다.

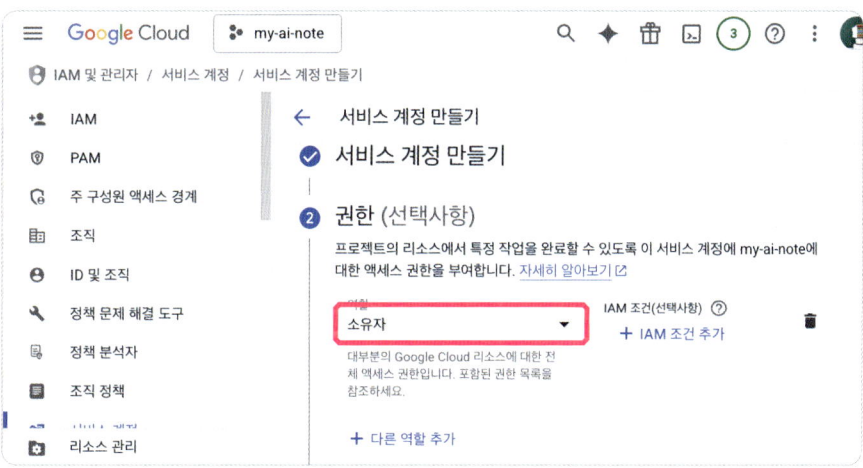

이것으로 우리 앱만을 위한 AI 직원을 채용했습니다.

## 04 로봇 직원의 비밀 열쇠 받기 (JSON 키 다운로드)

AI 직원을 만들었으니, 그 직원만 사용할 수 있는 비밀 열쇠를 받아야 합니다. 이 열쇠 파일(JSON 형식)은 절대 외부로 유출해서는 안 됩니다.

1. 방금 만든 서비스 계정 목록에서 로봇 직원의 이메일 주소를 클릭합니다.

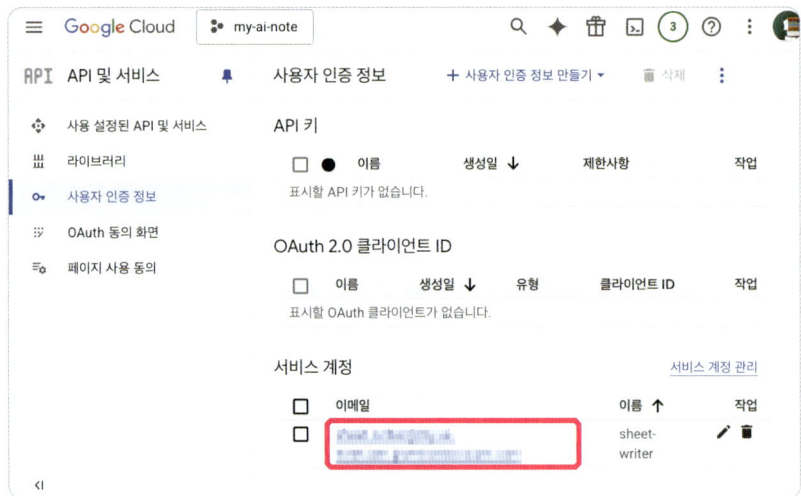

2. 상단 탭에서 [키]를 선택하고, [키 추가] ⋯» [새 키 만들기]를 클릭합니다. 방금 만든 서비스 계정 목록에서 로봇 직원의 이메일 주소를 클릭합니다.

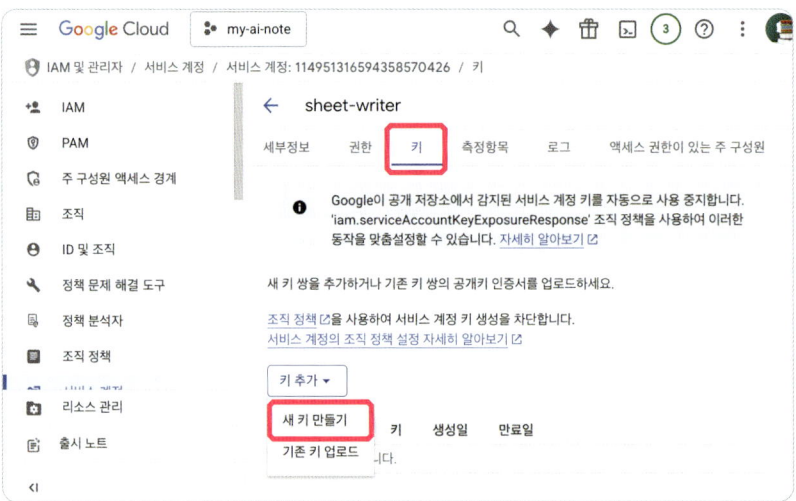

3. 키 유형은 JSON을 선택한 상태로 [만들기] 버튼을 누릅니다.

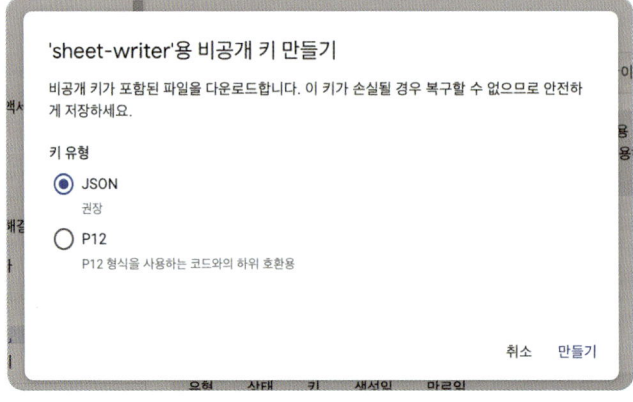

4. 즉시 .json 확장자를 가진 파일 하나가 내 컴퓨터로 다운로드될 겁니다. 이 파일이 바로 AI 직원의 모든 것이 담긴 '비밀 열쇠'입니다. 다운로드 폴더를 확인해 주세요.

이 파일은 커서 AI 프로젝트 폴더 안에 잘 보관해 주세요. 잠시 후, 이 열쇠를 사용해 앱과 구글 시트를 연결할 것입니다.

## 05 로봇 직원을 내 구글 시트에 초대하기

마지막 단계입니다. 비밀 열쇠를 가졌다고 해도, 어느 시트에 들어가야 할지 알려주지 않으면 소용이 없겠죠. 우리가 데이터를 저장할 구글 시트를 하나 새로 만들고, 그곳에 AI 로봇 직원을 '편집자'로 초대해야 합니다.

1. 구글 스프레드시트로 이동해 데이터를 저장할 새 시트를 하나 만듭니다.

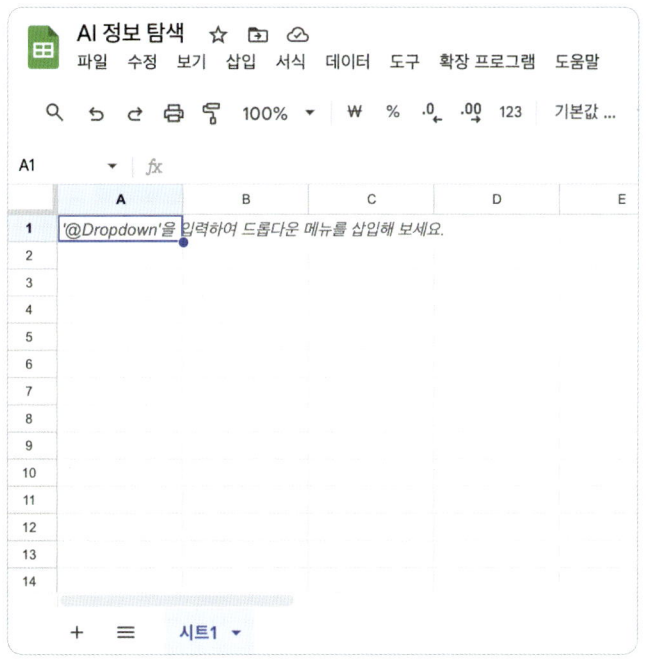

2. 오른쪽 위 [공유] 버튼을 클릭합니다.

3. '사용자 및 그룹 추가' 입력란에, 04에서 만든 서비스 계정의 이메일 주소(다운로드한 JSON 파일 안에도 적혀 있습니다. @...iam.gserviceaccount.com 형식)를 붙여넣기 합니다.

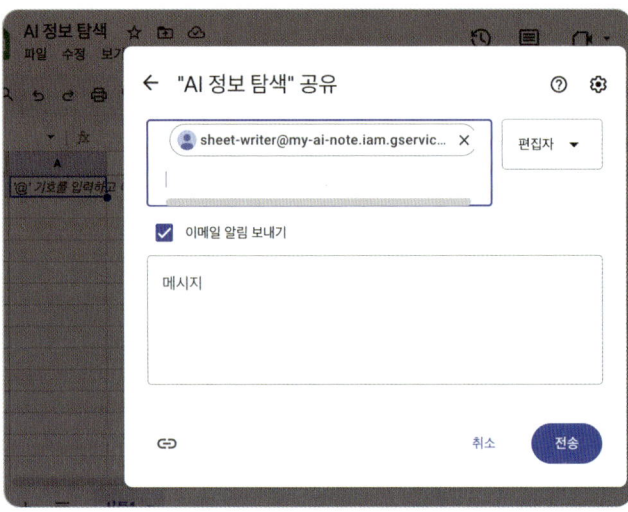

4. 역할이 [편집자]로 되어 있는지 확인하고 [이메일 알림 보내기]를 해제한 다음 [공유] 버튼을 누릅니다.

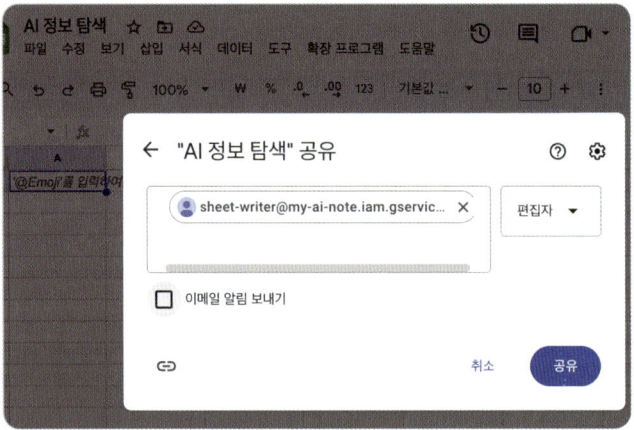

자, 거의 준비가 끝났습니다! 이제 우리 AI 직원은 공식 출입증과 비밀 열쇠를 모두 갖게 되었고, 우리가 지정한 구글 시트에 정보를 기록할 수 있게 되었습니다.

## 06 다운받은 JSON [streamlit]에 적용하기

마지막으로 해야 할 작업이 남았습니다. 다운로드 받은 .json 파일을 아래의 절차대로 작업해 주세요.

1. 커서 AI 프로젝트 폴더 안에 .streamlit 이라는 폴더를 만듭니다.
2. [.streamlit] 폴더 안에 secrets.toml 이라는 파일을 새로 만듭니다.

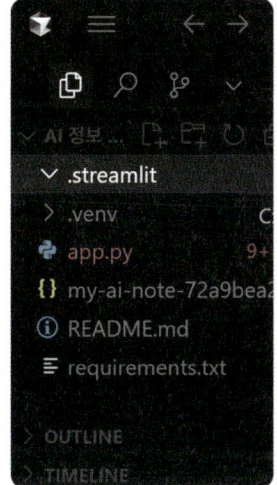

아래 프롬프트를 커서 AI에 입력해 주세요. 프롬프트를 입력할 때, 이전에 다운로드 받은 [.json] 파일과 [secrets.toml] 파일을 '@' 문자를 이용해서 멘션해 주세요.

> 프롬프트 4 - 11

### JSON을 secrets.toml 형식으로 변환

@my-ai-note-72a9bea28123.json 파일의 내용을 Streamlit의 @secrets.toml 파일 형식으로 변환해 줘.

### 변환 규칙:

- 전체를 [gcp_service_account] 섹션으로 감싸줘.
- JSON의 각 키와 값은 키 = "값" 형태로 바꿔줘.
- 특히 private_key 값은 여러 줄이니까, 시작과 끝을 세 개의 큰 따옴표(""")로 감싸야 해.

### 기존 구글 시트에 새 탭으로 저장하기

'시트로 저장' 버튼은 삭제해 줘.
사용자가 미리 만들어 둔 '네이버 검색 결과'라는 이름의 구글 스프레드시트 파일을 열어줘. (새로 만들면 안 돼!)
네이버 검색 결과를 바로 불러와서 구글 시트 파일 안에 '새로운 탭(워크시트)'으로 추가하는 코드를 짜줘.
새로 추가되는 탭의 이름은 사용자가 입력한 '검색어'와 현재 '날짜/시간'을 조합해서 자동으로 만들

어 줘. (예 챗GPT_20250624)

라이브러리는 gspread를 사용하고, 구글 API 인증은 Streamlit의 비밀 관리 기능(st.secrets)을 사용해야 해. 인증 정보는 방금 우리가 만든 secrets.toml 파일의 [gcp_service_account] 섹션에서 읽어와서 처리해 줘.

커서 AI는 [gspread]라는 도구를 활용해서 우리 앱과 구글 시트를 연결할 겁니다. 여기서 중요한 것은 '인증' 과정입니다. 아무나 내 구글 시트에 글을 쓸 순 없으니까요. 새 패키지 설치를 위해 터미널에서 pip install -r requirements.txt 를 실행하고 python -m streamlit run app.py 를 실행해서 웹 앱을 실행해 주세요.

검색 결과에 따라 여러분의 구글 시트에 새로운 시트가 생기고, 방금 검색한 데이터가 깔끔하게 정리되어 들어간 것을 확인할 수 있습니다. 만약 구글 시트에 아무 변화도 없다면 커서 AI에 수정해 달라고 요청하면 됩니다.

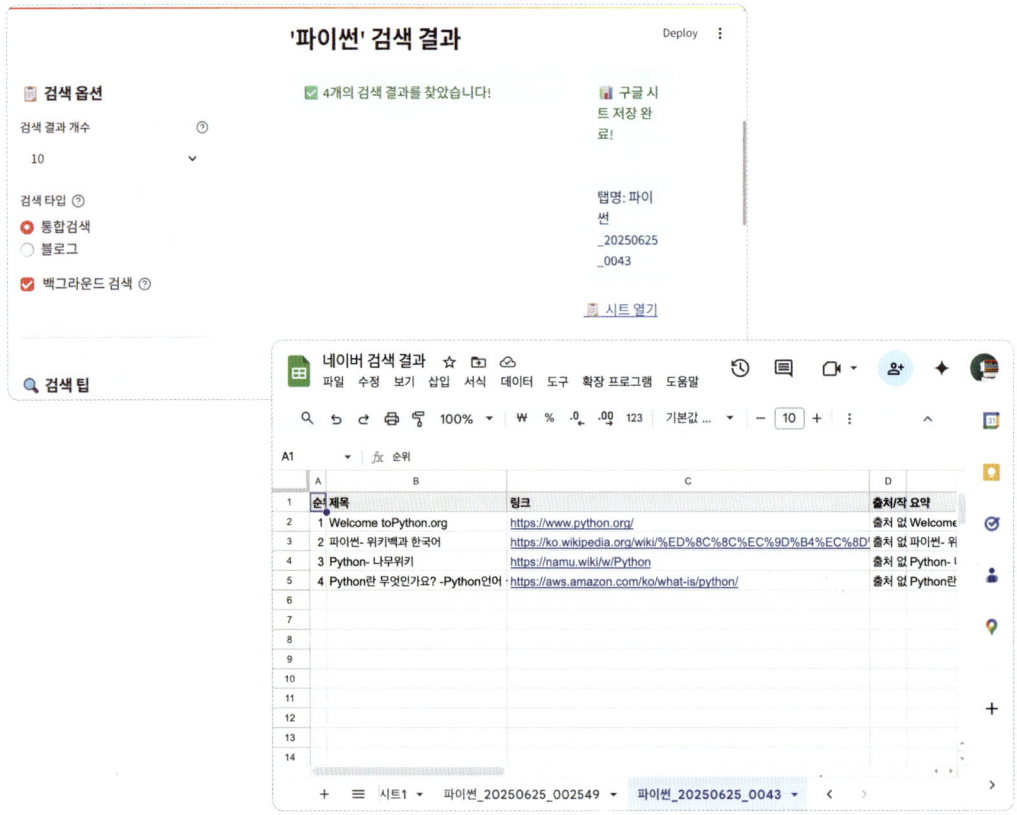

 **딸깍! 완성된 나만의 AI 정보 탐색기**

여러분은 단 몇 번의 대화만으로 세상의 모든 정보를 수집하고 정리하는 강력한 개인 비서를 만들었습니다.

 **이것만은 알고 가요**

오늘 우리는 사람이 하던 웹 서핑과 정보 정리라는 반복적인 행위를 코드로 자동화하는 경험을 했습니다. **Selenium**으로 웹을 제어하고 **BeautifulSoup**으로 데이터를 추출하는 것은 자동화의 가장 기본적이면서도 강력한 기술입니다. 여기에 **Streamlit**이라는 옷을 입히자, 누구나 쉽게 사용할 수 있는 멋진 서비스가 탄생했습니다.

 **더 잘하고 싶다면?**

여기서 멈추지 말고, 여러분의 AI 비서를 더욱 유능하게 만들어 보세요. 아래처럼 더 구체적인 요구를 하며 커서 AI를 조련 해보는 건 어떨까요?

- 지금은 뉴스 1페이지만 가져오는데, 5페이지까지 전부 가져오게 할 수 있어?
- 뉴스 말고 네이버 블로그 검색 결과를 가져오도록 바꿔 줘.
- 매일 아침 9시에 특정 키워드로 자동 검색하고, 결과가 있으면 나에게 이메일로 보내주는 기능을 추가해 줘.

# RSS와 노션을 연결하는 자동화 파이프라인

매일같이 쏟아지는 정보의 홍수 속에서 나에게 필요한 소식만 집어 보고 싶다는 생각, 한 번쯤 해보셨을 겁니다. 이번 챕터에서는 수집한 정보를 선별해서 많은 사람들이 즐겨 쓰는 도구인 **'노션Notion'에 수집한 정보를 자동으로 쌓아주는 서비스**를 구축하겠습니다.

 **아이디어 구상**

우리가 만들 서비스는 정보 수집부터 최종 정리까지 모든 과정을 커서 AI에게 맡깁니다.

- **맞춤 정보 수집**: '삼성전자', '환율'처럼 내가 원하는 키워드로 구글 알리미에서 RSS 피드를 등록합니다. 그리고 24시간 작동하는 정보 수집 채널을 가동합니다.

- **노션 자동화**: 수집된 'RSS 피드: 데일리 브리핑'은 지정된 노션 데이터베이스에 하나의 페이지로 깔끔하게 정리되어 저장됩니다.

이 모든 기능을 오직 대화만으로 만들어 보겠습니다.

 노션 연결고리 만들기

본격적인 개발을 진행하기 전에 노션에서 API 키를 생성해야 합니다. 'API 키'를 만들어야 우리 서비스가 노션 계정에 데이터를 저장할 수 있습니다.

노션 API 키 발급 방법은 [공통 가이드 11 (368 쪽)]을 참조하세요.

구글 알리미는 관심 키워드의 최신 기사와 포스트를 자동으로 수집해서 중요한 정보를 놓치지 않게 해주는 작은 자동화 장치입니다. RSS에 연결하면 검색하지 않아도, 출처가 남는 상태로 자료를 분석하거나 의사결정에 활용할 수 있습니다. 구글 알리미 설정은 다음과 같이 수행합니다.

01 아래 구글 알리미 사이트 접속해 주세요.
   → https://www.google.co.kr/alerts

02 관심 키워드(예 "커서 AI")를 입력하고 옵션 표시를 클릭합니다. [수신 위치] 옵션을 클릭하여 **[RSS 피드]**로 변경합니다. 그리고 [알림 만들기] 버튼을 클릭합니다.

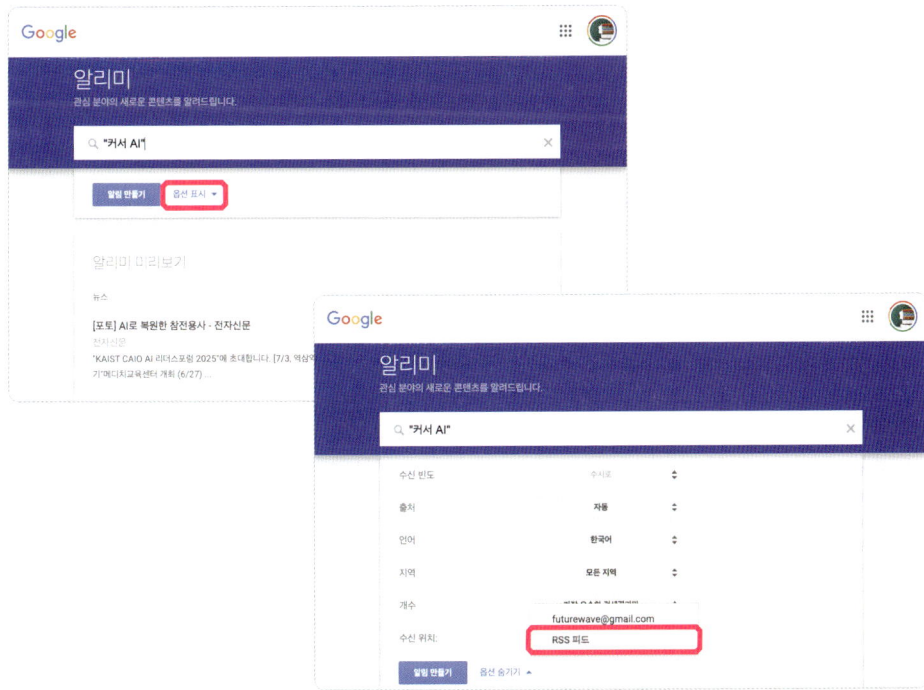

03 생성된 알림 항목 옆의 RSS 아이콘(🔊)에 마우스 오른쪽 버튼을 클릭하여 **[링크 주소 복사]**를 선택합니다. 이 주소가 우리 앱에 필요한 '나만의 맞춤 RSS 피드 주소'입니다. 관심 키워드마다 이 과정을 반복하여 여러 개의 RSS 피드를 만들 수 있습니다.

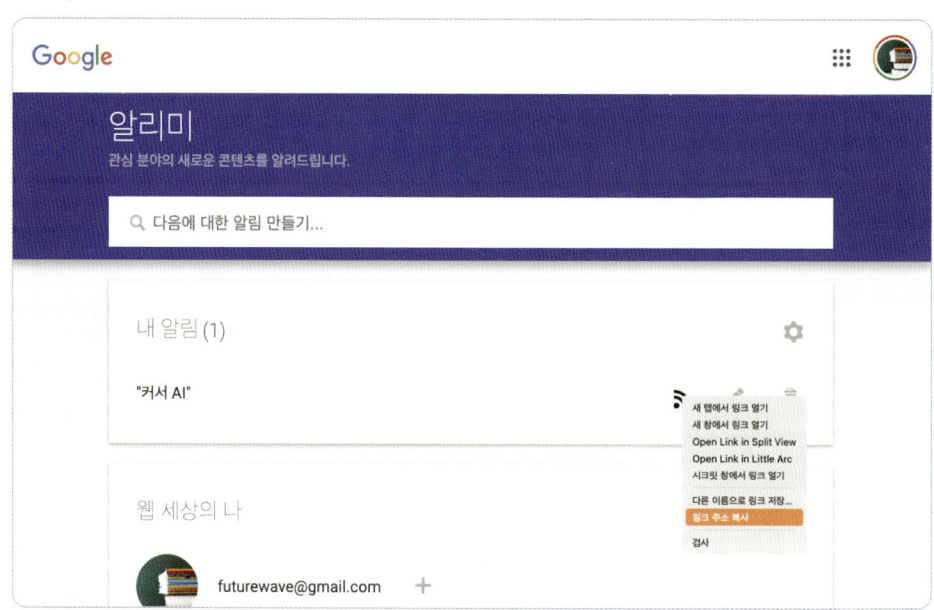

 **커서 AI와 함께 2단계로 웹 서비스 만들기**

이제 커서 AI를 켜고 새로운 프로젝트 폴더를 생성한 다음 그 폴더를 열어 주세요. 작업을 시작하기 전에, 아래 세 가지 정보를 미리 준비해 주세요.

- 관심 키워드로 만든 **구글 알리미 RSS 피드 주소**
- [공통 가이드 11 (368 쪽)] 노션 API 키 발급받기 편에서 받은 **API 키**
- [공통 가이드 11 (368 쪽)] 노션 API 키 발급받기 편을 참조하여 데이터베이스를 생성하고 그곳에서 수집한 뉴스 정보를 저장할 **데이터베이스 ID**

## Step 01 정보의 창구, RSS 리더 만들기

가장 먼저, 우리가 구글에서 수집한 뉴스 목록을 웹 화면에서 확인할 수 있는 기본 골격을 만들겠습니다. 이 단계는 정보가 잘 들어오는지 확인하는 중간 점검 과정입니다. 아래 프롬프트를 커서 AI에 입력해 주세요.

> **프롬프트 4 - 12**
>
> **AI 데일리 브리핑 UI**
> '나만의 AI 데일리 브리핑'이라는 제목의 웹페이지를 파이썬과 Streamlit으로 만들어 줘.
> - 사용자가 RSS 피드 주소(구글 알리미 혹은 일반 뉴스 RSS 주소)를 입력할 텍스트 창과 '피드 추가' 버튼을 만들어 줘.
> - 버튼을 누르면, feedparser 라이브러리를 사용해서 해당 RSS 피드의 최신 기사 제목과 링크 목록을 가져와서 화면에 깔끔하게 보여 줘.

커서 AI는 이 요구사항에 따라 파이썬 코드를 작성할 겁니다. [feedparser]라는 라이브러리를 통해 RSS 피드에서 최신 뉴스 제목과 링크를 가져오는 코드를 만들어 줄 것입니다. 작업이 완료되면 [Keep]를 클릭해서 코드를 적용합니다.

터미널을 열어 아래 명령어를 실행해 웹 서비스를 직접 눈으로 확인하겠습니다. 만약 아래 라이브러리 설치 과정에서 에러 메시지가 출력된다면 복사해서 커서 AI에게 해결해 달라고 요청하면 됩니다.

> **터미널**
> ```
> # 의존성 설치
> pip install -r requirements.txt
> ```

> **터미널**
> ```
> # 앱 실행
> python -m streamlit run app.py
> ```

웹 브라우저에 제목과 입력창이 잘 나타나는지 확인해 보세요. 준비해둔 RSS 피드 주소를 넣고 버튼을 눌러 기사 목록이 잘 뜨는지 확인해 주세요. 저는 이전에 만든 구글 알리미와 연합 뉴스 기사를 추가했습니다.

⋯▶ 추가한 연합 뉴스 기사 : https://www.yna.co.kr/rss/news.xml

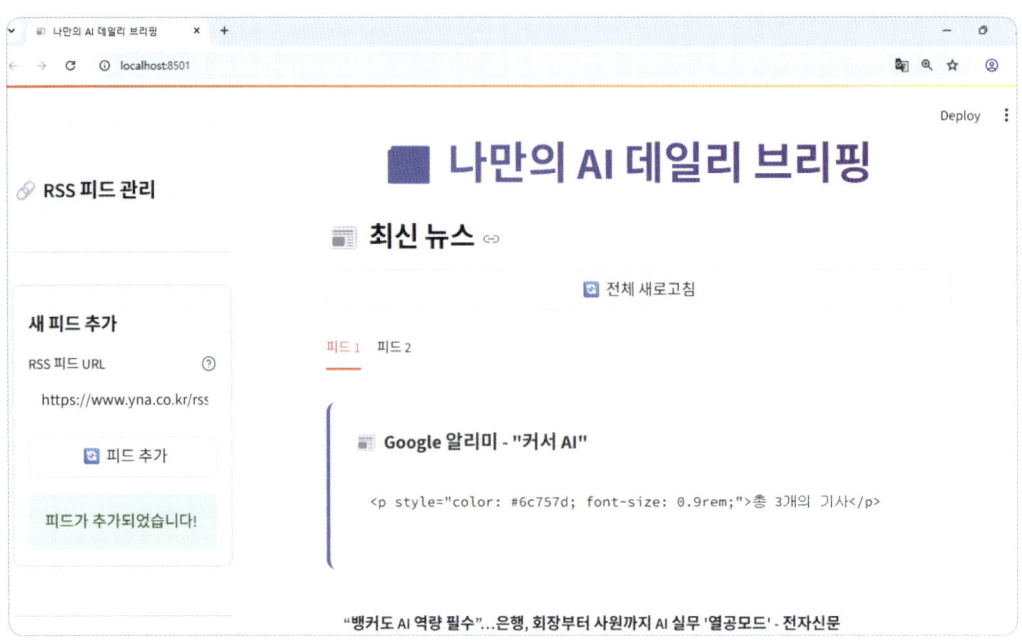

### Step 02 / 노션에 기사 배달하기

이제 RSS 피드로 받은 기사를 선별해서 노션 데이터베이스에 저장하는 기능을 구현하겠습니다. 아래 프롬프트를 커서 AI에 입력해 주세요.

> 프롬프트 4 - 13

**노션 자동 저장 기능**

이제 최종 결과물을 노션에 저장하는 기능을 구현해 줘. requests 라이브러리를 사용할 거야.

- '노션에 기록하기' 버튼을 만들어 줘.
- RSS 피드 기사 마다 체크박스를 만들어 줘.
- 버튼을 누르면, 선택된 기사(제목, 원문 링크)를 노션 API 블록 형식(제목은 heading_2, 요약은 paragraph, 링크는 bookmark, 기사 사이는 divider)으로 변환하는 함수를 만들어 줘.
- 내 노션 데이터베이스에 RSS 피드 기사 제목으로 새 페이지를 먼저 생성해 줘.

- 그 페이지 안에 변환된 블록들을 모두 추가해 줘. 블록이 100개가 넘으면 나눠서 요청해야 해.
- 모든 작업이 끝나면 Streamlit 화면에 풍선 효과와 함께 "노션에 브리핑이 저장되었습니다!" 메시지와 생성된 노션 페이지 링크를 보여 줘.

노션 API 키와 데이터베이스 ID는 웹 폼에서 입력받아서 사용해 줘.

커서 AI는 노션에 기사를 저장하는 코드를 작성할 겁니다. 노션 데이터베이스에 새 페이지를 만든 뒤, 사용자가 선택한 기사만 채워 넣는 로직을 구현할 겁니다.

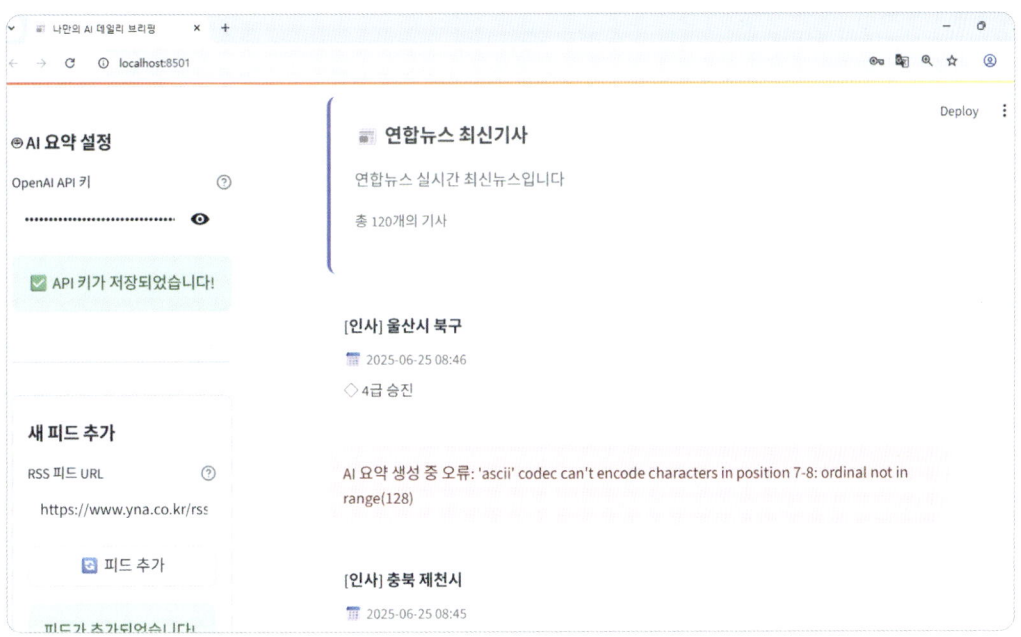

만약 에러가 발생했다면 커서 AI에게 오류를 수정해달라고 요청하세요. 오류는 언제든지 일어날 수 있습니다. 코딩은 에러 해결하는 일의 반복이라는 사실을 명심하고 커서 AI에게 수정해달라고 요청하면 됩니다.

 **딸깍! 완성된 나만의 AI 정보 수집기**

여러분은 RSS 뉴스 피드를 고르고 여러분의 노션에 보고하는, AI 비서를 갖게 되었습니다.

 **이것만은 알고 가요**

오늘 우리는 여러 서비스의 API를 마치 레고 블록처럼 연결하는 경험을 했습니다. 구글 알리미(정보 소스)에서 시작해, 노션(최종 결과물)으로 이어지는 자동화 파이프라인을 직접 구축한 것입니다.

 **더 잘하고 싶다면?**

여기서 멈추지 말고, 여러분의 AI 정보 수집기를 더욱 유능하게 만들어 보세요. 커서 AI에게 이렇게 물어보는 건 어떨까요?

- 노션 데이터베이스에 '태그' 속성을 추가했어. AI가 기사 내용을 분석해서 '반도체', 'AI', '금리' 같은 관련 태그를 자동으로 달아주게 할 수 있을까?
- 브리핑을 저장할 때마다 노션 페이지의 아이콘을 📰 모양으로 자동 설정해 줘.
- 이 파이썬 스크립트가 매일 아침 8시에 저절로 실행되게 만들고 싶어. 어떻게 하면 돼?

# 잠든 사이에도 일하는 AI 경제 애널리스트

**CHAPTER 05**

대한민국의 직장인은 늘 바쁩니다. 환율과 주식 시장의 변동 상황을 지켜보느라 말이죠. 중요한 지표를 놓치면 절대 안되니까요. 이번 챕터에서는 이러한 번거로움을 해결할 개인 비서를 만들어 보겠습니다. **환율이나 주가가 내가 정한 조건에 도달하면, AI가 분석하여 슬랙**Slack**으로 실시간 알림을 보내주는 서비스**입니다.

 **아이디어 구상**

우리가 만들 서비스는 단순히 정보를 알려주는 게 아닙니다. 사용자와 소통하고 스스로 생각하는 AI 시스템을 만드는 것입니다.

- **나만의 관제탑, 대시보드**: 웹 브라우저에서 실시간 경제 지표를 한눈에 확인합니다. 그리고 "환율이 1450원을 넘으면 알려 줘"처럼, 알림을 받고 싶은 조건을 설정합니다.
- **24시간 쉬지 않는 감시병**: 이 설정에 따라, 별도의 봇이 24시간 내내 시장을 감시합니다. 조건이 충족되는 바로 그 순간, 지정된 슬랙 채널로 메시지를 보냅니다.
- **스마트한 AI 애널리스트**: "환율 왜 올랐지?" 궁금해할 필요가 없습니다. 알림과 함께, AI가 최신 뉴스를 분석하여 변동 원인을 리포트로 전달합니다.

이 모든 기능을 오직 대화만으로 만들어 보겠습니다.

## 커서 AI와 함께 3단계로 웹 서비스 만들기

이제 커서 AI를 켜고 새로운 프로젝트 폴더를 생성한 다음 그 폴더를 열어 주세요

### Step 01 / 모든 것을 제어할 '관제탑' 만들기

가장 먼저 사용자가 경제 지표를 보고 알림 조건을 설정할 수 있는 웹 대시보드를 만들겠습니다. 이것은 우리 서비스의 얼굴이자 모든 것을 제어하는 관제탑입니다. 아래 프롬프트를 커서 AI에 입력해 주세요.

> **프롬프트 4 - 14**
>
> **경제 지표 대시보드 UI**
>
> Streamlit으로 '나만의 경제 비서'라는 제목의 웹 앱을 만들어 줘.
> - 원/달러 환율을 보여주는 숫자 디스플레이(st.metric)를 만들고, 사용자가 알림을 받을 목표 환율을 입력할 수 있는 숫자 입력창(st.number_input)과 '설정 저장' 버튼(st.button)을 추가해 줘.
> - 버튼을 누르면 입력된 목표 환율 값이 config.json 파일에 저장되도록 해 줘.

커서 AI는 이 명령을 듣고 파이썬과 Streamlit 코드를 생성할 겁니다. 작업이 완료되면 [Keep]를 클릭해 주세요. 그리고 아래 명령어를 터미널에서 순서대로 실행합니다.

**터미널**
```
# 의존성 설치
pip install -r requirements.txt
```

**터미널**
```
# 앱 실행
python -m streamlit run app.py
```

웹 브라우저에 방금 여러분이 요청한 대로 제목과 숫자, 입력창, 버튼이 있는 화면이 나타나는지 확인합니다.

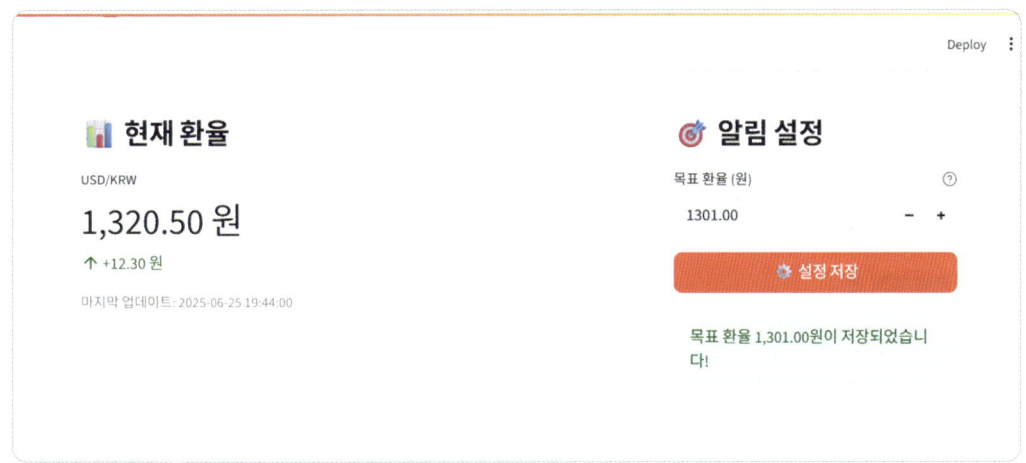

## Step 02 / 24시간 시장을 감시할 '봇' 깨우기

이제 실제 시장을 모니터링하고 알림을 보낼 '봇'을 만들 차례입니다. 시작하기 전, 딱 한 가지 준비가 필요합니다. 슬랙의 'Incoming Webhook URL'을 발급받는 일이죠. 발급받는 방법은 [공통 가이드 13 (376 쪽)] 슬랙의 'Incoming Webhook URL'을 발급받기 편을 참조해 주세요.

슬랙 웹훅 설정이 끝났으면, 아래 프롬프트를 커서 AI에 입력해 주세요.

> 프롬프트 4 - 15
>
> **슬랙 알림 봇 로직**
> schedule 라이브러리를 사용해서 10분마다 다음 작업을 하는 파이썬 스크립트를 만들어 줘.
> - config.json 파일을 읽어서 사용자가 설정한 목표 환율을 확인해.
> - 가장 쉽게 구현할 수 있는 API 서비스를 사용해서 현재 원/달러 환율을 가져와.
> - 현재 환율이 목표 환율보다 높으면, 아래 슬랙 웹훅 URL로 알림 메시지를 보내 줘.
> - 별도로 10분마다 확인하는 봇을 추가하게 되면 Streamlit에서 아래처럼 백그라운에서 작동하도록 제어할 수 있게 해 줘.(Windows 기반에서는 PID로 프로세스를 관리해 줘)
>
> [봇 시작], [봇 중지] [봇 작동 현황 표시]
> - 슬랙 웹훅 URL: **(방금 생성한 나의 슬랙 웹훅 URL 붙여넣기)**

커서 AI는 이제 스스로 작동하는 자동화 프로그램을 만들어낼 겁니다. 정해진 시간마다 사용자의 설정을 확인하고, 실제 데이터를 비교해서, 조건이 맞을 때 슬랙으로 메시지를 전달하는 흐름을 작성합니다.

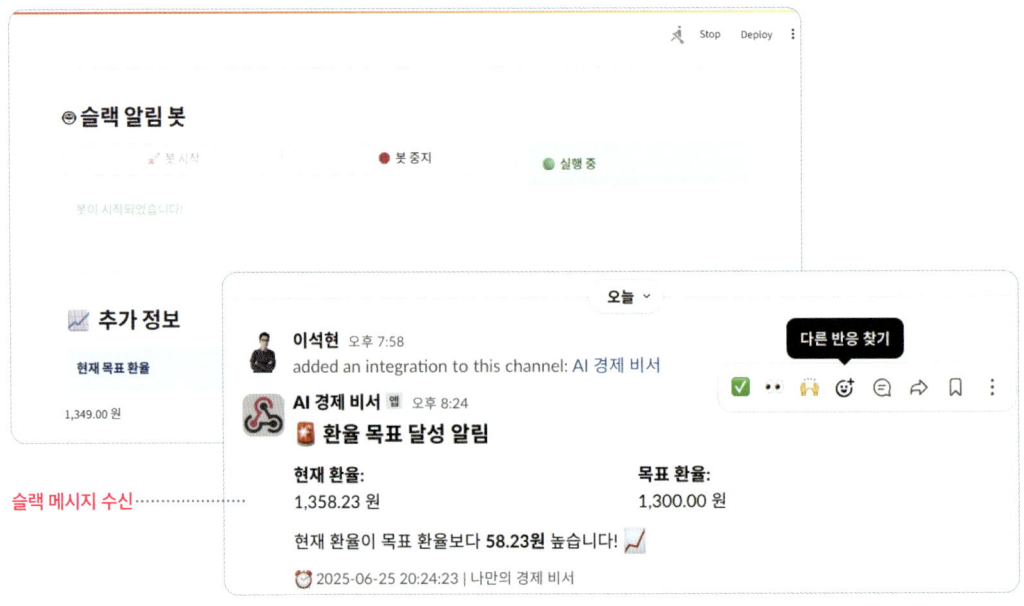

## Step 03 / AI 애널리스트 영입하기

단순한 환율의 변동 상황을 숫자로 알려주는 것은 조금 아쉽습니다. 우리는 '왜'가 궁금하니까요. 마지막으로 우리 봇에 더 똑똑하게 만들어 보겠습니다. OpenAI의 API를 활용해서, 단순 알림을 '인사이트 리포트'로 업그레이드하겠습니다. 아래 프롬프트를 커서 AI에 입력해 주세요.

> **프롬프트 4 - 16**
>
> **AI 분석 기능 추가**
>
> 이전 단계에서 만든 봇 관련 코드를 수정해 줘.
>
> 슬랙 알림을 보내기 전에, 다음 기능을 추가해 줘.
>
> - 구글 뉴스에서 '환율' 관련 최신 뉴스 기사 제목 3개를 가져와.
> - OpenAI API(GPT-5-nano 모델 사용)를 호출해서, 이 뉴스 제목들을 바탕으로 '오늘 환율 변동의 핵심 원인'을 한 문장으로 요약해 달라고 요청해.
> - 슬랙 메시지에 이 AI 요약 결과를 포함해서 보내줘.
>
> OpenAI의 API 모델은 새로 출시한 [GPT-5-Nano]를 사용하고 API를 호출할 때 JSON으로 응답하

고 파싱해서 처리하도록 해 줘.

- 공식 문서인 OpenAI Responses API 문서를 반드시 읽고 분석할 것:
  https://platform.openai.com/docs/api-reference/responses

주의사항:

1. SDK의 responses.create()는 없음, fetch 직접 사용
2. temperature 파라미터 사용 금지
3. input은 문자열만 (배열 X)
4. 중요: 응답은 data.output[1].content[0].text에 있음 (output_text 아님!)
5. max_output_tokens을 8000으로 설정 (reasoning 토큰 + 응답 토큰 필요)
6. 정확한 모델명: 'gpt-5-nano-2025-08-07' (버전 포함 필수)
7. API 엔드포인트: 'https://api.openai.com/v1/responses'
8. 응답 구조: output 배열에서 type이 'message'인 항목의 content[0].text 추출
9. reasoning 타입은 무시하고 message 타입만 처리
10. API 호출은 1번만, polling 금지

API Key

**(API 키 여기에 입력)**

이제 커서 AI는 정보 수집(뉴스 검색), 분석(OpenAI API 호출), 보고(슬랙 메시지 구성)라는 고차원적인 작업을 수행하는 코드를 작성할 겁니다. 이제 알림이 오면, 우리는 숫자만 보는 게 아니라 시장의 흐름을 꿰뚫는 분석까지 받아보게 됩니다.

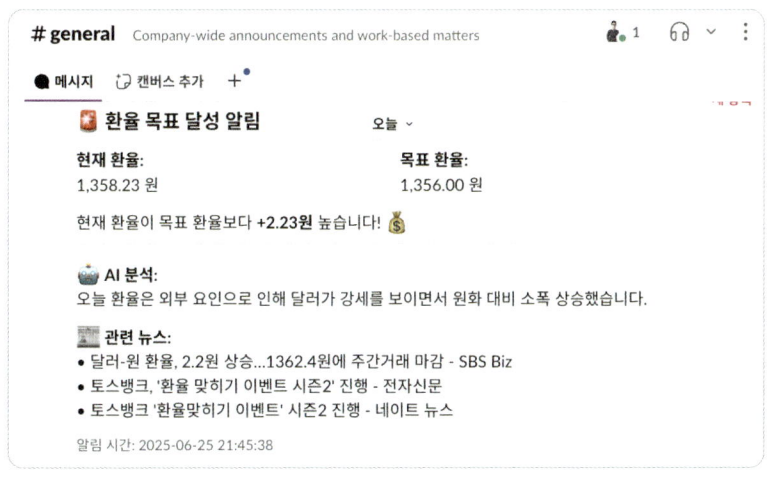

 **딸깍! 완성된 나만의 AI 경제 비서**

여러분은 방금 커서 AI와 대화만으로, 사용자와 소통하는 웹 대시보드와 시장을 감시하고 분석하는 AI 봇을 구축했습니다.

 **이것만은 알고 가요**

이번 챕터의 핵심은 '연결'입니다. 우리는 실시간 데이터를 제공하는 금융 API, 메시지를 전달하는 슬랙 API, 그리고 세상을 분석하는 OpenAI API라는 강력한 서비스들을 파이썬이라는 언어로 엮어서 완전히 새로운 가치를 만들어냈습니다.

 **더 잘하고 싶다면?**

여기서 멈추지 마세요. 여러분의 AI 비서를 더욱 유능하게 만들 아이디어를 커서 AI에 던져보세요.

- 코스피 지수랑 미국 금리도 추가해서 여러 지표를 동시에 감시하게 만들고 싶어.
- 지금까지 온 알림 내역을 대시보드에 표로 만들어서 히스토리를 관리하는 기능을 추가해 줘.
- 환율이 1% 이상 급등할 때만 알림을 보내는 것처럼, 좀 더 복잡한 조건을 설정할 순 없을까?

# Next.js로 구현하는 식단 기록 자동화

파이썬도 훌륭한 도구지만, 웹 서비스를 만들 때는 UI와 서버의 역할을 동시에 해내는 친구가 필요할 때가 있습니다. 바로 Next.js 같은 프레임워크 죠. Next.js를 사용하면 사용자와 상호작용하는 화면을 만드는 동시에, 비밀번호 같은 중요한 정보는 안전하게 숨길 수 있습니다. 이번 챕터에서는 Next.js를 활용해서, 보안까지 고려한 웹 서비스를 만들어 보겠습니다. 목표는, **음식 사진을 올리면 AI가 칼로리와 성분을 분석하고 그 결과를 노션**Notion **데이터베이스에 정리해 주는 'AI 푸드 카메라'**를 만드는 것입니다.

 **아이디어 구상**

우리가 만들 서비스는 아래처럼 동작할 겁니다.

- **간편한 사진 업로드**: 사용자는 웹페이지에서 음식 사진 파일을 선택하고 '분석하기' 버튼을 누릅니다.
- **AI의 자동 분석 및 기록**: 버튼을 누르는 순간 AI는 사진을 분석해 음식 종류, 칼로리, 주요 성분을 파악합니다. 그리고 분석이 끝나면 그 결과를 내가 지정한 노션 데이터베이스에 자동으로 기록해 줍니다.

- **안전한 비밀 관리:** OpenAI API 키나 노션 API 키처럼 중요한 비밀 정보는 사용자에게 절대 노출되지 않는 안전한 서버에 보관됩니다.

이 모든 기능을 오직 대화만으로 만들어 보겠습니다.

##  커서 AI와 함께 2단계로 웹 서비스 만들기

이제 커서 AI를 켜고 새로운 프로젝트 폴더를 생성하고 그 폴더를 열어 주세요. 터미널(Ctrl+`)을 열고 Next.js 프로젝트를 생성해 주세요. **[공통 가이드 4 (349 쪽)] Next.js 프로젝트 생성하기 편을 참조해서 만들어 주세요.** 프로젝트 명은 [my-food-cam]으로 합니다.

설치가 완료되면, API 키를 보관할 파일을 만들겠습니다. 프로젝트 최상위 위치에 [.env.local]이라는 이름으로 새 파일을 만드세요.

> **터미널**
>
> **[.env.local] 파일 내용**
> OPENAI_API_KEY="여러분의 OpenAI API 키를 여기에 붙여넣으세요"
> NOTION_API_KEY="여러분의 노션 통합 API 키를 여기에 붙여넣으세요"
> NOTION_DATABASE_ID="결과를 저장할 노션 데이터베이스 ID를 여기에 붙여넣으세요"
>
> ```
> -food-cam > $ .env.local
> 1  OPENAI_API_KEY="sk-proj-▇▇▇▇▇▇▇▇▇▇▇▇YISKn3wKWKwLc5h4AKbVD▇
> 2  NOTION_API_KEY="ntn_45083732650bkeuMWZHhjVCNt▇▇▇▇▇▇KhL2h6"
> 3  NOTION_DATABASE_ID="21da7▇▇▇▇▇▇▇▇▇▇▇6e8105af21d96"
> 4
> ```

Next.js에서 [.env.local]은 오직 서버에서만 접근할 수 있습니다. 덕분에 키 노출 걱정은 하지 않으셔도 좋습니다. **[공통 가이드 11 (368 쪽)] 노션 API 키 발급받기 편을 참조해서 새 페이지를 만들고 데이터베이스를 생성해 주세요.** API도 화면처럼 연결해 주세요.

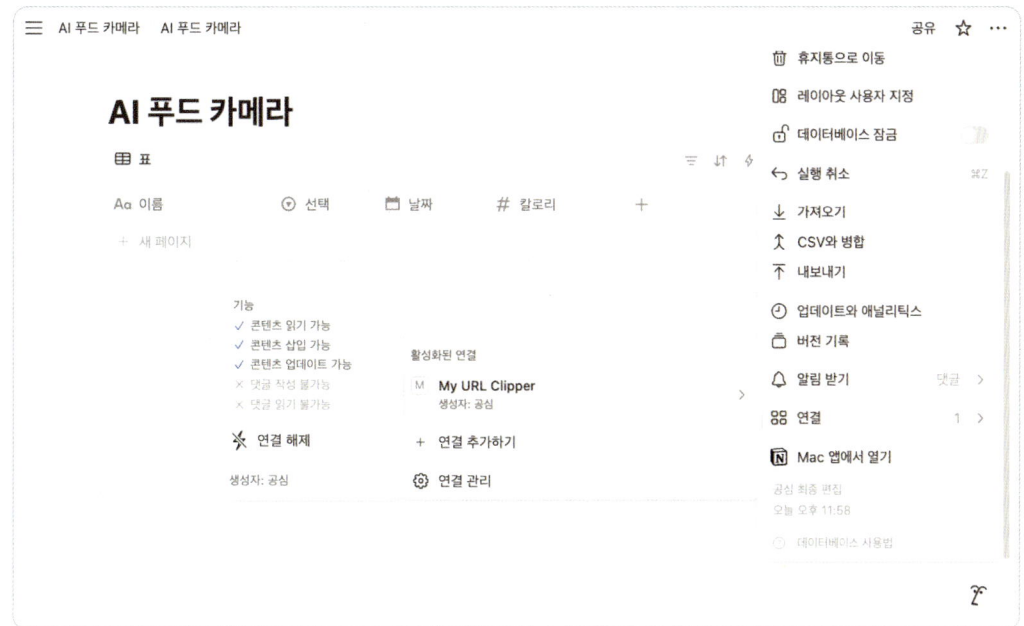

## Step 01 서비스의 얼굴, 업로드 화면 만들기

이제 음식 사진을 올리고 버튼을 누를 수 있는 페이지를 만들겠습니다. 멋진 UI를 만들어 봅시다. 아래 프롬프트를 커서 AI에 입력해 주세요.

> **프롬프트 4-17**
>
> **AI 푸드 카메라 UI**
>
> Next.js App Router와 TypeScript 환경에서 사용할 이미지 업로드 페이지를 만들어 줘.
> - 'AI 푸드 카메라'라는 제목이 있어야 해.
> - shadcn/ui의 Card, Input, Button 컴포넌트를 사용해서, 이미지 파일을 선택하는 input과 '분석하기' 버튼을 포함한 form을 만들어 줘.
> - 전체적으로 현대적이고 깔끔하게 디자인해 줘.

커서 AI는 우리가 요청한 웹 페이지를 만들고 필요한 라이브러리도 설치할 겁니다. 제목과 파일 선택 버튼, 그리고 결과를 보여줄 공간까지 정확히 구현하는지 확인하세요. 작업이 완료되면 [Keep]를 눌러 변경사항을 적용합니다.

작업이 끝나면 통상적으로 커서 AI는 터미널에서 개발 서버를 실행하겠다고 물어봅니다. 이 명령어 실행은 Skip하면 됩니다. [Skip Shift…] 부분을 클릭해 주세요. 개발 서버는 앞으로 사용자가 터미널에서 직접 실행하겠습니다.

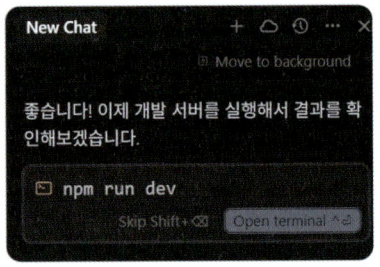

이제 웹이 제대로 작동하는지 테스트하겠습니다. 아래 명령어를 터미널에서 실행해 주세요.

> </> 터미널

```
npm run dev
```

아래 화면처럼 개발 서버가 [http://localhost:3000/]에서 실행되었습니다. 아래 화면에서 링크를 클릭하면 웹 브라우저를 실행할 수 있습니다. 화면처럼 음식 사진을 불러올 수 있습니다. 분석 기능은 아직 구현하지 않았습니다.

## Step 02 똑똑한 AI의 두뇌, 서버 액션 만들기

이제 이 서비스의 핵심인 사용자가 올린 이미지를 실제로 분석하고 노션에 기록하는 기능을 개발하겠습니다. 이 민감한 작업은 오직 서버에서만 안전하게 실행되는 '서버 액션Server Action'이라는 기술을 사용할 겁니다. 아래 프롬프트를 커서 AI 입력해 주세요.

> 프롬프트 4 - 18
> 
> **이미지 분석 및 노션 저장 로직**
> 
> 1. Next.js의 서버 액션 함수를 만들어 줘.
>    - 함수 이름은 analyzeImage로 하고, 폼 데이터를 인자로 받아야 해.
>    - 함수 안에서는 .env.local 파일에 있는 OPENAI_API_KEY를 사용해서, 폼으로 제출된 이미지를 OpenAI API로 보내면서 음식정보, 칼로리(숫자로 변환), 영양성분 정보를 서버에서 분석하도록 프롬프트를 정교하게 작성해 줘.
>    - OpenAI의 API 모델은 [GPT-5-nano]를 쓸 거야.
>    
>    ⋮
>    
>    - 그 다음, 분석된 결과를 NOTION_API_KEY와 NOTION_DATABASE_ID를 사용해서 노션 데이터베이스에 새로운 페이지로 추가해 줘.
> 
> 2. 노션 데이터베이스의 속성은 다음과 같아
>    - 이름(제목 속성)
>    - 선택(선택 속성: 식사/간식)
>    - 날짜(날짜 속성)
>    - 칼로리(숫자 속성)
>    - 이 모든 코드는 서버에서만 실행되어야 하니 파일 맨 위에 'use server'라고 명시해 줘.
> 
> 3. Next.js 서버 액션 이미지 업로드할 때 아래를 고려할 것
>    - 1MB 이상 이미지 파일 업로드 시 "Body exceeded 1 MB limit" 오류
>    - next.config.ts에서 serverActions.bodySizeLimit 증가시킬 것
>    - Canvas API 사용한 클라이언트 사이드 이미지 압축할 것
>    - 압축 진행 상태를 보여주는 UI 구현할 것
>    - 파일 크기 표시 기능을 추가할 것

커서 AI는 비밀 금고(.env.local)에서 API 키를 꺼내 OpenAI와 노션에 접속하는 코드를 작성합니다. 이 코드는 절대 사용자에게 전달되지 않고 오직 우리 서버 안에서만 비밀리에 실행됩니다. 이것이 Next.js가 제공하는 강력한 보안 기능의 핵심입니다.

현재 서버가 이미 실행중이라면 웹 브라우저를 리프레시해 보세요. 사진을 업로드하고 [분석하기] 버튼을 클릭해 보세요. 만약 아래 화면처럼 왼쪽 아래에 [Issue]라는 표시가 생겼다면 클릭하고 메시지를 복사한 후 커서 AI에게 수정해 달라고 요청하시면 됩니다.

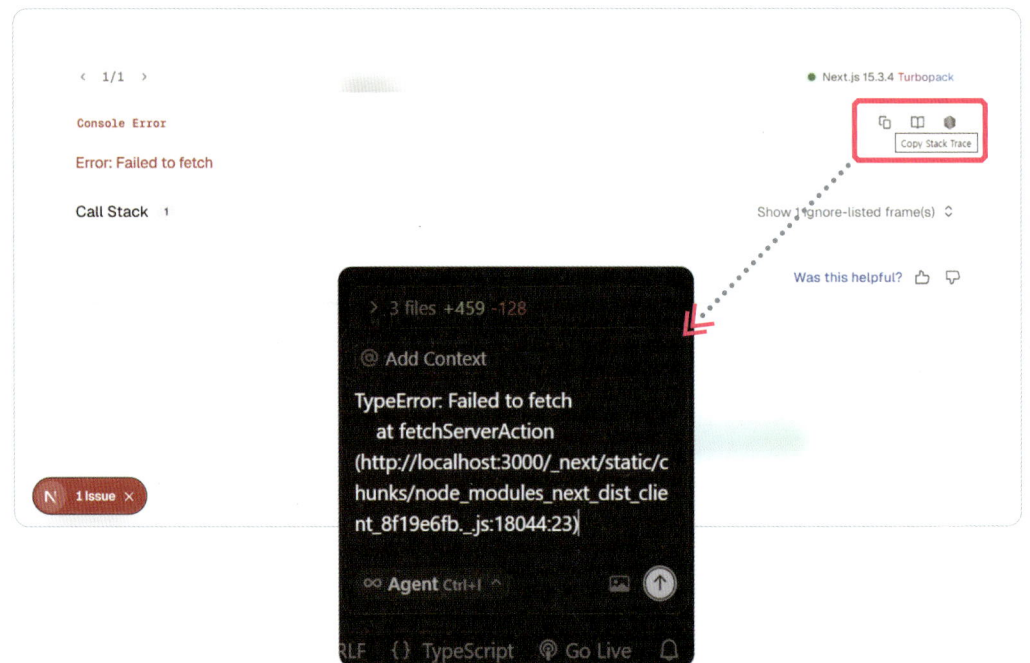

또는 더 확실하게 에러 상황을 커서 AI에게 알려주고 싶다면 서버가 실행중인 터미널 창에서 에러 메시지를 복사해서 팝업 메뉴에서 [Add to Chat]를 선택해서 커서 AI에게 전달하면 됩니다.

개발 서버를 재시작해야 한다고 말하면 기존 터미널에서 실행중인 서버를 중단하면 됩니다. 여러분이 직접 Ctrl + C 를 눌러서 서버를 중단해 주세요. 그리고 다시 [npm run dev] 명령어를 입력하고 웹 브라우저에서 [localhost:3000]으로 접속해 보세요.

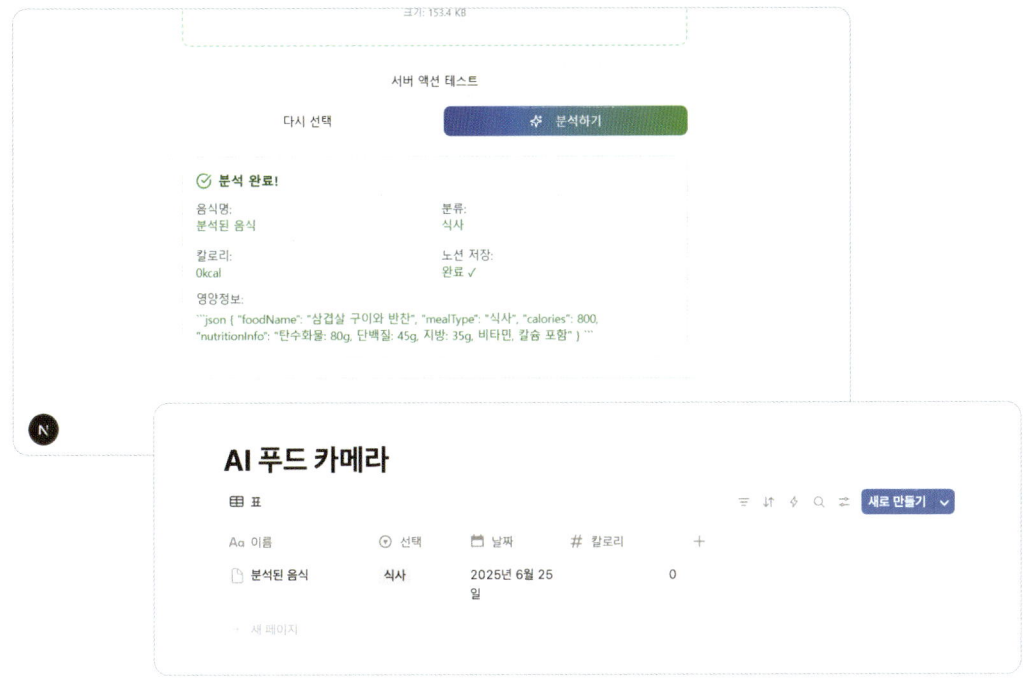

저의 경우는 OpenAI API로 음식 정보와 개별 칼로리 정보는 가져왔으나 합산이 되지 않아서 노션 데이터베이스 칼로리에는 0이 저장되었습니다. 이 문제를 해결하려면 "OpenAI에서 음식 정보와 개별 칼로리 정보는 가져왔지만 음식 전체의 칼로리는 0이라고 나와. 이 부분을 수정해 줘. 음식 개별 칼로리의 합계를 구해야 해. 노션 데이터베이스의 칼로리 속성은 숫자야"라고 요청하면 음식 정보와 칼로리 정보가 산출될 겁니다.

 딸깍! 완성된 나만의 AI 식단 비서

여러분은 이제 단순한 웹페이지를 넘어, 안전하고 실용적인 AI 웹 서비스를 직접 개발한 개발자가 되었습니다. 아이디어만 있다면 잠시의 고통은 어쩔 수 없겠지만, 여러분도 자신만의 서비스를 충분히 만들 수 있답니다.

## 04 이것만은 알고 가요

오늘 우리는 프론트엔드(사용자가 보는 화면)와 백엔드(서버에서 일어나는 일)를 분리하지 않고, Next.js라는 하나의 도구 안에서 모두 해결하는 경험을 했습니다. 특히 '서버 액션'은 API 키 같은 민감한 정보를 다루는 작업을 매우 간단하고 안전하게 만들어주는 혁신적인 기능입니다.

## 05 더 잘하고 싶다면?

여기서 멈추지 말고, 여러분의 AI 비서를 더욱 유능하게 만들어 보세요. 커서 AI에게 무엇이든 물어보세요.

- 분석하는 동안 화면에 로딩 스피너를 보여주는 기능을 추가해 줄 수 있어?
- 분석이 끝나면, 노션에만 저장하지 말고 결과값을 화면에도 예쁘게 보여 줘.
- 지금까지 분석한 음식들의 칼로리 총합을 대시보드 형태로 보여주는 페이지를 새로 만들어 줘.

# AI 이메일 비서가 구글 캘린더에 내 약속을 등록해 준다고?

이메일은 여전히 가장 중요한 비즈니스 소통 도구입니다. 하지만 매번 상황에 맞는 글을 쓰는 일, 그리고 그 안에 담긴 일정을 따로 관리하는 일은 꽤 번거롭습니다. 이번 챕터에서는 이 두 가지 문제를 한 번에 해결할 아주 영리한 웹 서비스를 만들겠습니다. 우리가 만들 서비스는 단순히 이메일만 써주는 것을 넘어, **자기가 쓴 글을 이해하고 약속이 있으면 알아서 캘린더에 등록까지 해주는 'AI 이메일 비서'**입니다. 자, 그럼 이메일 비서를 만나러 가볼까요?

 **아이디어 구상**

우리가 만들 서비스는 단순한 이메일 작성기 차원이 아닙니다.

- **상황인지 이메일 작성**: '누구에게', '어떤 목적'으로 보내는지 알려주면, AI가 그 상황에 딱 맞는 톤앤매너로 이메일 초안을 작성합니다.
- **자동 기록 및 보관**: 생성된 모든 이메일은 나만의 데이터베이스에 자동으로 저장됩니다. 언제든 필요할 때 다시 찾아볼 수 있죠.

- **지능형 일정 감지 및 등록**: AI가 이메일 속에서 '다음 주 화요일 2시 회의' 같은 약속을 발견하면, 구글 캘린더에 바로 등록할 수 있도록 제안합니다.

이 모든 기능을 오직 대화만으로 만들어 보겠습니다.

 커서 AI와 함께 4단계로 웹 서비스 만들기

이제 커서 AI를 켜고 새로운 프로젝트 폴더를 생성하고 그 폴더를 열어 주세요. 저는 [이메일 비서]라는 폴더를 생성하고 오픈했습니다. 개발을 시작하기 전에 Supabase를 만들기 위해 MCP부터 설치하겠습니다. **[공통 가이드 8 (360 쪽)] MCP 설정하기** 편을 참고해서 설치해 주세요.

### Step 01 / AI 비서의 얼굴 만들기

사용자가 AI와 소통할 창구가 필요합니다. 이메일의 상황을 알려주고, AI가 작성한 결과를 확인할 수 있는 화면부터 만들겠습니다. 아래 프롬프트를 커서 AI에 입력해 주세요.

> 프롬프트 4 - 20
>
> **AI 이메일 비서 UI**
>
> 'AI 이메일 비서'라는 제목으로 웹 페이지를 만들어 줘.
> 화면은 두 부분으로 나눠 줘.
> 왼쪽에는 다음 항목들을 만들어 줘.
>
> - 이메일 목적(Select 박스, 예: '문의', '감사', '요청')
> - 상대방과의 관계(Select 박스, 예: '상사', '동료', '고객')
> - 원하는 톤앤매너(Input, 예: '정중하게', '간결하게')
> - 핵심 내용(Textarea)
> - '이메일 생성' 버튼
>
> 오른쪽에는 AI가 생성한 이메일 결과가 표시될 영역을 만들어 줘.
> 전체적으로 HTML, JavaScript, Tailwind CSS를 사용해서 깔끔하고 현대적인 스타일로 디자인해 줘.

커서 AI는 요구사항을 분석하여 웹 페이지의 뼈대(HTML)와 스타일(Tailwind CSS), 그리고 기초적인 동작(JavaScript) 코드를 생성할 겁니다. 작업이 완료되면 채팅 창의 [Keep]를 클릭해 주세요. 사용자가 이메일의 컨텍스트를 입력할 수 있는 폼 요소와 결과 표시 영역이 나타나는지 확인하세요. 이제 에디터 하단의 [Go Live] 버튼을 눌러보세요. 웹 브라우저에 방금 여러분이 요청한 그대로의 화면이 나타날 겁니다.

## Step 02 AI의 두뇌와 기억력 연결하기

사용자가 입력한 내용으로 AI가 이메일을 작성하고, 그 결과를 데이터베이스에 자동으로 저장하는 핵심 기능을 구현하겠습니다. 이 단계에서는 미리 준비된 Supabase MCP를 사용하고 OpenAI API 키도 필요합니다. 아래 프롬프트를 커서 AI에 입력해 주세요.

> **프롬프트 4 - 21**
>
> **이메일 생성 및 Supabase 자동 저장**
>
> '이메일 생성' 버튼을 클릭하면 아래의 동작을 구현해 줘.
>
> 1. 왼쪽 입력 필드들의 값(목적, 관계, 톤앤매너, 핵심 내용)을 모두 가져와.
> 2. 이 정보들을 바탕으로 OpenAI GPT-5-nano API를 호출해서, 상황에 맞는 이메일 초안을 생성해 줘.
> 3. 생성된 이메일 텍스트를 오른쪽 결과 영역에 표시해 줘.
> 4. 동시에, Supabase MCP 서버를 통해 'emails' 테이블에 지금 생성한 이메일 내용과 컨텍스트(목적, 관계 등)를 저장해 줘.

- Supabase 프로젝트 URL과 키, OpenAI API 키는 아래 정보를 사용해 줘.

  **(여기에 Supabase 키 정보 입력)**

  **(여기에 OpenAI 관련 키 정보 입력)**

  ⋮

- 'emails' 테이블의 구조는 (id, content, context, created_at) 이야.
- 'emails' 테이블에 저장할 수 있는 '데이터베이스 저장' 버튼을 만들고 버튼을 클릭하면 'emails' 테이블에 저장해 줘.
- 저장된 테이블의 목록을 화면 아래에 표시해 줘

5. Supabase에 MCP를 사용해서 key 테이블을 만들어서 OpenAI [GPT-5-nano] API 키를 저장해 줘. 저장한 키는 다음에 API 호출시 사용하도록 해 줘.
   key 테이블은 네가 임의로 만들어 줘.

커서 AI는 사용자의 입력을 받아 OpenAI API에 요청을 보내고, 그 결과를 받아와 화면에 보여주는 동시에 Supabase 데이터베이스에 접속해 데이터를 저장하는 코드까지 작성할 겁니다. 이제 웹 화면에서 이메일 상황을 설정하고, 핵심 내용을 적은 뒤 '이메일 생성' 버튼을 눌러보세요. 잠시 후, 오른쪽에 AI가 작성한 이메일이 나타났다면 성공입니다. 그리고 [데이터베이스 저장] 버튼을 클릭하면 Supabase 데이터베이스에도 안전하게 기록되었습니다.

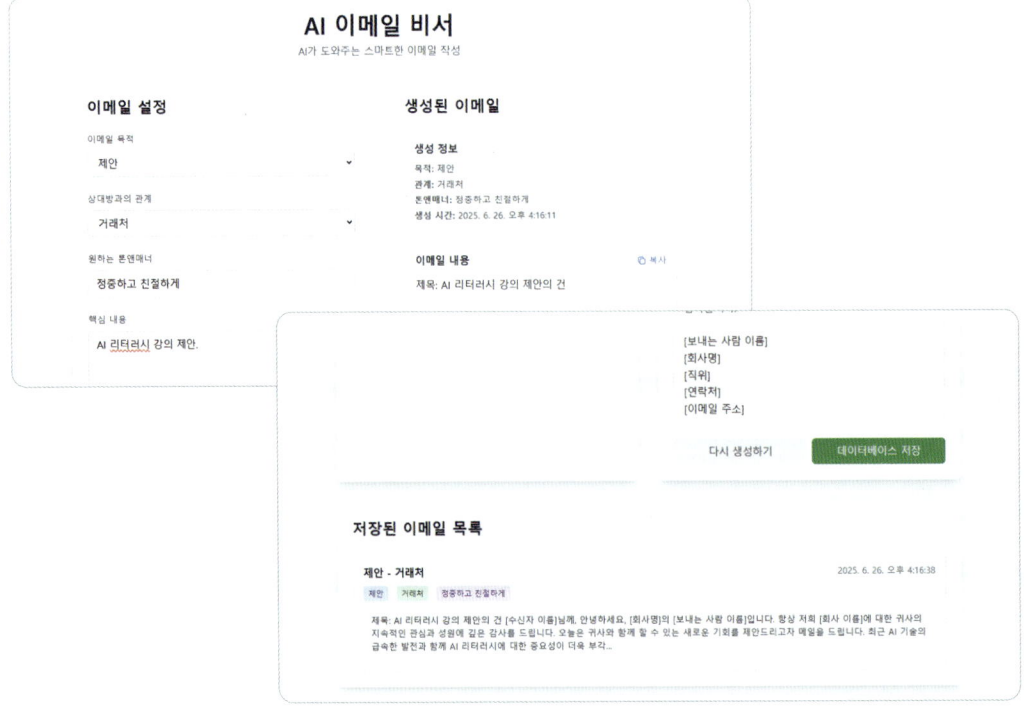

## Step 03 구글 캘린더 API 설정하기

사용자가 입력한 이메일의 문구를 분석해서 구글 캘린더에 자동으로 일정을 등록하기 위해, 캘린더 API를 설정해야 합니다. 아래 과정을 차근차근 따라와 주세요.

### 01 Google Cloud에 내 프로젝트 등록하기

구글의 개발자 서비스인 'Google Cloud Platform'에 우리가 만들 서비스를 등록하겠습니다.

1. 웹 브라우저에서 **Google Cloud Platform 콘솔**로 이동하여 구글 계정으로 로그인합니다.
   ⋯→ https://console.cloud.google.com

2. 화면 왼쪽 위에 있는 **프로젝트 선택 메뉴**(보통 이전에 만든 프로젝트 이름이 나타납니다)를 클릭한 후, 나타나는 팝업 창 오른쪽 위에서 [새 프로젝트]를 클릭합니다.

3. 프로젝트 이름에 [AI-Email-Assistant]처럼 알아보기 쉬운 이름을 입력하고 [만들기] 버튼을 누릅니다. 잠시 후 프로젝트가 생성됩니다. [프로젝트 선택] 글자를 클릭해서 프로젝트를 선택합니다. [AI-Email-Assistant]가 활성화됐습니다.

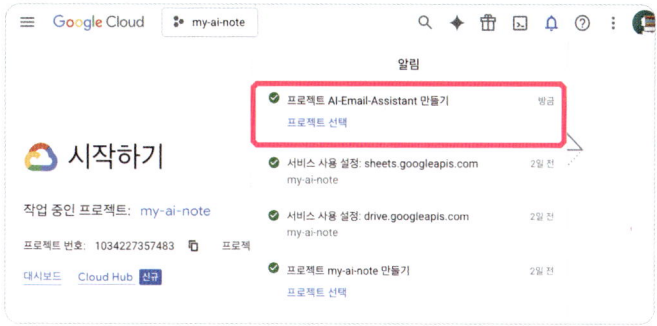

### 02 Google Calendar API 사용 허가 요청하기

이제 생성된 프로젝트에 Google Calendar API를 활성화해야 합니다.

1. 방금 만든 [AI-Email-Assistant] 프로젝트가 선택된 상태인지 확인합니다.
2. 왼쪽 메뉴에서 [API 및 서비스] ⋯» [라이브러리]로 이동합니다.
3. API 라이브러리 검색창에 "**Google Calendar API**"를 입력하고 검색 결과에 나타난 항목을 클릭합니다.
4. 다음 화면에서 파란색 [사용] 버튼을 클릭합니다. 이제 우리 프로젝트에서 캘린더 API를

호출할 수 있는 권한을 획득했습니다.

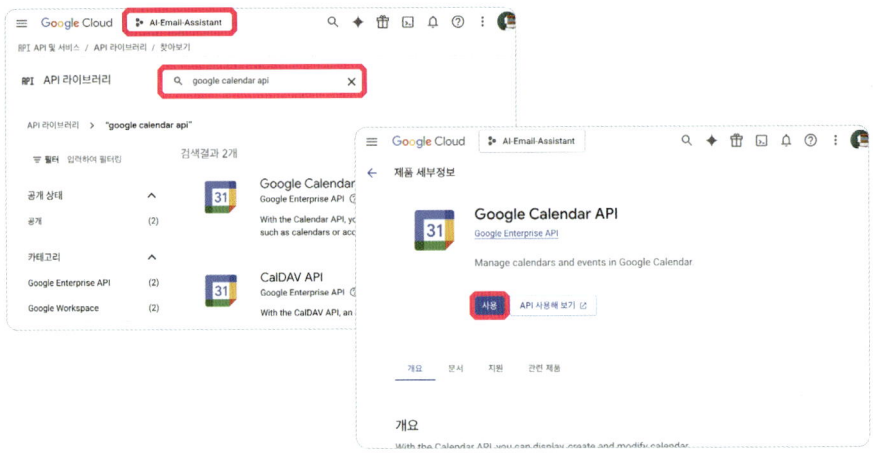

## 03 우리 앱 전용 '출입증(OAuth 2.0 클라이언트 ID)' 발급받기

마지막 단계입니다. '우리가 만든 웹 서비스'만 사용자의 캘린더에 접근할 수 있는 고유한 출입증을 발급받아야 합니다. **가장 중요한 과정**입니다.

1. 왼쪽 메뉴에서 [API 및 서비스] …» [OAuth 동의 화면]으로 이동합니다.
2. 구글 인증 플랫폼을 구성해야 합니다. 왼쪽 메뉴에서 [개요]를 선택하고 [시작하기] 버튼을 클릭합니다.
3. 앱 정보를 입력합니다.
   - **앱 이름:** [AI 이메일 비서] (사용자에게 보여질 이름입니다)
   - **사용자 지원 이메일:** 본인의 구글 이메일 주소를 선택합니다.
   - [다음] 버튼을 클릭합니다.

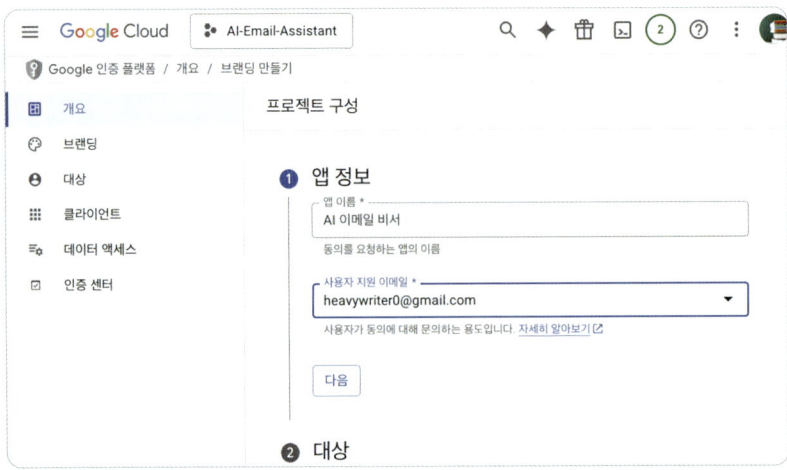

4. 대상을 설정하는 단계에서 [외부]를 선택하고 [다음]을 클릭합니다.

5. 연락처 정보를 설정하는 단계에서 다시 한번 **본인의 이메일 주소를 입력**하고 [다음]을 클릭합니다.

6. **[Google API 서비스: 사용자 데이터 정책]에 동의합니다**에 체크하고 [계속] 버튼을 클릭합니다.

7. [만들기] 버튼을 클릭합니다.

8. 이제 진짜 '출입증'을 만들 차례입니다. 왼쪽 메뉴에서 **[API 및 서비스] …» [사용자 인증 정보]**로 이동합니다.

9. OAuth 클라이언트 만들기: [oAuth 클라이언트 만들기] 버튼을 클릭해 주세요.
   - … **애플리케이션 유형**: **[웹 애플리케이션]**을 반드시 선택해야 합니다.

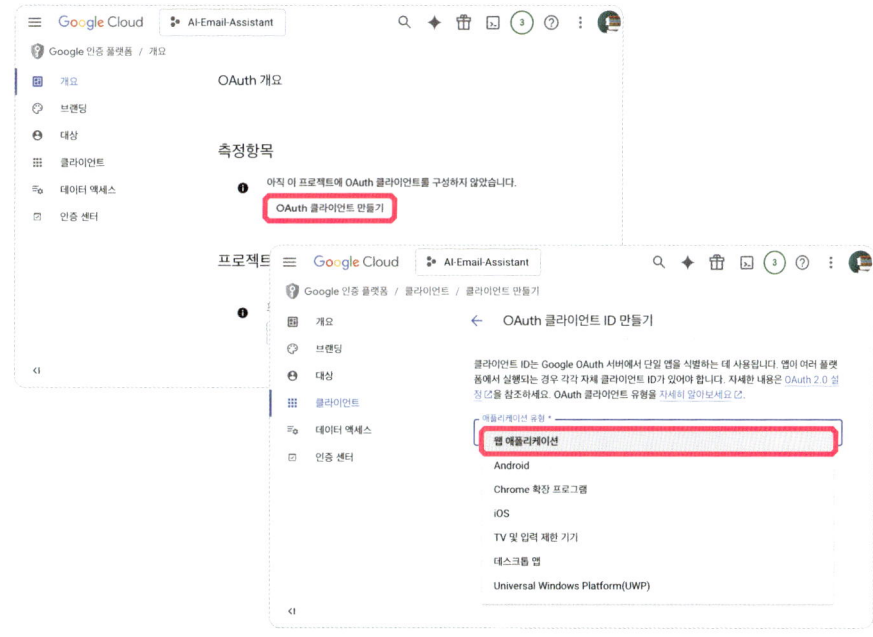

   - … **이름**: **[AI 비서 웹 클라이언트]**처럼 자유롭게 입력합니다.

⋯→ **승인된 자바스크립트 원본**: 우리 웹 서비스의 주소를 등록하는 곳입니다. 구글은 등록된 주소에서 오는 요청만 허용합니다. [+ URI 추가]를 눌러 아래 두 주소를 추가해 주세요.

> http://localhost
> http://127.0.0.1 (나중에 Vercel로 배포하면, 그 주소도 여기에 추가해 줘야 합니다.)

⋯→ **승인된 리디렉션 URI**: 사용자가 구글 로그인을 성공한 뒤 돌아올 주소입니다. 마찬가지로 [+ URI 추가]를 눌러 위와 똑같이 아래 두 주소를 추가합니다.

> http://localhost
> http://127.0.0.1 (여러분의 로컬 PC에서만 작동할 예정이기 때문에 [localhost]와 같은 주소를 사용합니다. 나중에 외부 서버에 배포하게 되면 주소를 서버에 맞게 바꾸셔야 합니다.)

10. 모두 입력했으면 [만들기] 버튼을 클릭합니다. "OAuth 클라이언트가 생성되었습니다"라는 팝업 창이 나타납니다. 여기에 표시되는 **[클라이언트 ID] 값을 복사하여 안전한 곳에 잘 보관**해 두세요. 이 값이 바로 우리 JavaScript 코드에 들어갈 최종 '허가증'입니다.

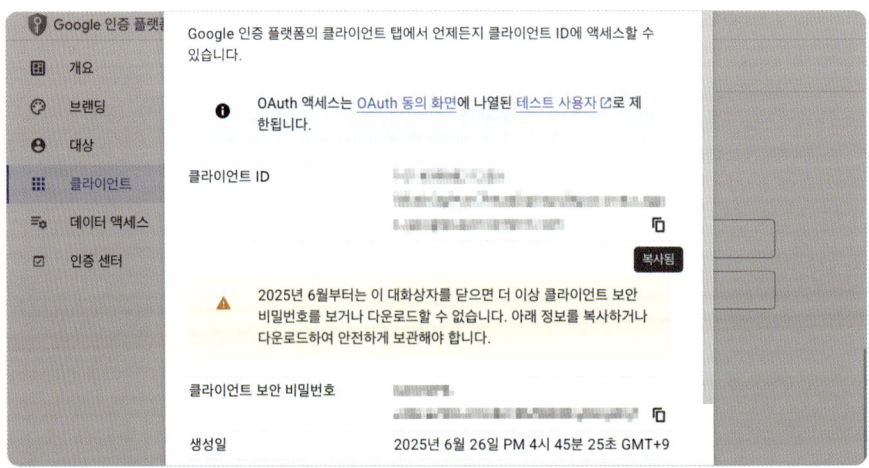

이제 모든 설정이 끝났습니다. 조금 과정이 많아 보였지만, 이로써 우리는 구글에 우리 서비스를 공식적으로 등록하고, 사용자의 캘린더와 소통할 수 있는 열쇠(클라이언트 ID)를 손에 쥐게 되었습니다.

# Step 04 / 스스로 행동하는 AI 만들기

마지막 단계입니다. AI가 글의 의미를 파악하고 스스로 다음 행동을 제안하게 만들겠습니다. 바로 '구글 캘린더 일정 등록' 기능입니다. 아래 프롬프트를 커서 AI에 입력해 주세요.

> **프롬프트 4 - 22**
>
> **Google Calendar API 연동 및 최종 기능 구현**
>
> 이전에 구현한 '이메일 생성 및 표시' 기능 바로 다음에 실행될 로직을 완성해 줘.
>
> 1. 생성된 이메일 텍스트를 GPT-5-nano에게 다시 보내서, 'create_google_calendar_event' Tool 사용 여부를 판단하게 해 줘.
> 2. 만약 AI가 Tool 사용을 결정하면, 그 분석 결과(이벤트 제목, 시간 등)를 바탕으로 결과 영역 아래에 '[이벤트 제목] 캘린더에 추가' 버튼을 동적으로 생성해 줘.
> 3. 사용자가 이 버튼을 클릭했을 때, 다음의 JavaScript 로직을 구현해 줘.
>    - Google Identity Services 라이브러리를 사용하여 구글 로그인 및 권한 요청 흐름을 시작해 줘.
>    - 이때, 아래의 OAuth 클라이언트 ID를 사용해서 초기화해야 해.
>    - 클라이언트 ID: '[여기에 방금 발급받은 클라이언트 ID를 붙여넣으세요]'- 클라이언트 ID도 Supabase key 테이블에 저장하고 재사용해 줘.
>    - 권한 요청 시, 캘린더 쓰기 권한을 의미하는 스코프('https://www.googleapis.com/auth/calendar.events')를 반드시 포함해 줘.
>    - 사용자가 성공적으로 권한을 부여하면, 발급된 액세스 토큰(Access Token)을 사용해서 Google Calendar API 엔드포인트('https://www.googleapis.com/calendar/v3/calendars/primary/events')에 POST 요청을 보내줘.
>    - 요청 본문(body)에는 AI가 분석한 이벤트 제목, 시작 및 종료 시간을 JSON 형식으로 담아서 실제 일정이 생성되도록 해 줘.

이 프롬프트는 AI에게 '판단'과 '행동'을 요청합니다. 커서 AI는 이메일 텍스트를 재분석하고, 약속이 포함되어 있는지 AI가 판단하게 하는 코드를 작성할 겁니다. 이제 다시 이메일을 생성해 보세요. 메일에 일정관련 뉘앙스가 있다면 [캘린더 추가] 버튼이 자동으로 나타날 겁니다. 만약 그렇지 않다면 AI가 지나치게 엄격하게 기준을 설정한 것이므로 커서 AI에 버튼이 나타나지 않는다고 문의해 주세요.

## 프롬프트 4 - 23

아래처럼 문구를 작성했는데 구글 캘린더 연동 버튼이 안생겨. 수정해 줘.
2025-06-27(금) 주간 회의 참석 요청

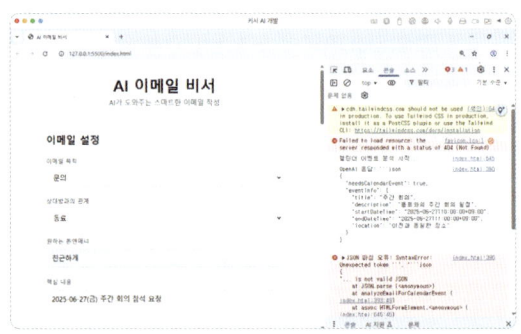

F12 키를 누르거나 웹 브라우저에서 [마우스 우측 버튼] 클릭 ⋯» [검사] ⋯» [콘솔] 탭에 나타난 에러 메시지를 커서 AI에게 전달하면 에러를 더 확실하게 수정할 수 있습니다. 에러는 언제든 나타날 수 있습니다. 운 좋게 딸깍 한 방에 코드를 완성할 수도 있지만, 그렇지 않은 경우가 훨씬 많습니다. 따라서 에러가 발생해도 당황하지 마시고 상황을 분석하고 나타난 메시지를 커서 AI에 전달하고 수정해 달라고 요청하면 됩니다.

## 프롬프트 4 - 24

아래처럼 에러가 났어. 수정해 줘.

Failed to load resource: the server responded with a status of 404 (Not Found)
이 오류 이해하기
index.html:645 캘린더 이벤트 분석 시작...

```
index.html:390 OpenAI 응답: ```json
```    <중략>
```

아래 화면처럼 [주간 회의 캘린더에 추가] 버튼이 생성되었습니다. AI가 이메일 내용을 분석해서 자동으로 버튼을 생성한 것입니다. [주간 회의 캘린더에 추가] 버튼을 클릭해 보세요.

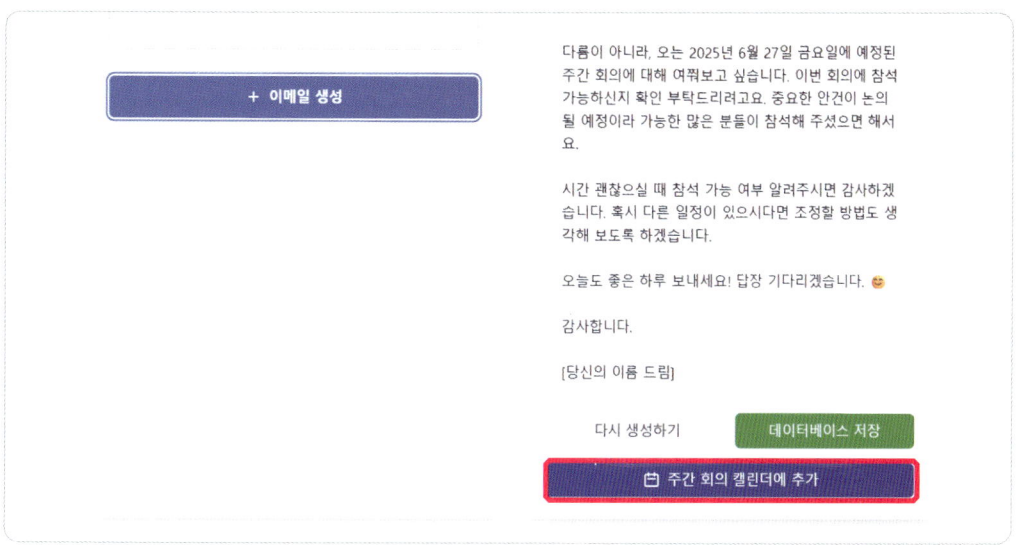

캘린더 API를 설정한 구글 계정을 선택합니다.

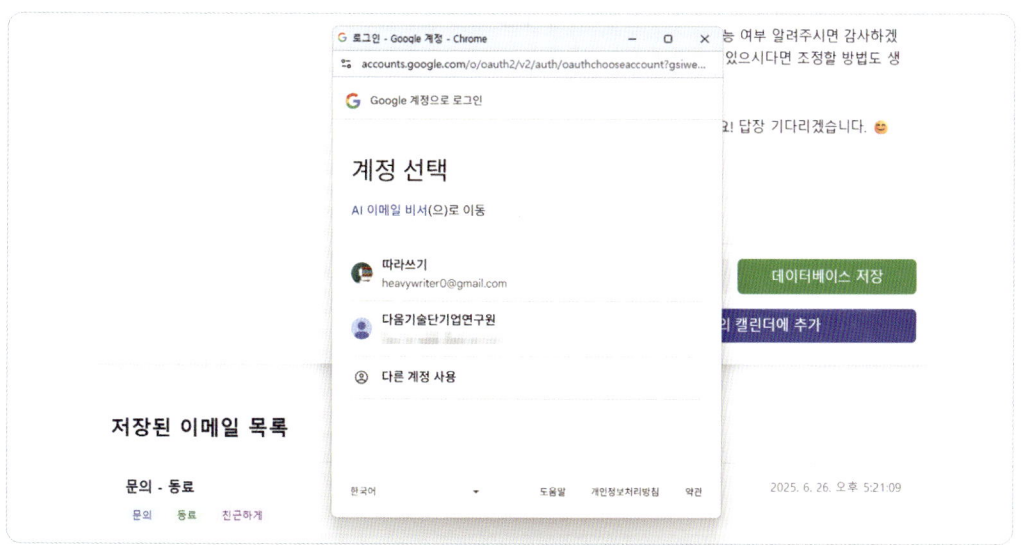
```

## 🎯 액세스가 차단되어 계정 연동이 안되는 경우

만약 아래처럼 에러가 발생했다면, 이 오류는 우리 앱이 아직 구글의 정식 심사를 받지 않은 '테스트 단계'에 있기 때문에 발생한 것입니다. 구글은 혹시 모를 위험으로부터 사용자를 보호하기 위해, 개발자가 명시적으로 지정한 **'테스트 사용자'에게만 로그인을 허용**합니다.

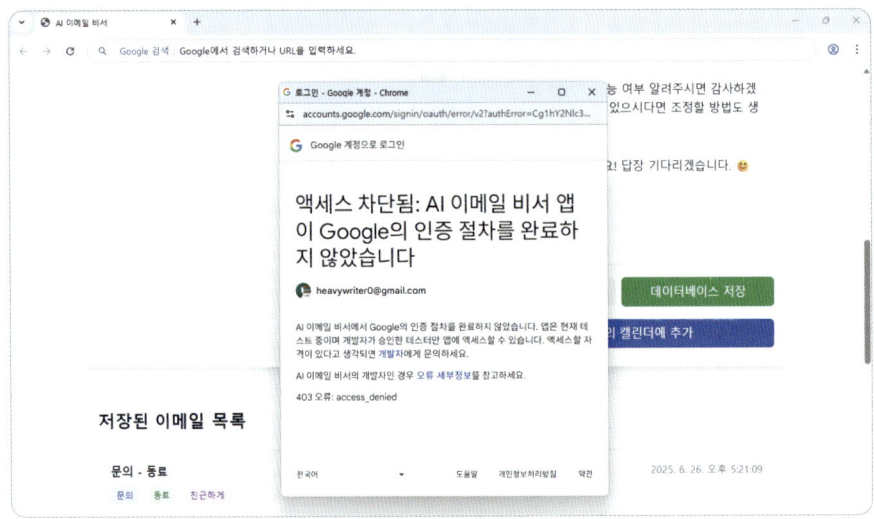

즉, 현재 로그인하려는 구글 계정이 '테스트 사용자'로 등록되어 있지 않아서 발생하는 문제입니다. **아주 간단하게** 해결할 수 있습니다. Google Cloud Platform에서 "이 계정은 내가 테스트용으로 쓰는 계정이니 로그인을 허용해 주세요" 라고 알려주기만 하면 됩니다.

**01** Google Cloud Platform 콘솔로 이동하고 왼쪽 메뉴에서 **[API 및 서비스]** ⋯» **[OAuth 동의 화면]** 으로 이동합니다.

**02** 왼쪽 메뉴에서 **[대상]**을 선택하고 화면을 아래로 조금 내리면 **[테스트 사용자]** 라는 섹션이 보일 겁니다. **[+ ADD USERS]** 버튼을 클릭하세요.

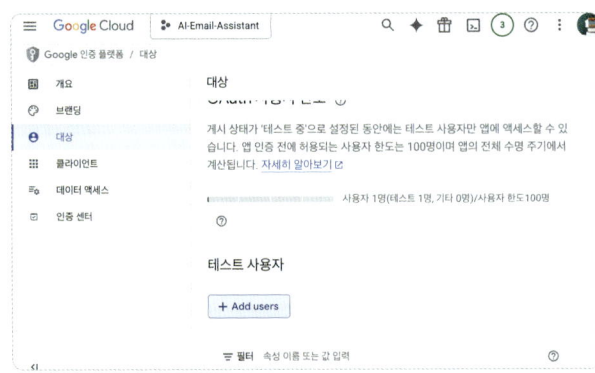

03 오른쪽에 나타나는 [사용자 추가] 입력창에 **현재 오류가 발생한 구글 계정을 입력**하고 [저장] 버튼을 누릅니다. 방금 추가한 이메일 주소가 목록에 나타나는 것을 확인합니다.

```
테스트 사용자

+ Add users

☰ 필터  속성 이름 또는 값 입력            ⓘ

사용자 정보
heavywriter0@gmail.com      🗑
```

04 다시 웹 브라우저로 돌아가서 구글 캘린더 연동 테스트를 진행해 봅니다.

⚙ 주의사항

왼쪽 메뉴에서 [대상]을 클릭해서 [앱 게시] 버튼을 절대 클릭하지 마세요. 만약 앱 게시를 하게 되면 우리가 만든 AI 이메일 비서가 구글의 심사를 받아야 하는 상태가 됩니다. 지금 테스트하고 싶어도 구글의 검토가 끝날 때까지 하염없이 기다려야 한답니다. 현재는 테스트하는 단계라서 테스트 사용자를 등록하는 것입니다.

선택한 계정이 구글 캘린더와 정상적으로 연동되었다면 메일에 일정을 뜻하는 텍스트를 입력해 보세요. 'Google에서 확인하지 않은 앱', '신뢰할 수 있는지 확인'에서는 모두 [계속] 단추를 눌러 진행합니다. 캘린더 이벤트가 성공적으로 생성되었다는 메시지가 표시되면 성공입니다.

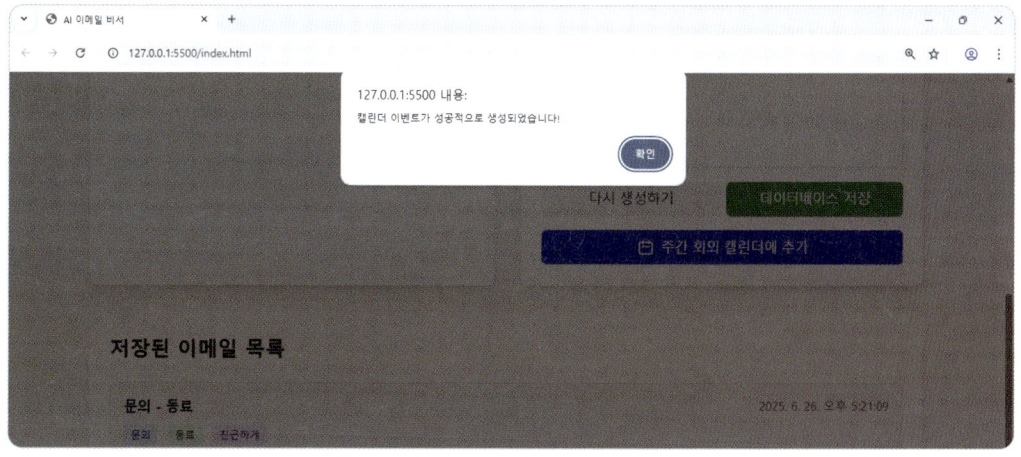

여러분이 설정한 구글 계정의 캘린더로 이동해봅니다. 아래 화면처럼 구글 캘린더에 일정이 등록되었습니다.

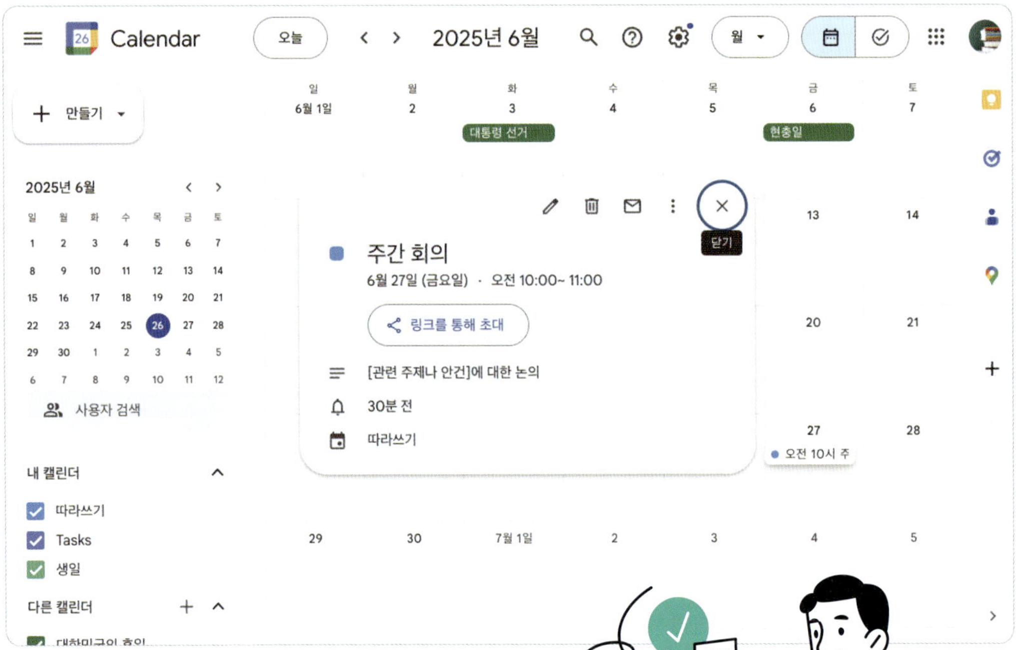

## 03 딸깍! 완성된 나만의 AI 이메일 비서

여러분은 이제 이메일 작성부터 기록, 일정 관리까지 알아서 처리해 주는 AI 비서를 갖게 되었습니다. 이제 이 서비스를 다른 사람들도 쓸 수 있도록 세상에 공개할 차례입니다. 커서 AI 터미널에 **vercel** 단 한 줄만 입력해 보세요. 몇 가지 간단한 질문에 답하고 나면, 전 세계 어디서든 접속할 수 있는 나만의 웹 서비스 주소가 생성됩니다.

## 04 이것만은 알고 가요

오늘 우리는 단순히 코드를 작성한 것이 아닙니다. AI와 대화하며 생각을 구체화했고, 그 아이디어를 데이터베이스와 외부 서비스(구글 캘린더)에 연결하는 전 과정을 경험했습니다. 특히 MCP와 같은 표준 프로토콜을 활용하면, 이렇게 복잡해 보이는 연동 작업도 훨씬 수월해진다는 것을 확인했습니다.

## 05 더 잘하고 싶다면?

여기서 멈추지 마세요. 여러분의 AI 비서는 무한한 잠재력을 가지고 있습니다. 커서 AI에게 더 구체적으로 질문하며 기능을 확장해 보세요.

- Supabase에 저장된 이메일 기록을 볼 수 있는 '히스토리' 페이지를 추가해 줘.
- 이메일을 생성할 때, AI가 제목도 몇 가지 추천해 주도록 만들 수 있을까?
- 자주 사용하는 이메일 컨텍스트를 '템플릿'으로 저장하는 기능을 넣어 줘.

# AI로 내 모든 링크들을 한 페이지에 모으기

**CHAPTER 08**

인스타그램, 브런치, 스레드, 블로그, 깃허브 등…. 흩어진 온라인 사이트들을 하나로 모아서 프로필 페이지로 만들면 깔끔해집니다. 링크트리Linktree같은 서비스가 있지만, 내 입맛에 맞게 디자인을 바꾸거나 기능을 추가하기는 어렵죠. 온라인 소스를 한곳에 모으는 게 중요해지는데요. 이번 챕터에서는 **노션 데이터베이스에 입력한 URL을 디지털 랜딩 페이지와 연동**하겠습니다.

## 01 아이디어 구상

우리가 만들 서비스의 작동 방식은 아주 간단합니다.

- **데이터 관리 창구, 노션**: 노션에 표를 하나 만들고, 그곳에 내가 보여주고 싶은 링크의 제목과 주소를 쭉 적어둡니다. 앞으로 링크를 추가하거나 수정할 땐 이 노션 페이지만 바꾸면 됩니다.
- **커서 AI 코딩 파트너**: 커서 AI에게 우리가 원하는 디자인과 기능을 설명하면, 노션에 있는 데이터를 가져와 근사한 랜딩 페이지를 만들어 줍니다.

- **결과물**: 세련된 디자인의 웹페이지가 짠! 나타나고, 방문자는 이 페이지에서 나의 모든 활동을 한눈에 볼 수 있습니다.

특히 이번 프로젝트에서는 노션에서 공식적으로 제공하는 MCP<sup>Model Context Protocol</sup> 서버를 활용할 겁니다. 복잡한 서버 설정 없이, AI와 대화하듯 노션 데이터베이스와 우리 웹사이트를 연결해 줍니다.

 커서 AI와 함께 2단계로 웹 서비스 만들기

이제 커서 AI를 켜고 새로운 프로젝트 폴더를 생성한 다음 그 폴더를 열어 주세요. 저는 [랜딩 페이지]라는 폴더를 생성하고 오픈했습니다. 개발을 시작하기 전에 먼저 Notion MCP부터 설치하겠습니다.

### Step 01 / 노션과 웹페이지를 연결하기 (노션 MCP 서버 설치하기)

노션 MCP 서버는 Notion API와 외부 시스템을 쉽게 연동할 수 있게 돕는 일종의 중간 서버라고 생각하시면 됩니다. 커서 AI에서 대화로 명령을 내리면 그 명령을 Notion API의 요청으로 변환해서 작업해 줍니다. **설치 방법은 [공통 가이드 12(371쪽)] 노션 MCP 서버 설치하기 편을 참고해 주세요.**

### Step 02 / 방문자를 맞이할 프로필 페이지 디자인하기

이제 방문객들이 보게 될 멋진 페이지를 만들겠습니다. 내 프로필 사진과 이름, 그리고 노션에서 가져온 링크 목록이 표시될 페이지를 디자인해 달라고 AI에게 요청하겠습니다. 아래 프롬프트를 커서 AI에 입력해 주세요. 프롬프트 창에 개인 프로필 이미지를 드래그해 주세요.

> 프롬프트 4-25
>
> **링크트리 스타일 프로필 페이지 제작**
> 모바일 화면에 최적화된 세련된 웹 기반의 랜딩 프로필 페이지를 만들 거야.
> - 화면 중앙에 프로필 이미지, 내 이름(@아이디 형식), 짧은 소개 글을 넣어 줘.

- 프로필 이미지는 첨부한 이미지를 사용해 줘.

노션 MCP 서버를 사용해서 API 키로 연동된 데이터베이스 중에서 "랜딩 페이지"라는 제목의 데이터베이스를 찾아서 사용할 거야.

- 가져온 데이터베이스에 기록된 이름과 URL 속성의 값을 JSON 파일에 저장해 줘.
- 가져온 데이터는 CORS 문제를 피하기 위해 정적으로 사용할 수 있도록 각 링크를 누를 수 있는 버튼 형태로 예쁘게 화면에 뿌려줘.(라이브 서버를 사용할 예정이기 때문에 자바스크립트에서 JSON 파일의 링크를 가져와서 클릭하면 이동하도록 할 거야)

전체적인 디자인은 HTML/JavaScript/Tailwind CSS를 사용해서 모던하고 미니멀하게 만들어 줘.

프롬프트를 입력하면, 노션 MCP 설정에 따라서 노션에 접속해서 해당하는 데이터베이스를 자동으로 가져옵니다. 그리고 커서 AI는 다양한 파일들을 만들어낼 겁니다. MCP 서버를 사용하면 데이터베이스의 ID 값을 사용자가 일일이 적용할 필요가 없습니다. 각 페이지에 API 키 연결만 설정해놓으면 이름만으로도 페이지를 찾을 수 있답니다. 작업이 완료되면 [Keep]를 클릭하고 [Go Live]를 클릭해서 랜딩 페이지가 제대로 작동되는지 확인해 보세요.

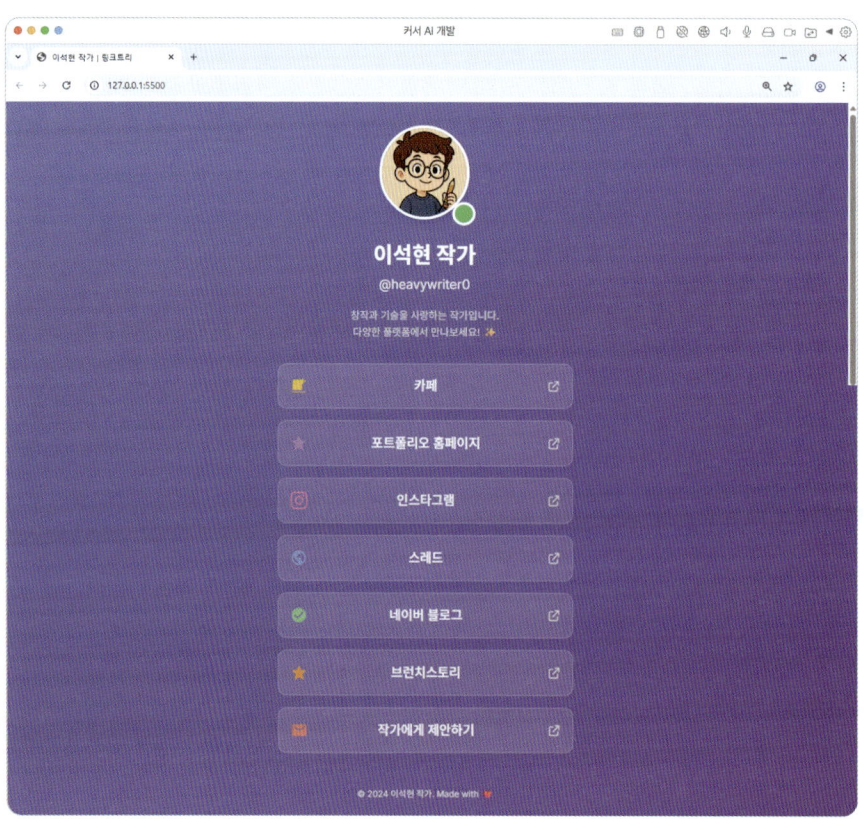

 **딸깍! 완성된 나만의 AI 디지털 명함**

여러분은 코드를 단 한 줄도 직접 작성하지 않고, 세상에 하나뿐인 프로필 링크 페이지를 갖게 되었습니다. 앞으로 새로운 프로젝트를 시작하거나, SNS 계정을 새로 만들어도 걱정 없습니다. 커서 AI에게 노션 데이터베이스의 URL를 가져오라고 다시 명령만 내리면 업데이트될 테니까요.

 **이것만은 알고 가요**

오늘 우리는 웹 개발의 아주 중요한 원칙 하나를 자연스럽게 경험했습니다. 바로 **'데이터'와 '화면'을 분리하는 것**입니다. 데이터(링크 목록)는 노션에 보관하고, 화면(웹페이지)은 그 데이터를 가져와 예쁘게 보여주는 역할만 하도록 나눈 것이죠. 이렇게 구조를 나누면, 나중에 디자인만 바꾸고 싶을 때나 데이터 관리 방식만 바꾸고 싶을 때 서로에게 영향을 주지 않고 유연하게 대처할 수 있습니다.

 **더 잘하고 싶다면?**

여기서 만족하지 말고, 여러분의 디지털 랜딩 페이지를 더욱 특별하게 만들어 보세요. 커서 AI에게 이렇게 말을 걸어보는 건 어떨까요?

- 각 링크 버튼 옆에 해당 서비스의 아이콘(인스타그램, 깃허브 아이콘 등)을 추가해 줘.
- 페이지 배경에 내가 좋아하는 잔잔한 그라데이션 색상을 넣어줄 수 있어?
- 누가 내 링크를 몇 번 클릭했는지 숫자를 세는 기능을 추가하고 싶어.
- 프로필 이미지를 프로젝트 폴더에 복사해 놓은 다음 "프로필 이미지를 HTML 파일과 같은 위치에 넣었어. 프로필 이미지를 적용해 줘.

# 브라우저에 심는 최저가 쇼핑 스캐너

온라인 쇼핑의 묘미는 최저가로 물건을 구매하는 일이죠. 관심 상품으로 점 찍어둬도 놓치는 일이 빈번하게 일어납니다. "그때 바로 살걸!" 하고 후회해도 소용 없죠. 이번 챕터에서는 이런 아쉬움을 없애줄 **나만의 가격 추적 프로그램**을 만들어 보겠습니다. 목표는 간단합니다. 별도의 프로그램을 켜는 대신, 우리가 매일 쓰는 브라우저 안에 확장 프로그램인 스캐너를 심어보는 겁니다. 그럼 어떻게 구현하는지 자세히 알아볼까요?

 **아이디어 구상**

더이상 매일 상품 페이지에 들어가서 가격을 확인할 필요가 없습니다. 이제 최저가 스캐너에게 그 일을 맡겨봅시다.

- **원클릭 가격 기록:** 쿠팡 상품 페이지를 보다가 브라우저 오른쪽 위, 확장 플러그인 아이콘을 클릭합니다.
- **즉시 정보 추출:** 클릭 한 번으로 현재 보고 있는 상품의 이름과 가격을 즉시 추출합니다.

- **브라우저에 누적 관리**: 추출한 정보는 시간과 함께 브라우저의 전용 저장 공간에 차곡차곡 쌓입니다. Excel 파일을 열 필요 없이, 아이콘만 누르면 언제든 기록을 확인할 수 있습니다.

이 모든 기능을 오직 대화만으로 만들어 보겠습니다.

## 커서 AI와 함께 4단계로 스캐너 만들기

이제 커서 AI를 켜고 새로운 프로젝트 폴더를 생성하고 그 폴더를 열어 주세요. 저는 [최저가 스캐너]라는 폴더를 만들어서 열었습니다.

### Step 01. AI에게 시킬 일, 직접 찾아보기

먼저 상품 페이지의 HTML 구조를 분석해야 합니다. 무엇을 크롤링하라고 시킬지 목표물을 분석하는 것입니다.

01 **관심 상품 페이지 열기**: 크롬 브라우저에서 원하는 쇼핑몰(예 쿠팡)에 접속하고 가격을 추적하고 싶은 상품 페이지를 엽니다.

02 **상품에서 우클릭**: 상품의 이미지를 가리키는 영역에 마우스 커서를 올리고 오른쪽 버튼을 클릭합니다. 그리고 [검사] 메뉴를 선택합니다.

03 오른쪽 개발자 도구 화면에서 특정 엘리먼트를 찾는 화살표 모양의 아이콘 ▣ 을 클릭하고 왼쪽 상품명 위에 마우스를 움직여 봅니다. 파랗게 하이라이트된 사각형을 찾습니다. 바로 그 곳이 우리가 방금 클릭한 상품명 담긴 곳입니다.

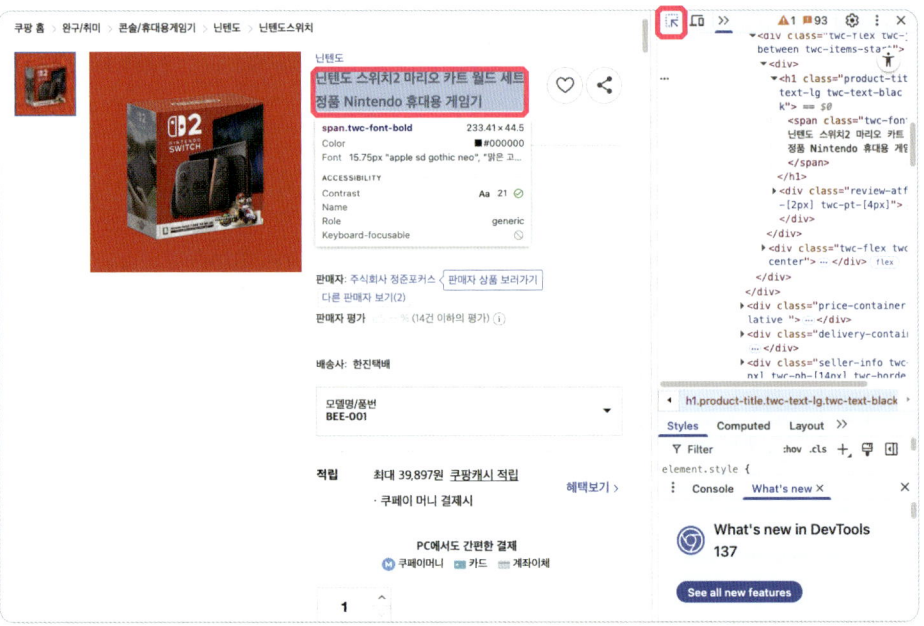

04 오른쪽 창에는 상품의 엘리먼트가 하이라이트되어 표시됩니다. 그 부분에 마우스를 가져가고 마우스 오른쪽 버튼을 한 번 더 클릭하세요. 그리고 나타나는 메뉴에서 [Copy] …» [Copy selector] 순서로 클릭하여 복사합니다.

05 [상품명.txt] 파일을 만들어서 복사한 내용을 붙여넣기 합니다.

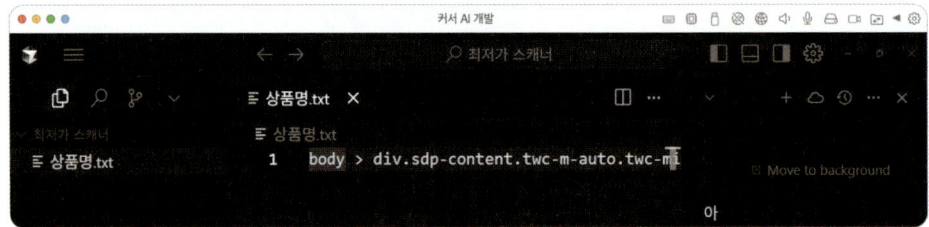

06 이번에는 가격 정보를 찾습니다. 3~4번과 마찬가지로 가격 정보 부분을 하이라이트하고 [Copy] …» [Copy selector]를 선택한 다음 [가격.txt] 파일을 만들어서 붙여넣기 합니다.

07 이것으로 상품명과 가격 정보가 있는 고유한 주소, 즉 CSS Selector 정보를 성공적으로 복사했습니다.

## Step 02 분석한 데이터로 AI에게 명령 내리기

이제 우리가 찾아낸 정보를 이용해서, 실제로 웹페이지에 접속해서 데이터를 가져오는 크롬 확장 프로그램을 만들겠습니다. 아래 프롬프트를 커서 AI에 입력해 주세요.

> **프롬프트 4 - 26**
>
> **쿠팡 상품 정보 추출 프로그램**
>
> '최저가 스캐너'라는 이름의 크롬 확장 프로그램을 만들어 줘.
>
> - manifest.json 파일을 생성하고, 필요한 권한은 activeTab, storage, scripting으로 설정해 줘.
> - 아이콘을 누르면 나타날 popup.html 파일을 만들어 줘. 제목과 '현재 상품 정보 가져오기' 버튼을 포함해 줘.
> - 팝업창의 스타일을 꾸밀 popup.css와, 버튼 동작을 관리할 popup.js 파일도 생성해 줘.
> - '현재 상품 정보 가져오기' 버튼을 클릭하면, 현재 활성화된 탭에서 스크립트를 실행해서 상품명과 가격을 가져오게 해 줘. 가격 정보는 기본적으로 문자열이니까 숫자와 문자로 구분해서 내부적으로 저장해 줘.
>
> 가져올 정보의 주소는 아래와 같아.
>
> - 상품명 CSS Selector 정보: @상품명.txt
> - 가격 위치 CSS Selector: @가격.txt
>
> 추출한 정보는 팝업창에 간단히 표시해 줘.
>
> **추가 요구사항:**
>
> - 팝업 가로폭 600px, 2열 그리드 레이아웃 (좌측: 추출기능, 우측: 기록목록)
> - 추출된 정보를 chrome.storage.local에 시간과 함께 누적 저장 (최대 50개)
> - 저장된 기록을 최신순 목록으로 표시, 개별/전체 삭제 기능
> - CDN 없이 순수 CSS 사용 (CSP 정책 준수), 모던한 그라디언트 디자인

커서 AI의 작업이 완료되면 [Keep All]을 입력하고 크롬 브라우저를 실행해 주세요. **chrome://extensions** 를 입력하고, 오른쪽 위의 '개발자 모드'를 켠 뒤 [압축해제된 확장 프로그램 로드] 버튼을 눌러 우리가 만든 폴더를 선택해 보세요. 만약 에러가 발생했다면 커서 AI에게 메시지를 복사해서 수정을 요청하세요.

브라우저 오른쪽 위에 퍼즐 조각 모양 아이콘이 생긴 것을 확인할 수 있습니다. 그리고 확장 프로그램도 로드되었습니다. 만약 에러가 발생했다면 메시지를 복사해서 커서 AI에게 요청하세요.

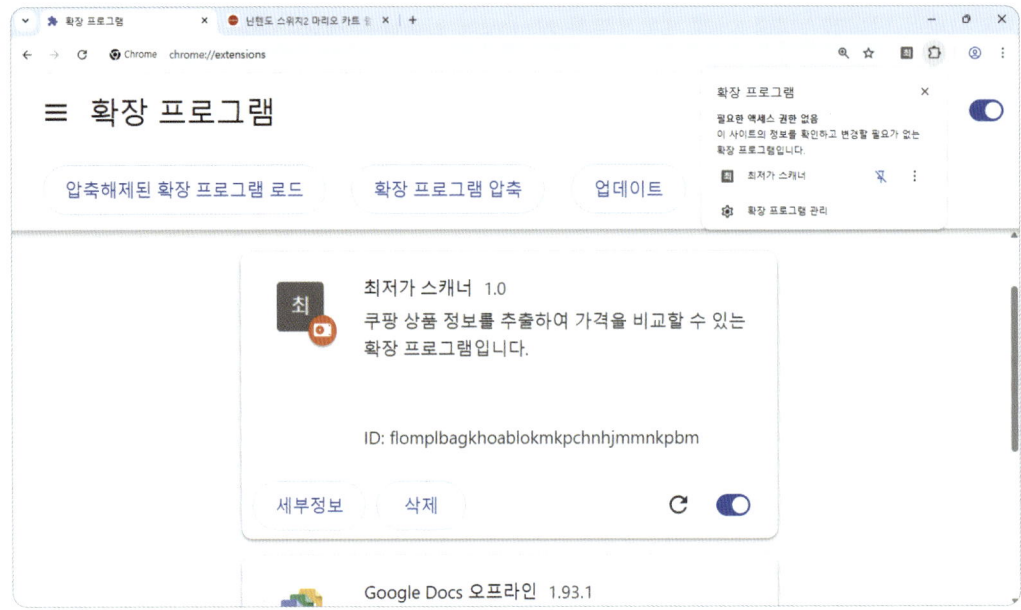

상품 정보 추출이 필요한 링크로 이동한 후 확장 플러그인을 실행합니다. 그리고 [현재 상품 정보 가져오기] 버튼을 클릭해 봅니다. 아래 화면처럼 상품명과 가격을 가져왔습니다.

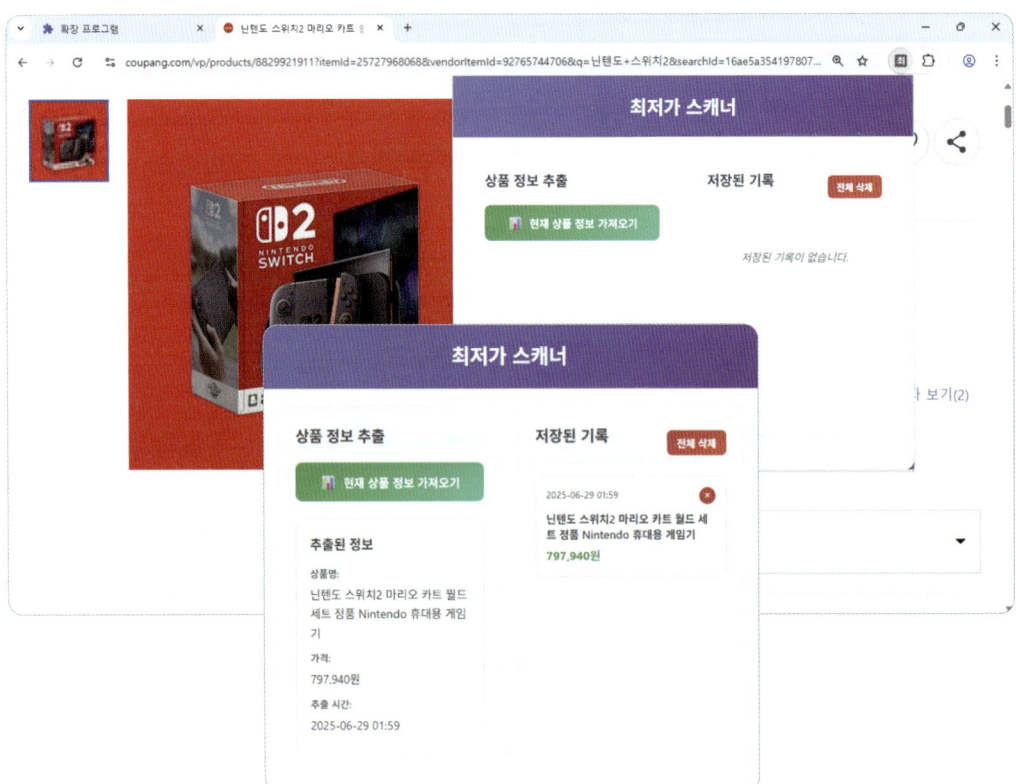

## Step 03 데이터를 브라우저에 저장하고 보여주기

마지막으로, 가져온 정보를 사라지지 않게 확장 프로그램의 전용 서랍(chrome.storage)에 저장하고, 그 기록을 팝업창에 예쁘게 보여주는 기능을 추가하겠습니다. 아래 프롬프트를 커서 AI에 입력해 주세요.

> **프롬프트 4 - 27**
>
> **추출한 정보를 저장하고 목록으로 보여주기**
> 이전 코드에 이어서, 상품 정보를 가져오면 다음 기능을 추가해 줘.
> - 확장 프로그램 가로 폭이 너무 좁아. 충분히 넓게 배치해 줘.
> - 현재 시간과 함께 상품명, 가격을 chrome.storage.local에 누적해서 저장해 줘.
> - popup.html을 수정해서, 저장된 모든 기록이 최신순으로 정렬된 목록 형태로 항상 보이도록 만들어 줘.
> - 삭제 아이콘을 클릭하면 목록에서 삭제하게 해 줘.

소스를 수정하면 다시 확장 프로그램을 로드해야 합니다. [chrome://extensions/]에 접속해서 최저가 스캐너를 찾고 새로고침 아이콘 C 을 클릭해 주세요.

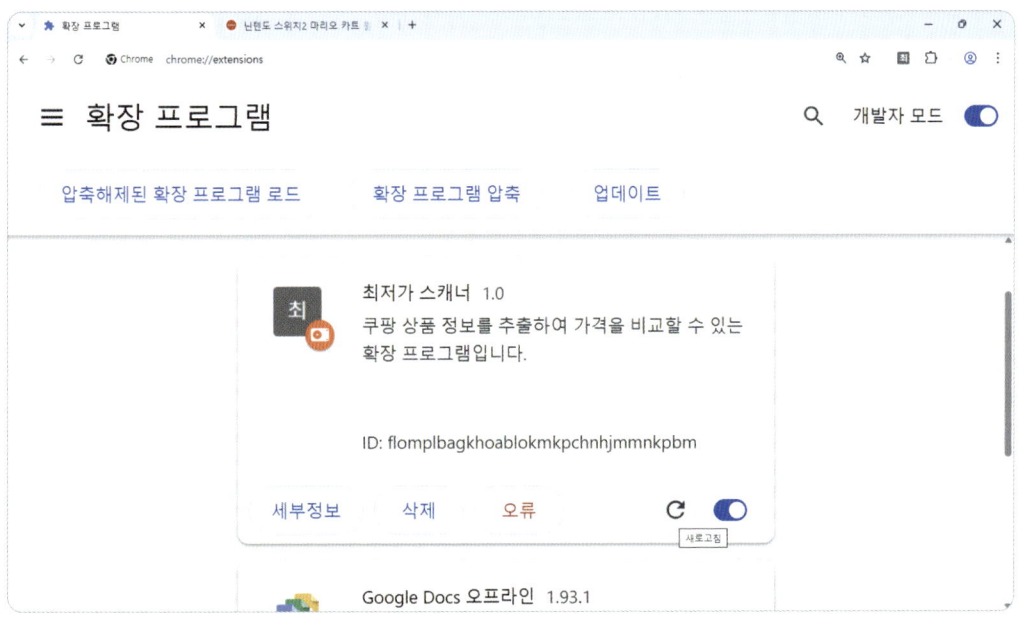

이제 버튼을 누를 때마다 가격이 기록되고, 아이콘을 클릭하면 그동안의 기록을 언제든 확인할 수 있는 '스캐너'가 완성되었습니다.

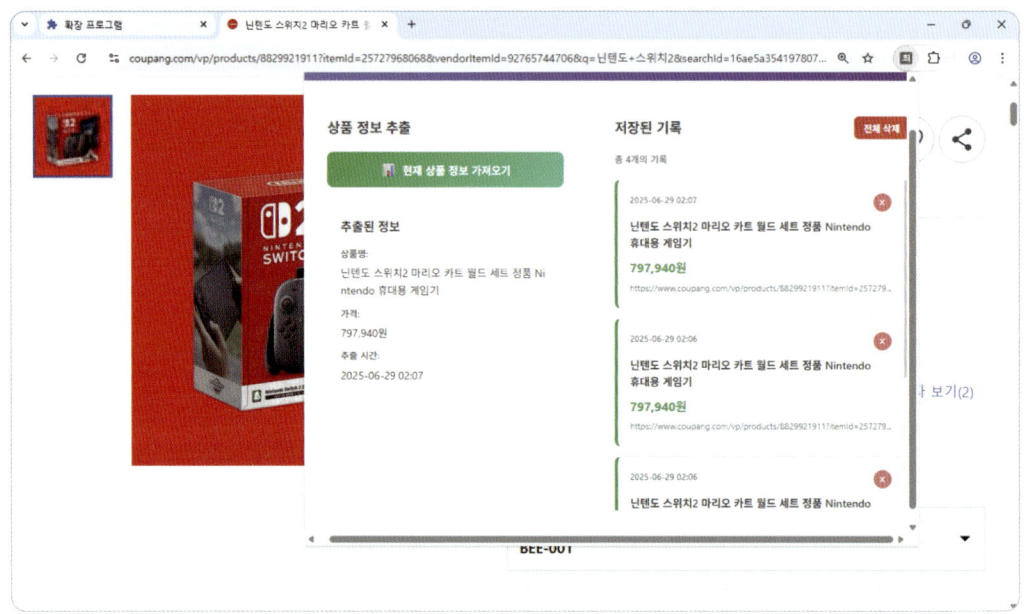

## Step 04 가격 정보 슬랙으로 전달하기

다음으로 사용자가 원하는 가격을 설정해 놓으면 모니터링하다가 기준보다 낮은 가격이면 슬랙으로 메시지를 보내는 기능을 추가하겠습니다. 아래 프롬프트를 커서 AI에 입력해 주세요. 슬랙 웹훅을 발급받는 방법은 **[공통 가이드 13 (376 쪽)] 슬랙의 'Incoming Webhook URL'**을 발급받기 편을 참조해 주세요.

> **프롬프트 4 - 28**
>
> **슬랙 알림 봇 로직**
>
> 사용자가 원하는 가격을 설정하는 기능을 추가해 주고, 10분마다 가격 정보를 확인하는 루틴을 추가해 줘.
> 현재 가격이 설정한 가격보다 낮으면 아래 슬랙 웹훅 URL로 알림 메시지를 보내줘. 가격 정보를 사용자가 설정할 때는 숫자만 입력받게 해주고 기존에 저장된 정보를 비교할 때 숫자로 변환해서 적절하게 비교하는 로직을 작성해. 코드 작성을 완료하고 나서 테스트로 슬랙으로 웹훅을 전송해 줘.
>
> **슬랙 웹훅 URL:**
> **(복사한 나의 슬랙 웹훅 URL 붙여넣기)**

[chrome://extensions/]에 접속해서 [최저가 스캐너]를 찾고 새로고침 아이콘(C)을 클릭해 주세요. 크롬 확장 플러그인은 가격을 모니터링하다, 기준 가격보다 낮게 되면 슬랙으로 알림을 보내게 됩니다.

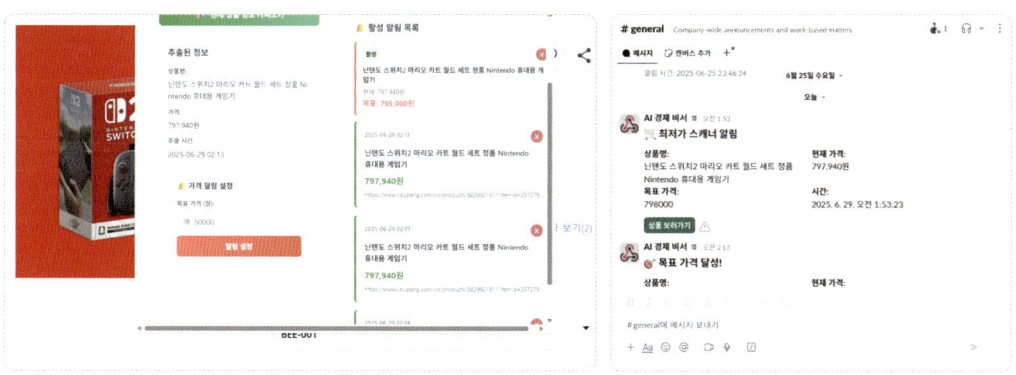

 딸깍! 쇼핑 비서가 내 손안에

여러분은 이제 세상에 하나뿐인 나만의 쇼핑 최저가 스캐너를 갖게 되었습니다. 이 프로그램을 주기적으로 실행하기만 하면, 더는 '오늘이 제일 싼가?' 하는 고민 없이 합리적인 소비를 할 수 있습니다.

 이것만은 알고 가요

**'무엇을 할지(What)'를 먼저 명확히 정의**하고, 그 후에 **'어떻게 할지(How)'를 도구(AI)에게 맡기는 것**이 중요합니다. 웹페이지에서 정보의 '주소'를 찾아낸 행위가 바로 'What'을 정의한 것이고, 커서 AI는 우리의 정의에 따라 'How'를 구현해 주었습니다.

## 05 더 잘하고 싶다면?

여기서 만족하지 말고, 여러분의 쇼핑 비서를 더욱 유능하게 만들어 보세요. 커서 AI에게 이렇게 물어보는 건 어떨까요?

- 특정 상품 URL을 코드에 직접 넣는 대신, 프로그램을 실행할 때마다 내가 입력하게 만들 수 있어?
- 이 프로그램을 매일 아침 9시에 알아서 실행되도록 설정하고 싶어. 어떻게 하면 돼?

# 클릭 한 번으로 끝내는 웹사이트 자동 로그인

여러 웹사이트의 비밀번호를 모두 기억할 수 없으니, 크롬 브라우저의 자동 로그인 기능을 활용하게 됩니다. 하지만 비밀번호가 유출될까 걱정도 되죠. 별도로 비밀번호를 직접 관리하는 것도 쉽지 않습니다. 기억하기는 더 어려운 일이고요. 이번 챕터에서는 여러분이 **직접 만드는 맞춤형 자동 로그인 도구를 개발**하겠습니다. 복잡한 HTML 구조를 분석하지 않아도 마우스로 클릭만 하면 어떤 사이트든 로그인 정보를 저장할 수 있다는 것입니다. 그럼 어떻게 만드는지 함께 알아볼까요?

 **아이디어 구상**

이제 더 이상 매번 아이디와 비밀번호를 입력할 필요가 없습니다. 커서 AI와 함께 똑똑한 자동 로그인 도구를 만들어 보겠습니다.

- **클릭으로 필드 지정**: 복잡한 HTML 지식 없이도, 마우스로 아이디와 비밀번호 입력창을 클릭하기만 하면 자동으로 인식합니다.
- **안전한 정보 저장**: 크롬 브라우저가 제공하는 안전한 저장소에 로그인 정보를 보관합니다.

- **즉시 자동 로그인**: 저장한 사이트에 다시 방문하면, 눈 깜짝할 사이에 로그인 정보가 입력됩니다.

복잡한 서버나 데이터베이스 없이도, 브라우저만으로 강력한 도구를 만들 수 있다는 게 확장 프로그램의 매력입니다.

## 02 커서 AI와 함께 3단계로 크롬 확장 프로그램 만들기

이제 커서 AI를 켜고 새로운 프로젝트 폴더를 생성한 다음 그 폴더를 열어 주세요.

### Step 01 크롬 확장 프로그램의 기초 만들기

크롬 확장 프로그램을 만들려면 먼저 기본 구조를 갖춰야 합니다. 커서 AI에게 필요한 파일들을 만들어 달라고 요청해 봅시다. 아래 프롬프트를 커서 AI에 입력해 주세요.

> **프롬프트 4 - 29**
>
> **크롬 확장 프로그램 기본 구조**
> '포인트 로그인'이라는 이름의 크롬 확장 프로그램을 만들 거야. manifest.json에는 storage와 activeTab 권한을 포함시켜 줘. 팝업 UI는 현재 사이트의 로그인 정보를 추가하는 버튼과 저장된 사이트 목록을 보여주는 영역으로 구성해 줘. 마치 Tailwind CSS를 사용한 것처럼 모던하고 깔끔한 디자인으로 만들어 줘.

커서 AI의 작업이 완료되면 [Keep All]을 누르고 크롬 브라우저를 실행해 주세요. [chrome://extensions]를 입력하고, 오른쪽 위의 '개발자 모드'를 켠 뒤 [압축해제된 확장 프로그램 로드] 버튼을 눌러 우리가 만든 폴더를 선택해 보세요. 만약 에러가 발생했다면 커서 AI에게 메시지를 복사해서 수정 요청하세요.

커서 AI는 크롬 확장 프로그램의 핵심인 manifest.json 파일과 다양한 파일을 만들어낼 겁니다. 아래 화면처럼 [포인트 로그인]이 보인다면 크롬 확장 플러그인이 제대로 설치된 겁니다. Pin을 클릭해서 툴바 영역에 나오게 수정해 주세요.

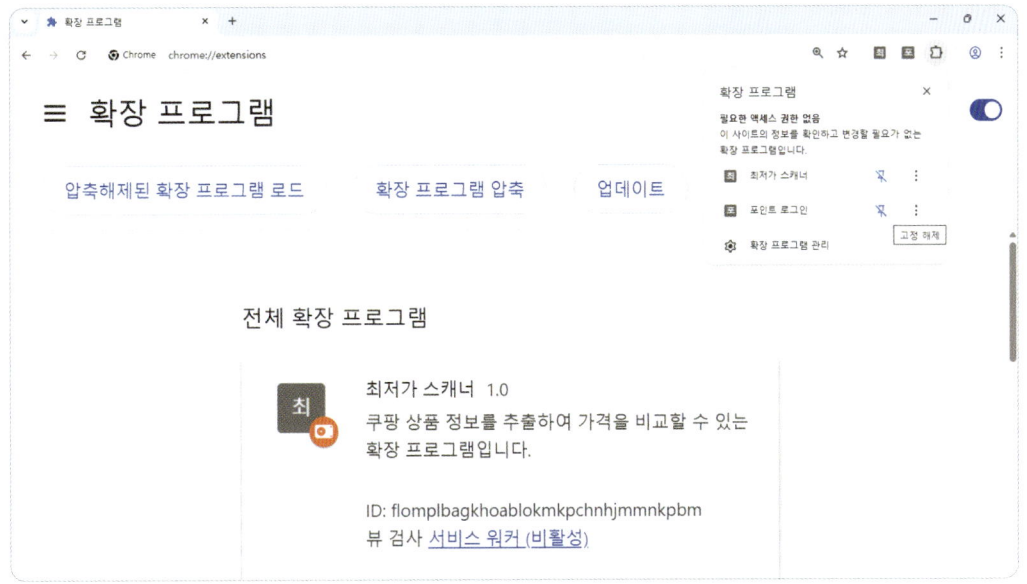

## Step 02 마우스 클릭으로 로그인 필드 인식하기

이제 핵심 기능인 사용자가 클릭한 곳을 정확히 인식하는 기능을 추가하겠습니다. 아래 프롬프트를 커서 AI에 입력해 주세요.

> 프롬프트 4 - 30
>
> **클릭으로 필드 선택 기능**
> 사용자가 '로그인 정보 추가' 버튼을 누르면 다음과 같이 동작하도록 만들어 줘:
> 1. 팝업이 닫히고 페이지 상단에 "아이디 입력창을 클릭하세요"라는 안내 배너가 나타나게 해 줘.
> 2. 사용자가 마우스를 움직이면 hover된 요소에 파란색 테두리가 표시되도록 해 줘.
> 3. 클릭하면 해당 요소의 CSS 선택자를 저장하고, "비밀번호 입력창을 클릭하세요"로 안내를 바꿔 줘.
> 4. 두 필드를 모두 선택하면 아이디/비밀번호를 입력하는 팝업을 다시 띄워 줘.
> 5. 모든 정보는 chrome.storage.sync에 저장해 줘.

커서 AI의 작업이 완료되면 [Keep All]을 누르고 크롬 브라우저를 다시 실행해 주세요. 그리고 [chrome://extensions]를 입력하고, [포인트 로그인]에서 [새로고침]을 클릭해서 수정한 내용을 반영해 주세요.

커서 AI는 마우스 이벤트를 감지하고, 사용자가 클릭한 요소를 정확히 찾아내는 코드를 작성할 겁니다. 마우스가 움직일 때마다 파란 테두리가 따라다니는지 확인해 주세요. 아이디와 비밀번호에 해당하는 영역을 한 번씩 클릭해 주면 됩니다.

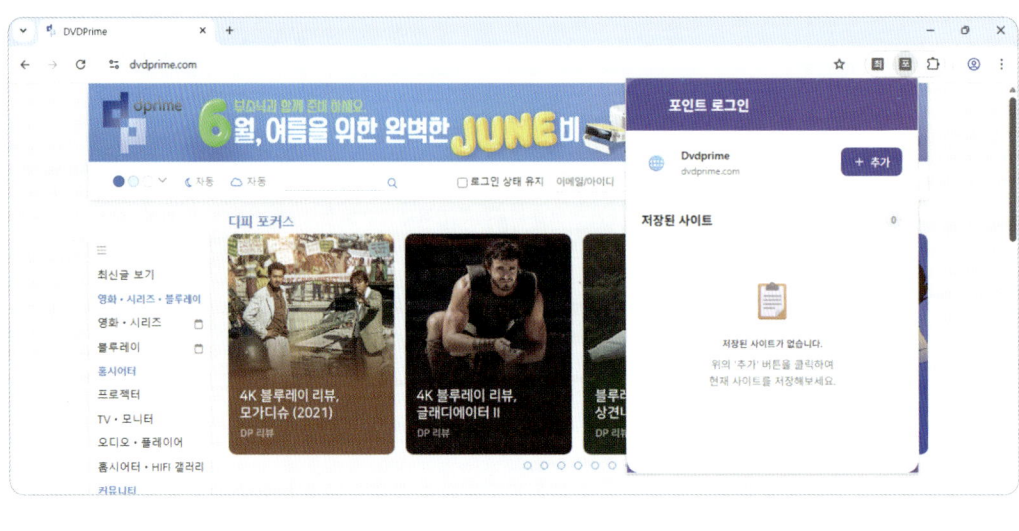

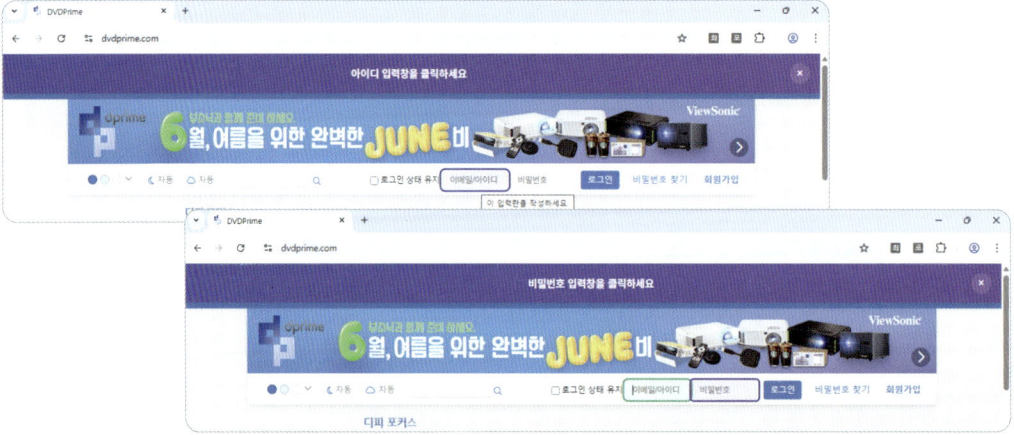

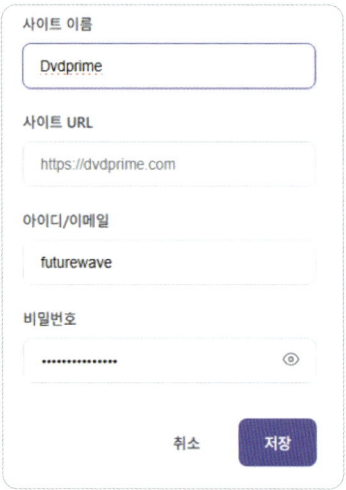 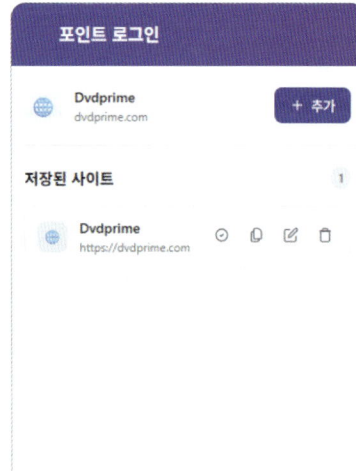

# Step 03 자동 로그인 실행하기

마지막으로 저장된 정보를 바탕으로 자동으로 로그인하는 기능을 추가하겠습니다. 아래 프롬프트를 커서 AI에 입력해 주세요.

> **프롬프트 4-31**
>
> **자동 로그인 기능**
>
> 다음 기능을 추가해 줘:
>
> 1. 페이지가 로드될 때 현재 URL이 저장된 사이트 목록에 있는지 확인
> 2. 저장된 사이트라면 CSS 선택자로 아이디/비밀번호 필드를 찾아서 자동으로 값을 입력
> 3. 필드를 찾을 수 없으면 콘솔에 에러 메시지 출력
> 4. 팝업에서 각 사이트별로 삭제 버튼을 추가해서 저장된 정보를 지울 수 있게 해 줘.
> 5. 자동 입력이 완료되면 작은 알림 메시지를 2초간 표시해 줘.

커서 AI의 작업이 완료되면 [Keep All]을 누르고 크롬 브라우저를 다시 실행해 주세요. 그리고 [chrome://extensions]를 입력하고, [포인트 로그인]에서 [새로고침]을 클릭해서 수정한 내용을 반영해 주세요. 아래 화면처럼 [포인트 로그인]에 저장된 사이트에 방문하면 아이디와 비밀번호가 자동으로 입력되어 있습니다. [로그인] 버튼을 클릭하니 자동으로 접속이 됐습니다.

 딸깍! 확장 프로그램 완성

자주 접속하는 웹사이트에서 테스트해 보세요. 마우스 클릭 몇 번으로 로그인 정보가 저장되고, 다시 방문했을 때 자동으로 입력되는지 확인해 보세요.

 이것만은 알고 가요

오늘 우리는 브라우저 확장 프로그램이라는 특별한 형태의 웹 애플리케이션을 만들었습니다. 일반 웹페이지와 달리, 확장 프로그램은 브라우저의 특별한 권한을 받아 더 강력한 기능을 수행할 수 있습니다.

 더 잘하고 싶다면?

기본 기능이 완성되었다면, 이제 더 똑똑한 도구로 업그레이드해 보세요. 크롬 브라우저에 비밀번호를 저장하지 않고 Supabase에 저장하는 방식도 있습니다. 이전에 Supabase MCP를 사용한 것처럼 저장하는 방법을 적용해 보세요.

- 로그인 버튼까지 자동으로 클릭하는 옵션을 추가해 줘. 사용자가 선택할 수 있게 토글 스위치로 만들어 줘.
- 마스터 비밀번호를 설정해서 확장 프로그램 자체를 보호하는 기능을 넣어 줘.
- 저장된 사이트를 카테고리별로 분류하고 검색할 수 있는 기능을 추가해 줘.
- 로그인 시도가 실패했을 때 사용자에게 알려주는 기능을 만들어 줘.

# 내 감정의 좌표, AI 음악 테라피스트

오늘 감정은 어떠신가요? 막연히 '좋다', '나쁘다'로만 표현하기에는 감정이 섬세하죠. 이번에는 여러분의 **감정을 2차원 좌표로 시각화하고, 지금 기분에 딱 맞는 YouTube 음악까지 추천받는 특별한 서비스**를 만들어 보겠습니다. 자, 그럼 어떻게 만드는지 함께 알아볼까요?

## 01 아이디어 구상

더 이상 감정을 단순한 이모티콘으로만 표현할 필요가 없습니다. 여러분이 쓴 감정 일기를 AI가 분석해서 X축(쾌감도)과 Y축(에너지 레벨)의 좌표로 비주얼하게 표현해 줍니다.

- **감정의 좌표화**: "오늘 프레젠테이션 망쳤어. 팀장님 표정이 안 좋았다"라고 쓰면, AI가 이를 분석해 좌표평면의 한 점으로 표시합니다. 아마도 에너지는 낮고(-3), 쾌감도도 낮은(-4) 지점에 찍힐 겁니다.
- **맞춤 음악 추천**: 감정 좌표에 따라 YouTube에서 적절한 음악을 찾아줍니다. 우울할 땐 위로가 되는 음악을, 신날 땐 더 신나는 음악을 추천받을 수 있습니다.
- **감정 추이 분석**: 일주일, 한 달간의 감정 변화를 그래프로 확인하고, 내 감정 패턴을 파악할 수 있습니다.

이 모든 기능을 오직 대화만으로 만들어 보겠습니다.

 **커서 AI와 함께 3단계로 웹 서비스 만들기**

이제 커서 AI를 켜고 새로운 프로젝트 폴더를 생성한 다음 그 폴더를 열어 주세요.

### Step 01 감정을 담을 그릇 만들기

먼저 감정 일기를 쓰고 결과를 확인할 수 있는 인터페이스를 구성하겠습니다. 아래 프롬프트를 커서 AI에 입력해 주세요.

> 프롬프트 4 - 32
>
> **감정 매트릭스 UI 구성**
>
> '감정 매트릭스'라는 제목의 웹페이지를 만들어 줘.
>
> - 상단에 오늘 날짜와 함께 감정 일기를 작성할 수 있는 텍스트 영역 (최소 10자, 최대 1000자)
> - '감정 분석하기' 버튼
> - 중앙에 X축(-5~+5 쾌감도), Y축(-5~+5 에너지)의 2차원 좌표평면 그리기
> - 4사분면을 각각 빨강(화남), 노랑(기쁨), 파랑(슬픔), 초록(평온)으로 칠하기
> - 하단에 YouTube 음악 추천 영역 (5개 표시) 표시
> - 오른쪽에 지난 감정 기록을 볼 수 있는 사이드바 표시
>
> HTML / JavaScript / Tailwind CSS로 감성적이면서도 깔끔하게 디자인해 줘.

작업이 완료되면 [Keep All]을 클릭해서 작업 내용을 반영해 주세요. 그리고 [Go Live]를 클릭해서 제대로 작동하는지 테스트해 주세요. 커서 AI가 감정을 시각화할 수 있는 좌표평면을 만들었는지 4사분면의 색상 구분이 제대로 되었는지 확인해 보세요.

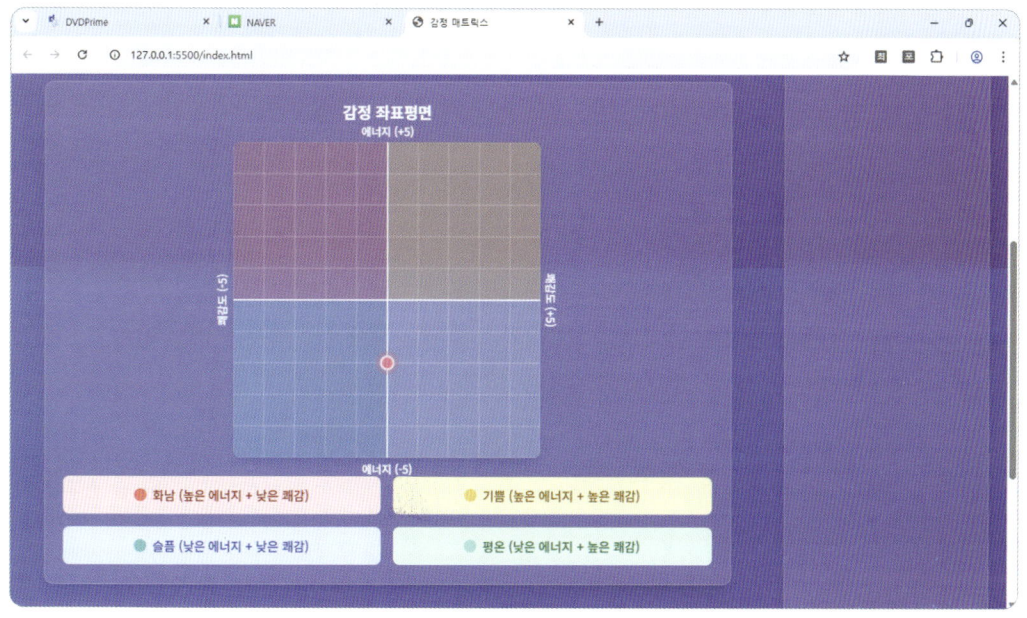

## Step 02 AI로 감정을 분석하는 두뇌 연결하기

이제 OpenAI의 GPT-5를 활용해서 감정 일기를 분석하는 기능을 구현하겠습니다. 아래 프롬프트를 커서 AI에 입력해 주세요.

> 프롬프트 4 - 33

**OpenAI 감정 분석 연동**
OpenAI API를 사용해서 감정 분석 기능을 구현해 줘.
**사용자가 '감정 분석하기' 버튼을 누르면:**
1. 입력된 감정 일기를 GPT-5-nano에게 보내서 분석
2. X축(쾌감도 -5~+5), Y축(에너지 -5~+5) 좌표값 받기
3. 주요 감정 키워드 3개 추출
4. 좌표평면에 점으로 표시하고 부드러운 애니메이션 효과 추가
5. 결과를 JSON 형식으로 받아서 처리

**API 키: (여기에 OpenAI API 키 입력)**
모델: [GPT-5-nano] 사용

**프롬프트 예시:**

다음 감정 일기를 분석해서 X축(쾌감도 -5~+5), Y축(에너지 -5~+5) 좌표와 감정 키워드 3개를 JSON으로 반환해 줘: [사용자 입력 텍스트]

작업이 완료되면 [Keep All]을 클릭하고 [Go Live]를 클릭해서 제대로 작동하는지 테스트해 주세요. 실제로 감정 일기를 쓰고 AI에게 감정 분석을 맡겨보기 바랍니다.

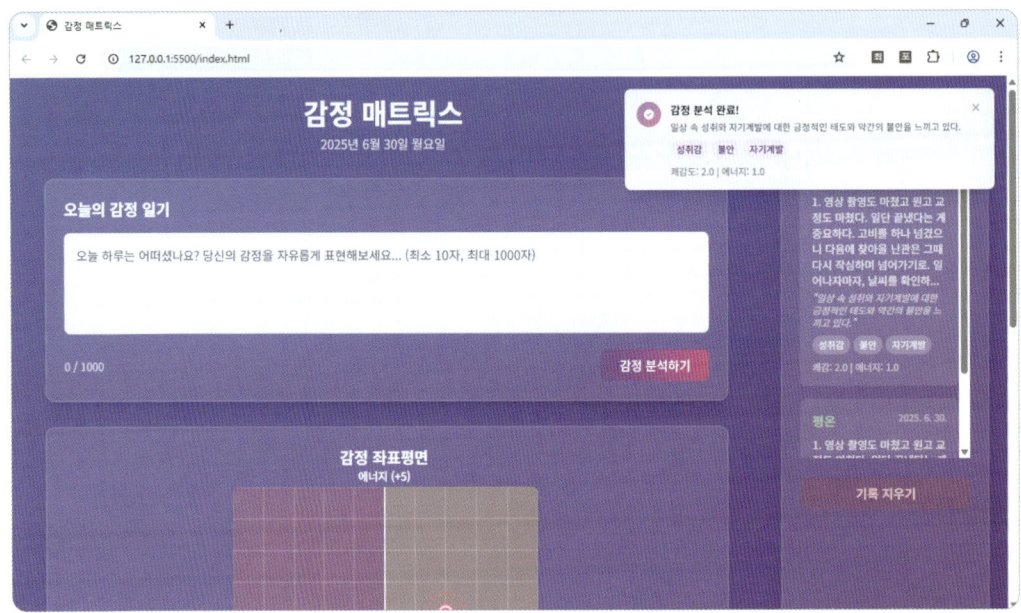

### Step 03. 감정에 맞는 YouTube 음악 찾아주기

마지막으로 분석된 감정에 어울리는 음악을 YouTube에서 찾아 추천하는 기능을 추가하겠습니다. 먼저 **유튜브 데이터 API**부터 설정하겠습니다.

#### 01 Google Cloud Platform(GCP) 프로젝트 생성

1. **Google Cloud Platform** 콘솔에 접속합니다. 아래 링크로 이동해 주세요.
   … https://console.cloud.google.com/

2. **새 프로젝트 생성:** 화면 상단의 프로젝트 선택 드롭다운 메뉴를 클릭합니다. 그리고 [새 프로젝트] 버튼을 클릭합니다. 프로젝트 이름에는 [YouTube Music Recommender]를

입력하고 [만들기]를 클릭합니다.

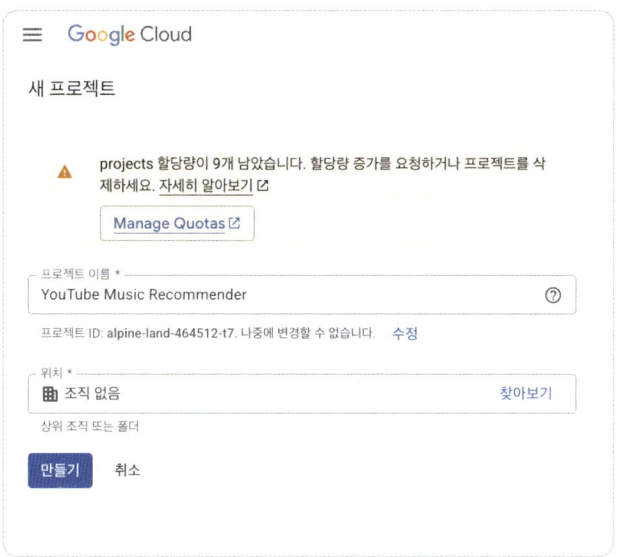

## 02 YouTube Data API v3 활성화

1. **API 및 서비스 대시보드 이동**: 방금 생성한 프로젝트가 선택된 상태에서, 왼쪽 상단의 탐색 메뉴('…')를 클릭하고 [API 및 서비스] …» [라이브러리]를 선택합니다.
2. **API 검색 및 활성화**: API 라이브러리 검색창에 "YouTube Data API v3"를 입력하고 검색합니다. 그리고 검색 결과에서 [YouTube Data API v3]를 선택하고 다시 [사용] 버튼을 클릭하여 API를 활성화합니다.

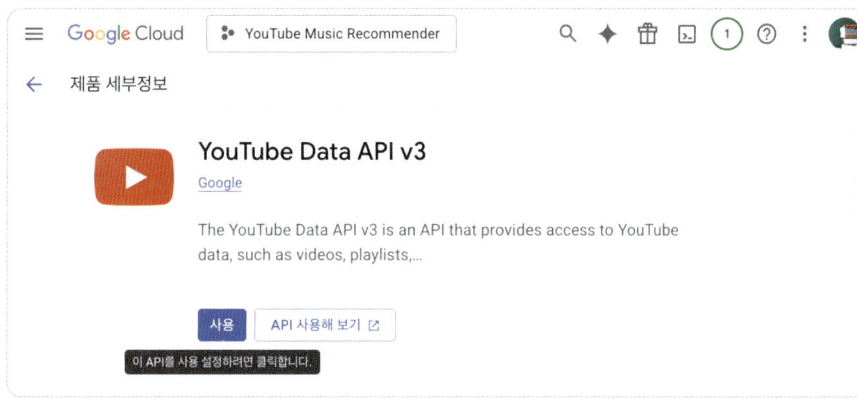

## 03 API 키 생성

1. **사용자 인증 정보 만들기**: API를 활성화한 후, 왼쪽 메뉴에서 [**사용자 인증 정보**]를 선택합니다.

2. 화면 상단의 [**+ 사용자 인증 정보 만들기**]를 클릭하고 [**API 키**]를 선택합니다.

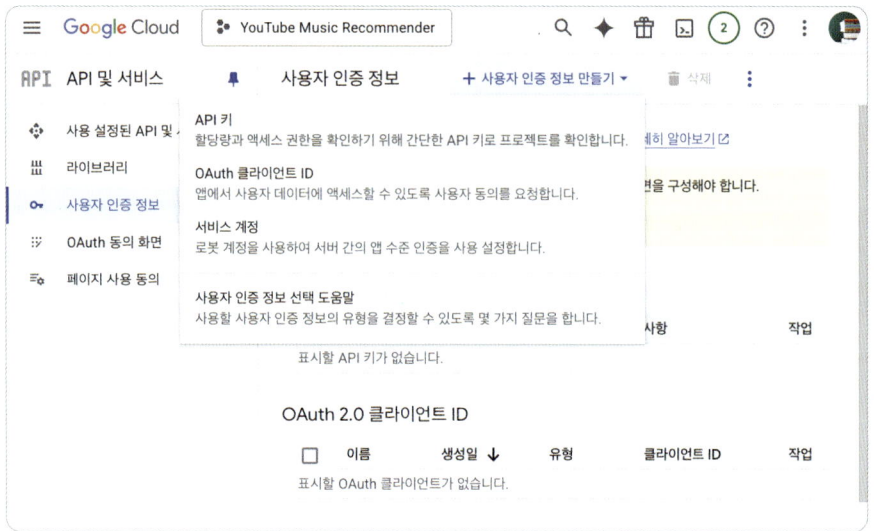

3. **API 키 확인 및 제한**: API 키가 생성되면 팝업창에 표시됩니다. 이 키를 복사하여 안전한 곳에 보관하세요.

4. **API 키 제한**: [**API 키를 수정**] 글자를 클릭하세요. '애플리케이션 제한사항' 섹션에서 [**웹사이트**]를 선택하여 키 사용을 제한할 수 있습니다.

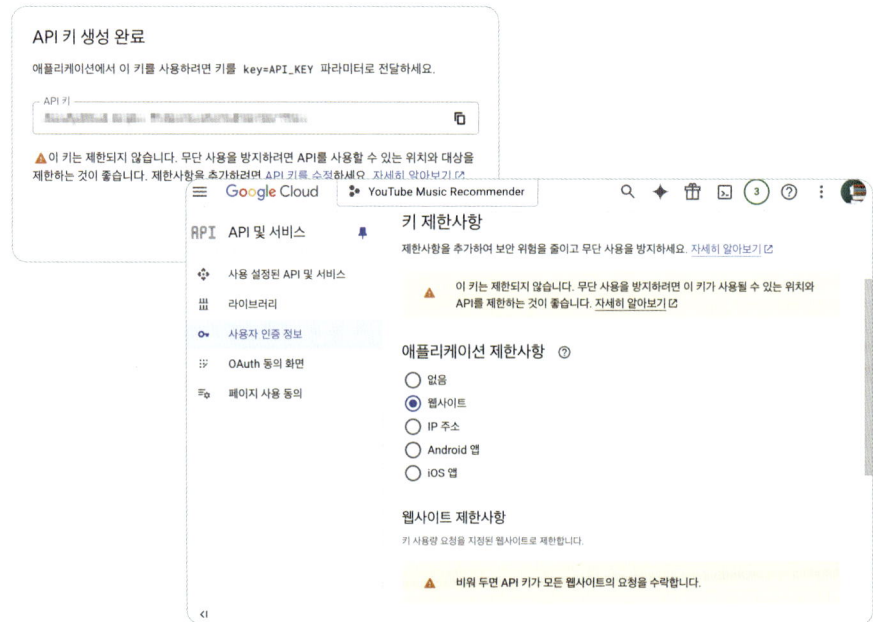

'API 제한사항' 섹션에서 **[키 제한]**을 선택하고, 드롭다운 메뉴에서 **[YouTube Data API v3]만 허용**하도록 설정합니다. 그리고 **[저장]**을 클릭하여 설정을 완료합니다.

5. 이제 발급받은 API 키를 프롬프트에 적용할 수 있습니다. 코드 내에서 API 키를 입력하는 부분에 복사한 키를 붙여넣으면 됩니다. 아래 프롬프트를 커서 AI에 입력해 주세요.

> 프롬프트 4 - 34
>
> ### YouTube 음악 추천 기능
>
> YouTube Data API v3를 사용해서 감정에 맞는 음악 추천 기능을 만들어 줘.
>
> 1. 감정 좌표에 따라 검색 키워드 자동 생성:
>    - 1사분면(기쁨): "happy upbeat music"
>    - 2사분면(화남): "intense energetic music"
>    - 3사분면(슬픔): "sad calm music"
>    - 4사분면(평온): "relaxing peaceful music"
> 2. 에너지 레벨에 따라 BPM 조정 (높으면 fast, 낮으면 slow 추가)
> 3. YouTube에서 관련 음악 5개 검색
> 4. 각 음악의 썸네일, 제목, 채널명 표시
> 5. 클릭하면 임베드 플레이어로 바로 재생
>
> API 키: **(여기에 YouTube API 키 입력)**
>
> 로컬스토리지에 감정 분석 결과와 추천받은 음악 목록도 함께 저장해 줘.

작업이 완료되면 [Go Live]를 사용해서 기능을 테스트해 주세요. 감정 일기를 작성하고 분석 버튼을 누른 후, 추천된 음악 중 하나를 클릭해 보세요. 여러분의 현재 감정에 어울리는 음악이 바로 재생될 겁니다.

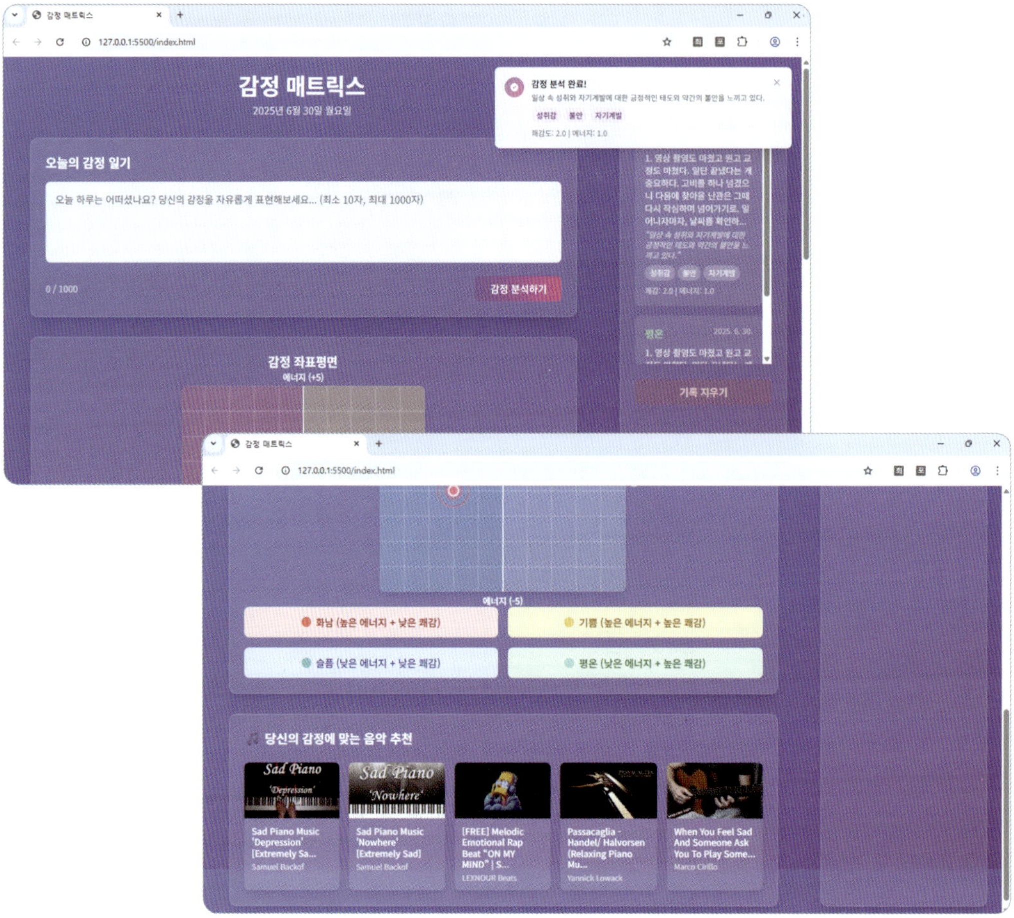

## 딸깍! 나만의 감정 테라피스트

여러분은 방금 AI 기반 감정 분석과 음악 추천이 결합된 혁신적인 웹 서비스를 만들었습니다. 이제 매일 감정을 기록하고, 시각적으로 확인하며, 기분에 맞는 음악으로 하루를 마무리할 수 있게 되었습니다.

 **이것만은 알고 가요**

오늘 우리는 텍스트를 숫자(좌표)로 변환하고, 그 숫자를 다시 음악이라는 콘텐츠로 연결하는 경험을 했습니다.

 **더 잘하고 싶다면?**

여기서 멈추지 말고 더 발전시켜 보세요.

- 감정 캘린더를 추가해서 월별로 어떤 날에 어떤 감정이었는지 한눈에 볼 수 있게 해 줘.
- 일주일간 감정 추이를 선 그래프로 보여주고, 평균 감정 상태도 계산해 줘.
- 비슷한 감정을 가진 다른 사용자들이 많이 들은 음악 TOP 10을 보여주는 기능 추가해 줘.
- 감정이 극단적일 때(좌표가 -4 이하거나 +4 이상) 명상 콘텐츠나 호흡법을 추천하는 기능도 넣어 줘.

# 바코드 스캔부터 AI 책장 인식까지, 내 손으로 만드는 디지털 책장

독서 좋아하시나요? 저는 책을 읽을 때마다 항상 이런 생각을 했습니다. "이 멋진 구절을 어디에 적어둘까?", "지난달에 읽은 책이 뭐였고 몇 권을 읽었더라?", "모임에서 내 책장을 자랑하고 싶은데..." 오늘은 이 모든 고민을 해결해 줄 **나만의 디지털 책장**을 만들어 보겠습니다. **바코드만 찍으면 책 정보가 자동으로 입력**되고, 심지어 **실제 책장 사진을 찍으면 커서 AI가 알아서 책들을 인식**해주는 서비스! 자, 그럼 디지털 책장을 만나러 가볼까요?

 **아이디어 구상**

우리가 만들 서비스는 단순한 독서 기록 앱 차원이 아닙니다. 내 입맛대로 직접 만들어서 써먹는 나만의 디지털 책장 서비스입니다.

- **스마트한 책 등록**: 책 뒤의 바코드만 카메라로 찍으면, 제목부터 저자, 출판사, 페이지 수까지 모든 정보가 자동으로 입력됩니다. 타이핑은 하지 않습니다.
- **진도 관리의 재미**: 오늘 어디까지 읽었는지 기록하면, 언제쯤 완독할 수 있을지 AI가 예측해 줍니다.

- **나만의 하이라이트 컬렉션**: 감동적인 구절, 중요한 인사이트를 페이지 번호와 함께 저장. 나중에 "그 구절이 뭐였더라?" 할 때 검색만 하면 됩니다.
- **AI가 읽어주는 내 책장**: 실제 책장 사진을 찍으면 OpenAI가 책등을 읽어서 자동으로 등록해 줍니다.
- **책장 공유의 즐거움**: 내 디지털 책장을 링크 하나로 친구들과 공유. "와, 너 이런 책도 읽는구나!"

이 모든 기능을 오직 대화만으로 만들어 보겠습니다.

##  커서 AI와 함께 5단계로 웹 서비스 만들기

이제 커서 AI를 켜고 새로운 프로젝트 폴더를 생성한 다음 그 폴더를 열어 주세요. 저는 [digital-bookshelf]이라는 폴더를 생성하고 열었습니다. 개발을 시작하기 전에 Supabase MCP부터 설정하겠습니다. **MCP 설정은 [공통 가이드 8 (360 쪽)] MCP 설정하기 편을 참조해 주세요.**

### Step 01 디지털 책장의 기본 골격 만들기

터미널(`Ctrl`+`~`)을 열고 아래 명령어를 입력해서 Next.js 프로젝트를 생성해 주세요. **Next.js 프로젝트 생성은 [공통 가이드 4 (349 쪽)] Next.js 프로젝트 생성하기 편을 참고해 주세요.**

이제 사용자가 책을 등록하고 관리할 수 있는 기본 화면을 만들겠습니다. 아래 프롬프트를 커서 AI에 입력해 주세요.

> 프롬프트 4 - 35
>
> **디지털 책장 기본 UI**
> '나만의 디지털 책장'이라는 제목의 웹 페이지를 만들어 줘.
> 메인 화면은 다음과 같이 구성해 줘.
> 1. **상단 헤더**
>    - 로고와 제목 "나만의 디지털 책장"
>    - 측에 "내 책장 공유" 버튼

2. 책 추가 섹션
   - "바코드 스캔" 버튼 (카메라 아이콘)
   - "직접 검색" 버튼
   - "책장 사진으로 추가" 버튼 (AI 아이콘)

3. 내 책장 영역
   - 탭 메뉴: "읽는 중", "완독", "읽을 예정", "전체"
   - 책 표지를 그리드 형태로 표시
   - 각 책 카드에는 표지, 제목, 저자, 진도율 표시

4. 하단 네비게이션
   - 홈, 하이라이트, 통계, 설정 아이콘

전체적으로 모던하고 깔끔한 디자인으로, ShadCN을 써서 모바일 우선 반응형으로 만들어 줘.

터미널에서 필요한 패키지들을 설치하라고 하면 [Run] 버튼을 클릭해서 그대로 따라 주세요. 작업이 끝나면 [Accept all] 버튼을 클릭해 주세요. 개발 서버를 실행하기 위해 터미널을 실행하고 아래 명령어를 입력해 주세요.

터미널

```
npm run dev
```

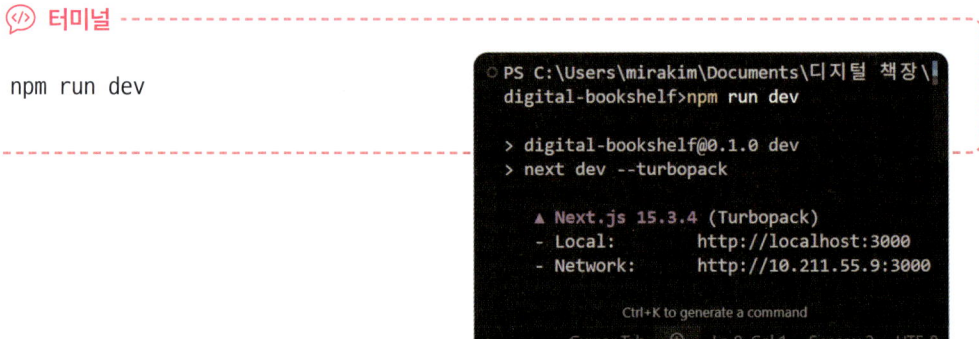

[npm run dev]를 실행하면 [localhost:3000]으로 접속해서 PWA 웹 앱을 테스트할 수 있습니다. **커서 AI가 직접 npm run dev을 실행해 주겠다고 하면 Skip하고 직접 여러분이 터미널에서 실행합니다.** 아래 화면처럼 디지털 책장 웹 앱의 기본틀이 만들어졌습니다.

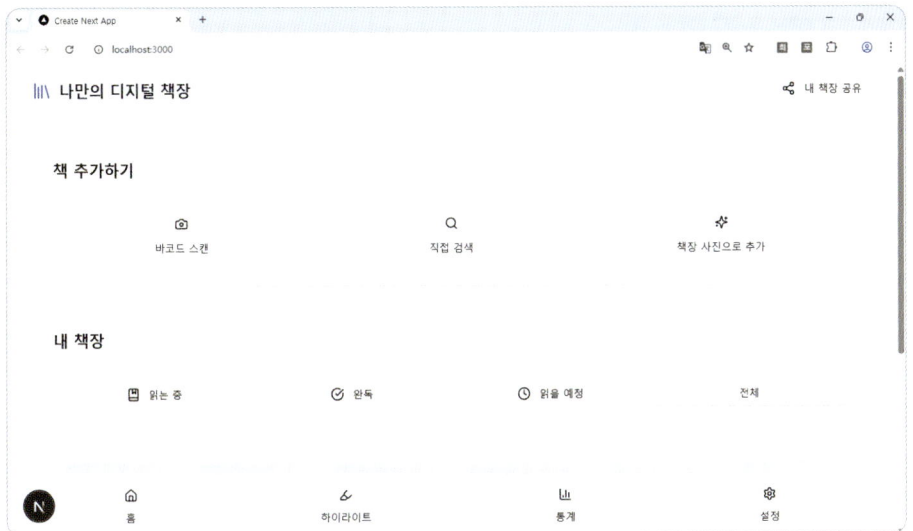

## Step 02 네이버 책 검색 API 연동하기

이제 책 정보를 자동으로 가져올 수 있도록 네이버 책 검색 API를 연결하겠습니다. 먼저 네이버 개발자 센터에서 API 키를 발급받아야 합니다.

01 네이버 개발자 센터에 접속해서 로그인한 후 [Application] …» [애플리케이션 등록]을 클릭합니다.

→ https://developers.naver.com/

02 애플리케이션 등록 화면에서 다음과 같이 설정합니다.
  - 애플리케이션 이름: "디지털 책장" 입력
  - 사용 API: "검색" 선택
  - 비로그인 오픈 API 서비스 환경: "WEB 설정" 선택, URL에 "http://localhost:3000" 입력

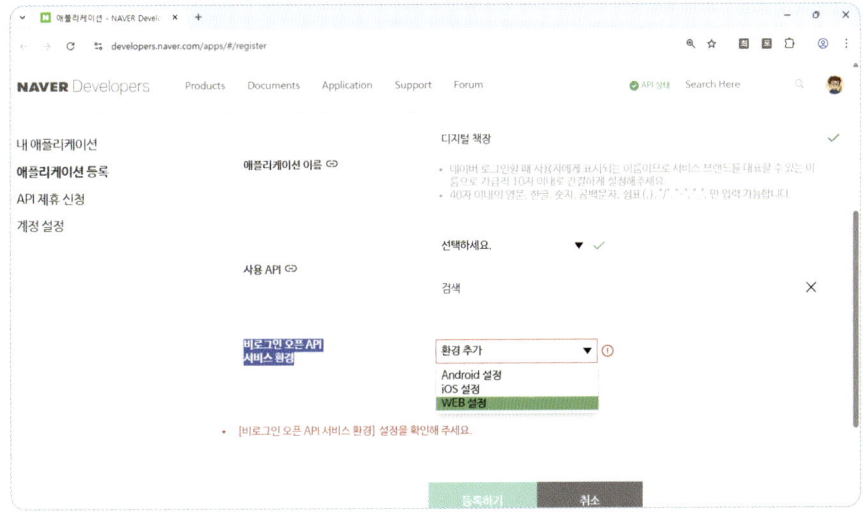

**03** **[등록하기]** 버튼을 클릭합니다. 등록 완료 후 **[Client ID]**와 **[Client Secret]**을 복사해 둡니다.

계속해서 네이버 책 검색을 위해 아래 프롬프트를 커서 AI에 입력해 주세요.

> **프롬프트 4 - 36**
>
> **네이버 책 검색 API 연동**
>
> 네이버 책 검색 API를 연동해서 책 정보를 가져오는 기능을 구현해 줘.
>
> 1. /api/books/search 라우트를 만들어서 네이버 API를 호출하도록 해 줘
>    - Client ID: **(여기에 발급받은 Client ID 입력)**
>    - Client Secret: **(여기에 발급받은 Client Secret 입력)**
>    - 이 키들은 환경변수로 관리해 줘.
>
> 2. 검색 화면 만들기
>    - 모달 형태로 검색창 표시
>    - 제목이나 저자명으로 검색 가능
>    - 검색 결과를 리스트로 표시 (표지, 제목, 저자, 출판사)
>    - 선택하면 Supabase에 저장
>
> 3. Supabase MCP를 통해 digitalbooks 테이블 생성
>    - id, user_id, isbn, title, author, publisher, total_pages, cover_image, category, status, rating, current_page, created_at, updated_at
>
> 4. 선택한 책 정보를 데이터베이스에 저장하는 기능 구현

작업이 완료되면 [Keep All]을 클릭하고 웹 페이지에서 테스트를 진행해 봅니다. 아래 화면처럼 네이버 검색 서비스와 연동해서 키워드로 검색하면 결과 화면을 가져올 수 있습니다.

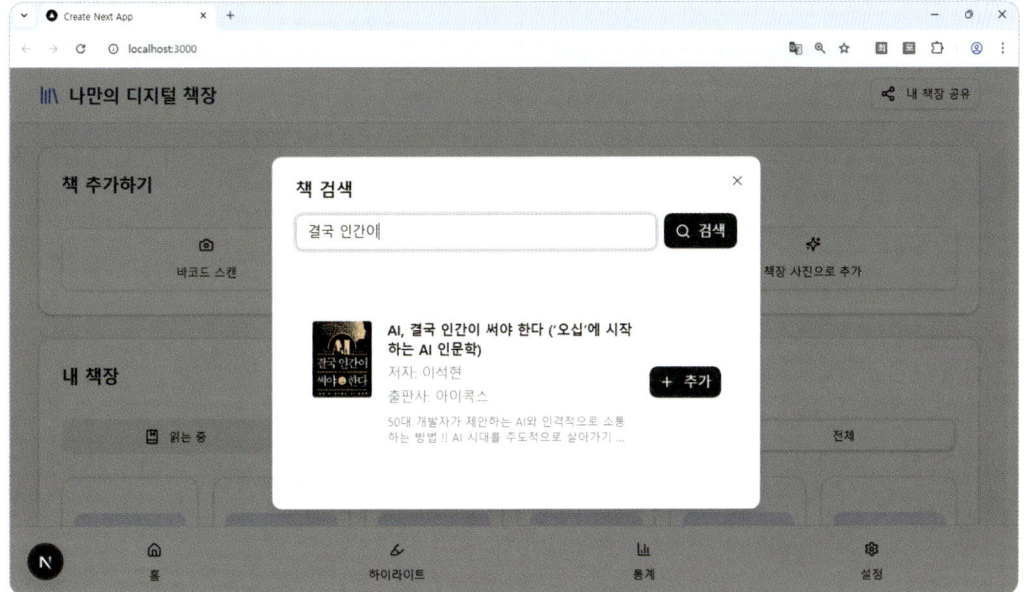

> 🎯 **Next.js 오류**
>
> 만약 Next.js 오류가 난다면 메시지를 복사해서 커서 AI에 입력해 주세요. 또한 Naver API와 Supabase API 접근을 위해서 [.env.local] 파일을 생성하고 그 안에 키 값을 커서 AI가 설정해 주었는지 확인해 주세요. 설정이 제대로 되었는데도 보안 때문에 커서 AI가 파일 내부를 볼 수 없기 때문에 반복적으로 파일을 설정하려고 시도하는 경우가 있습니다. 그럴 때는 커서 AI의 작업을 중단하고 파일이 제대로 설정되었다고 알려주면 됩니다.

기능을 면밀하게 테스트하고 구현되지 않은 사항은 커서 AI에 수정해 달라고 요청하세요. 저는 검색 결과에서 '+'를 클릭해도 아무 반응이 없어서 보완해 달라고 요청했습니다. (아마도 Supabase와 연동이 되지 않아서 발생한 문제점인 것 같습니다.)

> 💬 **프롬프트 4 - 37**
>
> **네이버 책 검색 API 연동**
>
> 네이버 검색 결과 화면에서 '+'를 클릭해도 아무 반응이 없어. 수정해 줘.
> '+' 아이콘을 클릭하면 내 책장에 추가해 줘.

작업이 완료되면 다시 웹 페이지에서 테스트를 진행합니다. 저는 책 검색 후 저장('+')할 때 에러가 발생했습니다. [개발자 도구] …» [콘솔]에서 에러 메시지를 복사해서 커서 AI에게 보내 수정을 요청했습니다. 에러는 다양한 상황에서 발생할 수 있습니다. 책이 책장에 등록되지 않거나, 책 표지가 표시되지 않는다거나, 중복이라고 등록할 수 없다고 메시지를 표시할 겁니다. 그럴 때는 에러 메시지를 복사해서 커서 AI에게 수정해 달라고 요청하세요.

아래 화면처럼 검색한 책을 내 책장에 등록할 수 있습니다.

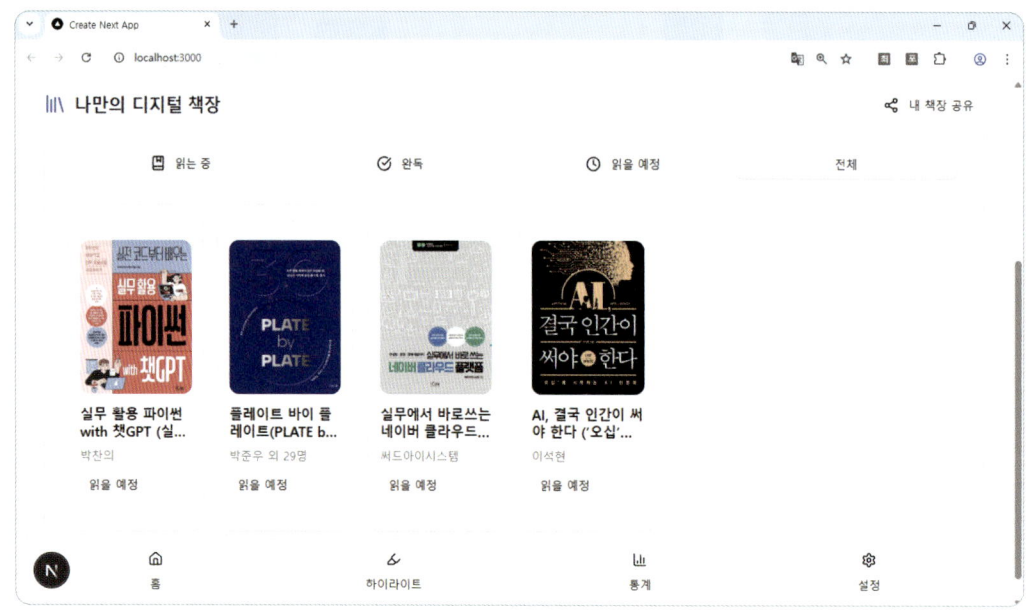

현재는 내 책장에 검색한 책이 등록만 되었습니다. 현재 책의 상태를 바꾸는 기능은 구현이 되지 않았죠. 미비한 기능 역시 커서 AI에게 프롬프트로 요청하면 됩니다. (예 "내 책장에 등록한 책의 상태를 바꾸는 기능을 추가해 줘")

### Step 03 바코드 스캔 기능 구현하기

PWA의 장점을 살려 카메라로 바코드를 스캔하는 기능을 추가하겠습니다. 아래 프롬프트를 커서 AI에 입력해 주세요.

> **프롬프트 4-38**
>
> **바코드 스캔 기능**
> QuaggaJS 라이브러리를 사용해서 ISBN 바코드 스캔 기능을 구현해 줘.

1. **"바코드 스캔" 버튼 클릭 시 카메라 화면 표시**
   - 전체 화면 오버레이로 카메라 뷰 표시
   - 스캔 가이드라인 표시
   - '취소' 버튼으로 닫기 가능

2. **ISBN 바코드 인식**
   - EAN-13 형식 바코드 인식
   - 인식 성공 시 자동으로 네이버 API로 책 검색
   - 검색 결과가 1개면 자동 등록, 여러 개면 선택 화면 표시

3. **사용자 경험 개선**
   - 스캔 중 진동 피드백
   - 인식 성공/실패 시 적절한 알림 표시
   - 조명이 어두운 경우 플래시 켜기 옵션

모바일에서 부드럽게 작동하도록 최적화해 줘.

이제 정상적으로 표지 이미지도 생성되었고 내 책장의 [읽을 예정] 목록에도 추가되었습니다.

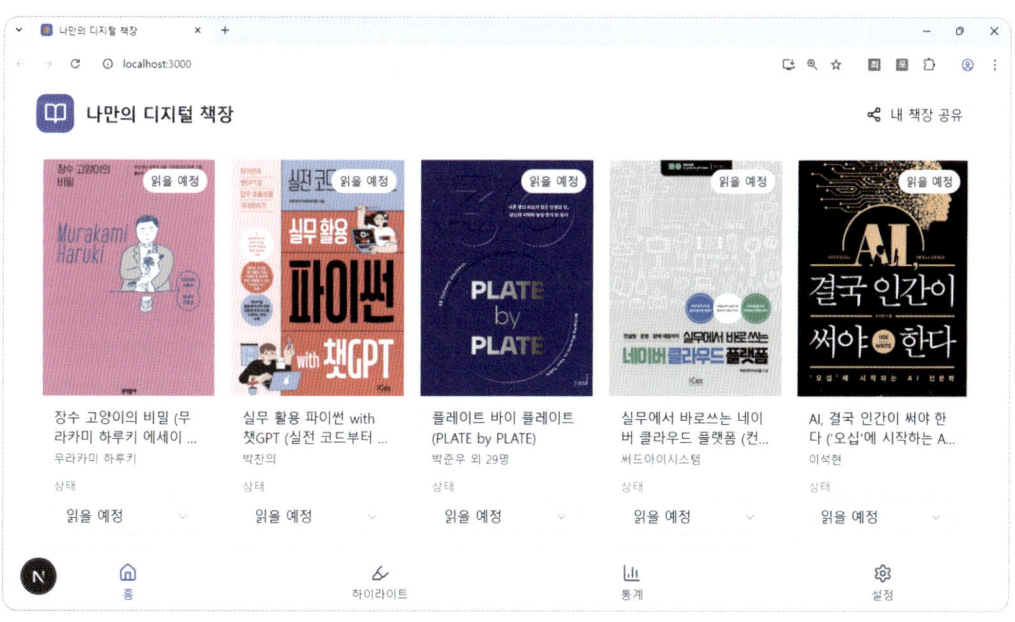

만약 바코드 스캔이 안되거나 스캔 화면이 까맣게 나오거나, 혹은 스캔은 정상적으로 수행되었지만 표지사진이 들어오지 않는다면 아래와 같이 커서 AI에게 수정해 달라고 요청해 주세요.

> **프롬프트 4 - 39**
>
> ### 바코드 스캔이 안되고 화면이 까맣게 나올 때
> 바코드 스캔도 안되고 스캔 화면이 까맣게 나와 수정해 줘.
>
> ---
>
> ### 에러가 발생했을 때
> 아래처럼 에러가 났어 수정해 줘.
> SyntaxError: Unexpected end of JSON input
>
> ---
>
> ### 표지사진이 들어오지 않을 때
> 스캔은 정상적으로 되었어. 그런데 표지 사진이 들어오지 않았어. 수정해 줘.

## Step 04 / AI 책장 인식 기능

이제 가장 흥미로운 기능을 구현할 차례입니다. OpenAI Vision API를 사용해서 실제 책장 사진에서 책을 인식하는 기능입니다. 아래 프롬프트를 커서 AI에 입력해 주세요.

> **프롬프트 4 - 40**
>
> ### AI 책장 인식 기능
> OpenAI Vision API(GPT-5-nano)를 사용해서 책장 사진에서 책을 인식하는 기능을 구현해 줘.
>
> ⋮
>
> **1. 사진 업로드 UI**
> - '책장 사진으로 추가' 버튼 클릭 시 파일 선택 또는 카메라 촬영
> - 로드된 이미지 미리보기 표시
> - 'AI가 책을 찾는 중...' 로딩 표시

2. **OpenAI Vision API 호출**
   - API Key: **(여기에 OpenAI API 키 입력)**
   - 키는 Supabase key 테이블에 저장하고 재사용
     - 이미지를 base64로 인코딩해서 전송
     - "이 책장 사진에서 보이는 모든 책의 제목을 찾아줘.
     - 한국어 책과 영어 책을 구분해서 리스트로 알려 줘" 프롬프트 사용

3. **인식 결과 처리**
   - AI가 찾은 책 제목들을 리스트로 표시
   - 각 제목마다 체크박스로 선택 가능
   - '선택한 책 검색하기' 버튼으로 네이버 API 일괄 검색

4. **일괄 등록 화면**
   - 검색된 책들을 카드 형태로 표시
   - 찾지 못한 책은 수동 검색 옵션 제공
   - '모두 추가' 또는 개별 추가 가능

이미지 크기는 최적화해서 API 비용을 절약하도록 해 줘.

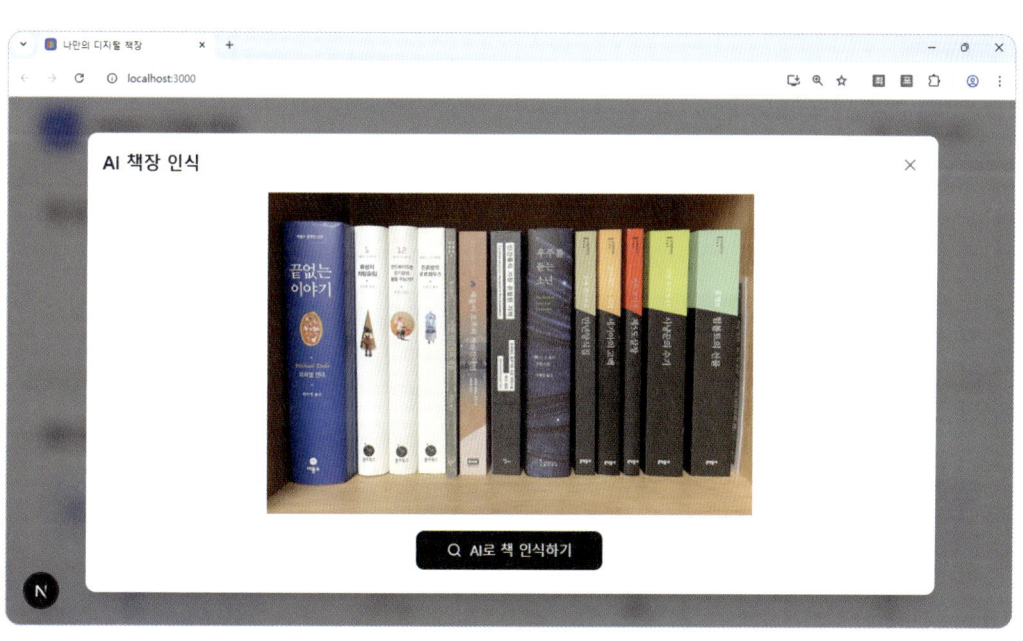

저는 책장 스캔한 사진을 업로드하고 인식 버튼을 눌렀는데 아무 반응이 없어서 커서 AI에게 증상을 말하고 수정해 달라고 요청했습니다.

> 프롬프트 4 - 41

**AI 책장 인식 기능**

책장 스캔한 사진을 불러와서 인식 버튼을 눌러도 아무 반응이 없어. 수정해 줘.

수정 후, 다시 기능 테스트를 진행했더니 이번에는 명확한 에러 메시지를 확인할 수 있었습니다. 에러 화면을 캡쳐해서 채팅 창에 드래그하거나 메시지를 복사해서 커서 AI에게 전달해 주세요.

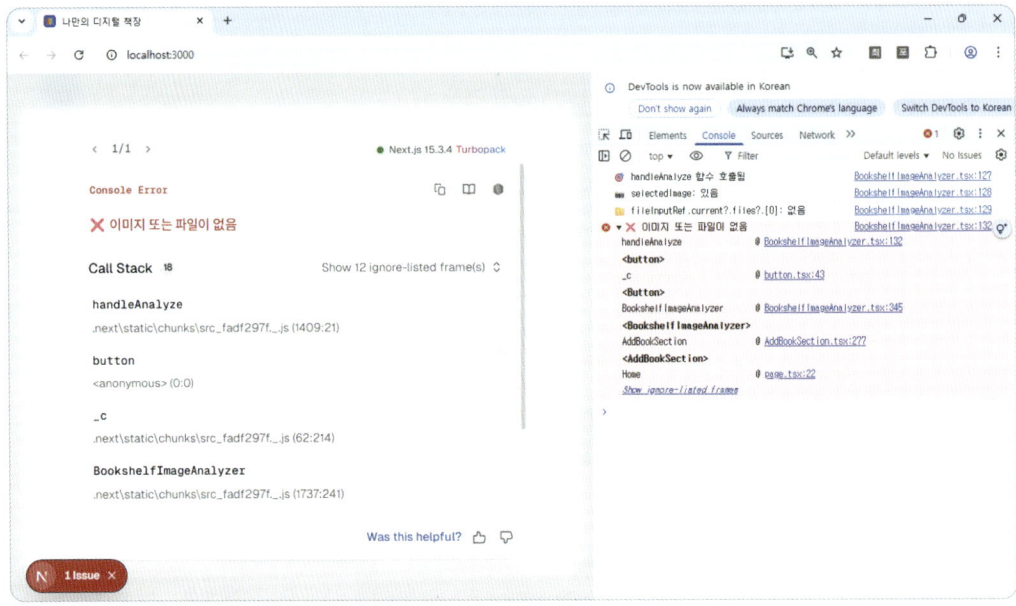

원본 사진과 완전히 동일하게 책을 인식하지는 못했지만 대부분의 책을 인식할 수 있었습니다. 90%이상의 인식률을 나타냈네요. 검색한 책을 선택해서 내 책장에 등록도 성공했습니다.

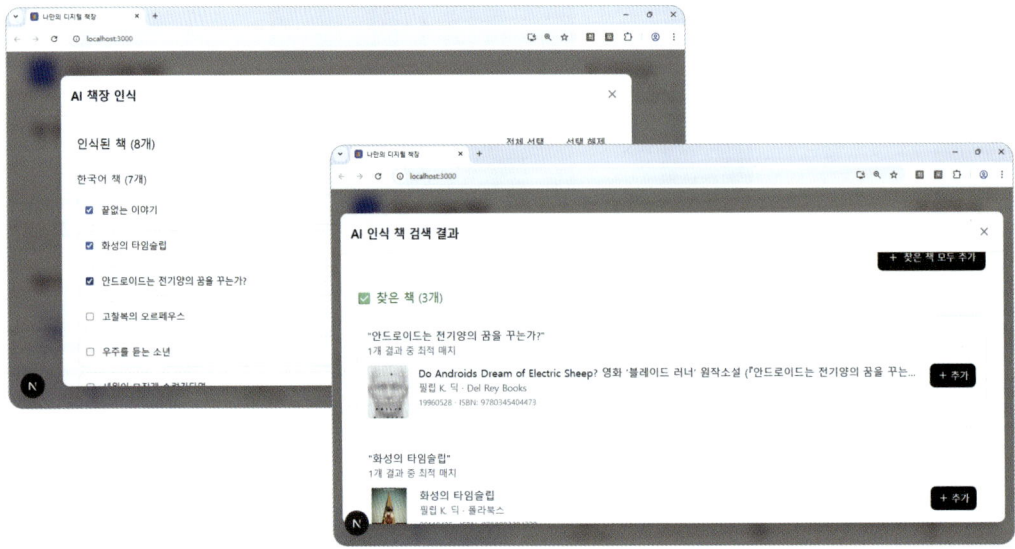

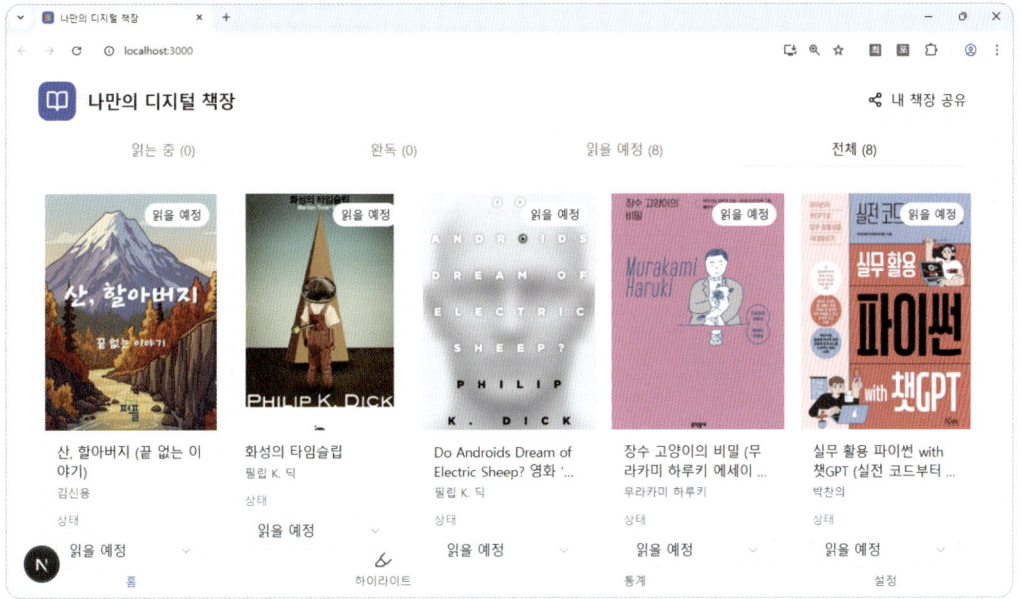

## Step 05 진도 관리와 하이라이트 기능

독서의 즐거움을 더해줄 진도 관리와 하이라이트 기능을 추가하겠습니다. 아래 프롬프트를 커서 AI에 입력해 주세요.

> 프롬프트 4 - 42
>
> **진도 관리 및 하이라이트 기능**
>
> 1. **책 상세 페이지 구현**
>    - 책 표지를 클릭하면 상세 페이지로 이동
>    - 상단에 큰 표지 이미지와 기본 정보
>    - 진도율 표시 (시각적 프로그레스 바)
>    - '읽기 시작' 버튼
>
> 2. **읽기 세션 기록**
>    - Supabase에 reading_sessions 테이블 생성
>    - 현재 페이지 입력 시 자동으로 진도율 계산
>    - 읽기 속도 분석 (평균 페이지/일)
>    - 예상 완독일 표시

3. 하이라이트 기능
   - Supabase에 highlights 테이블 생성
   - 플로팅 액션 버튼으로 하이라이트 추가
   - 텍스트 입력, 페이지 번호, 카테고리 선택
   - 하이라이트 목록을 카드 형태로 표시

4. 읽기 통계
   - GitHub 스타일 잔디 캘린더
   - 이번 달 읽은 책 수
   - 총 읽은 페이지
   - 가장 많은 하이라이트를 남긴 책 TOP 3

모든 데이터는 실시간으로 Supabase와 동기화되도록 해 줘.

작업이 완료되었으면 내 책장에서 책 한 권을 클릭하고 읽기 진도를 업데이트 해 보세요. 저는 입력은 문제없이 수행되었지만 입력한 정보가 저장되지 않아서 커서 AI에게 수정해달라고 요청했습니다. **프롬프트에 요청한 기능들을 하나하나씩 테스트해야 합니다. 제대로 수행되는지 점검하고 문제가 있다면 커서 AI에게 수정해 달라고 요청하세요.**

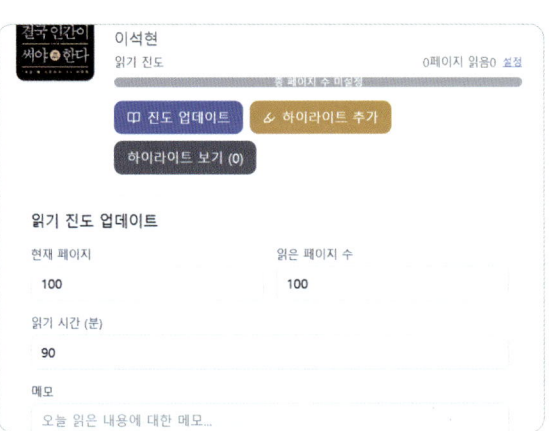

> 프롬프트 4 - 43

### 진도 관리 및 하이라이트 기능

책을 클릭하고 진도를 업데이트했으나 기록되어있지 않아. 따라서 진도율이 업데이트되지 않고 있어. 수정해 줘.

이제 진도율이 표시되고 있습니다. 그렇지만 총 페이지 정보가 없기 때문에 정확한 진도율이 표시되지 않고 있습니다. 그 문제를 수정해달라고 요청하였습니다.

> **프롬프트 4 - 44**
>
> ### 진도 관리 기능
>
> 진도율은 이제 표시되고 있지만, 전체 페이지 정보가 없어서 진도율을 정확하게 계산할 수 없어. 사용자가 전체 페이지 정보를 직접 입력하게 수정해 줘.

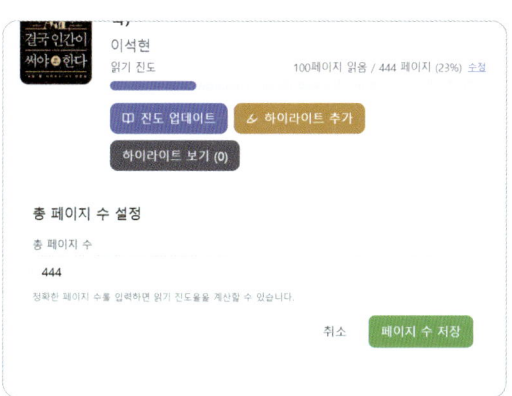

기능을 하나씩 테스트 해보고 구현되지 않은 것은 아래 프롬프트처럼 커서 AI에게 수정해달라고 요청하면서 서비스를 완성해 보세요.

> **프롬프트 4 - 45**
>
> ### 하이라이트 기능
>
> 선택한 책에서 하이라이트 입력이 되지 않아. 하이라이트 입력하는 기능을 추가해 줘.

각 책마다 이제 하이라이트 정보를 입력할 수 있습니다.

계속해서 읽기 세션과 하이라이트, 통계 기능이 정상적으로 작동하는지도 점검해 보세요.

 **딸깍! 완성된 나만의 디지털 책장**

이제 여러분은 바코드 스캔부터 AI 책장 인식까지, 최신 기술이 집약된 디지털 책장을 갖게 되었습니다. 한 번의 완벽한 딸깍은 아니었지만, 오직 대화만으로 우리는 디지털 책장이라는 서비스를 완성했습니다. 프롬프트를 전달하는 것에 머물지 말고 커서 AI와 피드백하면서 점진적으로 기능을 완성하는 과정을 체험하시기 바랍니다. 그것이 바이브 코딩의 묘미랍니다.

😊 **Vercel로 배포하기**

이제 우리의 멋진 디지털 책장을 전 세계와 공유할 시간입니다. 터미널에 아래 명령어를 입력하세요.

> </> 터미널
> ```
> npx vercel
> ```

몇 가지 질문에 답하면 자동으로 배포가 완료됩니다. 배포된 URL을 친구들과 공유해 보세요.

 **이것만은 알고 가요**

오늘 우리가 만든 디지털 책장은 단순한 CRUD 앱이 아닙니다. PWA로 네이티브 앱 같은 경험을 제공하고, 바코드 스캔으로 편의성을 높였으며, AI를 활용해 마법 같은 기능까지 구현했습니다. 특히 Supabase MCP를 통해 복잡한 백엔드 설정 없이도 실시간 데이터 동기화를 구현한 것이 핵심입니다.

## 05 더 잘하고 싶다면?

여러분의 디지털 책장은 무한한 가능성을 품고 있습니다. 커서 AI와 함께 더 멋진 기능들을 추가해 보세요.

- 같은 책을 읽는 사람들끼리 하이라이트를 공유할 수 있도록 독서 모임 기능을 추가해 줘.
- 매주 일요일에 그 주의 독서 통계를 이메일로 보내주는 기능을 만들어 줘.
- 내가 읽은 책들을 분석해서 다음에 읽을 책을 추천해 주는 책 추천 AI를 만들어 줘.
- 들은 시간을 페이지로 환산해서 진도 관리하는 오디오북 연동 기능을 추가해 줘.

# 클로드 코드로
# 커뮤니티 웹서비스
# 뚝딱 만들기

Chapter 1      커뮤니티 프로젝트 - 바이브 코더를 위한 프로젝트 기획서 작성법
Chapter 2      본격적인 개발 시작하기 - 개발 환경 구축
Chapter 3      커뮤니티의 핵심 기능 구현하기 - 공지사항과 소통공간 시스템
Chapter 4      더욱 매력적인 커뮤니티 만들기 - 투표 & 설문조사 시스템
Chapter 5      진짜 서비스로 완성하기 - 관리자 시스템과 서비스 배포

# PART 5

PART 5는 바이브 코더를 위한 커뮤니티 웹사이트 구축 과정을 상세히 안내합니다. 기획부터 Django 기반의 개발 환경 설정, 그리고 인증 및 공지사항, 소통 공간 구현까지, 클로드 코드를 활용하여 프로젝트를 완성하는 방법을 제시합니다.

# 커뮤니티 프로젝트, 바이브 코더를 위한 프로젝트 기획서 작성법

커뮤니티는 **비슷한 취향을 가진 사람들이 모여 소통하는 공간**입니다. 영화, 음악, K-POP, 게임, 웹툰 등 무엇이든 좋아하는 대상이 있다면 그 주제를 중심으로 커뮤니티를 만들 수 있어요. 이번 챕터에서는 개발하기 전에, 실제 서비스 기획자의 업무를 체험할 겁니다. 프로젝트 기획서PRD 작성부터 디자인 시스템 구축, 화면 설계, 사용자 여정 분석, 개발 계획 수립까지 **전문적인 개발 프로세스를 경험**하게 될 거예요. 자, 그럼 그 여정으로 함께 떠나 볼까요?

 아이디어 구상

우리가 만들 커뮤니티는 기존 서비스들의 문제점을 해결한 공간이 될 겁니다.

- **카카오톡 오픈채팅의 문제**: 글이 금방 묻혀버려요!
- **인스타그램의 문제**: 사용자들끼리만 소통하기 어려워요!
- **네이버 카페의 문제**: 너무 복잡하고 무거워요!
- **스레드의 문제**: 정보가 너무 빨리 흘러가요!

### 😊 우리 서비스만의 특별함

- 모바일/태블릿에 최적화된 반응형 디자인
- 게시판 기능과 좋아요, 댓글, 대댓글 시스템
- 투표 기능으로 의견 모으기
- 강력한 관리자 페이지 기능

## 02 전문적인 기획 문서 만들기

먼저, 우리가 개발하려는 커뮤니티 기능의 개발 가능성을 검토하기 위해 기획서부터 만들어 보겠습니다. 여기서는 IT 프로젝트에 강력한 모델인 **클로드**를 사용하겠습니다. 클로드(https://claude.ai/)에서 새로운 대화창을 열고 모델은 [Claude Sonnet 4.5]를 선택해 주세요. 그리고 아래 프롬프트를 클로드에 입력해 주세요.

> **프롬프트 5-1**
>
> **커뮤니티 웹사이트 기획**
>
> 커뮤니티 웹사이트를 만들고 싶어. 내가 생각하는 기능은 아래와 같은데, 개발이 가능한지 면밀하게 검토하고 의견을 전달해 줘.
>
> 1. 공지사항
> 2. 소통 공간(자유게시판, 좋아요, 조회수, 댓글, 대댓글, 이미지 업로드)
> 3. 주요 일정(캘린더 기반)
> 4. 투표(설문조사로 확장)
> 5. 회원가입(로그인, 로그아웃, 세션 관리, 프로필 표시)
> 6. 관리자 대시보드
>
> 바이브 코딩 컨셉으로 개발할 거야. 나는 코딩을 1도 모르는 사람이니까 프로그래밍 전문가인 네가 리딩해주면 좋겠어. 백엔드는 보안성이 뛰어나고 유지보수가 쉬워야 해. 프런트엔드는 디자인이 뛰어난 Tailwind CSS를 쓰고 DB는 SQLite로 가볍게 시작하고 싶어. 스택을 제안해주면 좋겠는데 스택은 보안성이 뛰어나고 AI가 쉽게 구현할 수 있고 나중에 쉽게 기능을 추가하거나 유지 보수가 쉬운 탄탄하고 가벼운 구조면 좋겠어.

커뮤니티 웹사이트 기획을 살펴보니 모든 기능이 충분히 개발 가능합니다. 각 기능별로 분석하고 최적의 기술 스택을 제안드리겠습니다.

✅ **기능 개발 가능성 분석:** 모든 기능이 개발 가능합니다.

- 공지사항: 기본적인 CRUD 기능으로 매우 쉬움
- 소통 공간: 표준적인 커뮤니티 기능들로 구현 난이도 중간
- 주요 일정: 캘린더 라이브러리 활용으로 쉬움
- 투표/설문: 간단한 폼과 차트로 구현 가능
- 회원 시스템: 인증 라이브러리 사용으로 보안성 확보
- 관리자 대시보드: 기존 기능들의 관리 인터페이스

🎯 **추천 기술 스택:** 메인 스택- Next.js 기반

1. **프론트엔드:**
   - Next.js 14 (App Router): React 기반, 풀스택 프레임워크
   - Tailwind CSS: 요청하신 디자인 프레임워크
   - shadcn/ui: Tailwind 기반 고품질 컴포넌트 라이브러리

2. **백엔드:**
   - Next.js API Routes: 서버 기능 내장
   - NextAuth.js: 보안성 뛰어난 인증 시스템
   - Prisma: TypeScript 친화적 ORM

3. **데이터베이스:**
   - SQLite (개발) → PostgreSQL (배포시 업그레이드 가능)

4. **배포:**
   - Vercel: Next.js 제작사의 호스팅 플랫폼

클로드뿐만 아니라 거의 모든 AI가 전형적인 답안을 내줍니다. 하지만 [Next.js]가 반드시 정답은 아닐 수 있죠. 따라서 그대로 받아들이는 것보다 비판적인 시선으로 클로드에게 대안을 요청해 보겠습니다.

> **프롬프트 5 - 2**
>
> 너는 next.js로 제안했는데 커뮤니티를 Ruby on Rails나 Django로 구축하는 방안은 어때? 만약 네가 직접 바이브 코딩을 하는 입장이라면 어떤 스택을 선택할 것 같아? Next.js 다소 무거운 감이 있지 않아? 상태관리도 어렵고 말이야.

------- Claude Code

좋은 지적입니다! 다른 스택들과 비교해 보겠습니다.

### 🚀 Django (Python)

| 장점 | 단점 |
| --- | --- |
| - 학습곡선이 완만함 - 파이썬의 직관적 문법<br>- 배터리 포함 - 관리자 패널, 인증, ORM 내장<br>- 보안성 우수 - CSRF, SQL 인젝션 기본 방어<br>- AI 친화적 - 파이썬 생태계, 풍부한 학습 데이터 | - 프론트엔드 별도 작업 필요<br>- 배포 복잡도 높음 |

### 💎 Ruby on Rails

| 장점 | 단점 |
| --- | --- |
| - Convention over Configuration - 설정보다 관례<br>- 빠른 프로토타이핑 - 스캐폴딩 강력<br>- 성숙한 생태계 - Gem 생태계 풍부 | - 러닝커브 존재 (Ruby 문법)<br>- 상대적으로 AI 학습 데이터 적음<br>- 국내 커뮤니티 작음 |

### ⚡ Next.js

| 장점 | 단점 |
| --- | --- |
| - 풀스택 통합 개발<br>- 현대적 개발 경험<br>- 배포 용이성 (Vercel) | - 무거움 (맞는 지적!)<br>- 복잡한 설정<br>- 빌드 시간 |

🎯 **제가 바이브 코딩한다면: Django 선택**

🔥 **최종 추천: Django + Alpine.js**

1. **기술 스택:**
   - Backend: Django 5.0
   - Frontend: Django Templates + Alpine.js + Tailwind CSS
   - Database: SQLite → PostgreSQL
   - 배포: Railway 또는 Render

2. **왜 이 조합?**
   - 경량: Next.js 대비 훨씬 가벼움
   - 빠른 개발: 관리자 패널, 인증 기본 제공
   - AI 친화: 파이썬 생태계의 풍부한 예제
   - 점진적 발전: 나중에 API화 쉬움

Alpine.js로 리액티브한 UI(좋아요, 댓글 등)를 만들면서도 서버 렌더링의 안정성을 가져갈 수 있습니다. 개발 시간도 Next.js 대비 30-40% 단축 예상됩니다.

Django로 가시는 게 어떨까요? 훨씬 심플하고 빠르게 결과물을 볼 수 있을 것 같습니다!

---

클로드는 저의 비판을 듣고 **Django**라는 프레임워크를 제안해 주었습니다. 이런 방법으로 클로드와 대화를 주고받으며 프레임워크나 핵심 기술도 경험하고 프로젝트의 방향을 설정하면 됩니다. 아무튼, 커뮤니티를 개발할 프레임워크가 결정됐고 대략적인 구상도 끝났으니까, 지금까지 나눈 대화를 바탕으로 개발을 진행하기 위한 산출물을 작성해 달라고 요청하겠습니다. 아래와 같은 프롬프트를 클로드에 입력해 주세요.

> 📝 **프롬프트 5-3**
>
> 그럼 지금까지의 대화를 토대로 아래 산출물을 각각 아티팩트에 제시해 줘.
>
> 1. PRD.md (프로젝트 요구사항)
> 2. README.md (프로젝트의 비전, 설계도 및 현재 상태를 이해하기 위한 정보)
> 3. TCD.md (Technical Context Document, 코딩 철학과 패턴)
> 4. DP.md (Design Principles, UI/UX 철학 및 제약사항 이해)
> 5. CBP.md (Coding Best Practices, 개발 표준, TDD 워크플로우 및 테스트 관행 이해)
> 6. TR.md (Test Report - 현재 테스트 커버리지 및 테스트 철학 이해)

7. US.md(Sser Stories - 사용자 관점의 기능 요구사항과 인수조건)
8. SA(System Architecture - 전체 시스템 구조와 데이터 플로우)
9. DD.md(Database Design) - 데이터베이스 스키마(Prisma), 관계, 인덱스 설계

클로드가 만들어 준 산출물 9가지는 다운받아 주세요. 나중에 바이브 코딩할 때 사용하겠습니다.

### 🎯 프로젝트 개발을 위한 주요 산출물 9가지

**1. PRD** Product Requirements Document **: 프로젝트 요구사항 명세서**
커뮤니티 웹사이트의 전체 방향성과 목표를 정의한 문서입니다. 6가지 핵심 기능(공지사항, 게시판, 일정, 투표, 회원시스템, 관리자)의 요구사항과 성공 지표, 개발 일정이 정리되어 있습니다.

**2. README: 프로젝트 비전 및 설계 정보**
프로젝트의 미션과 핵심 가치, 현재 진행 상태를 한눈에 파악할 수 있는 문서입니다. 바이브 코딩 접근법과 AI 협업 방식, 주요 의사결정 기록을 포함하여 프로젝트의 철학과 방향성을 담고 있습니다.

**3. TCD** Technical Context Document **: 기술 컨텍스트 문서**
Django 개발에서 사용할 코딩 철학과 패턴을 정의한 기술 가이드라인입니다. DRY 원칙, 보안 우선 설계, MVT 패턴 등 개발 표준과 네이밍 규칙, 에러 처리 방식이 정리되어 있습니다.

**4. DP** Design Principles **: 디자인 원칙 문서**
Tailwind CSS 기반의 UI/UX 디자인 철학과 컴포넌트 시스템을 정의한 문서입니다. 색상 팔레트, 타이포그래피, 버튼/카드/폼 등의 컴포넌트 가이드와 반응형 디자인, 접근성 규칙을 포함합니다.

**5. CBP** Coding Best Practices **: 코딩 모범 사례**
TDD 워크플로우와 개발 표준, 테스트 관행을 상세히 정리한 실무 가이드입니다. Red-Green-Refactor 사이클, 코드 리뷰 체크리스트, 성능 최적화 패턴, CI/CD 설정까지 포함합니다.

**6. TR** Test Report **: 테스트 보고서**
현재 테스트 상태와 향후 테스트 계획을 담은 품질 관리 문서입니다. 단위/통합/기능 테스트 전략, 커버리지 목표(80% 이상), 테스트 팩토리 설정, CI/CD 파이프라인이 정의되어 있습니다.

7. US<sup>User Stories</sup>: 사용자 스토리

사용자 관점에서 바라본 기능 요구사항과 인수 조건을 정리한 문서입니다. "As a 사용자, I want to 기능, So that 목적" 형식으로 18개의 주요 스토리를 작성하고, 각각의 테스트 시나리오와 인수 기준이 정의되어 있습니다.

8. SA<sup>System Architecture</sup>: 시스템 아키텍처

Django 기반 모놀리식 아키텍처의 전체 구조와 데이터 플로우를 시각화한 기술 설계서입니다. 4계층 구조(FrontEnd-Application-Business-Data), 보안 아키텍처, 성능 최적화 전략, 향후 마이크로서비스 전환 계획을 포함합니다.

9. DD<sup>Database Design</sup>: 데이터베이스 설계

SQLite에서 PostgreSQL로 확장 가능한 데이터베이스 스키마와 관계, 인덱스 설계를 담은 데이터 설계서입니다. ERD, 테이블 정의, Django 모델, 쿼리 최적화 전략, 백업 계획까지 정리되어 있습니다.

# 본격적인 개발 시작하기
## 개발 환경 구축

이제 기획 단계를 마쳤으니 바로 코딩에 돌입하고 싶지만, **개발에 필요한 환경부터 설정**해야 합니다. 우리는 이전 과정에서 커서 AI를 이용해서 주로 바이브 코딩을 진행했습니다만, 이번 커뮤니티 바이브 코딩을 위해서는 **클로드 코드를 사용**하겠습니다. 커서 AI의 도움을 받아 클로드 코드를 설치하는 방법부터 설명하겠습니다. 차근차근 따라와 주세요.

> 🎯 **클로드 코드**
>
> 클로드 코드는 현재 전세계적으로 어마어마한 인기를 끌고 있는 AI 기반의 코딩 도구입니다. 200,000이라는 압도적인 토큰을 지원하며 수백 개의 파일을 한 번에 다룰 수 있어요. 진정한 딸깍 한 방 코딩을 위해서 반드시 배워야할 도구입니다. **클로드 코드는 터미널에서 작동하기 때문에 환경은 다소 생소하지만, 커서 AI와 마찬가지로 대화만으로 개발을 진행하는 방식**이니 쉽게 적응할 수 있을 것입니다.

# 01 프로젝트 환경 설정하기

커서 AI에서 [Open project] 버튼을 클릭해서 탐색기에서 **vibe_community** 폴더를 생성하고 커서 AI에서 열어주세요. [vibe_community] 폴더에서 커뮤니티 개발을 시작하겠습니다.

### Step 01 클로드 코드 설치

커서 AI 환경에서 클로드 코드를 설치하겠습니다. 참고로 클로드 코드를 제대로 사용하기 위해서는 최소 Pro 버전 이상을 결제하셔야 합니다.

01 커서 AI에서 **터미널을 실행**하고 아래 명령어를 입력해 주세요.

```
npm install -g @anthropic-ai/claude-code
```

02 클로드에 로그인을 진행하겠습니다. 아래 명령어를 터미널에 입력하고 클로드에 가입한 계정으로 인증을 진행해 주세요.

```
claude auth login
```

03 아래처럼 클로드 코드로 진입했습니다. 먼저 방향키를 이동해서 마음에 드는 **테마를 선택**해 주세요. 그리고 **[Claude account with subscription]**을 선택해서 클로드로 로그인을 진행해 주세요.

04 로그인 과정이 다소 복잡해요. 로그인이 진행되면 클로드 코드에서 만든 보안 링크로 로그인을 진행합니다.

05 다시 브라우저에서 [승인]을 하면 보안키를 생성해 주는데 그걸 [클로드 코드]에 붙여넣기 해야 합니다.

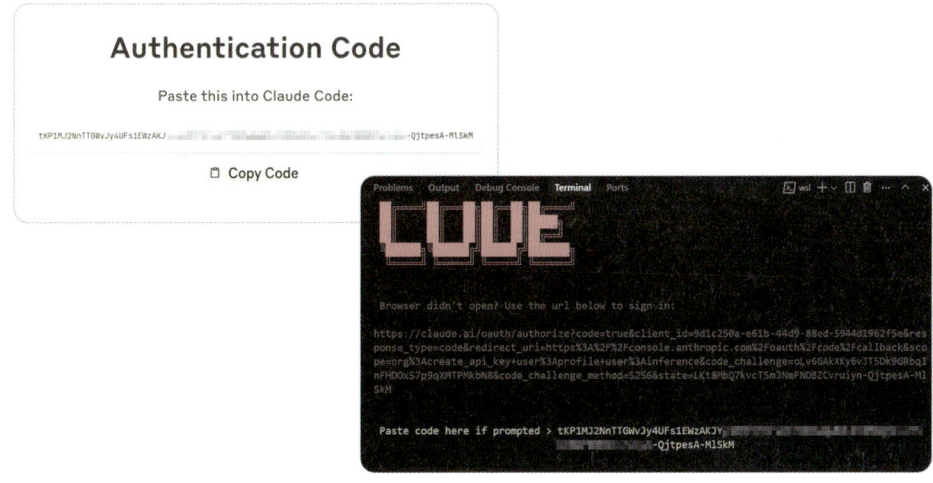

06 로그인에 성공하면 Enter 를 누릅니다.

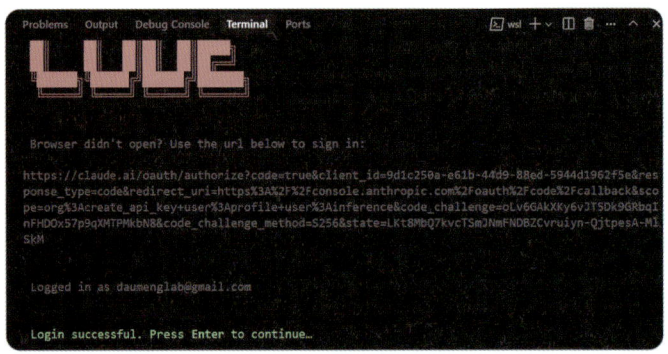

07 Security notes 등과 같이 안내문이 표시되면 내용을 읽고 계속 진행하기 위해 Enter 를 누릅니다.

08 작업이 완료되면 현재 폴더에 접근 권한을 설정해야 하니 [Yes, proceed]를 선택합니다.

09 사용자의 파일 시스템에 접근하여 명령을 실행하기 전에, 사용자에게 실행 여부를 확인해야 합니다. 2번을 선택하고 Enter 를 눌러 주세요. 그리고 그 다음 화면도 마찬가지로 2번을 선택하고 Enter 를 누릅니다.

# Step 02 START 프롬프트 설정

현재 프로젝트 하위에 [docs]라는 폴더를 만듭니다. 그리고 이전 챕터에서 생성한 **9가지 MD 파일을 복사**해 주세요.

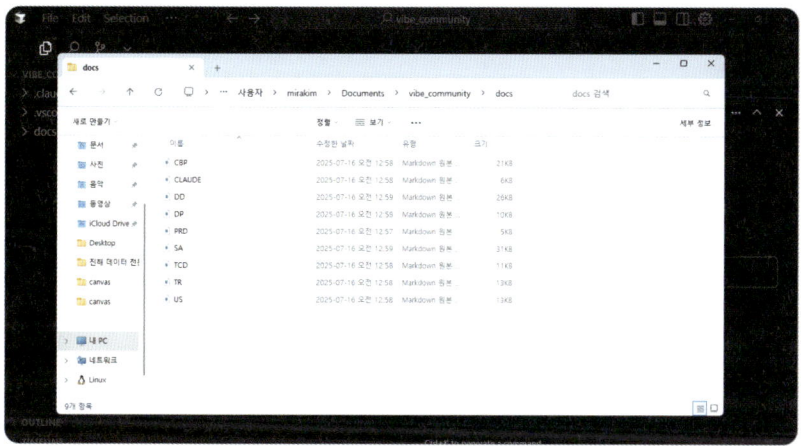

그리고 아래 프롬프트를 [docs] 폴더 내부에 [START.md] 파일을 만들어서 복사한 후, 저장해 주세요.

> 프롬프트 5-4

## 단계 1: 프로젝트 맥락을 완전히 이해하기

### 📚 필수 읽기 자료

1. 읽기 @docs/PRD.md - 프로젝트 요구사항 정의서 읽기, 프로젝트의 성격 이해
2. 읽기 @docs/README.md - 프로젝트 비전, 설계도 및 현재 상태 이해
3. 읽기 @docs/TCD.md - Technical Context Document, 코딩 철학과 패턴 이해
4. 읽기 @docs/DP.md - UI/UX 철학 및 제약사항 이해
5. 읽기 @docs/CBP.md - 개발 표준, TDD 워크플로우 및 테스트 관행 이해
6. 읽기 @docs/TR.md - 현재 테스트 커버리지 및 테스트 철학 이해
7. 읽기 @logs/YYYYMMDD_tasks.md: 현재까지의 업무 진행 상황

### 🎯 AI 코딩 특화 문서

1. @docs/US.md - 사용자 관점의 기능 요구사항과 인수조건
2. @docs/SA.md - 전체 시스템 구조와 데이터 플로우
3. @docs/DD.md - 데이터베이스 스키마(Prisma), 관계, 인덱스 설계

### 🎯 추출 및 이해해야 할 핵심 요소
- 제품의 사명, 사용자 기반 및 주요 가치 제안
- 풀스택 아키텍처(Django 백엔드/프론트엔드, Tailwind CSS , SQLite 데이터베이스)
- 디자인 원칙(미니멀리스트 UI, 모바일 우선 접근 방식, 터치 최적화 인터페이스)

---

## 단계 2: 이해도 자가진단 (Self-Assessment)
### 필수 질문에 답할 수 있는가?
- [ ] 프로젝트 목표를 한 문장으로 설명할 수 있는가?
- [ ] 타겟 사용자와 핵심 페인포인트가 무엇인가?
- [ ] 현재 기술 스택의 선택 이유를 아는가?
- [ ] 프로젝트의 폴더 구조와 파일 명명 규칙을 이해했는가?
- [ ] 테스트 작성 패턴과 커버리지 목표를 아는가?
- [ ] 코드 리뷰 기준과 머지 정책을 이해했는가?
- [ ] 현재 구현된 기능과 미완성 기능을 구분할 수 있는가?
- [ ] MVVM 구조를 명확히 따르는가?

### 컨텍스트 이해 체크리스트
- [ ] 비즈니스 로직: 핵심 도메인 규칙과 제약사항 파악
- [ ] 데이터 플로우: 프론트엔드 ↔ 백엔드 ↔ 데이터베이스 흐름 이해
- [ ] 사용자 여정: 주요 사용자 시나리오와 플로우 파악
- [ ] 성능 요구사항: 응답시간, 처리량, 메모리 사용량 등
- [ ] 보안 정책: 인증, 권한, 데이터 보호 방식
- [ ] 에러 핸들링: 예외 상황 처리 방식과 사용자 피드백

---

## 단계 3: 작업 실행
### 개발 중 지켜야 할 원칙
- 한 번에 하나의 기능만 집중 (Single Responsibility)
- 기존 테스트를 깨뜨리지 않기 (No Breaking Changes)
- 코딩 표준 준수 (Linting Rules)
- 주석과 문서화 (Self-Documenting Code)

- 성능 최적화 고려 (Performance Mindset)

### 품질 보증 체크포인트
- [ ] 유닛 테스트 작성 및 통과
- [ ] 통합 테스트 고려사항 검토
- [ ] 접근성(A11y) 가이드라인 준수
- [ ] 모바일 반응형 테스트
- [ ] 크로스 브라우저 호환성 확인

---

## 단계 4: 작업 완료 후 문서화
### 📝 필수 문서 업데이트
- 쓰기 @docs/tasks.md - 개발이 끝나면 진행한 업무 내용을 작성할 것 (제일 마지막 라인에 추가할 것)

### tasks.md 작성 템플릿

### [날짜] - [작업 제목]
- 담당자: [이름/AI]
- 소요시간: [예상 vs 실제]
- 구현 기능: [상세 설명]
- 테스트 결과: [통과한 테스트 수/전체]
- 배운 점: [새로 알게 된 것]
- 어려웠던 점: [막혔던 부분과 해결 과정]
- 개선 아이디어: [향후 개선할 수 있는 부분]
- 이슈 및 해결: [발생한 문제와 해결 방법]
- 다음 작업: [후속 작업이나 개선 사항]

---

## ⚠️ 중요 주의사항
### 절대 금지사항

- 문서를 대충 읽고 넘어가기
- 기존 아키텍처 무시하고 임의 변경
- 테스트 없이 기능 구현
- 코딩 컨벤션 위반
- 변경사항 문서화 누락
- 기존의 코드 삭제하기
- 기존에 존재하는 코드 중복으로 작성하기

### 막혔을 때 대응 방안

- @docs/troubleshooting.md 에 대응방안 작성 및 확인
- 관련 테스트 케이스 참고
- 기존 유사 구현 패턴 분석
- 아키텍처 문서 재검토
- 문제 상황 상세 기록 후 도움 요청

---

## 🎯 최종 체크리스트
### 작업 시작 전

- [ ] 모든 필수 문서를 읽고 이해했다
- [ ] 프로젝트의 목표와 현재 상태를 파악했다
- [ ] 개발 환경이 정상 작동한다
- [ ] 작업 계획을 수립했다

### 작업 완료 후

- [ ] 모든 테스트가 통과한다
- [ ] 코딩 표준을 준수했다
- [ ] 문서를 업데이트했다
- [ ] 다음 작업자를 위한 정보를 남겼다

---

⚡ 핵심 원칙: 이 문서들을 철저히 이해할 때까지 구현 작업을 시작하지 말 것.

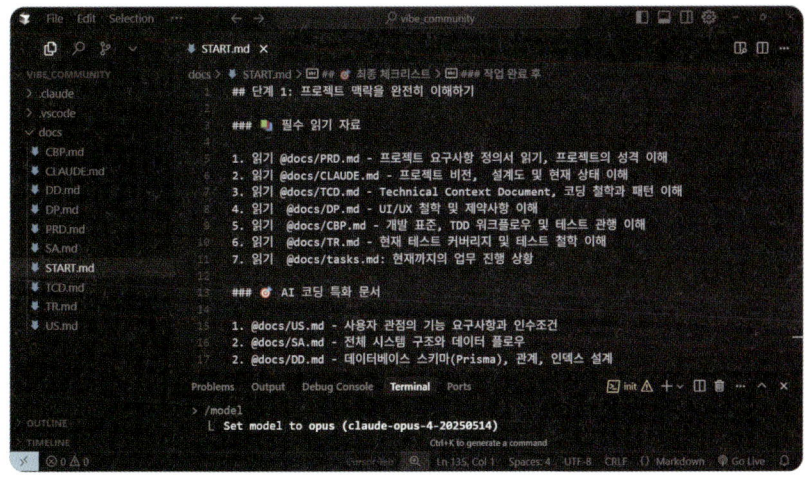

앞으로 커서 AI에서 클로드 코드를 시작할 때는 터미널에서 **"claude"**를 입력하면 됩니다. 그리고 바이브 코딩을 시작하기 전에 항상 아래 프롬프트를 전달해 주세요. 아래와 같은 프롬프트를 작업 시작 전에 전달하는 이유는 AI에게 프로젝트에 깊숙하게 통합시키고 숙련된 파트너로서 기능하게끔 유도하는 것입니다.

> 프롬프트 5.5
>
> 작업을 시작하기 전에 시간을 충분히 할애해서 @docs/SRART.md을 읽고 분석을 면밀하게 진행하도록 해. 분석이 완벽하게 끝나면 말해 줘, 작업사항을 전달해 줄게.

코딩을 진행하기 전에 기존에 진행했던 업무를 분석하고 앞으로 해야 할 일을 조망하게 됩니다. 말하자면 큰 그림을 그리며 세부적인 내용을 충실하게 진행하게 만드는 프롬프트입니다. 그리고 '@'는 커서 AI에서 사용했던 것처럼 특정 파일을 멘션하던 것과 똑같습니다.

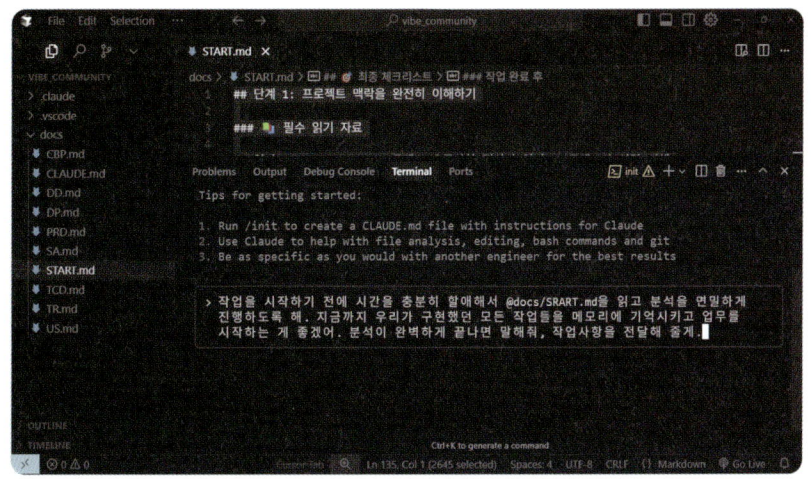

## Step 03 / Django 프로젝트 작업 디렉토리 생성

Django는 파이썬으로 만든 강력한 웹 프레임워크입니다. 인증, 관리자 페이지 등 개발에 필요한 기능이 대부분 구현되어 있고 개발 속도도 매우 빠르며 보안성도 뛰어난 것이 Django의 장점이죠. 커뮤니티 개발은 Django장고를 사용하겠습니다.

바이브 코딩을 진행하기 전에 모델을 선택해야 합니다. /model 명령어를 입력 후 목록에서 모델을 선택합니다. Pro 결제하신 분들은 3번(Sonnet 4.5)을 선택하시는 것을 추천합니다. 1, 2번은 사용량이 1시간도 안돼서 소진될 확률이 높습니다.

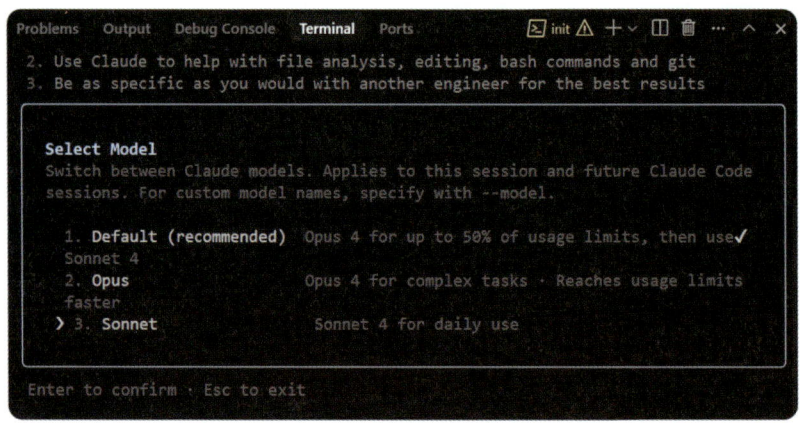

모델 선택이 완료되었으면 아래 프롬프트를 클로드 코드에 입력해 주세요. 복사한 프롬프트를 붙여넣기 하려면 마우스 우측 버튼을 클릭하면 됩니다.

> **프롬프트 5-6**
>
> 작업을 시작하기 전에 @docs/START.md을 읽자. 이전에 구현한 작업들을 메모리에 기억시키고 업무를 시작하자. 분석이 완벽하게 끝나면 아래 작업을 시작해.
>
> 현재 폴더에서 Django 5.2.4(LTS)버전을 사용해서 프로젝트를 만들 거야. 아래 7가지 핵심 기능을 설정해 줘.
>
> **필요한 Django 앱 목록**
> - accounts (인증)
> - notices (공지사항)
> - posts (소통공간/자유게시판)
> - events (주요일정)

- polls (투표)
- surveys (설문조사)
- admin_dashboard (관리자 대시보드)

Django 5.2.4(LTS)와 호환성이 높은 필수 패키지만 requirements.txt에 추가할 것

- django=5.2.4+
- 데이터베이스: SQLite (기본 내장, 빠른 시작)
- CSS 프레임워크: Tailwind CSS (django-tailwind 패키지 활용)
- django-allauth(인증)
- pillow (이미지 처리)
- django-htmx (실시간 업데이트)
- django-crispy-forms (폼 스타일링)
- 댓글 계층: django-mptt (댓글과 대댓글의 복잡한 관계를 손쉽게 관리)

**프로젝트 구조**

1. 가상환경 및 Django 프로젝트 생성
2. 7개 앱 생성 및 settings.py 등록
3. 기본 URL 라우팅 설정
4. 베이스 템플릿 및 네비게이션
5. Tailwind CSS CDN 설정

SQLite 데이터베이스 성능을 Rails 8 수준으로 최적화해 줘.

**요구사항:**

1. WAL(Write-Ahead Logging) 모드 활성화로 읽기/쓰기 동시성 극대화
2. busy_timeout을 20초로 설정해서 "Database is locked" 오류 방지
3. foreign_keys 제약조건 활성화로 데이터 무결성 보장
4. 즉시 트랜잭션(IMMEDIATE transaction)으로 쓰기 잠금 최적화

Prisma 설정 파일과 SQLite 연결 설정을 모두 최적화해서 웹 환경에서 안정적이고 빠른 성능을 보장하는 설정으로 만들어 줘.

간단하고 깔끔한 프로젝트 구조로 만들어 줘.

쓰기 @logs/YYYYMMDD_tasks.md : 개발이 끝나면 업무 보고서를 작성할 것.
쓰기 @logs/YYYYMMDD_logs.md: 업무 일기장을 작성할 것.

작업이 진행되면 중간중간에 작업을 계속 진행할 것인지 묻습니다. 비슷한 명령어를 물을 때 자동으로 진행되게 하려면 [2번 Yes…]를 선택하면 됩니다.

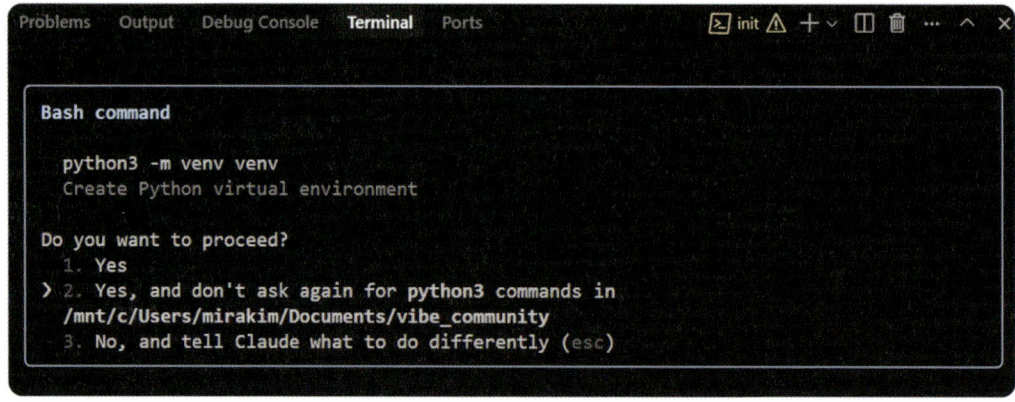

작업이 완료되었으면 터미널을 하나 더 실행해 주세요. 그리고 아래 명령어를 차례대로 실행해서 개발 서버를 시작해 주세요.

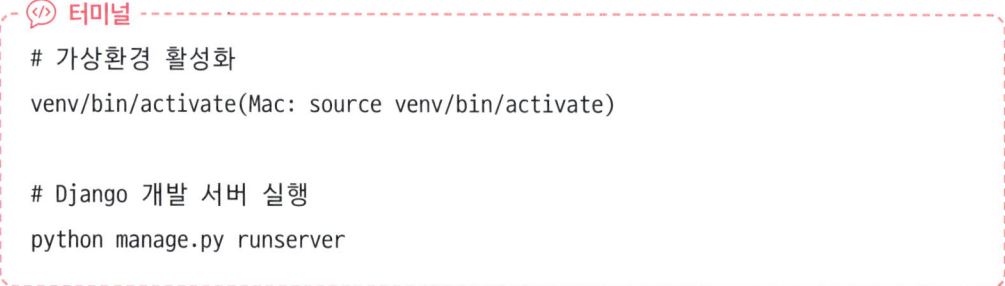

개발 서버 시작 후 만약 경고나 에러가 발생했다면 복사해서 클로드 코드에게 수정해달라고 요청하세요. 문제를 수정하면 http://127.0.0.1:8000에 접속해 보세요. 커뮤니티 초기화면을 볼 수 있습니다.

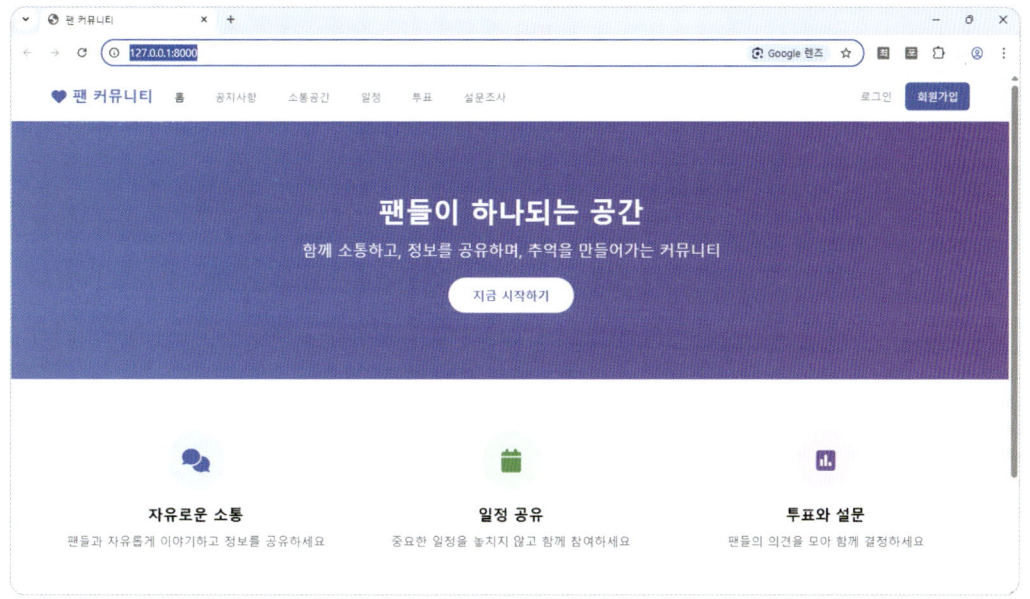

## Step 04 인증 시스템 구현

이제 인증 시스템을 구현하겠습니다. 클로드 코드에서 /exit를 실행해서 빠져나오고 다시 실행해 주세요. 기존의 세션을 완전히 초기화하고 새로운 환경에서 작업을 진행합니다. 그리고 아래 프롬프트를 클로드 코드에 입력해 주세요.

> **프롬프트 5 - 7**
>
> 작업을 시작하기 전에 @docs/START.md을 읽자. 이전에 구현한 작업들을 메모리에 기억시키고 업무를 시작하자. 분석이 완벽하게 끝나면 아래 작업을 시작해.
>
> 아래의 인증 시스템을 구현해 줘.
>
> **인증 설정**
>
> 1. django-allauth 패키지 설정
> 2. 역할: USER, ADMIN(enum)
>
> **인증 페이지**
>
> - 로그인 페이지 (/login)
> - 회원가입 페이지 (/signup) : 회원가입 후 컨펌 이메일 발송 기능은 제외해 줘
> - 로그아웃 (/logout)
> - 간단한 프로필 페이지

**기본 기능**

- 이메일/비밀번호 로그인
- 로그인 상태 확인
- 관리자 권한 체크

**UI**

- Tailwind CSS로 깔끔한 폼
- 네비게이션 바 (로그인/로그아웃 버튼)
- 플래시 메시지

accounts 앱에 필요한 파일을 생성해 줘.

- models.py (User 모델)
- views.py (인증 뷰)
- urls.py
- 템플릿들

쓰기 @logs/YYYYMMDD_tasks.md: 개발이 끝나면 업무 보고서를 작성할 것.
쓰기 @logs/YYYYMMDD_logs.md: 업무 일기장을 작성할 것.

작업을 진행하고 관리자 계정을 생성했습니다. 이메일 주소와 패스워드를 잘 보관해 주세요.

```
Problems    Output    Debug Console    Terminal    Ports
      'admin123')" | python manage.py shell)
  L Running...

  Bash command

    source venv/bin/activate && echo "from accounts.models import
    User; User.objects.create_superuser('admin@example.com',
    'admin123')" | python manage.py shell
    관리자 계정 생성

  Do you want to proceed?
> 1. Yes
  2. No, and tell Claude what to do differently (esc)
```

 **기초 시스템 완성 확인**

웹 브라우저에서 http://localhost:8000 에 접속해서 회원가입/로그인/로그아웃 기능을 테스트해 보세요. 필요하다면 개발 서버를 Ctrl + C 로 중단하고 다시 실행해 주세요. 만약 에러가 발생했다면 복사해서 클로드 코드에 전달해주면 됩니다(마우스 우측 … » 붙여넣기). 아래 화면처럼 회원가입이 정상적으로 이루어지고 로그아웃과 로그인 기능도 정확하게 구현되었습니다.

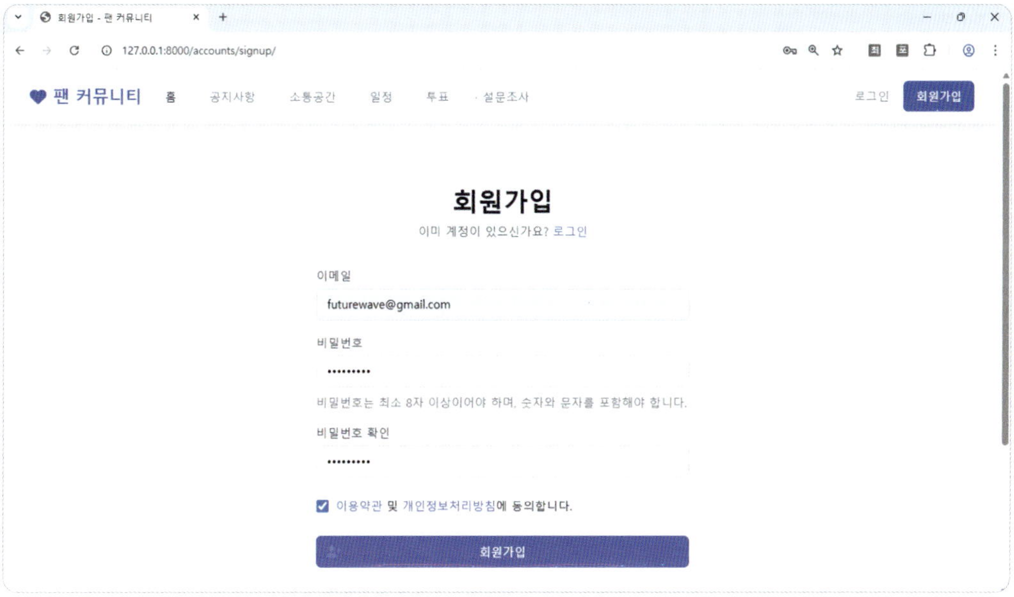

다음 챕터에서는 이 기초 위에 실제 이 사용할 기능들을 구축합니다. 공지사항 기능과 게시판과 소통 공간 기능까지, 사용자들이 실제로 소통할 수 있는 핵심 기능들을 만들어볼 예정입니다.

# 커뮤니티의 핵심 기능 구현하기
## 공지사항과 소통공간 시스템

이제 데이터베이스와 기초 시스템이 완성되었으니, 실제로 사용할 수 있는 기능들을 만들어 보겠습니다. 커뮤니티의 핵심은 활발한 소통이에요. 이 자유롭게 글을 쓰고, 댓글로 의견을 나누며, 좋아요로 공감을 표현할 수 있어야 진정한 커뮤니티라고 할 수 있죠. 이번 챕터에서는 게시판, 댓글 기능까지 이 참여하는 소통 기능들을 만들어 보겠습니다.

 클로드 코드와 함께 공지사항과 소통공간 개발하기

### Step 01 공지사항 구현하기

이제 커뮤니티의 핵심 기능인 공지사항 기능을 만들어 보겠습니다. 클로드 코드에서 /exit를 실행해서 빠져나오고 다시 실행해 주세요. 기존의 세션을 완전히 초기화하고 새로운 환경에서 작업을 진행합니다. 그리고 아래 프롬프트를 클로드 코드에 입력해 주세요.

> **프롬프트 5 - 8**

작업을 시작하기 전에 @docs/START.md을 읽자. 이전에 구현한 작업들을 메모리에 기억시키고 업무를 시작하자. 분석이 완벽하게 끝나면 아래 작업을 시작해.

관리자만 작성할 수 있는 공지사항 시스템을 구현해 줘.

**Notice 모델:**

- title (제목)
- content (내용)
- author (작성자 - 관리자만)
- is_important (중요 공지 여부)
- created_at, updated_at

**기능:**

1. 공지사항 목록 (/notices)
   - 최신순 정렬
   - 중요 공지는 상단 고정
   - 페이지네이션 (10개씩)

2. 공지사항 상세 (/notices/<id>)
   - 제목, 내용, 작성일 표시
   - 관리자만 수정/삭제 버튼

3. 공지사항 작성 (/notices/new)
   - 관리자만 접근 가능
   - 제목, 내용, 중요도 선택

**권한:**

- 누구나 공지사항 조회 가능
- 관리자만 작성/수정/삭제
- 비관리자 접근시 403 에러

UI:
- 카드 형태 공지사항 목록
- 중요 공지는 빨간 배지 표시
- 깔끔한 작성 폼

notices 앱의 모든 파일을 생성해 줘:
- models.py, views.py, forms.py, urls.py
- 템플릿들(목록, 상세, 작성)

쓰기 @logs/YYYYMMDD_tasks.md : 개발이 끝나면 업무 보고서를 작성할 것.
쓰기 @logs/YYYYMMDD_logs.md: 업무 일기장을 작성할 것.

작성이 완료되면 공지사항 기능을 꼼꼼히 테스트해 보세요. 관리자 계정으로 로그인이 잘 되는지, 공지사항 작성, 목록보기, 수정, 삭제 기능을 테스트하고 문제가 있다면 클로드 코드에게 수정해 달라고 요청하세요. 저는 다행히 딸깍 한 방에 공지사항 기능이 완벽하게 구현되었습니다.

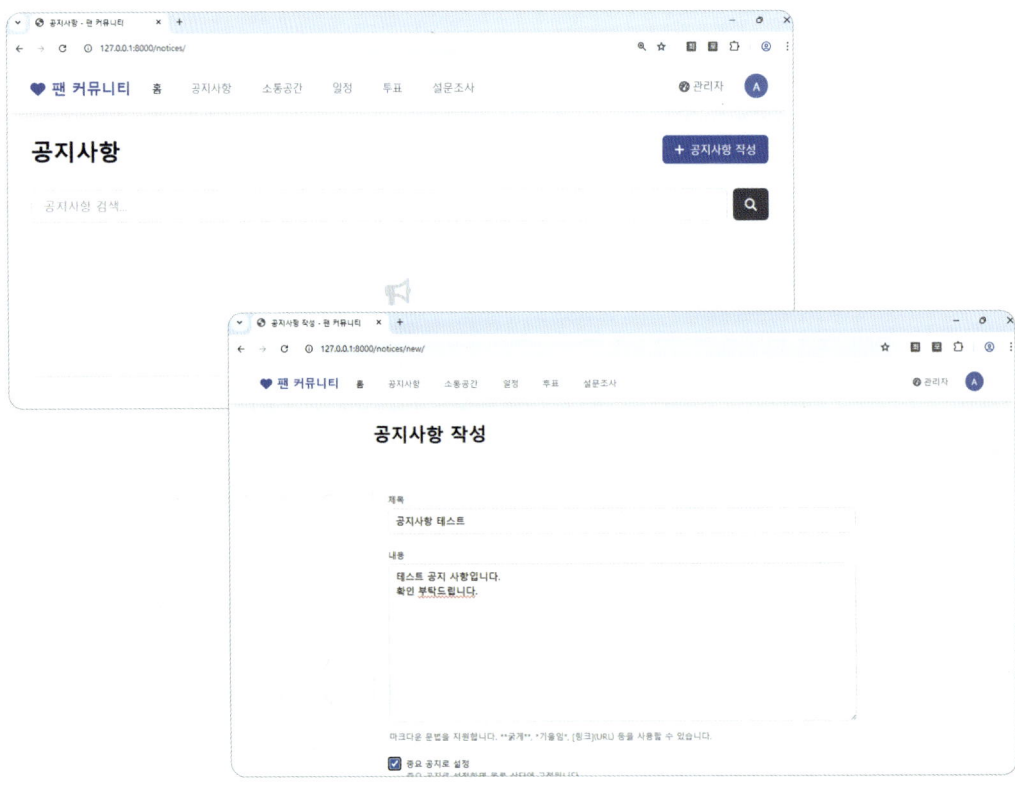

## Step 02 소통공간(자유게시판) 기능 구현하기

이제 실제로 글을 쓰고 읽을 수 있는 기능을 만들어봅시다. 클로드 코드에서 /exit를 실행해서 빠져나오고 다시 실행해 주세요. 기존의 세션을 완전히 초기화하고 새로운 환경에서 작업을 진행합니다. 그리고 아래 프롬프트를 클로드 코드에 입력해 주세요.

> **프롬프트 5-9**
>
> 작업을 시작하기 전에 @docs/START.md을 읽자. 이전에 구현한 작업들을 메모리에 기억시키고 업무를 시작하자. 분석이 완벽하게 끝나면 아래 작업을 시작해.
>
> 좋아요, 조회수, 댓글, 대댓글이 있는 자유게시판을 구현해 줘.
>
> **모델 설계:**
> 1. Post 모델 (title, content, author, views, created_at)
> 2. Comment 모델 (content, author, post, parent, created_at)
> 3. Like 모델 (user, post, created_at)
>
> **자유게시판 기능:**
> 1. **게시글 목록 (/posts)**
>    - 제목, 작성자, 좋아요수, 댓글수, 조회수, 작성일
>    - 페이지네이션 (15개씩)
>    - 검색 기능 (제목+내용)

2. 게시글 상세 (/posts/<id>)
    - 조회수 자동 증가 (중복 방지)
    - 좋아요 버튼 (HTMX로 실시간)
    - 댓글 목록 및 작성 폼
    - 대댓글 들여쓰기 표시

3. 게시글 작성 (/posts/new)
    - 로그인 필수
    - 제목, 내용 입력
    - 간단한 에디터

**댓글 시스템:**
- 댓글 작성 (HTMX로 새로고침 없이)
- 대댓글 (parent 필드 사용)
- 작성자만 삭제 가능
- 댓글 계층 구조 표시

**좋아요 시스템:**
- 중복 좋아요 방지
- HTMX로 즉시 반영
- 좋아요 취소 가능

**권한:**
- 로그인한 사용자만 작성/댓글/좋아요
- 작성자만 자신의 글/댓글 수정/삭제
- 관리자는 모든 권한

**UI/UX:**
- 게시글 카드 레이아웃
- 좋아요 버튼 애니메이션
- 댓글 인라인 작성
- 모바일 최적화

**posts 앱의 모든 파일을 생성해 줘:**

- models.py (Post, Comment, Like)
- views.py (HTMX 뷰 포함)
- forms.py
- urls.py
- 템플릿들

쓰기 @logs/YYYYMMDD_tasks.md: 개발이 끝나면 업무 보고서를 작성할 것.
쓰기 @logs/YYYYMMDD_logs.md: 업무 일기장을 작성할 것.

클로드 코드에 붙여넣기할 때, 아래처럼 긴 내용은 한 줄로 요약해 줍니다. 정상적으로 붙여넣기된 것이니 당황하지 마세요.

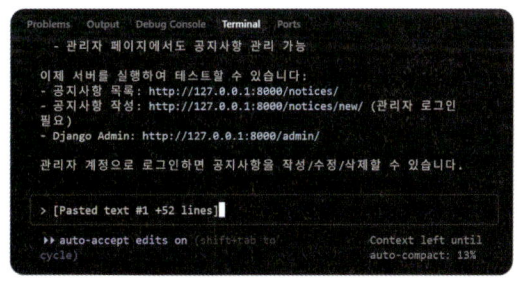

소통공간 메뉴로 이동해서 글쓰기 테스트를 진행합니다. 저는 운좋게 게시판 선택과 글쓰기, 게시물 목록, 수정, 삭제, 댓글, 대댓글까지 한 번에 통과했으나 상황은 언제나 달라질 수 있습니다. 게시판의 기본 기능을 집중적으로 테스트해 보세요. 만약 정상적으로 작동하지 않거나 에러가 발생하면 에러 메시지를 복사해서 클로드 코드에게 고쳐달라고 요청하면 됩니다.

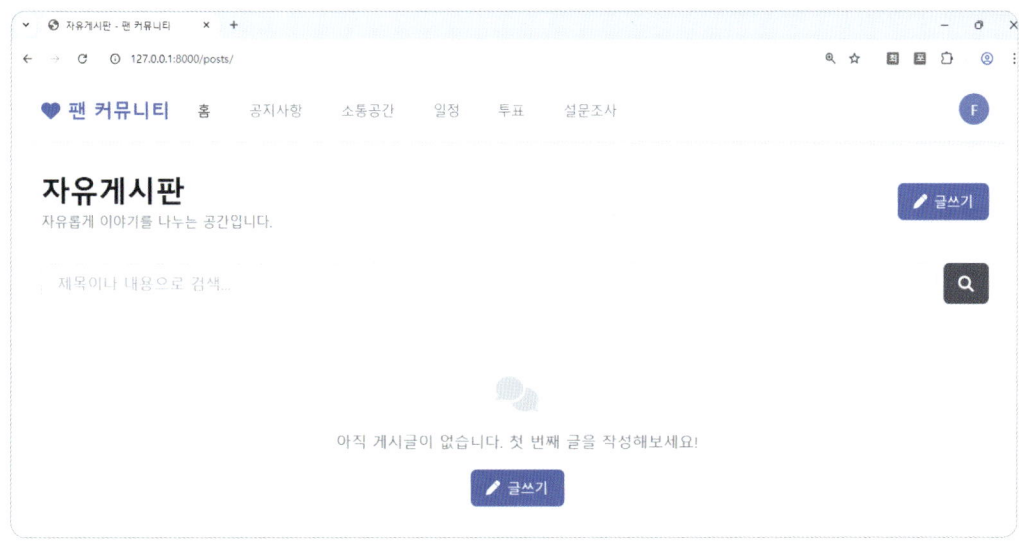

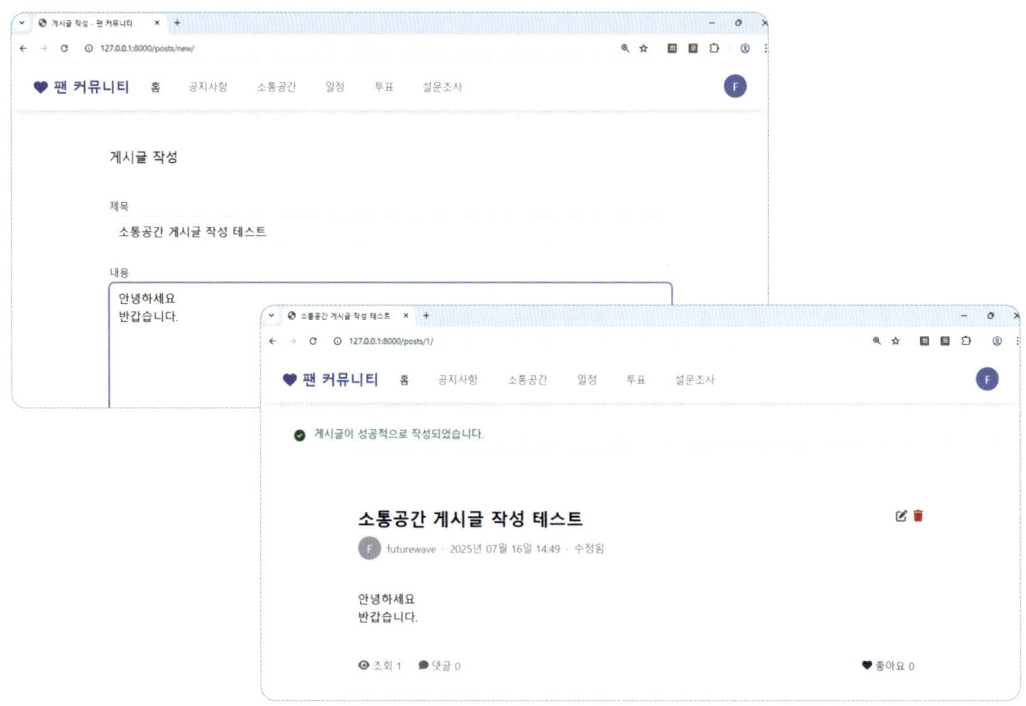

## Step 03 주요일정 기능 구현하기

다음으로는 커뮤니티의 일정을 관리하는 기능을 구현하겠습니다. 클로드 코드에서 /exit를 실행해서 빠져나오고 다시 실행해 주세요. 기존의 세션을 완전히 초기화하고 새로운 환경에서 작업을 진행합니다. 그리고 아래 프롬프트를 클로드 코드에 입력해 주세요.

> 프롬프트 5 - 10

작업을 시작하기 전에 @docs/START.md을 읽자. 이전에 구현한 작업들을 메모리에 기억시키고 업무를 시작하자. 분석이 완벽하게 끝나면 아래 작업을 시작해.

간단하고 실용적인 주요일정 관리 시스템을 구현해 줘.

**Event 모델:**

- title (일정 제목)
- description (설명)
- start_date (시작일)
- end_date (종료일, 선택사항)

- location (장소, 선택사항)
- created_by (작성자 - 관리자)

**일정 기능:**

1. **일정 목록 (/events)**
   - 캘린더 형태 또는 리스트 형태
   - 월별 네비게이션
   - 오늘 날짜 하이라이트

2. **일정 상세 (/events/<id>)**
   - 일정 정보 표시
   - 구글 캘린더 추가 링크

3. **일정 관리 (/events/new, /events/<id>/edit)**
   - 관리자만 접근 가능
   - 일정 추가/수정/삭제
   - 캘린더의 특정 날짜 클릭하면 '+'를 표시해주고 클릭하면 일정 등록으로 이동

**캘린더 표시:**
- 기본 HTML 테이블로 월간 캘린더
- 일정 있는 날짜에 점 표시
- 클릭하면 해당 날짜 일정 목록
- 반응형 디자인

**권한:**
- 누구나 일정 조회 가능
- 관리자만 일정 추가/수정/삭제

**UI:**
- 깔끔한 캘린더 디자인
- 일정 카드 표시
- 날짜 선택기 (HTML5 date input)

events 앱의 모든 파일을 생성해 줘:

- models.py, views.py, forms.py, urls.py
- 템플릿들 (캘린더, 일정 상세, 관리)

쓰기 @logs/YYYYMMDD_tasks.md: 개발이 끝나면 업무 보고서를 작성할 것.

쓰기 @logs/YYYYMMDD_logs.md: 업무 일기장을 작성할 것.

일정 관리 기능이 제대로 작동하는지 테스트해 보세요. 저는 일정등록은 잘 됐지만 캘린더에 표시되지 않아서 수정해달라고 요청했습니다. 그리고 만약 에러가 날 때는 **웹 브라우저에서 마우스 우측 버튼을 클릭하고 [검사] …» [개발자 도구] …» [콘솔]에서 빨간색의 에러 메시지를 복사해서 클로드 코드에게 수정해 달라고 요청**하면 됩니다.

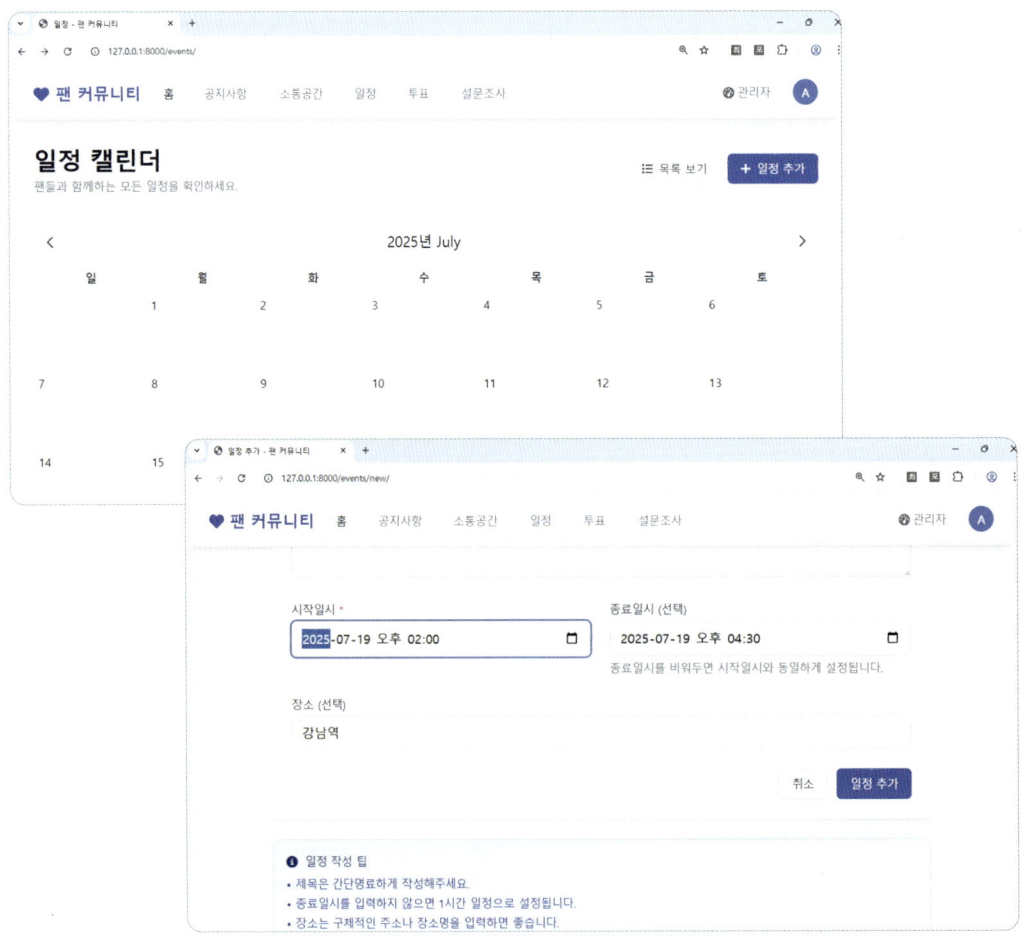

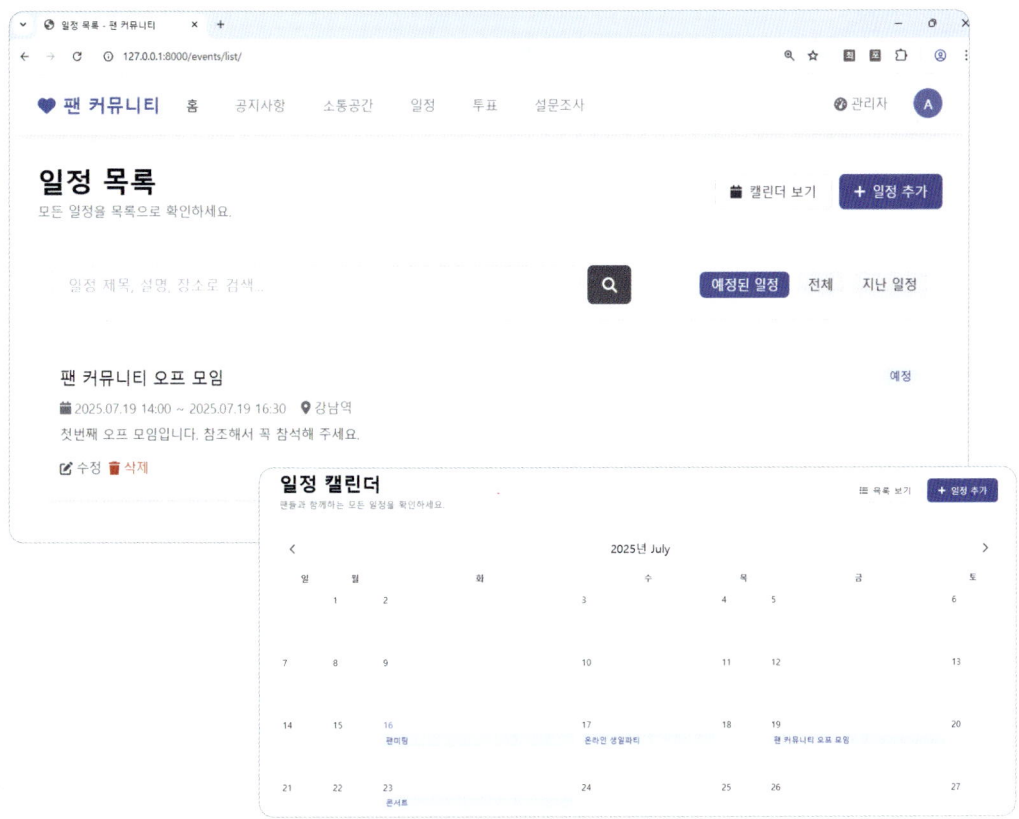

 **기능 테스트 및 검증**

여기까지 완성하면 커뮤니티의 핵심 소통 기능이 모두 갖춰집니다.

- 소통공간 게시글 작성 및 조회
- 계층형 댓글 및 대댓글
- 좋아요 및 조회수 시스템

각 기능을 차례대로 테스트하면서 다음 사항들을 확인해 보세요.

1. **권한 테스트**: 레벨에 따른 글쓰기 제한이 작동하는지 확인
2. **댓글 테스트**: 댓글과 대댓글이 올바르게 표시되는지 확인
3. 일정 등록이 잘 되는지 확인

# CHAPTER 04

## 더욱 매력적인 커뮤니티 만들기
## 투표 & 설문조사 시스템 만들기

이제 기본적인 글쓰기와 댓글 기능이 완성되었으니, 사용자들이 더욱 적극적으로 참여하고 싶어하는 특별한 기능들을 추가할 차례입니다. 투표 & 설문조사, 검색, 필터링, 사용자 프로필 기능까지 만들어 보겠습니다.

## 01 클로드 코드와 함께 투표 시스템 구현하기

 **투표 시스템**

사용자들이 서로의 의견을 묻고 답할 수 있는 투표 기능을 만들어 봅시다. "다음 콘서트 희망 도시는?", "가장 좋아하는 노래는?" 같은 재미있는 투표들로 커뮤니티를 더욱 활발하게 만들 수 있어요. 클로드 코드에서 /exit를 실행해서 빠져나오고 다시 실행해 주세요. 기존의 세션을 완전히 초기화하고 새로운 환경에서 작업을 진행합니다. 그리고 아래 프롬프트를 클로드 코드에 입력해 주세요.

> **프롬프트 5-11**
>
> 작업을 시작하기 전에 @docs/START.md을 읽자. 이전에 구현한 작업들을 메모리에 기억시키고 업무를 시작하자. 분석이 완벽하게 끝나면 아래 작업을 시작해.
>
> 간단하고 직관적인 투표 시스템을 구현해 줘.

**투표 모델:**

1. Poll 모델(question, created_by, expires_at, created_at)
2. PollOption 모델(poll, text, votes_count)
3. Vote 모델(poll, option, user, created_at)

**투표 기능:**

1. **투표 목록 (/polls)**
   - 진행중/완료된 투표 구분
   - 투표 제목, 참여자 수, 마감일

2. **투표 참여 (/polls/<id>)**
   - 투표 질문 및 선택지
   - 라디오 버튼으로 선택
   - 투표 후 결과 표시(막대 그래프)

3. **투표 생성 (/polls/new)**
   - 관리자만 접근
   - 질문, 선택지들, 마감일 입력
   - 최소 2개, 최대 10개 선택지

**투표 규칙:**

- 로그인한 사용자만 참여
- 한 사람당 한 번만 투표
- 투표 후 결과 즉시 확인 가능
- 마감된 투표는 결과만 표시

**결과 표시:**

- 각 선택지별 득표율(%)
- 총 참여자 수
- CSS로 간단한 막대 그래프

**권한:**

- 누구나 투표 목록/결과 조회

- 로그인 사용자만 투표 참여
- 관리자만 투표 생성/관리

UI:
- 깔끔한 투표 카드
- 직관적인 선택지
- 결과 시각화

polls 앱의 모든 파일을 생성해 줘:
- models.py, views.py, forms.py, urls.py
- 템플릿들(목록, 투표, 결과)

쓰기 @logs/YYYYMMDD_tasks.md: 개발이 끝나면 업무 보고서를 작성할 것.
쓰기 @logs/YYYYMMDD_logs.md: 업무 일기장을 작성할 것.

클로드 코드는 투표 시스템을 구현합니다. 작업이 끝나면 실행 중인 터미널에서 개발 서버를 Ctrl + C 로 중단하고 다시 **python manage.py runserver** 명령어를 실행해서 개발 서버를 재시작합니다. 투표 시스템 테스트를 진행합니다. http://localhost:8000에 접속해서, 투표 기능이 정상적으로 작동하는지 테스트해 보세요. 저는 투표 생성은 잘 됐지만 버튼 누를 때마다 새창이 표시되어서 수정해 달라고 요청했습니다.

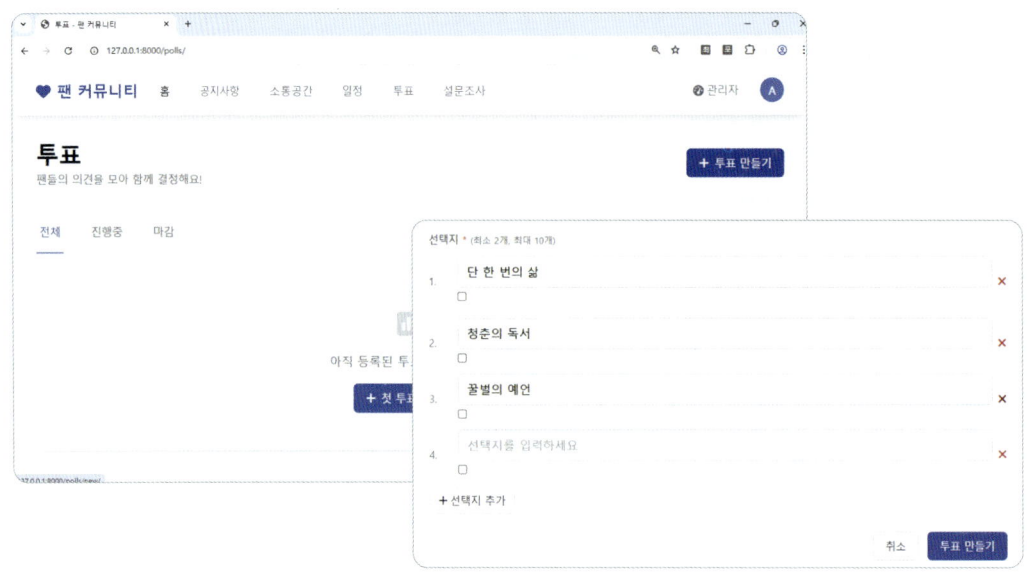

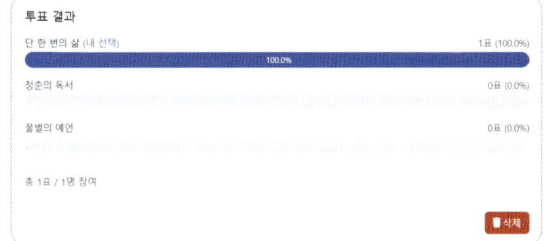

만약 에러가 발생했다면 다양한 에러 상황을 아래 유형에서 찾아서, 클로드 코드에게 수정해 달라고 요청하세요.

| 오류 종류 | 오류 해결 프롬프트 |
| --- | --- |
| 기능이 구현되지 않음 | [페이지 이름]에서 [기능]이 구현되지 않았어. 기능을 만들어 줘. |
| 오류 메시지 출력<br>(터미널의 오류 메시지나 브라우저의 검사 > 개발자 도구 > 콘솔 창의 오류 메시지) | [페이지 이름]에서 [기능]을 테스트하는데 에러가 났어. 아래 에러 메시지를 확인하고 수정해 줘.<br>(에러 메시지 여기에 입력) |
| 개발 서버 3000번 포트 실행 문제 | 개발 서버가 3000번 포트에서 실행되지 않아. 현재 실행중인 개발 프로세스 전체를 종료해 줘. 내가 터미널에서 직접 개발 서버를 시작할게. |
| 논리적인 작동 오류 | [기능]은 구현되었지만 실제 [목표했던 의도]에 맞게 개발되지 않았어. 수정해 줘. 아래의 원래 프롬프트대로 구현해 줘.<br>(원래 구현하고자 했던 기능의 프롬프트) |
| 타임아웃(로딩 오류) | [기능]이 로드되지 않아. 계속 로딩 중이라고 나와. 멈춰 있어. 수정해 줘. |

## Step 02 설문조사 시스템

투표와 다르게 다양한 설문을 기반으로 사용자의 선호도를 조사하는 기능을 구현하겠습니다. 클로드 코드에서 /exit를 실행해서 빠져나오고 다시 실행해 주세요. 기존의 세션을 완전히 초기화하고 새로운 환경에서 작업을 진행합니다. 그리고 다음 프롬프트를 클로드 코드에 입력해 주세요.

> **프롬프트 5 - 12**

작업을 시작하기 전에 @docs/START.md을 읽자. 이전에 구현한 작업들을 메모리에 기억시키고 업무를 시작하자. 분석이 완벽하게 끝나면 아래 작업을 시작해.

다양한 질문 타입을 지원하는 설문조사 시스템을 구현해 줘

**설문조사 모델:**

1. Survey 모델(title, description, is_anonymous, expires_at, created_by)
2. Question 모델(survey, text, question_type, required, options)
3. Response 모델(survey, respondent, submitted_at)
4. Answer 모델(response, question, answer_text)

**질문 타입:**

- TEXT(주관식 - 짧은 답변)
- TEXTAREA(주관식 - 긴 답변)
- CHOICE(객관식 - 단일 선택)
- MULTIPLE(객관식 - 복수 선택)
- SCALE(척도 1-5)

**설문조사 기능:**

1. **설문 목록**(/surveys)
   - 진행중/완료된 설문 구분
   - 제목, 질문 수, 응답자 수

2. **설문 응답**(/surveys/<id>/respond)
   - 질문별 순차적 표시
   - 질문 타입별 적절한 입력 폼
   - 필수 질문 체크

3. **설문 생성**(/surveys/new)
   - 관리자만 접근
   - 설문 기본 정보 + 질문들 추가
   - 동적 질문 추가/삭제(JavaScript)

4. **설문 결과** (/surveys/<id>/results)
   - 관리자만 접근
   - 질문별 통계
   - 개별 응답 목록(실명인 경우)

**결과 분석:**
- 객관식: 선택지별 비율
- 주관식: 답변 목록
- 척도: 평균점수
- 총 응답자 수

**권한:**
- 누구나 설문 목록 조회
- 로그인 사용자만 응답
- 관리자만 생성/결과 조회

**UI:**
- 단계별 설문 진행
- 진행률 표시
- 질문별 적절한 폼
- 결과 차트

surveys 앱의 모든 파일을 생성해 줘:
- models.py, views.py, forms.py, urls.py
- 템플릿들(목록, 설문, 결과)
- JavaScript(동적 질문 관리)

쓰기 @logs/YYYYMMDD_tasks.md: 개발이 끝나면 업무 보고서를 작성할 것.
쓰기 @logs/YYYYMMDD_logs.md: 업무 일기장을 작성할 것.

다양한 질문 타입을 만들어보고 각 질문에 대해 답변이 정확하게 작성이 되는지 테스트해 보세요.

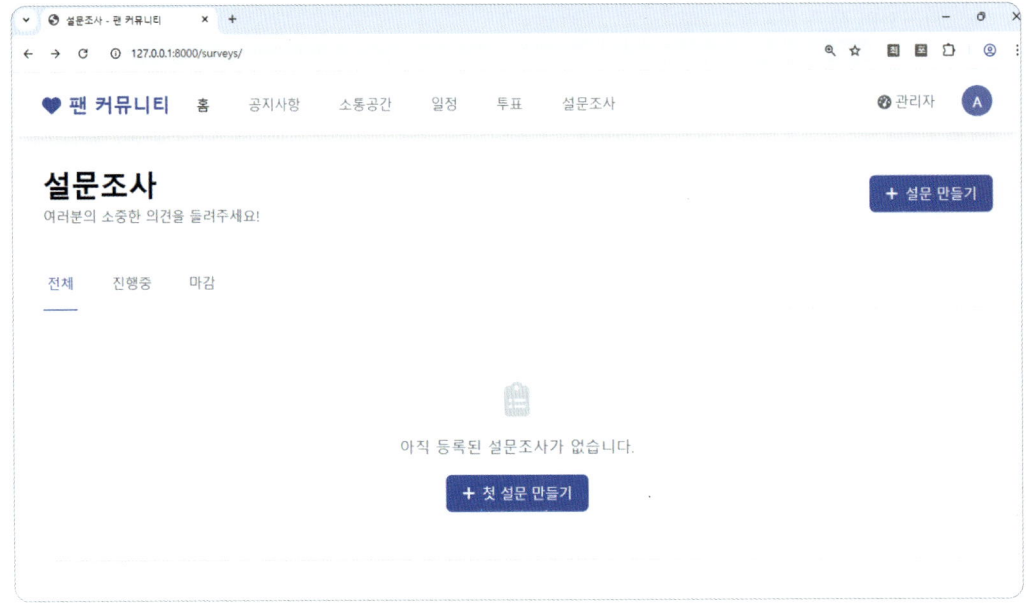

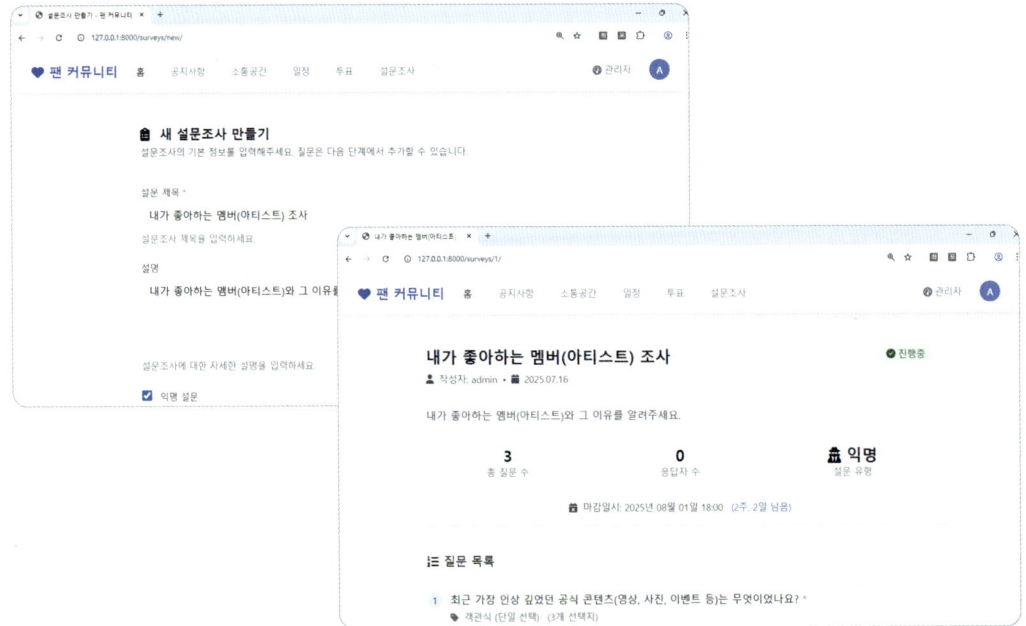

저는 설문조사 과정은 제대로 진행되었지만 구글 설문지처럼 개인별 조사 결과를 볼 수 있는 화면이 없어서 추가해 달라고 요청했습니다. 여러분도 테스트하고 미비한 기능을 클로드 코드에게 추가해달라고 요청해 보세요.

> **프롬프트 5 - 13**
>
> 설문조사 과정은 정상적으로 진행되었지만 구글 설문지처럼 개인별 조사 결과를 볼 수 있는 기능이 있으면 좋겠어. 추가해 줘.

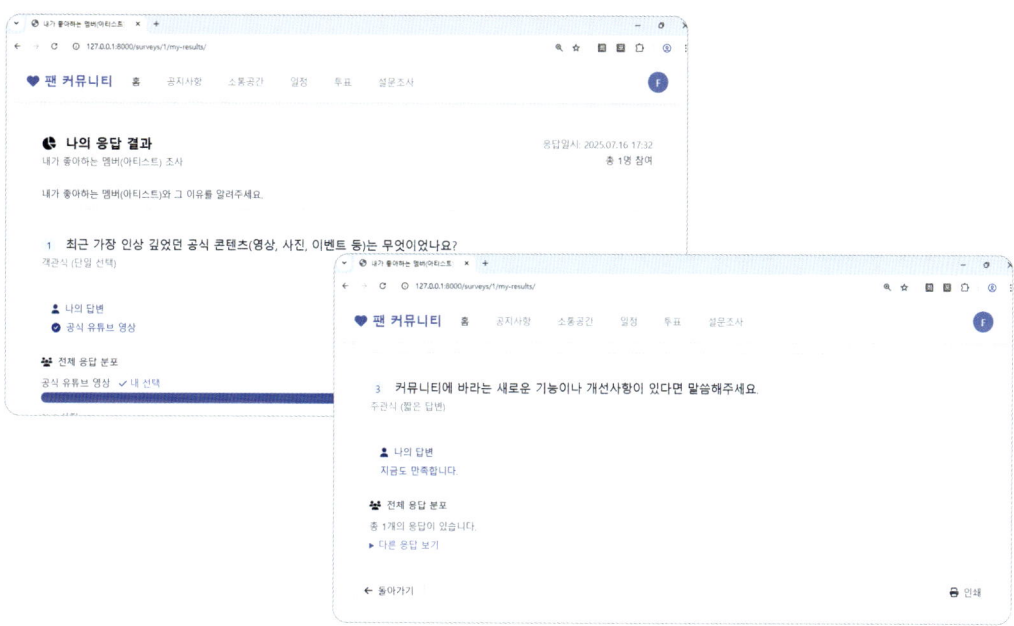

## Step 03 / 검색 및 필터링 시스템

커뮤니티가 성장하면서 많은 글들이 쌓일 텐데, 이 원하는 정보를 쉽게 찾을 수 있도록 강력한 검색 기능을 만들어 봅시다. 클로드 코드에서 /exit를 실행해서 빠져나오고 다시 실행해 주세요. 기존의 세션을 완전히 초기화하고 새로운 환경에서 작업을 진행합니다. 그리고 아래 프롬프트를 클로드 코드에 입력해 주세요.

> **프롬프트 5 - 14**
>
> 작업을 시작하기 전에 @docs/START.md을 읽자. 이전에 구현한 작업들을 메모리에 기억시키고 업무를 시작하자. 분석이 완벽하게 끝나면 아래 작업을 시작해.
>
> 목표: 사용자가 키워드를 입력해서 게시글을 검색할 수 있는 검색 기능을 구현해 줘.

**핵심 컨셉:**

사용자가 키워드를 입력하면, 해당 단어가 제목이나 본문에 포함된 게시글 목록을 보여주는 검색 기능 구현.

**요구사항:**

- 검색 페이지 UI: 페이지에 검색창과 '검색' 버튼 하나만 있는 UI를 만들어 줘.
- 검색 로직: 사용자가 '검색' 버튼을 누르면, 공지사항, 소통공간 관련 테이블의 제목(title)과 내용(content) 칼럼에서 해당 키워드가 포함된 게시글을 찾아주는 로직을 구현해 줘.
- 결과 표시: 검색된 게시글 목록을 /search 페이지 하단에 리스트 형태로 보여주고, 각 항목은 해당 게시글로 이동하는 링크여야 해.

쓰기 @logs/YYYYMMDD_tasks.md: 개발이 끝나면 업무 보고서를 작성할 것.
쓰기 @logs/YYYYMMDD_logs.md: 업무 일기장을 작성할 것.

작업이 완료되면 검색 기능이 정상적으로 작동하는지 테스트해 주세요.

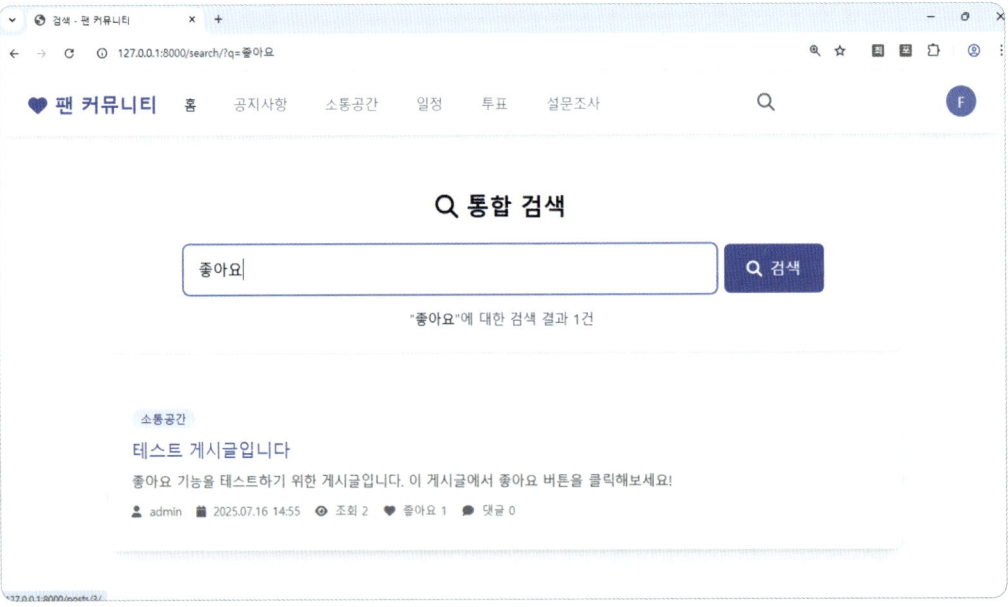

## Step 04 사용자 프로필 및 활동 대시보드

사용자들이 자신의 성장을 확인하고 성취감을 느낄 수 있는 프로필 페이지를 만들어 봅시다. 클로드 코드에서 /exit를 실행해서 빠져나오고 다시 실행해 주세요. 기존의 세션을 완전히 초기화하고 새로운 환경에서 작업을 진행합니다. 그리고 아래 프롬프트를 클로드 코드에 입력해 주세요.

> 프롬프트 5 - 15
>
> ### 사용자 프로필 시스템
> 작업을 시작하기 전에 @docs/START.md을 읽자. 이전에 구현한 작업들을 메모리에 기억시키고 업무를 시작하자. 분석이 완벽하게 끝나면 아래 작업을 시작해.
>
> 사용자가 자신의 프로필을 확인하고 수정하는 프로필 시스템을 구현해 줘.
>
> ### 핵심 컨셉:
> 이번 단계의 목표는 딱 두 가지야. 사용자의 프로필 페이지를 만드는 것. 둘째, 자기 자신의 프로필은 직접 수정할 수 있게 하는 것.
>
> ### 요구사항:
>
> 1. 사용자 프로필 페이지(/profile/[nickname]):
>    - 해당 닉네임을 가진 사용자의 아바타, 닉네임, 가입일을 표시해 줘.
>    - 그 아래에는 해당 사용자가 작성한 게시글 목록을 간단하게 보여 줘야 해.
>    - 만약 현재 로그인한 사용자가 자기 자신의 프로필을 보고 있다면, 페이지에 '프로필 수정' 버튼을 추가로 보여 줘.
>
> 2. 프로필 수정 페이지
>    - 이 페이지는 오직 로그인한 본인만 접근할 수 있어야 해.
>    - 사용자가 자신의 아바타 이미지와 닉네임을 변경하고 저장할 수 있는 간단한 폼을 만들어 줘.
>
> 쓰기 @logs/YYYYMMDD_tasks.md: 개발이 끝나면 업무 보고서를 작성할 것.
> 쓰기 @logs/YYYYMMDD_logs.md: 업무 일기장을 작성할 것.

프로필 페이지로 이동이 되고, 사용자가 작성한 게시글의 표시, 프로필을 수정할 수 있는지 테스트해 보세요.

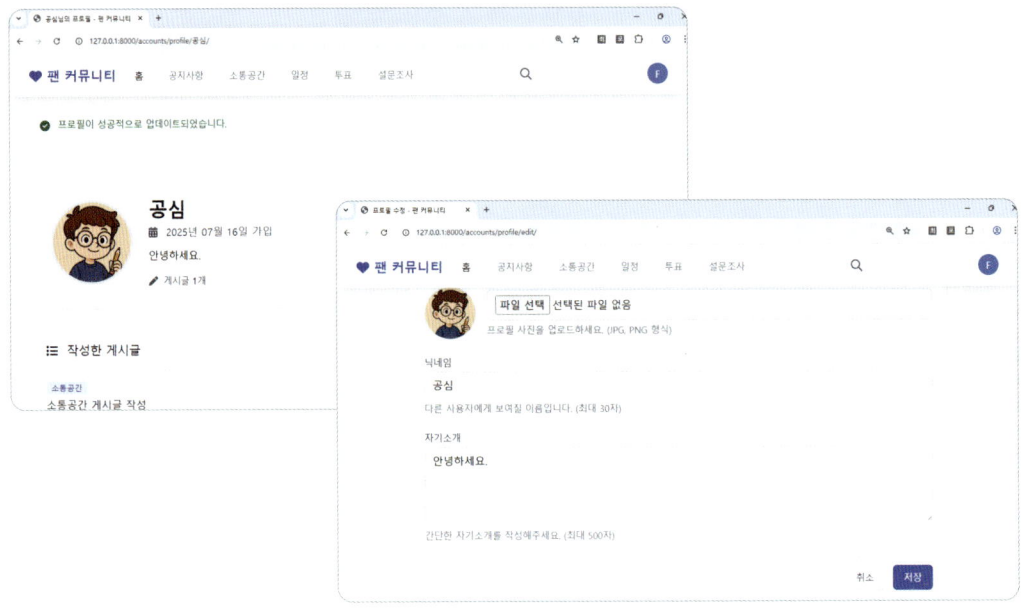

## Step 05 / 데이터베이스 성능 최적화

프로덕션으로 배포할 때, 데이터베이스의 성능을 최적화할 수 있게 개선해 보겠습니다. 클로드 코드에서 /exit를 실행해서 빠져나오고 다시 실행해 주세요. 기존의 세션을 완전히 초기화하고 새로운 환경에서 작업을 진행합니다. 그리고 아래 프롬프트를 클로드 코드에 입력해 주세요.

> 프롬프트 5 - 16

**데이터베이스 성능 개선**

작업을 시작하기 전에 @docs/START.md을 읽자. 이전에 구현한 작업들을 메모리에 기억시키고 업무를 시작하자. 분석이 완벽하게 끝나면 아래 작업을 시작해.

프로젝트의 설정을 최적화할 거야. 내 장고 프로젝트의 'settings.py' 파일을 수정해서, SQLite 데이터베이스가 프로덕션 환경에서 최고의 성능과 안정성, 데이터 무결성을 갖도록 만들어 줘.

아래 세 가지 요구사항을 모두 반영해서 코드를 수정해야 해.

- WAL(Write-Ahead Logging) 모드 활성화: 읽기/쓰기 동시성을 극대화하기 위해 데이터베이스 연결 시 'PRAGMA journal_mode=WAL;' 명령이 실행되도록 설정해 줘.

- Busy Timeout 설정: 동시 쓰기 요청 시 발생하는 'Database is locked' 에러를 방지하기 위해 타임아웃 값을 20초로 설정해 줘.
- 외래 키(Foreign Key) 제약 조건 활성화: 데이터 무결성을 보장하기 위해 SQLite에서 기본적으로 비활성화된 외래 키 제약 조건을 활성화해 줘. (`PRAGMA foreign_keys=ON;`)

기존 'settings.py' 파일의 'DATABASES' 설정을 아래 예시처럼 변경하거나 개선해 줘.

```
# 기존 코드 예시
DATABASES = {
    'default': {
        'ENGINE': 'django.db.backends.sqlite3',
        'NAME': BASE_DIR / 'db.sqlite3',
    }
}
```

쓰기 @logs/YYYYMMDD_tasks.md: 개발이 끝나면 업무 보고서를 작성할 것.
쓰기 @logs/YYYYMMDD_logs.md: 업무 일기장을 작성할 것.

## 사용자 경험 테스트 및 개선

여기까지 구현하면 커뮤니티가 완전한 소셜 플랫폼으로 진화합니다:

- 투표로 사용자들의 의견 수렴
- 강력한 검색으로 정보 발견
- 개인화된 프로필과 성장 추적

다음 마지막 챕터에서는 이 모든 기능들을 효율적으로 관리할 수 있는 관리자 대시보드를 구축하고, 실제 서비스로 배포하는 방법을 알아보겠습니다.

# 진짜 서비스로 완성하기
## 관리자 시스템과 서비스 배포

드디어 마지막 단계입니다! 이제 사용자들이 사용할 모든 기능이 완성되었으니, **운영하고 관리할 수 있는 시스템을 구축**해야 합니다. 이번 마지막 챕터에서는 관리자 대시보드 구축부터 시작해서 성능 최적화, 보안 강화, 그리고 실제 인터넷에 배포하는 방법까지 완성하겠습니다.

## 01 클로드 코드와 함께 관리자 시스템 구현하기

 **관리자 대시보드 구현하기**

커뮤니티가 성장할수록 관리의 중요성은 커집니다. 관리자가 효율적으로 커뮤니티를 운영할 수 있는 대시보드를 만들어 보겠습니다. 클로드 코드에서 /exit를 실행해서 빠져나오고 다시 실행해 주세요. 기존의 세션을 완전히 초기화하고 새로운 환경에서 작업을 진행합니다. 그리고 다음 프롬프트를 클로드 코드에 입력해 주세요.

> **프롬프트 5 - 17**

작업을 시작하기 전에 @docs/START.md을 읽자. 이전에 구현한 작업들을 메모리에 기억시키고 업무를 시작하자. 분석이 완벽하게 끝나면 아래 작업을 시작해.

커뮤니티의 기능을 통합 관리하는 관리자 대시보드를 구현해 줘.

**대시보드 기능:**

1. **메인 대시보드 (/admin-dashboard)**
   - 전체 통계 위젯
   - 최근 활동 피드
   - 빠른 작업 링크

2. **각 기능별 관리 페이지**
   - 공지사항 관리
   - 게시글 관리(신고된 글 등)
   - 일정 관리
   - 투표 관리
   - 설문조사 관리
   - 사용자 관리

**통계 위젯:**

- 총 회원 수
- 오늘 새 게시글 수
- 진행중인 투표/설문 수
- 다가오는 일정 수

**관리 기능:**

1. **사용자 관리**
   - 사용자 목록 및 검색
   - 역할 변경(USER ↔ ADMIN)
   - 계정 상태 관리

2. **콘텐츠 관리**
   - 부적절한 게시글/댓글 삭제

- 공지사항 일괄 관리
- 투표/설문 관리

3. 시스템 관리
   - 기본 설정
   - 백업 도구 (향후 확장)

**권한:**
- 관리자만 접근 가능
- 비관리자 접근시 403 에러
- 로그인 필수

**UI:**
- 깔끔한 대시보드 레이아웃
- 카드 형태 위젯
- 사이드바 네비게이션
- 반응형 디자인

**Django Admin 연동:**
- 기본 Django Admin도 사용 가능
- 커스텀 대시보드와 함께 활용

admin_dashboard 앱의 모든 파일을 생성해 줘:
- views.py (대시보드 뷰들)
- urls.py
- 템플릿들 (대시보드, 관리 페이지들)

쓰기 @logs/YYYYMMDD_tasks.md: 개발이 끝나면 업무 보고서를 작성할 것.
쓰기 @logs/YYYYMMDD_logs.md: 업무 일기장을 작성할 것.

아래 화면처럼 관리자 대시보드가 표시되었다면 성공입니다. 대시보드의 각 기능을 테스트 해보고 미비한 기능이나 에러는 클로드 코드에 프롬프트로 요청하세요. 만약 오류가 난다면 메시지를 복사해서 클로드 코드에게 전달만 해주면 됩니다. (복사 …» 마우스 우측 붙여넣기)

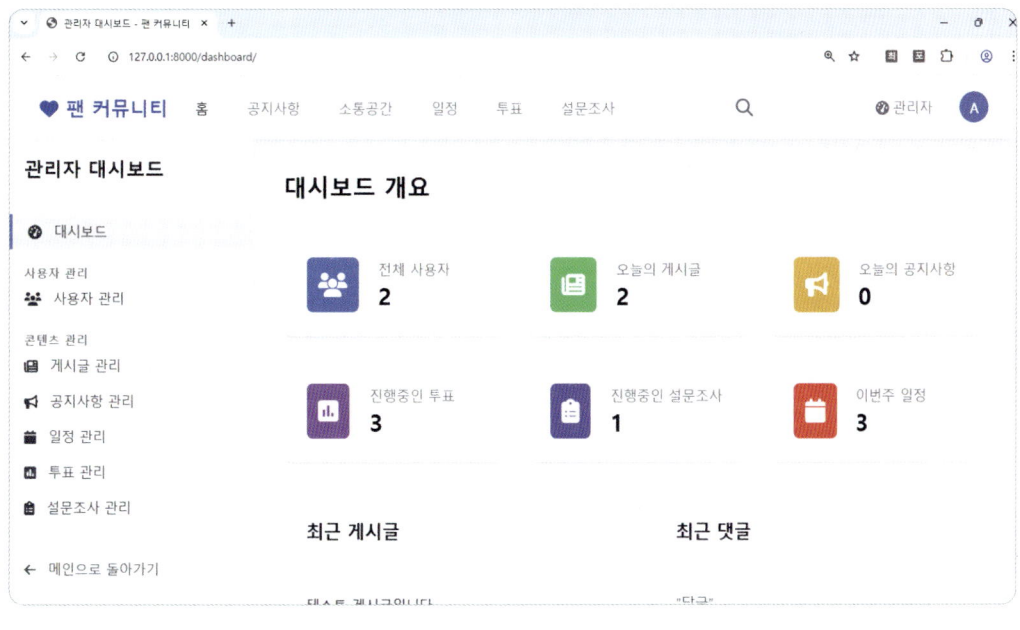

## Step 02 깃허브에서 원격 저장소 만들기

먼저 내 프로젝트 파일을 올려두기 위해 깃허브 사이트에서 온라인 공간(원격 저장소)을 만들어 보겠습니다.

01 깃허브 사이트에 접속해서 로그인해 주세요. 회원가입이 되어 있지 않다면 이메일 주소로 회원가입을 먼저 진행해 주세요.

⋯ https://github.com/

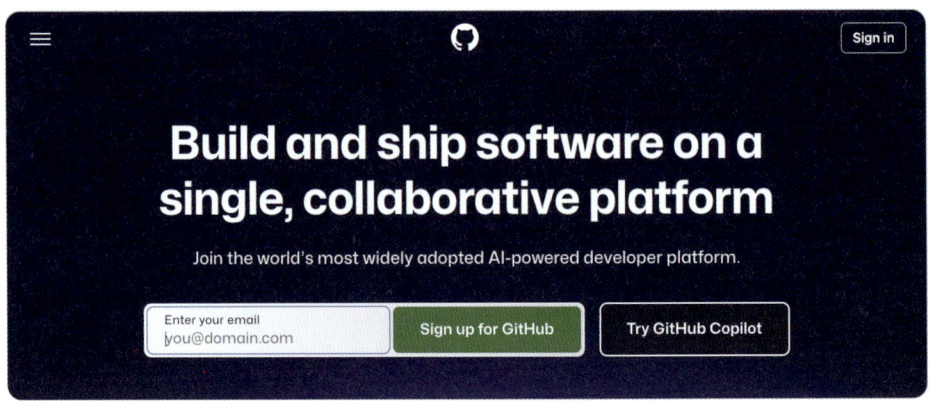

02 로그인이 완료되면 'New repository'를 만들어야 합니다. 로그인 후 보이는 메인 화면에서 초록색 [New] 버튼 또는 오른쪽 위 + 아이콘을 누르고 [New repository]를 클릭합니다.

03 다음과 같이 저장소 정보를 입력합니다.

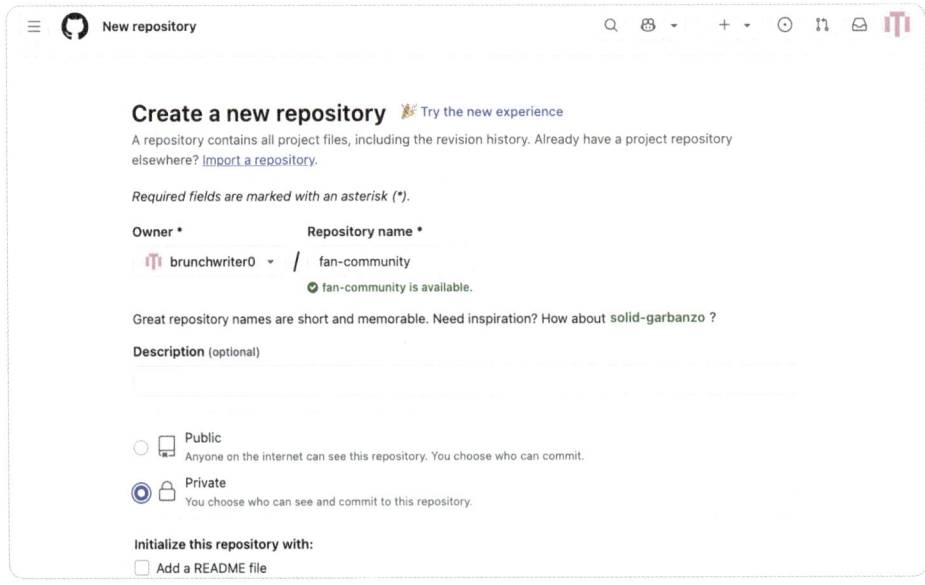

- **Repository name**: 저장소의 이름을 영어로 입력합니다. 프로젝트 이름과 똑같이 하는 것이 좋습니다. fan-community로 입력합니다.
- **Description**optional: 프로젝트에 대한 간단한 설명을 적는 칸입니다. 비워둬도 됩니다.
- **Public/Private**: 비공개(Private)로 설정합니다(나, 또는 초대한 사람만 볼 수 있음).
- **Initialize this repository with**: 아무것도 체크하지 마세요. README 파일 등을 지금 만들면 나중에 연결할 때 충돌이 날 수 있습니다.

04 가장 아래에 있는 초록색 [Create repository] 버튼을 누르면 비어 있는 원격 저장소가 만들어집니다.

## Step 03 내 컴퓨터에 Git 설치하기

내 컴퓨터와 깃허브가 서로 원격으로 연결되려면 [Git]이라는 프로그램이 필요합니다.

01 **Git 다운로드**: Git 공식 사이트에 접속해서 여러분의 운영체제(윈도우, 맥)에 맞는 설치 파일을 다운로드합니다.

⤳ https://git-scm.com/downloads

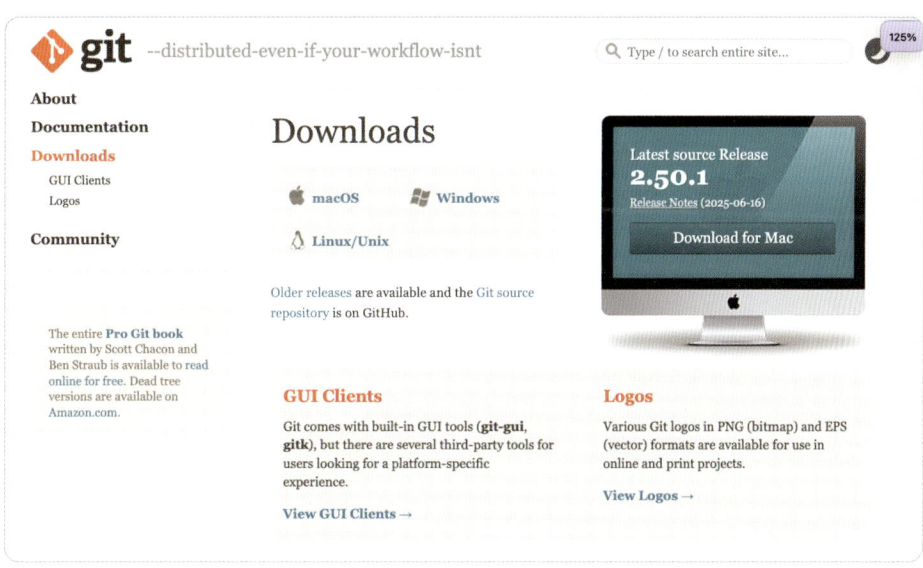

02 **설치 진행**: 다운로드한 파일을 실행하고, 특별히 바꿀 설정 없이 계속 [Next] 버튼을 눌러 설치를 완료합니다.

## Step 04 / 내 컴퓨터 프로젝트와 깃허브 저장소 연결하기

내 컴퓨터에 있는 프로젝트 폴더에서, 방금 만든 깃허브 원격 저장소와 연결하는 작업을 진행하겠습니다. 커서 AI를 실행하고 [fan-community] 프로젝트를 열어 주세요. 프로젝트 폴더에서 터미널을 열고, 다음과 같은 순서대로 명령어들을 한줄씩 입력하고 Enter 를 누릅니다.

### 01 현재 폴더를 Git으로 관리 시작

> 터미널
>
> ```
> git init
> ```

### 02 폴더 안의 모든 파일을 올릴 준비

> 터미널
>
> ```
> git add .
> ```

add와 점(.) 사이는 띄어쓰기입니다.

### 03 준비된 파일에 이름표 붙이기 (첫 저장 기록 남기기)

> 터미널
>
> ```
> git commit -m "첫 번째 커밋"
> ```

#### 🎯 이메일 설정 메시지가 나온다면?

만약 이메일을 설정하라는 메시지가 나오면 아래 명령어를 입력해 줍니다. 이메일 주소와 이름은 여러분의 것으로 대체해 주세요.

> 터미널
>
> ```
> git config --global user.email "<이메일 주소>"
> git config --global user.name "<이름>"
> ```

그리고 다시 아래 메시지를 입력합니다.

> 터미널
>
> ```
> git commit -m "첫 번째 커밋"
> ```

## 04 내 컴퓨터와 깃허브 원격 저장소 주소 연결하기

- 1단계에서 만든 깃허브 저장소 페이지로 돌아가세요.
- https://github.com/내아이디/저장소이름.git 과 같은 주소가 보일 겁니다. 오른쪽의 복사 버튼 을 눌러 주소를 복사합니다.

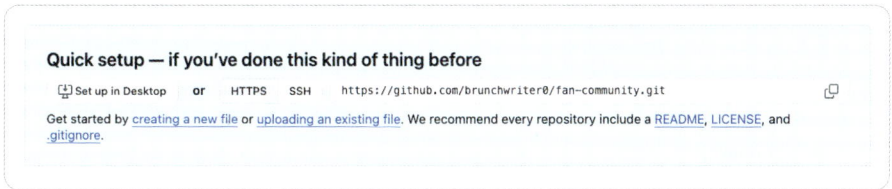

- 아래 명령어의 **(여기에 붙여넣기)** 부분에 방금 복사한 주소를 붙여넣고 실행합니다.

> 터미널
>
> git remote add origin **(여기에 붙여넣기)**

## 05 브랜치 이름 변경 (최신 표준 방식)

> 터미널
>
> git branch -M main

## 06 깃허브 원격 저장소로 최종 업로드

깃허브와 연결하기 위해 최초 인증을 진행해야 합니다. 웹브라우저 인증 옵션을 선택하고 이전에 가입한 깃허브로 로그인하시면 인증이 마무리됩니다.

> 터미널
>
> git push -u origin main

처음 한 번만 -u origin main을 붙이고, 다음부터는 git push만 입력하면 됩니다.

## Step 05  로컬 프로젝트 GitHub에 업로드

배포하려는 Django 프로젝트가 GitHub 저장소에 업로드되어 있는지 확인합니다. 아래 화면처럼 프로젝트 파일이 깃허브에 업로드되었습니다.

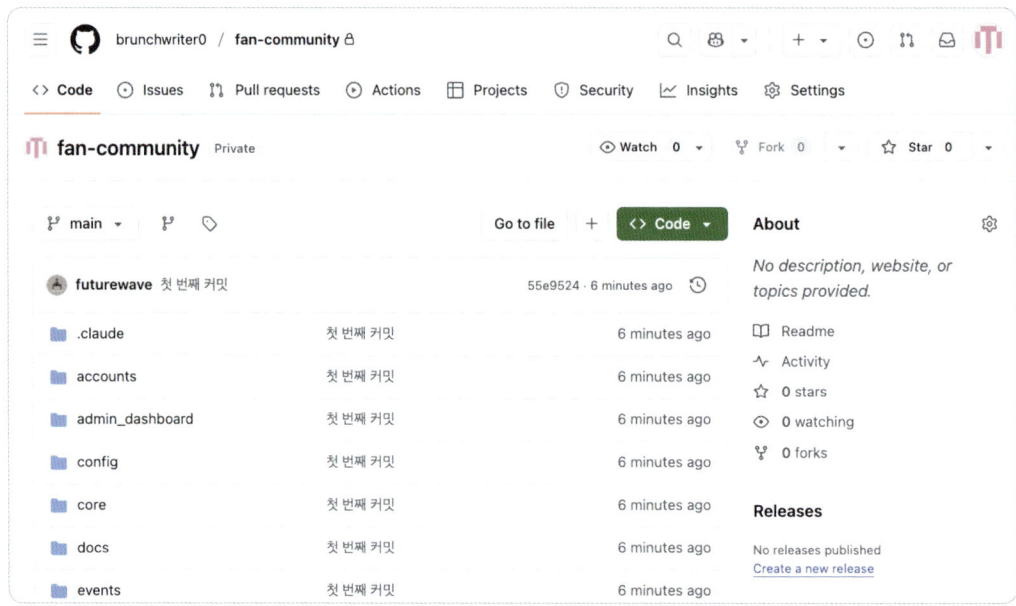

아래 명령어를 차례대로 터미널에서 실행해 주세요.

```
터미널

pip freeze > requirements.txt
git add .
git commit -m "Replit 배포 준비"
git push
```

## Step 06  Render 배포하기

http://render.com/ 링크로 접속하고 회원가입을 진행합니다. 구글 계정으로 간편 가입을 진행하면 됩니다. 아래 화면처럼 가입이 완료되었습니다.

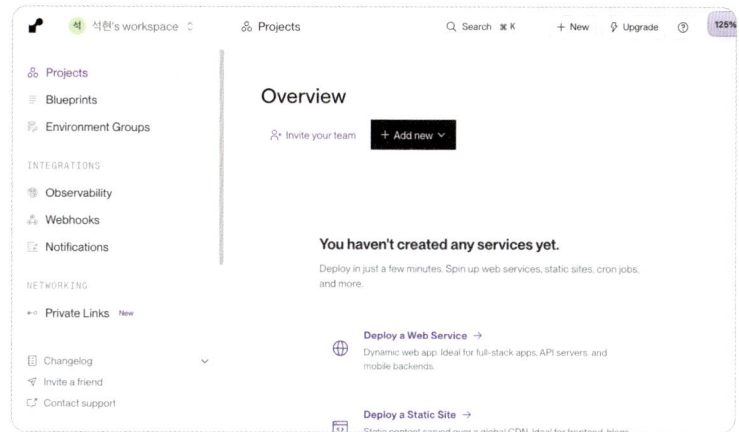

배포 작업을 진행하기 전에 배포를 위한 환경을 먼저 설정하겠습니다. 클로드 코드에서 /exit를 실행해서 빠져나오고 다시 실행해 주세요. 기존의 세션을 완전히 초기화하고 새로운 환경에서 작업을 진행합니다. 그리고 아래 프롬프트를 클로드 코드에 입력해 주세요.

> 프롬프트 5 - 18

### 운영 환경용 패키지 설치

작업을 시작하기 전에 @docs/START.md을 읽자. 이전에 구현한 작업들을 메모리에 기억시키고 업무를 시작하자. 분석이 완벽하게 끝나면 아래 작업을 시작해.

현재 프로젝트의 가상환경에 Render 배포에 필요한 Python 패키지들을 설치해 줘. 설치할 패키지는 gunicorn, psycopg2-binary, dj-database-url, whitenoise 야. 아래의 작업을 순서대로 진행해 줘.

### requirements.txt 업데이트

패키지 설치가 완료되면 설치한 패키지들을 포함해서, 현재 가상환경의 모든 패키지 목록을 requirements.txt 파일에 갱신해 줘.

### settings.py를 배포 환경에 맞게 수정

config/settings.py 파일을 수정해서 로컬 개발 환경(SQLite)은 그대로 유지하면서, Render의 운영 환경(PostgreSQL)에서도 작동할 수 있도록 유연하게 만들어 줘.

### 수정 조건:

1. os와 dj_database_url을 임포트해 줘.
2. SECRET_KEY는 환경 변수에서 읽어오도록 수정하고, 환경 변수가 없을 때를 대비한 기본값도 설정해 줘. (보안상 실제 키는 나중에 Render에서 설정할 거야)

3. DEBUG 모드는 'RENDER' in os.environ 코드를 사용해서 Render 환경에서는 자동으로 False가 되도록 설정해 줘.
4. ALLOWED_HOSTS는 Render의 도메인을 자동으로 허용하도록 설정해 줘.
5. DATABASES 설정은 DATABASE_URL 환경 변수가 있으면 PostgreSQL을 사용하고, 없으면 기존의 db.sqlite3를 사용하도록 dj_database_url.config()를 이용해 수정해 줘.
6. MIDDLEWARE 목록에서 'django.middleware.security.SecurityMiddleware' 바로 아래에 'whitenoise.middleware.WhiteNoiseMiddleware'를 추가해 줘.
7. 정적 파일(STATICFILES) 관련 설정은 운영 환경(if not DEBUG:)에서만 STATIC_ROOT와 Whitenoise용 STATICFILES_STORAGE를 사용하도록 추가해 줘.

쓰기 @logs/YYYYMMDD_tasks.md: 개발이 끝나면 업무 보고서를 작성할 것.
쓰기 @logs/YYYYMMDD_logs.md: 업무 일기장을 작성할 것.

다음 단계는 Render 배포를 위한 인프라를 정의하겠습니다. 클로드 코드에서 /exit를 실행해서 빠져나오고 다시 실행해 주세요. 기존의 세션을 완전히 초기화하고 새로운 환경에서 작업을 진행합니다. 그리고 아래 프롬프트를 클로드 코드에 입력해 주세요.

> **프롬프트 5 - 19**
>
> **render.yaml 파일 생성**
>
> 작업을 시작하기 전에 @docs/START.md을 읽자. 이전에 구현한 작업들을 메모리에 기억시키고 업무를 시작하자. 분석이 완벽하게 끝나면 아래 작업을 시작해.
>
> 프로젝트의 루트 디렉토리에 render.yaml 파일을 생성해 줘. 이 파일은 Render에게 웹 서비스와 데이터베이스를 어떻게 구성할지 알려주는 설계도 역할을 할 거야.
>
> **파일 내용 조건:**
> 1. 서비스는 web 타입의 community-web 하나와, db 타입의 community-db PostgreSQL 데이터베이스 하나를 정의해 줘.
> 2. 웹 서비스의 빌드 명령어는 pip install, collectstatic, migrate를 순서대로 실행하도록 설정해 줘.
> 3. 웹 서비스의 시작 명령어는 gunicorn config.wsgi로 설정해 줘.

4. 웹 서비스의 환경 변수(envVars)는 데이터베이스의 연결 URL(DATABASE_URL)과 SECRET_KEY를 참조하도록 설정해 줘. SECRET_KEY는 일단 임의의 값으로 생성해 줘.(나중에 Render 대시보드에서 수정)
5. 데이터베이스 플랜은 free로 설정해 줘.

쓰기 @logs/YYYYMMDD_tasks.md: 개발이 끝나면 업무 보고서를 작성할 것.
쓰기 @logs/YYYYMMDD_logs.md: 업무 일기장을 작성할 것.

이제 깃허브에 커밋 및 푸시를 진행하겠습니다. 터미널을 열고 아래 명령어를 순서대로 진행해 주세요.

> **터미널**
>
> ```
> git add .
> git commit -m "Configure project for Render deployment"
> git push origin main
> ```

01 Render 대시보드로 이동하여 [+ New] 버튼을 누르고 [Blueprint]를 선택합니다.

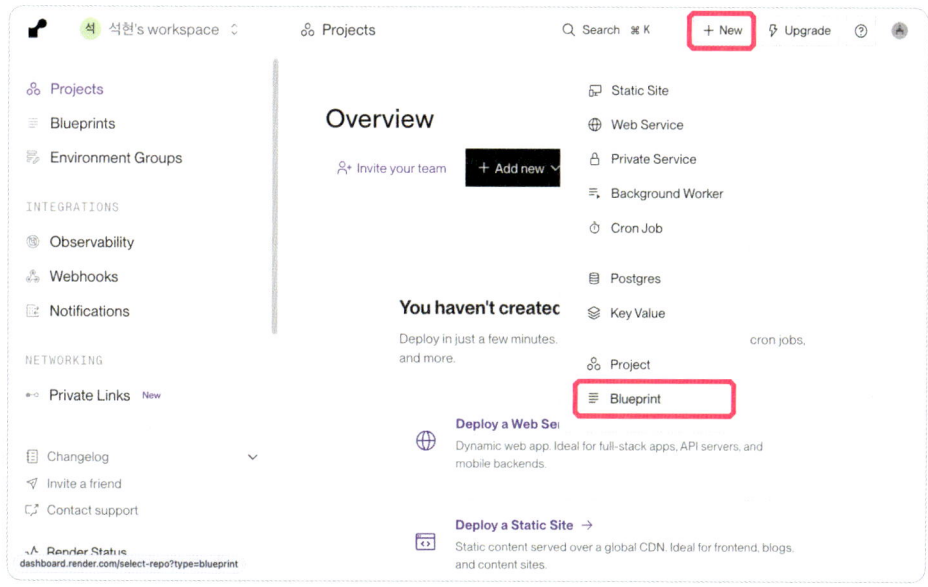

02 GitHub 저장소 목록에서 community 프로젝트가 설정된 깃헙 계정을 선택하고 연결합니다.

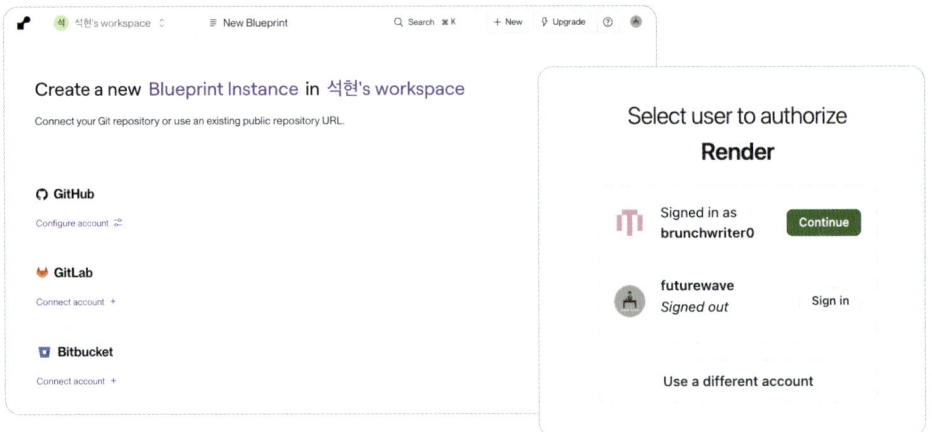

03 연결이 완료되면 아래로 내려가 community 리포지토리와 [connect]를 클릭해서 연결합니다.

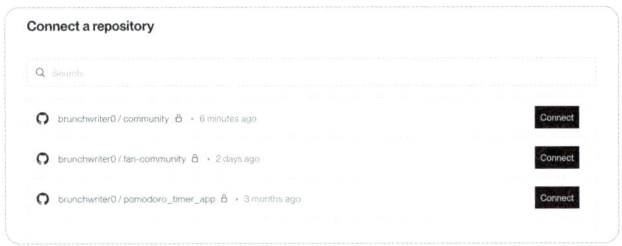

04 다음 화면에서 결제 정보를 입력해야 합니다. 국가, 주소, 카드 정보 등을 입력하고 아래쪽의 [Add Cad] 버튼을 클릭합니다.

05 이름을 입력하고 [Retry] 버튼을 클릭합니다. 비용을 확인하고 [Deploy Blueprint]를 클릭합니다.

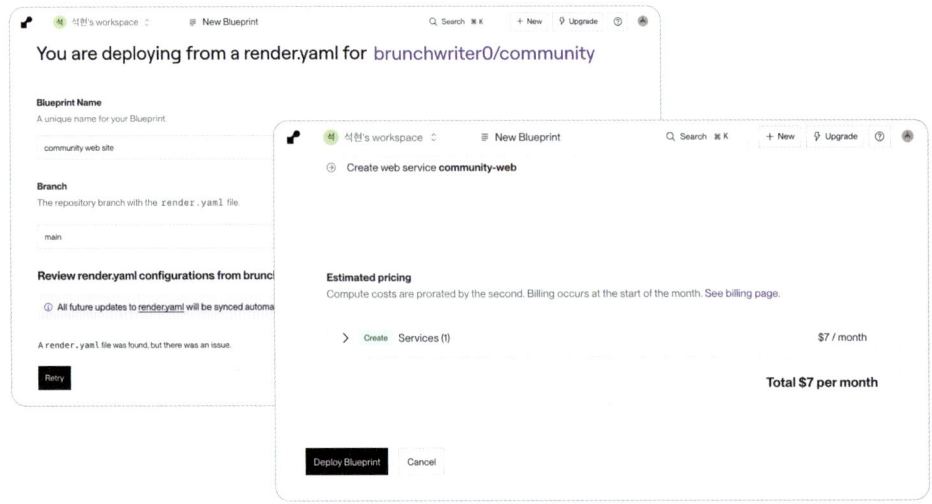

06 Render가 render.yaml 파일을 자동으로 읽어 서비스 이름(community-web)과 데이터베이스(community-db) 설정을 화면에 보여줍니다.

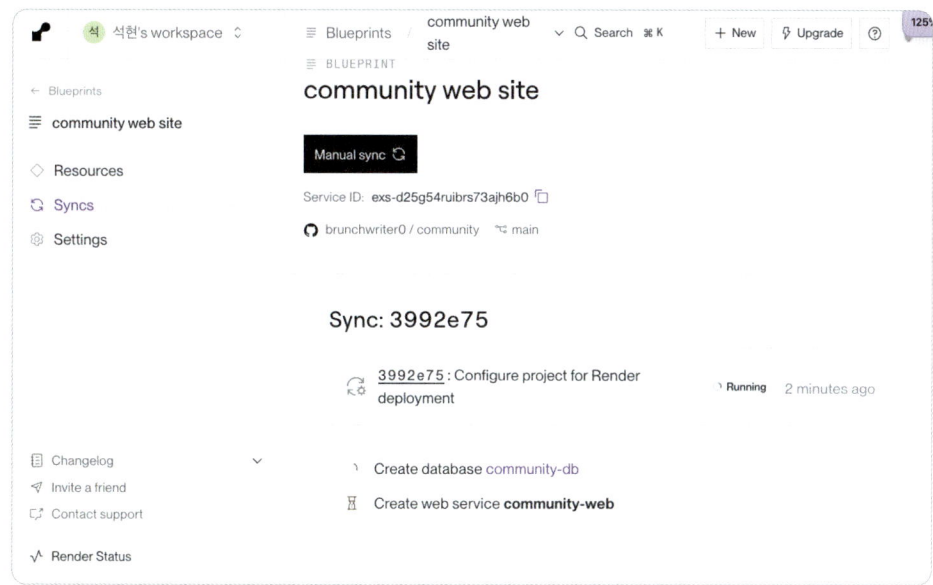

07 배포가 성공적으로 완료되면, 고유한 .onrender.com 주소가 생성됩니다. 이 주소로 접속하여 웹사이트가 잘 작동하는지 확인합니다. 왼쪽 메뉴에서 [Resources]를 클릭합니다. 그러면 community-web(Web Service)과 community-db(PostgreSQL) 두 항목이 보일 겁니다. community-web을 클릭해서 웹 서비스의 상세 페이지로 이동하세요. 페이지 상단에 https://community-web-xxxxx.onrender.com 과 같은 형태의 주소가 보일 겁니다. 이것이 바로 배포된 웹사이트의 주소입니다. 이 주소를 클릭해서 접속해 보세요.

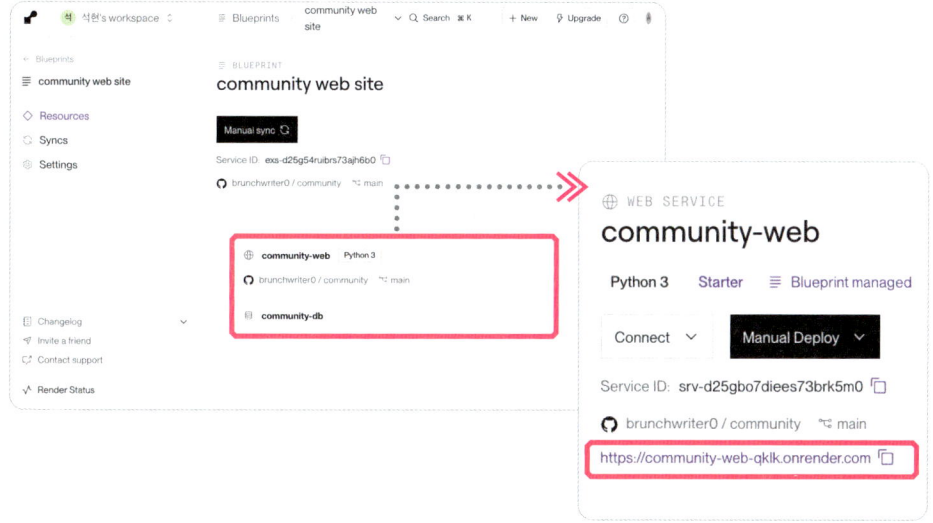

아래처럼 커뮤니티 웹사이트가 정상적으로 보인다면 대성공입니다. 배포의 90%가 완료되었습니다.

**08 (최초 1회)** 배포된 사이트의 관리자 계정을 설정해야 합니다. 대시보드의 웹 서비스 페이지에서 [Shell] 탭을 열고, **python manage.py createsuperuser** 명령어를 실행하여 관리자 계정을 생성합니다.

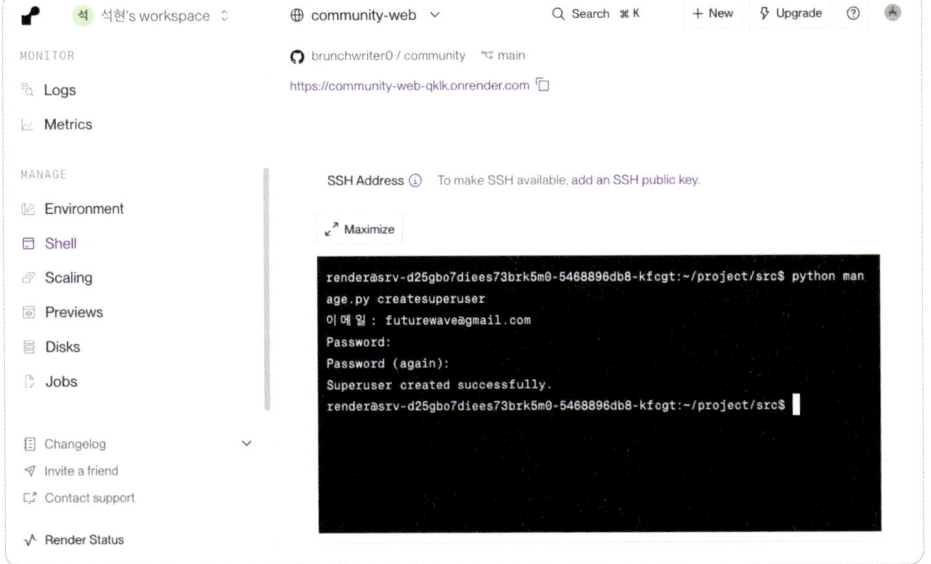

이제 깃허브에 푸시하면 자동으로 Render에 배포가 진행됩니다. 만약 배포에 문제가 생겼다면 [Render] 대시보드 [Events] 로 이동해서 에러 사항을 복사해서 클로드 코드에 전달하면 됩니다. 다음 화면처럼 Replit 서버에 프로덕션 상태로 배포가 됐고 성공적으로 접속했습니다.

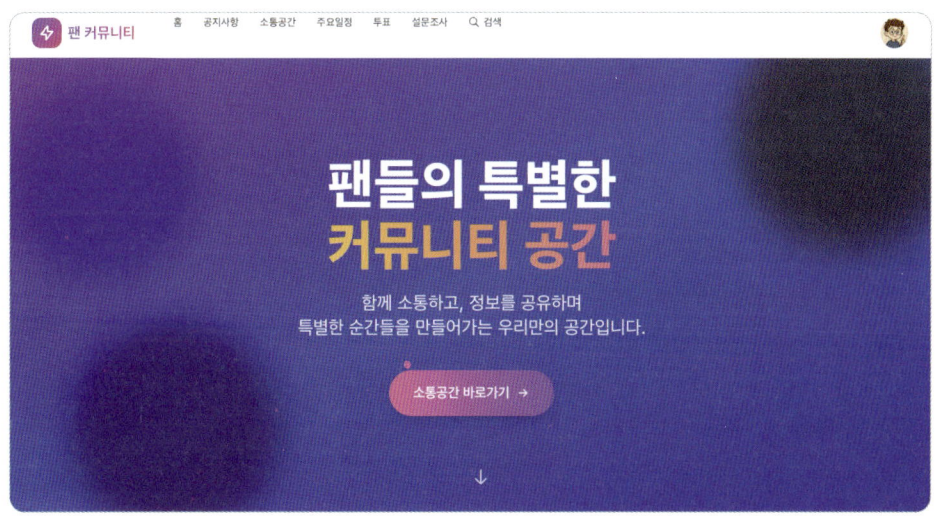

 **완성된 커뮤니티 최종 점검**

여러분은 전문적인 커뮤니티 플랫폼을 완성했습니다. 최종 점검을 해봅시다:

😊 **핵심 기능 체크리스트**:

- ✅ 회원 가입
- ✅ 소통공간 시스템
- ✅ 계층형 댓글 및 대댓글
- ✅ 실시간 투표 기능
- ✅ 강력한 통합 검색
- ✅ 설문조사 기능
- ✅ 개인화된 프로필 페이지
- ✅ 이미지 업로드 & 갤러리

😊 **관리 및 운영 시스템**:

- ✅ 관리자 대시보드
- ✅ 콘텐츠 관리 도구

😊 **배포 시스템 :**

✅ GitHub 푸시

✅ Render 배포

 **더 나아가기 위한 확장 아이디어**

이제 기초가 완성되었으니, 더욱 발전시킬 수 있는 아이디어들을 제안합니다:

😊 **즉시 적용 가능한 확장:**

- 이메일 연결 기능을 추가해서 원하는 사용자는 계정을 더 안전하게 만들 수 있게 해 줘.
- 소셜 로그인 옵션을 추가하되, 기본은 여전히 간편 가입으로 유지해 줘.
- 친구 초대 시스템을 만들어서 닉네임으로 친구를 찾을 수 있게 해 줘.
- 데이터베이스를 Supabase로 마이그레이션 해 줘.

😊 **커뮤니티 특화 확장:**

- 팬아트 갤러리 기능을 추가해 줘.
- 팬 캘린더로 중요한 날짜들을 공유할 수 있게 해 줘.
- 팬클럽 그룹 기능을 만들어서 소모임을 만들 수 있게 해 줘.

😊 **비즈니스 확장:**

- 프리미엄 기능을 추가하되 간편 가입은 그대로 유지해 줘.
- 광고 시스템을 통합해 줘.
- 굿즈 마켓플레이스를 연결해 줘.

 **마무리: 진짜 바이브 코딩의 완성**

이제 여러분은 더 이상 "코딩을 1도 모르는 사람"이 아닙니다. 여러분은 지금까지의 과정을 통해 다음과 같은 능력을 갖추게 되었습니다.

- **혁신적 사고력**: 복잡한 인증을 간단하게 만드는 창의적 해결책
- **사용자 중심 설계**: 진입장벽을 낮춰 더 많은 사람이 참여할 수 있게 함
- **기술적 균형감**: 편의성과 보안성을 동시에 고려하는 능력
- **실무 개발 경험**: 기획부터 배포까지 전체 프로세스 완주

# 공통 가이드

| 공통가이드 1 | Live Server 설치 및 실행 방법 |
| 공통가이드 2 | Vercel 배포 방법 |
| 공통가이드 3 | OpenAI의 API 키 발급하기 |
| 공통가이드 4 | Next.js 프로젝트 생성하기 |
| 공통가이드 5 | Supabase 회원 가입과 설정 방법 |
| 공통가이드 6 | Supabase 접속 토큰 만들기 |
| 공통가이드 7 | Supabase 프로젝트 ID 찾기 |
| 공통가이드 8 | Subabase MCP 설정하기 |
| 공통가이드 9 | Node.js 설치하기 |
| 공통가이드 10 | 파이썬 설치 가이드 |
| 공통가이드 11 | 노션 API 키 발급받기 |
| 공통가이드 12 | 노션 MCP 서버 설치하기 |
| 공통가이드 13 | 슬랙의 Incoming Webhook URL 발급받기 |

# PART 6

공통 가이드에서는 개발 환경 구축부터 프로젝트 생성, 외부 API 연동 및 최종 배포에 이르기까지, 아이디어를 현실로 만드는 데 필요한 모든 설정 과정을 안내합니다.

# Live Server 설치 및 실행 방법

라이브 서버는 코드를 수정하고 저장하는 즉시, 웹 브라우저를 자동으로 새로고침하여 변경사항을 실시간으로 보여주는 기능입니다. 이 기능을 통해서 사용자는 웹 서버 없이도 코드 수정 결과를 즉각적으로 확인하며 작업의 흐름이 끊기는 일 없이 빠르고 직관적인 개발을 이어갈 수 있습니다.

## Step 01 · Live Server 설치하기

01 커서 AI의 왼쪽 사이드바에서 네모 블록 모양의 [확장 Extensions] 아이콘을 클릭하세요.

02 검색창에 **"Live Server"** 라고 입력합니다.

03 목록에 나타난 [Live Server] 옆의 [Install] 버튼을 누릅니다. 10초면 설치가 끝납니다.

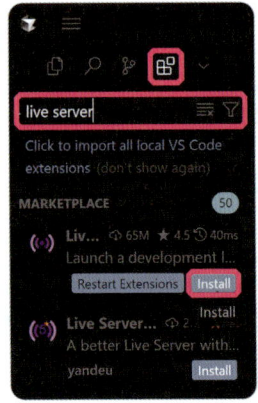
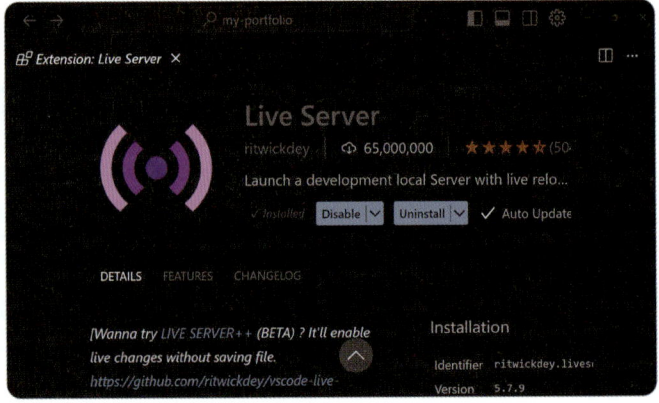

## Step 02 / Live Server 실행하기

**01** 설치가 완료되면, 사이드바에서 다시 **[Explorer]** 탭으로 돌아오세요.

**02** 커서 AI 창의 오른쪽 하단을 보면 **[Go Live]** 라는 새로운 버튼이 생겼을 겁니다.

**03** 이 [Go Live] 버튼을 클릭합니다.

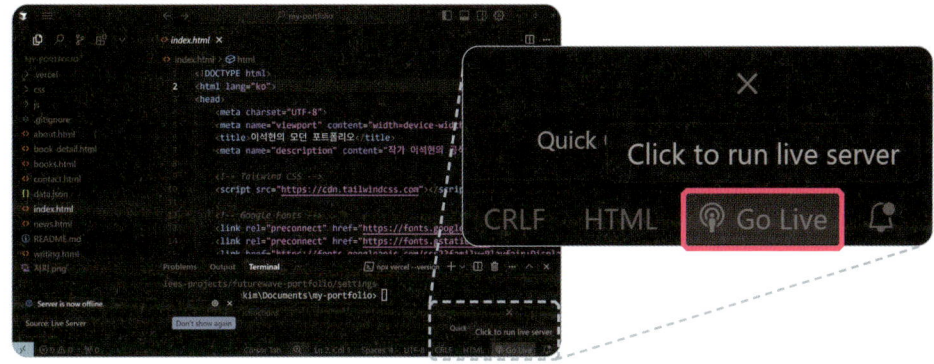

**04** 주소창을 확인해 보세요. http://127.0.0.1:5500 으로 접속했죠? 여러분의 컴퓨터가 잠시 동안 웹 서버로 작동합니다. 이제부터는 코드를 수정하고 저장만 하세요. 브라우저를 새로고침하면 변경된 모습을 확인하실 수 있습니다.

# Vercel 배포 방법

Vercel은 개발자가 만든 웹사이트를 전 세계에 공개(배포)하는 복잡한 과정을 매우 간단하게 자동화해주는 플랫폼입니다. 로컬에 존재하는 프로젝트를 올리기만 하면, Vercel이 코드들을 자동으로 감지해 빌드하고, 전 세계 어디서든 빠른 속도로 접속할 수 있는 실제 웹 주소를 만들어줍니다.

## Step 01. Vercel 설치 및 로그인

`Ctrl` + `Shift` + 를 누르고 터미널에서 다음 명령어를 실행해 주세요.

01 먼저 배포를 위한 CLI(명령줄 프롬프트, Command Line Interface)를 설치합니다.

```
PS C:\Users\mirakim\Documents\my-portfolio> npm install -g vercel
```

02 Vercel에 로그인하겠습니다.

```
PS C:\Users\mirakim\Documents\my-portfolio> vercel login
```

03 다음 화면과 같은 목록이 표시되면 [Continue with Email]을 선택하고 Enter 를 누릅니다.

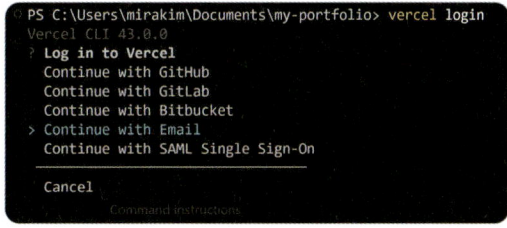

04 **Enter your email address:** 이메일 주소를 직접 입력해 주세요. 이메일에 접속해서 링크를 클릭한 다음 Vercel에서 전송한 코드를 입력합니다.

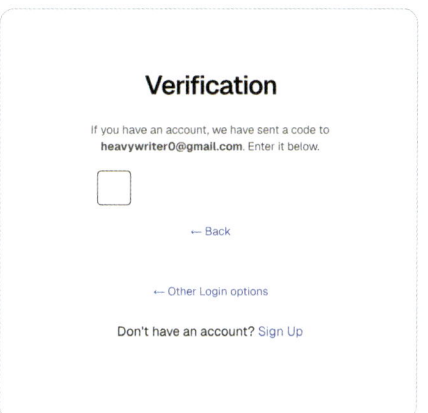

## Step 02 데이터 업로드

01 이제 Vercel에 프로젝트 데이터 전체를 업로드합니다.

```
PS C:\Users\mirakim\Documents\my-portfolio> vercel
```

02 아래 사항대로 옵션을 설정합니다.

- Set up and deploy "~\Documents\my-portfolio"?: **yes**
- Which scope should contain your project?: **Seok Hyun Lee's projects**
- Link to existing project?: **no**
- What's your project's name?: **futurewave-project** (원하는 이름으로 설정)
- In which directory is your code located?: **./**
- Want to modify these settings?: **no**

# OpenAI의 API 키 발급하기

OpenAI의 API 키는 OpenAI의 강력한 AI 기능을 외부 서비스에서 빌려 쓸 수 있게 해주는 필수적인 인증서와 같은 개념입니다. 이 키가 있으면 강력한 인공지능 모델을 내 서비스에 곧바로 탑재할 수 있게 됩니다.

## Step 01 OpenAI 접속 및 계정 설정

먼저 OpenAI 플랫폼에 접속하여 계정을 생성해야 합니다.

01 웹사이트 접속: https://platform.openai.com/ 에 방문합니다.

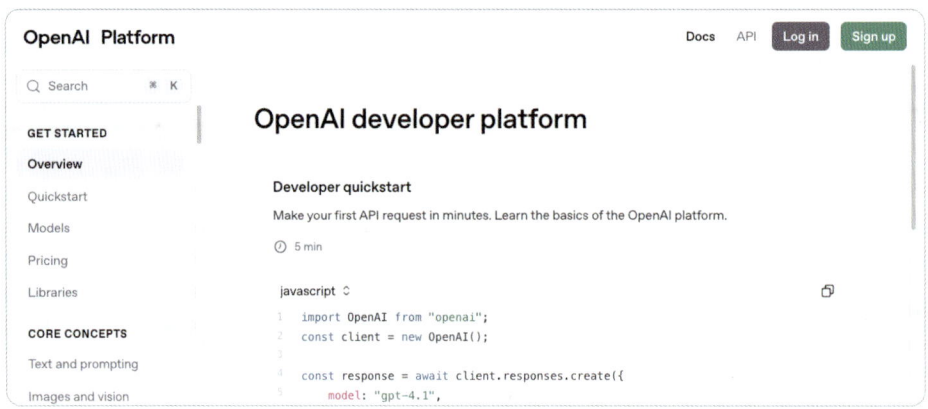

02 **가입**: 화면 우측 상단의 [Sign Up] 또는 [가입하기] 버튼을 클릭하여 회원가입을 진행합니다. 여러분의 구글 계정으로 가입할 수 있습니다. 여러분의 정보를 입력해 주세요.

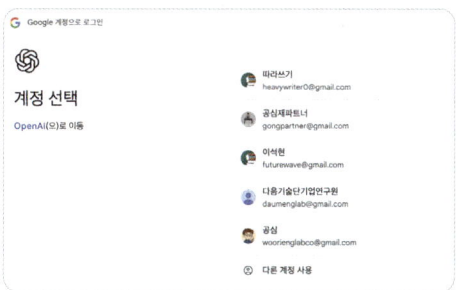 

03 **조직**: 아래 화면처럼 입력해 주세요. 그리고 [Create organization] 버튼을 클릭합니다. 다음 화면에서 [I'll invite my team later]를 클릭해 주세요.

04 **API 키 발급**: API 키를 생성하는 단계입니다. [API key name]에는 [My Key]로, [Project name]에는 [My Project]라고 입력하세요.

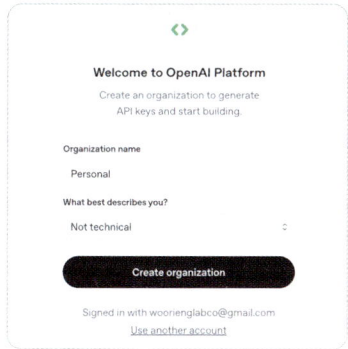 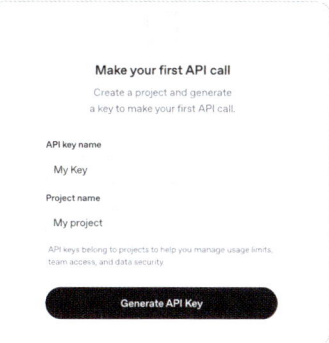

05 **키 보관**: 키가 발급되면 [Copy] 버튼을 클릭해서 보관해 두세요. 생성된 **API 키는 화면에 단 한 번만 표시되므로, 즉시 복사하여 안전한 곳에 보관해야 합니다.** 만약 키를 분실하면 다시 확인할 수 없으므로, 기존 키를 삭제하고 새로 발급받아야 합니다. [Continue] 버튼을 클릭해 주세요.

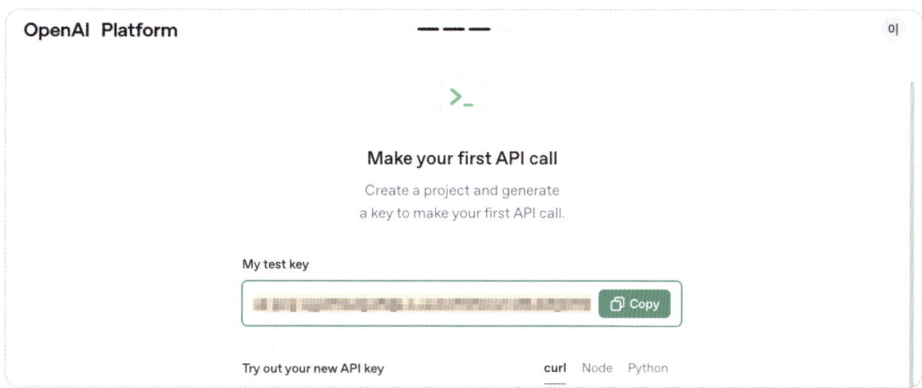

## Step 02 결제 정보 등록

API를 사용하려면 결제가 필요합니다. 미리 금액을 결제해 놓아야 나중에 원활하게 사용할 수 있습니다.

01 **크레딧 선택**: 세 가지 옵션이 있는데 5달러를 선택합니다. 최소 충전 금액은 보통 5달러부터 시작하며, 필요에 따라 자동 충전(automatic recharge) 여부를 선택할 수 있습니다.

02 **결제 정보 입력**: 카드 정보, 이름, 성명, 국가, 주소를 입력하고 [Add payment method] 버튼을 클릭합니다.

03 최종 컨펌을 위해 [Confirm payment] 버튼을 클릭합니다.

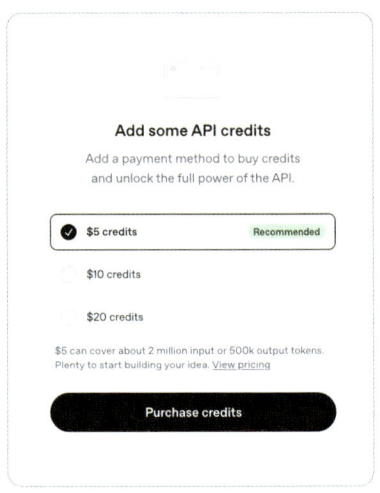

## Step 03 API 키 재발급

만약 발급받은 키를 분실했다면 API 키를 재발급받을 수 있습니다.

01 톱니바퀴 모양의 아이콘 ⚙ 을 클릭하고 왼쪽 메뉴에서 [API Keys]를 선택합니다.

02 목록에서 기존에 발급받은 키를 삭제하고 [+ Create new secret key]를 클릭해서 새로운 키를 발급받습니다. 발급받은 키를 잘 보관해 두세요.

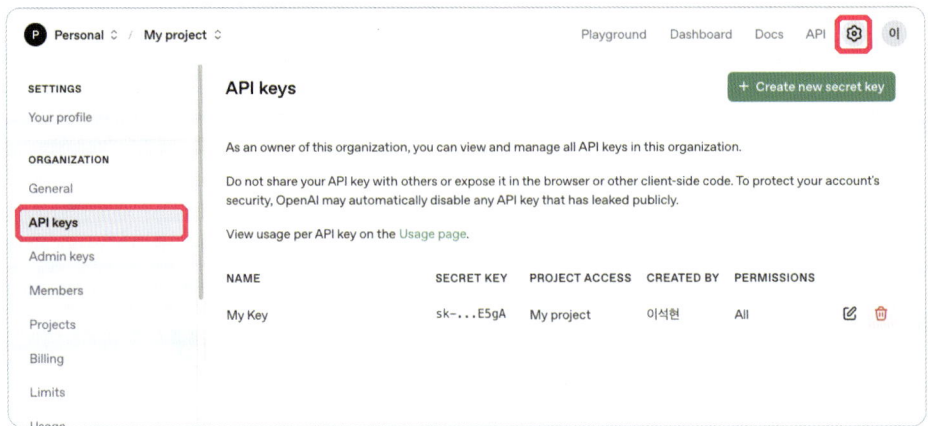

# Next.js 프로젝트 생성하기

GUIDE 04

Next.js는 강력한 UI 라이브러리인 리액트React를 기반으로, 실제 상용 서비스를 만드는 데 필요한 핵심 기능들을 모은 프레임워크입니다. 일반 리액트 앱의 약점인 검색 엔진 최적화SEO 문제를 서버 사이드 렌더링SSR으로 해결하고, 사용자에게 보이는 첫 페이지 로딩 속도를 획기적으로 개선해줍니다. 덕분에 개발자는 복잡한 초기 설정 없이도 사용자 경험이 뛰어나고 성능이 좋은 모던 웹 애플리케이션을 손쉽게 개발할 수 있습니다.

## Step 01 Next.js 프로젝트 생성하기

01 커서 AI를 시작하고 Ctrl + Shift + ` 을 눌러 터미널을 실행해 주세요. 그리고 다음 명령어를 입력해서 Next.js 프로젝트를 생성해 주세요. [프로젝트명] 자리에 실제 프로젝트 이름을 입력합니다.

```
npx create-next-app@latest [프로젝트명]
```

```
PS C:\Users\mirakim> npx create-next-app@latest fan-community
```

02 몇 가지 질문이 나올 텐데, 모두 Enter 를 눌러 **기본값으로 설정**하면 됩니다.

### Step 02 프로젝트 폴더로 이동하기

프로젝트 생성이 끝났다면, 새롭게 생성된 프로젝트 폴더로 이동해야 합니다.

01 터미널에서 다음 명령어를 입력합니다.

```
cd [프로젝트명]
```

## Step 03 UI 디자인 컴포넌트 라이브러리 설치

이제 디자인을 멋지게 만들어 줄 도구를 설치하겠습니다. 바로 **shadcn/ui**입니다. 예쁜 디자인 컴포넌트들을 레고 블록처럼 가져와 쓸 수 있게 해주는 라이브러리죠.

**01** 터미널에서 다음 명령어를 입력합니다.

```
npx shadcn@latest init
```

**02** 별다른 설정없이 디자인 관련 선택만 하면 나머지는 자동으로 설치가 진행됩니다.

## Step 04 커서 AI에서 프로젝트 열기

**01** 커서 AI에서 [Open project] 버튼을 클릭하고 방금 만든 프로젝트인 [프로젝트명] 폴더를 열어주세요. 프로젝트 설정이 마무리되면 개발 서버를 시작해야 합니다. 그래야 웹 브라우저에서 여러분이 만든 프로젝트를 실행할 수 있습니다.

**02** 터미널을 열고 아래 명령어를 입력해 주세요.

```
npm run dev
```

03 웹 브라우저에서 http://localhost:3000 으로 접속하면 Next.js 기본 페이지가 나타납니다. 아래 화면이 나왔다면 Next.js 기본 프로젝트 생성이 완료된 것입니다.

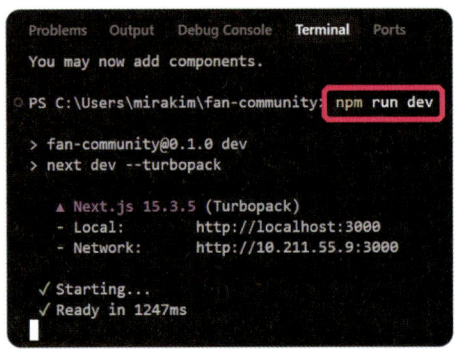 

# Supabase 회원 가입과 설정 방법

Supabase는 개발자가 직접 백엔드를 구축하는 수고를 덜어주는 '서버리스 백엔드 서비스<sup>BaaS</sup>'입니다. 데이터베이스, 사용자 인증, 파일 저장소 등 앱 개발에 필수적인 뒷단(서버) 기능들을 미리 만들어 제공하므로, 개발자는 복잡한 서버 코딩 없이 프론트엔드 개발에만 집중할 수 있습니다.

## Step 01 Supabase 회원 가입

01 웹 브라우저에서 supabase.com 에 접속합니다. 화면 중앙에 있는 녹색 [Start your project] 버튼을 클릭해 주세요.

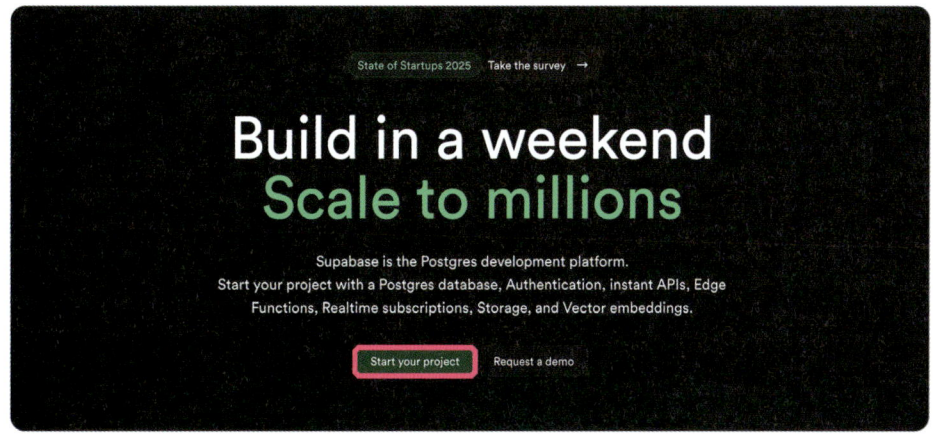

02 회원 가입을 진행하겠습니다. 맨 아래의 [Sign Up Now]를 클릭합니다. 이메일 주소와 비밀번호를 입력하고 [Sign Up] 버튼을 클릭해 주세요.

03 Supabase에서 전송한 이메일을 확인합니다. 메일 본문에서 [Confirm Email Address] 버튼을 클릭합니다.

04 조직을 설정합니다. 현재 설정 그대로 두고 [Create organization] 버튼을 클릭합니다.

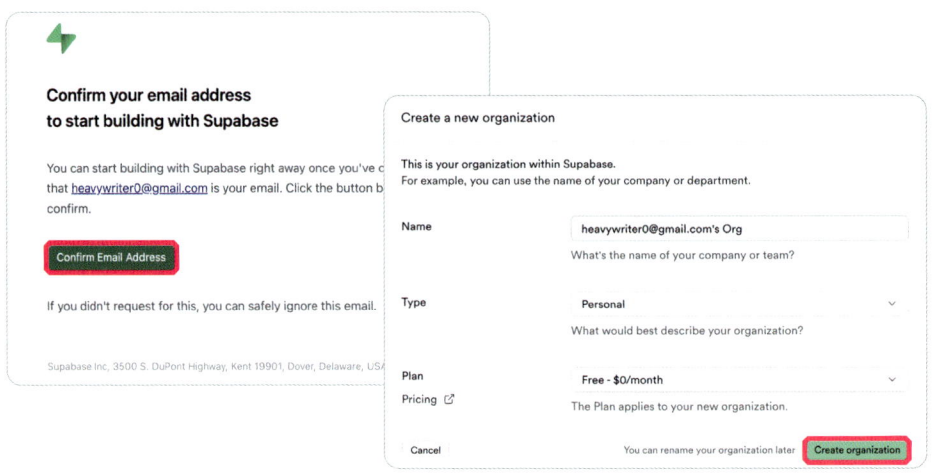

## Step 02 새 프로젝트(나만의 첫 창고) 만들기

계속해서 프로젝트 정보를 입력해야 합니다.

01 먼저 데이터베이스 비밀번호를 설정합니다. [Database Password] 입력란에 강력한 비밀번호를 입력해 주세요.

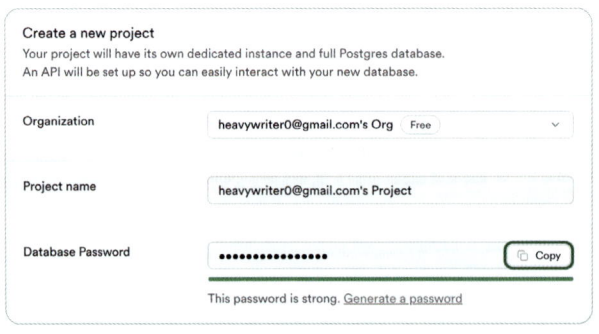

아주 중요하니 꼭 안전한 곳에 기록해 두세요. 잊어버릴 것 같다면 [Generate a password] 버튼을 눌러서 복잡한 비밀번호를 생성한 다음 저장해 놓으세요.

02 Region은 창고의 위치입니다. 우리와 가장 가까운 [Northeast Asia(Seoul)]을 선택하면 속도가 조금 더 빠릅니다. 설정이 완료되면 [Create New Project]를 클릭해 주세요.

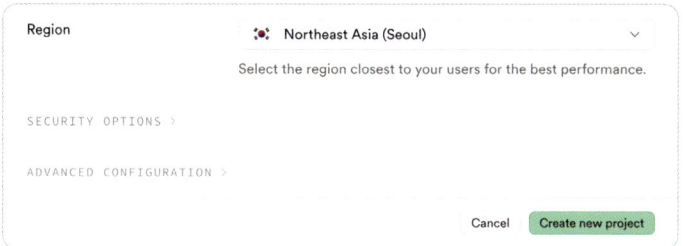

03 Supabase가 우리의 창고인 프로젝트를 만들었습니다.

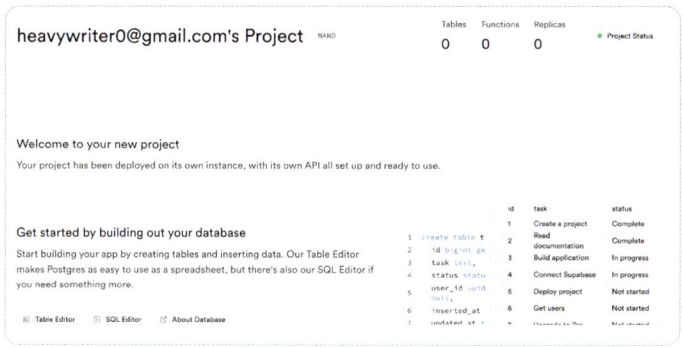

## Step 03 / 비밀 열쇠(API 키) 확인하기

이제 마지막 단계입니다. 우리 웹사이트가 이 창고와 통신할 때 사용할 '비밀 열쇠'를 만들어 보겠습니다.

01 왼쪽 메뉴 가장 아래에 있는 Project Settings 메뉴를 클릭하세요.

02 [Project overview]를 클릭합니다. 그리고 맨 아래로 내려갑니다.

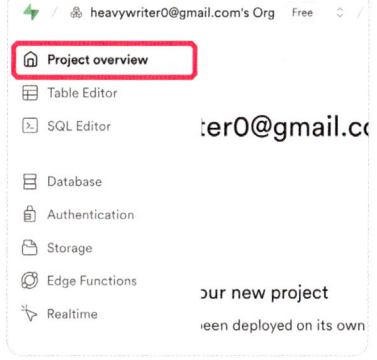

03 여기에 아주 중요한 두 가지 정보가 있습니다. **Project URL**과 **API Key(anon public)**, 이것이 바로 우리 웹사이트가 사용할 '주소'와 '손님용 열쇠'입니다.

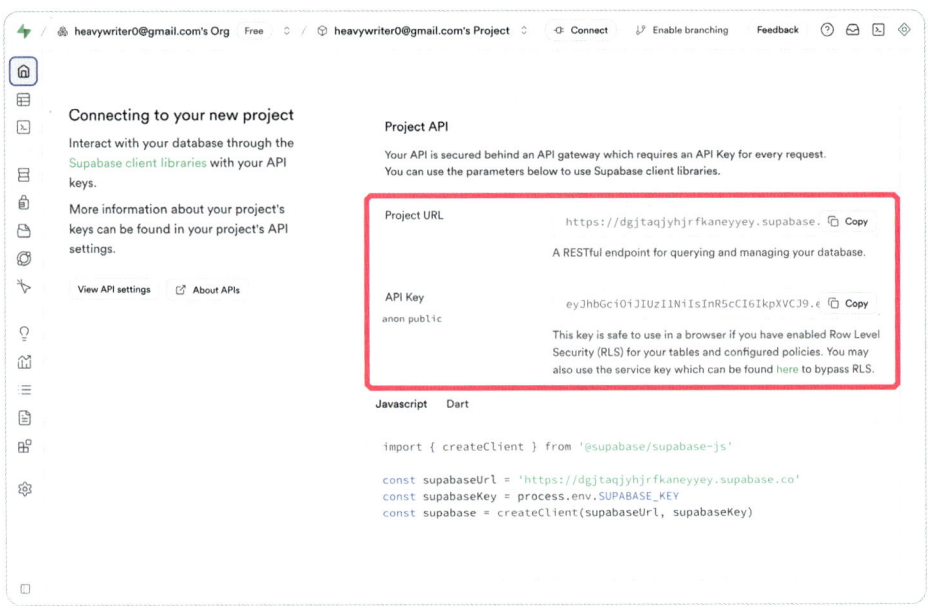

04 [Copy] 버튼을 각각 눌러 이 두 가지를 메모장 같은 곳에 잘 복사해 두세요. 향후에 Supabase 프로젝트에서 사용할 겁니다.

# Supabase 접속 토큰 만들기

Supabase 접속 토큰은 우리 애플리케이션에만 발급해주는 '출입증'과 같습니다. 이 토큰이 있어야만 Supabase는 우리의 요청을 인증하고 데이터를 주고받을 수 있으며, 미리 설정해 둔 보안 규칙(RLS)에 따라 허용된 데이터에만 접근하도록 통제합니다.

01 웹 브라우저에서 Supabase로 로그인하고, 아래 링크로 이동합니다. 혹은 아이콘을 클릭하고 [Account preferences]를 클릭합니다.

⋯ https://supabase.com/dashboard/account/tokens

02 [Account settings] 화면에서 왼쪽 메뉴의 [Access Tokens]를 클릭합니다. 그리고 화면 중앙의 [Generate New Token] 버튼을 클릭합니다.

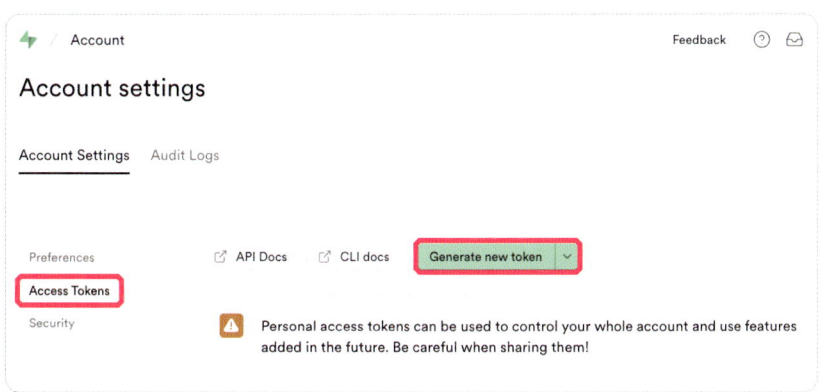

03 [Name] 입력란에 토큰의 용도를 알아보기 쉽게(예 Cursor AI Key) 입력하고, [Generate Token] 버튼을 클릭합니다.

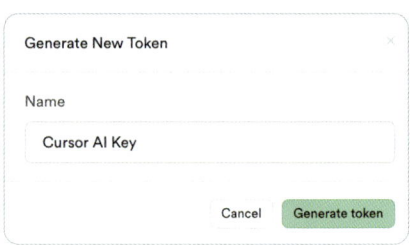

04 **가장 중요한 단계**입니다. 화면에 알파벳과 숫자로 이루어진 긴 토큰이 나타납니다. 이 토큰은 지금 이 순간에만 보이며, **이 페이지를 벗어나면 다시는 확인할 수 없습니다.** 반드시 오른쪽에 있는 **[Copy]** 버튼을 눌러 메모장 같은 안전한 곳에 복사해 두세요.

# Supabase 프로젝트 ID 찾기

Supabase 프로젝트 ID는 플랫폼 위에서 동작하는 수많은 프로젝트 중에서 내 프로젝트를 유일하게 구별해주는 '고유한 주소'와 같습니다. 우리 애플리케이션이 데이터를 요청하거나 보낼 때, 이 ID를 통해 정확한 목적지(내 프로젝트)를 찾아갈 수 있습니다. 즉, API 접속 주소(URL)의 일부가 되어 통신의 대상을 명확히 지정하는 핵심적인 역할을 합니다.

01 여러분의 Supabase 프로젝트 대시보드로 이동합니다.

02 화면 왼쪽 메뉴 바에서 가장 아래에 있는 [Project Settings] 아이콘 ⚙ 을 클릭하세요. 그리고 여러 설정 메뉴 중에서 가장 위에 있는 [General]을 클릭합니다.

03 화면 중간쯤에 [General settings] 섹션이 보일 겁니다. 그 안에 있는 [Project ID] 항목을 찾으세요. 이것이 바로 우리 프로젝트의 고유 주소입니다. 옆에 있는 [Copy] 버튼을 눌러 복사합니다.

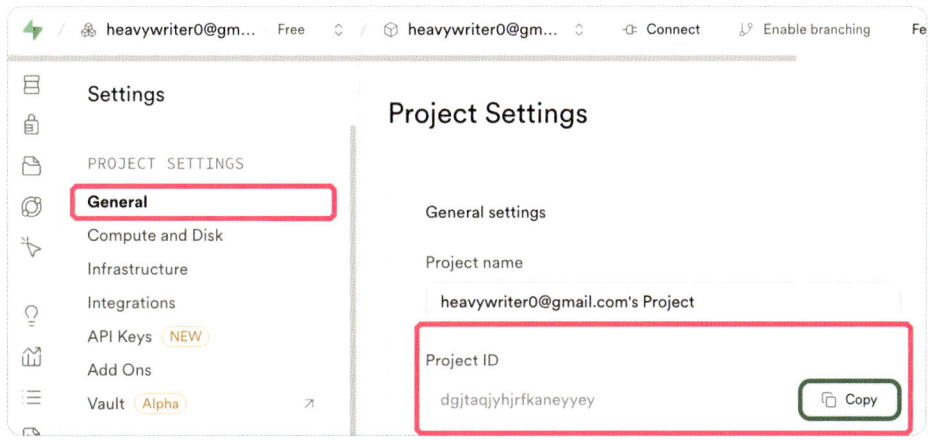

# Subabase MCP 설정하기

GUIDE 08

Supabase MCP<sup>Model Context Protocol</sup>는 AI 어시스턴트가 데이터베이스와 직접 통신할 수 있도록 만든 표준 프로토콜입니다. 이를 통해 개발자는 복잡한 코드 대신 "사용자 테이블 만들어 줘"와 같은 자연어 명령만으로 스키마 설계, 데이터 쿼리 등 데이터베이스 작업을 수행하여 개발 생산성을 크게 향상시킬 수 있습니다.

## Step 01 / mcp.json 파일 만들기

01 프로젝트 폴더 최상단인 [프로젝트 명]을 선택하고 하위에 [New Folder…]를 클릭해서 **[.cursor] 폴더**를 만듭니다

02 그 안에서 다시 [New File…]를 클릭해서 **[mcp.json] 파일**을 만듭니다.

03 아래 코드를 mcp.json 파일에 붙여 넣으세요.

> 프롬프트 6-1

```
{
  "mcpServers": {
    "supabase": {
      "command": "cmd",
```

```
      "args": [
        "/c",
        "npx",
        "-y",
```

* `<project-ref>` : 프로젝트 ID
* `<personal-access-token>` : 토큰값

```
        "@supabase/mcp-server-supabase@latest",
        "--project-ref=<project-ref>"
      ],
      "env": {
        "SUPABASE_ACCESS_TOKEN": "<personal-access-token>"
      }
    }
  }
}
```

> » `<project-ref>` : 프로젝트 ID
> » `<personal-access-token>` : 토큰값

**04** `<project-ref>`에는 프로젝트 ID값을, `<personal-access-token>`에는 토큰값으로 교체하고 저장합니다. 저장하면 작은 팝업이 뜨는데 [enable] 버튼을 클릭하세요.

### 프로젝트 ID와 토큰값 확인하기

#### `<project-ref>` : 프로젝트 ID

Supabase 대시보드에서 프로젝트를 선택하고 왼쪽 사이드바에서 [Project Settings]를 선택하세요. [Project ID]를 찾아 복사해 둡니다.

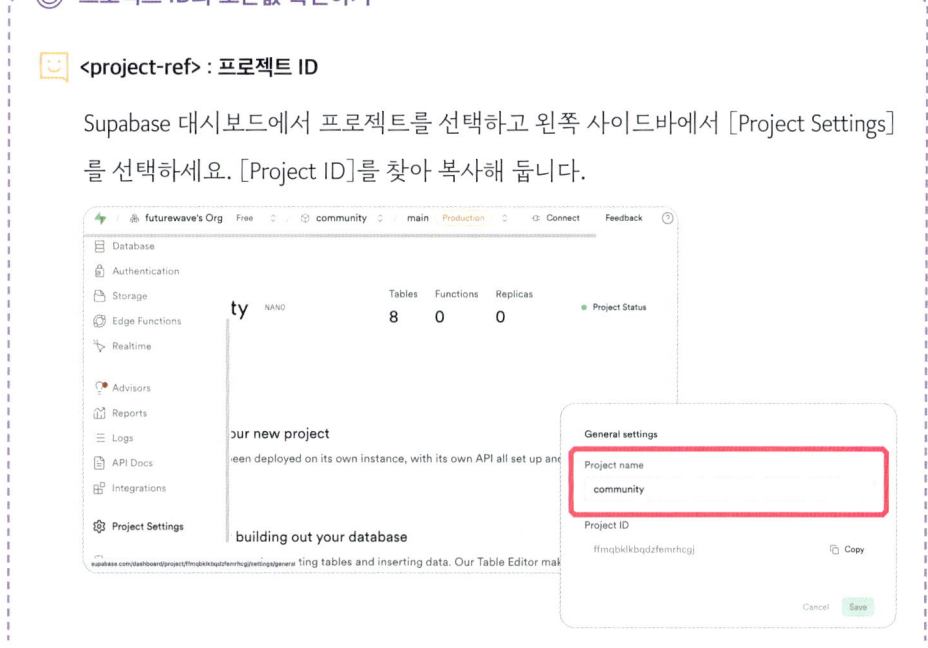

> 😀 <personal-access-token> : 토큰값

Supabase의 프로필 아이콘을 선택하고 [Account Preferences]를 선택하여 [Account Settings] 화면으로 들어갑니다. 왼쪽 메뉴에서 [Access Tokens]를 선택하고 오른쪽 화면에서 [Generate new token]을 클릭한 다음, 적당한 키 이름을 입력하고 마지막으로 [Generate token] 버튼을 클릭하세요. 토큰이 생성되면 복사해서 잘 보관해 둡니다. 이 페이지를 벗어나면 다시는 토큰에 접근할 수 없으니 주의해야 합니다.

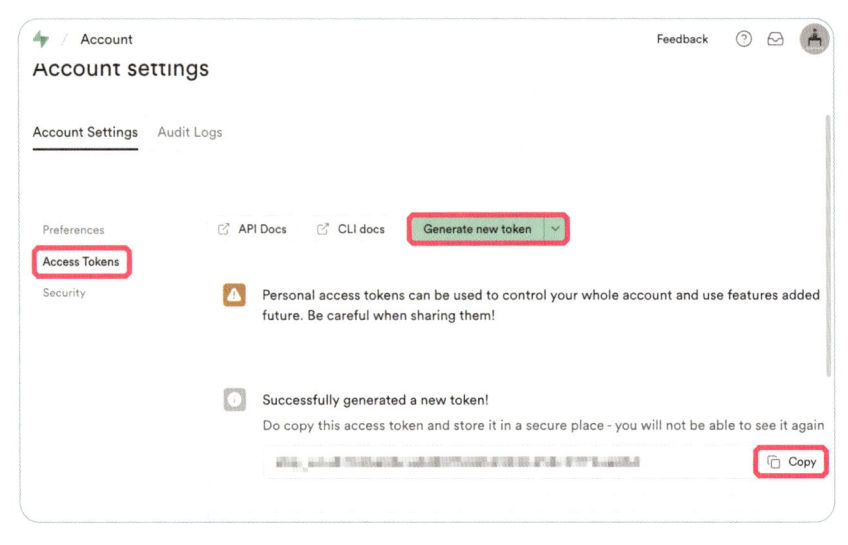

## Step 02 Supabase 서버 활성화 확인하기

**01** 커서 AI의 [Settings] ···» [Tools & Integrations] ···» [MCP Tools] 메뉴에서 supabase 서버가 활성화되었는지 확인해 주세요.

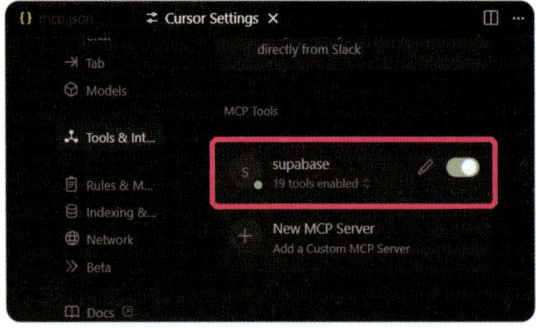

**02** 활성화가 제대로 되지 않아 초록색으로 보이지 않으면 커서 AI를 재시작해 주세요.

# Node.js 설치하기

Node.js는 크롬 V8 엔진을 기반으로 하는 자바스크립트 런타임 환경입니다. 웹 브라우저에서만 사용되던 자바스크립트를 서버 측에서도 실행할 수 있게 해줍니다.

01 웹 브라우저에서 Node.js 공식 홈페이지에 접속합니다.
⋯→ https://nodejs.org/

02 홈페이지 왼쪽을 보면 **LTS** 라고 적힌 큰 버튼이 보일 겁니다. 'Long-Term Support'의 약자로, 가장 안정적인 버전이라는 뜻입니다. 이 버튼을 클릭하여 설치 파일을 다운로드하세요.

03 다운로드가 완료되면 파일을 실행하고, 특별한 설정 변경 없이 계속 [Next] 또는 [다음] 버튼을 눌러 설치를 완료합니다. 다만 설치 옵션에서 [Add to PATH]를 반드시 선택하셔야 합니다. 또한 [Automatically install the necessary tools. Note that this will also install Chocolatey. The script will pop-up in a new window after the installation completes.] 옵션도 꼭 체크해 주세요.

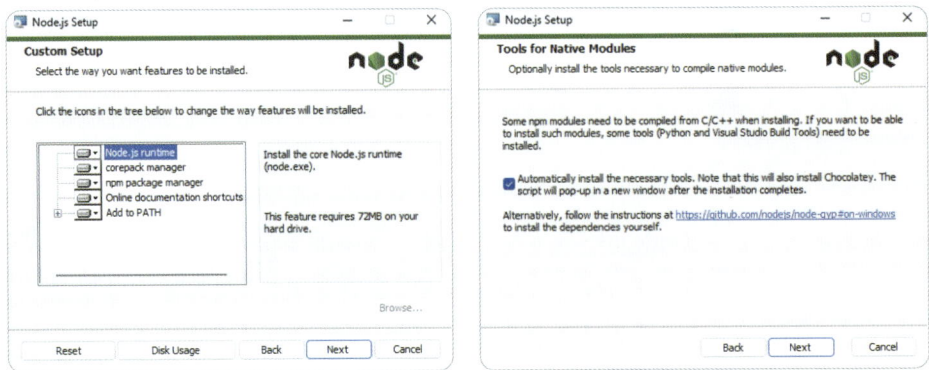

04 설치가 끝나면 명령 프롬프트를 실행해서 [node -v]라고 입력해 주세요. 다음 화면처럼 버전 정보가 표시되면 정상적으로 설치된 것입니다.

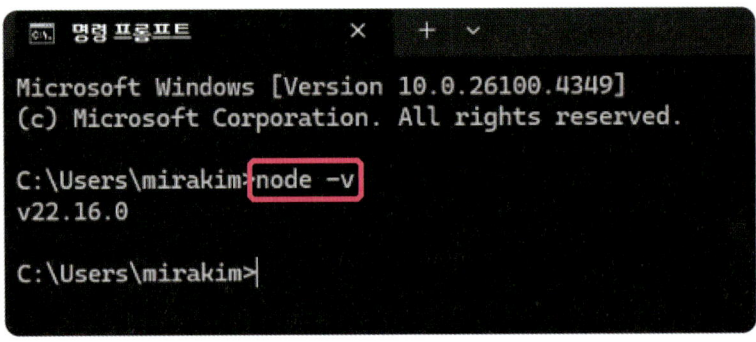

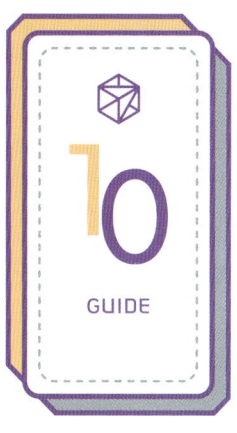

# 파이썬 설치 가이드

파이썬은 문법이 간결하고 사람의 언어와 비슷해 초보자도 배우기 쉬운 프로그래밍 언어입니다. 웹 개발, 데이터 과학, 인공지능[AI], 업무 자동화 등 매우 폭넓은 분야에서 활용되는 언어입니다.

## Step 01 파이썬 설치 파일 다운로드하기

먼저 파이썬 공식 홈페이지에 접속해서 설치 파일을 받아야 합니다.

01 파이썬 공식 홈페이지 접속: 웹 브라우저를 열고 아래 주소로 이동합니다.
⋯ https://www.python.org

02 다운로드 페이지로 이동: 홈페이지 상단 메뉴에서 [Downloads] 위에 마우스를 올립니다. 사용하는 운영체제(Windows)를 자동으로 인식하여 최신 버전을 추천해 줍니다. 추천해 주는 회색 버튼 [Download Python 3.x.x]를 클릭해서 설치 파일을 다운로드합니다.
(최신 버전을 받으시면 됩니다.)

## Step 02 파이썬 설치하기

다운로드한 설치 파일을 실행하여 파이썬을 설치합니다. **특히 Windows 사용자는 첫 화면의 설정이 매우 중요합니다.**

**01** 다운로드한 python-3.x.x-amd64.exe 파일을 더블클릭하여 실행합니다.

**02** **가장 중요한 설정(반드시 확인하세요!):** 설치 첫 화면 맨 아래에 있는 **[Add python.exe to PATH] 라는 체크박스를 반드시 클릭**하여 체크해 주세요.

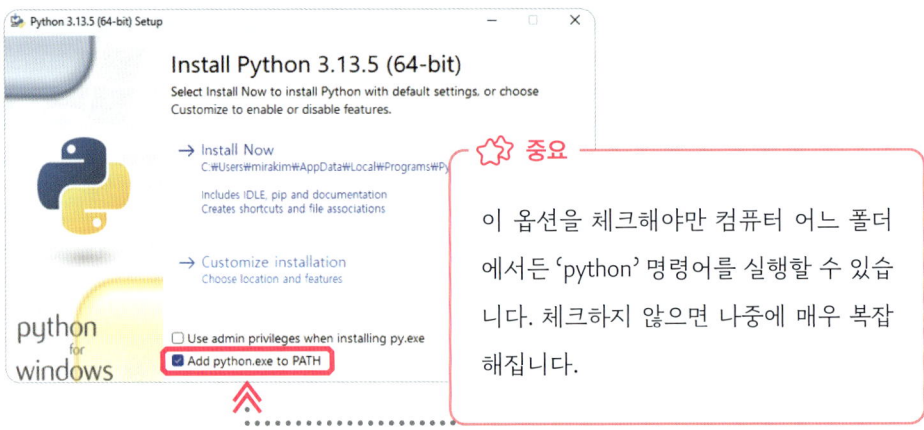

중요

이 옵션을 체크해야만 컴퓨터 어느 폴더에서든 'python' 명령어를 실행할 수 있습니다. 체크하지 않으면 나중에 매우 복잡해집니다.

**03** 체크박스를 선택했다면 [Install Now]를 클릭하여 설치를 시작합니다(특별한 경우가 아니라면 [Customize installation]은 누르지 않으셔도 됩니다).

**04** 설치가 진행됩니다. "Setup was successful"이라는 메시지가 나오면 성공적으로 설치된 것입니다.

**05** 마지막 화면에서 [Disable path length limit] 라는 옵션이 보인다면 클릭해 주는 것이 좋습니다. 계속해서 [Close]를 클릭해서 창을 닫습니다.

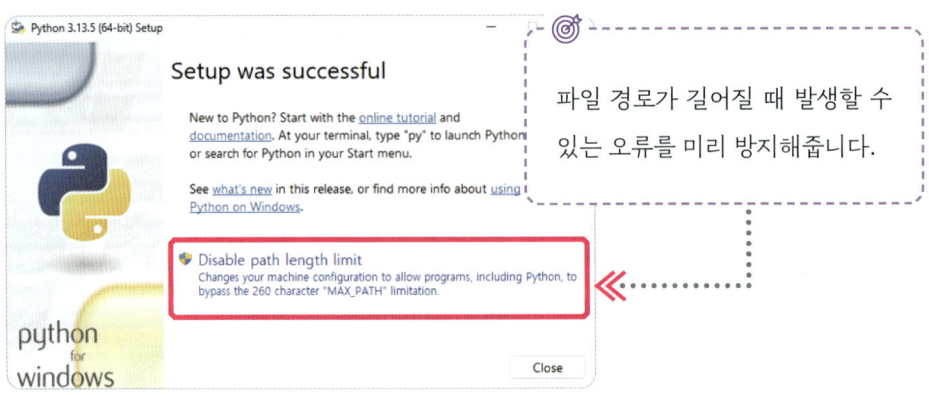

파일 경로가 길어질 때 발생할 수 있는 오류를 미리 방지해줍니다.

## Step 03 파이썬 설치 확인하기

이제 파이썬이 우리 컴퓨터와 잘 아는 사이가 되었는지 확인해볼 차례입니다.

01 ⊞+R 키를 누르고 실행창이 뜨면 cmd 라고 입력한 후 Enter 를 누릅니다.

02 **버전 확인 명령어 입력하기**: 명령창이 나타나면 다음과 같이 입력하고 Enter 를 누릅니다.

> </> cmd
>
> python --version

03 **결과 확인하기**: Python 3.13.5 와 같이 'Python'이라는 글자와 함께 앞에서 설치한 버전 숫자가 나타나면 성공입니다. 만약 python 명령어를 찾을 수 없다는 오류가 나온다면, 설치 과정(특히 Windows의 'Add to PATH' 체크)에 실수가 있었을 가능성이 높습니다. 프로그램을 삭제하고 1단계부터 다시 시도해 보세요.

# 노션 API 키 발급받기

**GUIDE 11**

노션 API는 외부 앱이나 서비스가 노션의 페이지와 데이터베이스 정보를 정보를 읽고 쓸 수 있게 해주는 서비스입니다. 이 서비스를 사용하면 구글 폼 제출 결과를 노션에 자동 저장하거나 슬랙 메시지를 기록하는 등 반복 업무를 자동화할 수 있습니다.

## Step 01 노션 API 키 발급받기

**01** 먼저 노션 개발자 페이지에 접속하고 [+ 새 API 통합] 버튼을 클릭합니다.
→ https://www.notion.so/my-integrations

**02** 자신의 노션 워크스페이스를 선택하고 유형은 [프라이빗]으로 선택합니다. API 통합 이름은 [My URL Clipper]처럼 자유롭게 정하고, [저장] 버튼을 클릭합니다.

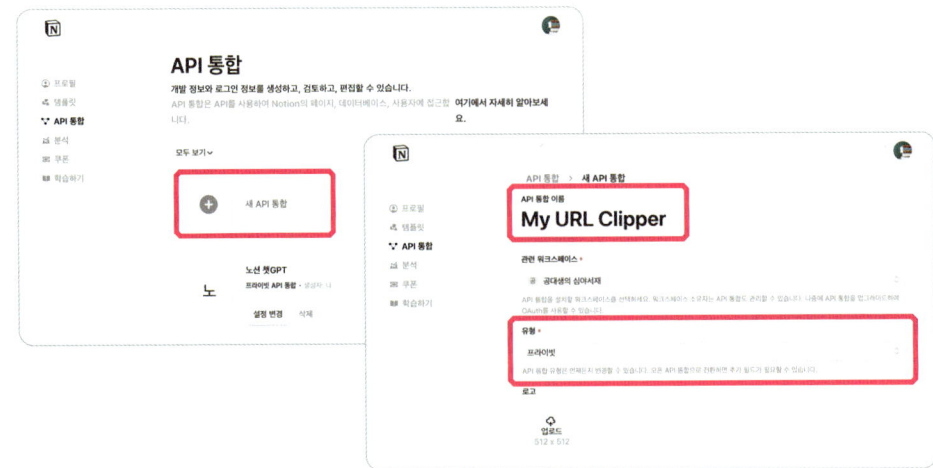

03 생성된 통합 페이지에서 [프라이빗 API 통합 시크릿]을 찾을 수 있습니다. 숨김 표시된 이 문자열이 바로 여러분의 API 키입니다. [표시하기]를 누르고 복사해서 안전한 곳에 보관해 주세요. 그리고 아래로 내려가서 [저장] 버튼을 클릭합니다.

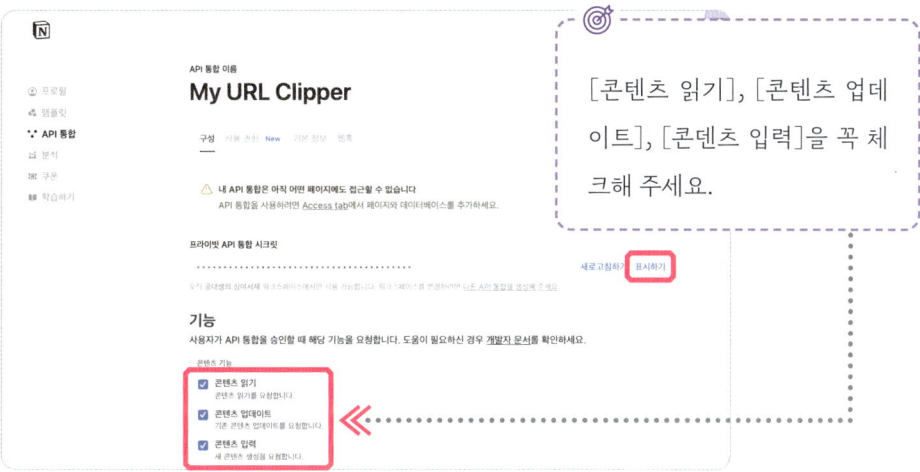

[콘텐츠 읽기], [콘텐츠 업데이트], [콘텐츠 입력]을 꼭 체크해 주세요.

## Step 02 데이터베이스 생성 및 연결

01 이제 노션으로 돌아와 스크랩한 글을 저장할 새 페이지를 하나 만듭니다.

02 페이지 안에서 [/데이터베이스 - 전체 페이지]를 선택해서 새로운 데이터베이스를 생성합니다. 이름은 '나의 스크랩'으로 지정해 주세요.

03 생성된 데이터베이스 페이지 오른쪽 위의 점3개 아이콘…을 클릭하고 [연결] 메뉴를 선택합니다.

04 목록이 표시되면 앞에서 생성한 API 통합 이름인 [My URL Clipper]을 선택하여 데이터베이스에 연결 권한을 부여합니다. 활성화된 연결에 [My URL Clipper]가 추가되었습니다.

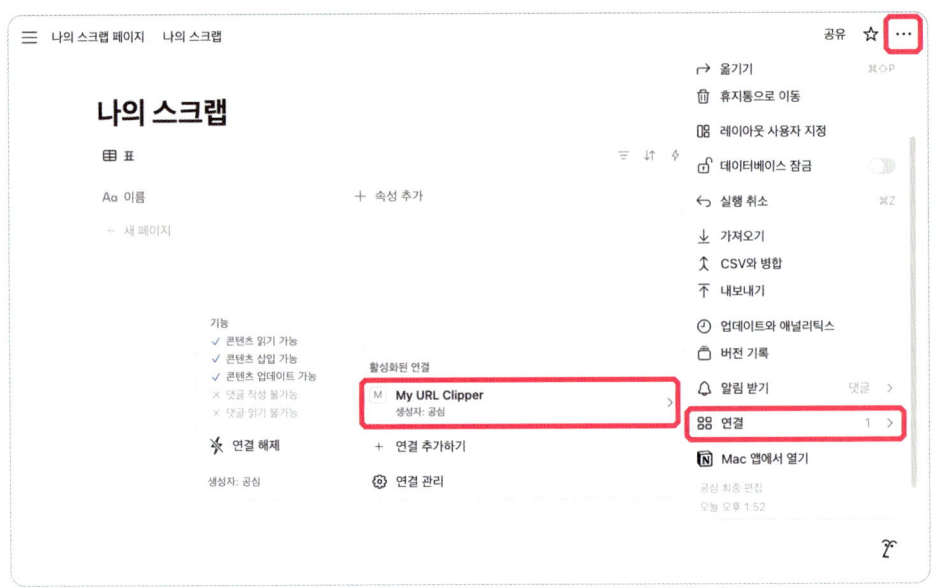

## Step 03 데이터베이스 ID(주소) 확인하기

01 데이터베이스 페이지의 URL 주소를 보세요.

02 https://www.notion.so/your-workspace/xxxxxxxxx?v=… 와 같은 형식일 겁니다. 여기서 [xxxxxxxxx]에 해당하는 32자리의 영문/숫자 조합이 바로 이 **데이터베이스의 고유한 ID**입니다. 이 주소값도 복사해서 이전에 생성한 API 키 옆에 잘 보관해 주세요.

# 노션 MCP 서버 설치하기

노션 MCP는 챗GPT나 클로드 같은 AI 도구를 사용자의 노션 워크스페이스에 직접 연결하는 서비스입니다. 노션 MCP를 사용하면 AI가 노션 페이지의 콘텐츠를 실시간으로 읽고 쓰는 것이 가능해지고, AI를 활용해서 노트 정리, 아이디어 확장, 콘텐츠 초안 작성 등의 작업을 매끄럽게 수행할 수 있습니다.

### Step 01  설치 환경 테스트

**01** 노션 MCP를 설치하기 전에 환경을 테스트하겠습니다. 커서 AI에서 터미널을 실행하고 아래 명령어를 입력해 주세요.

```
node --version
npm --version
```

**02** 이상 없다면 아래 명령어를 입력해 주세요. 아래 화면처럼 노션 MCP 서버를 실행된 상태로 둡니다.

> npx -y @notionhq/notion-mcp-server

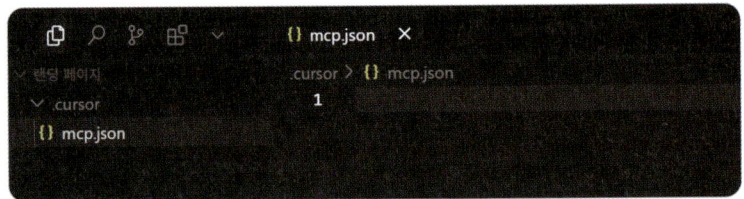

**03** 프로젝트 폴더 최상단인 [랜딩 페이지]를 선택하고 하위에 [New Folder…]를 클릭해서 **[.cursor]** 폴더를 만들고, 그 안에서 다시 [New File…]를 클릭해서 **[mcp.json] 파일**을 만듭니다.

**04** 아래 코드를 mcp.json 파일에 붙여 넣으세요.

> 프롬프트 6 - 2

```
{
  "mcpServers": {
    "notionApi": {
      "command": "npx",
      "args": ["-y", "@notionhq/notion-mcp-server"],
      "env": {
        "OPENAPI_MCP_HEADERS": "{\"Authorization\": \"Bearer ntn_여기에_노션_API_토큰_입력\", \"Notion-Version\": \"2022-06-28\" }"
      }
    }
  }
}
```

05 [Bearer ntn_여기에_ 노션_API_토큰_입력]에는 **노션 API 키 값(ntn_…)**으로 바꾸고 저장합니다. 노션 API 키 값을 확인하는 방법은 Step 02에서 설명되어 있습니다.

06 저장하면 작은 팝업화면이 뜨는데요. 거기에서 [Enable] 버튼을 클릭하면 됩니다.

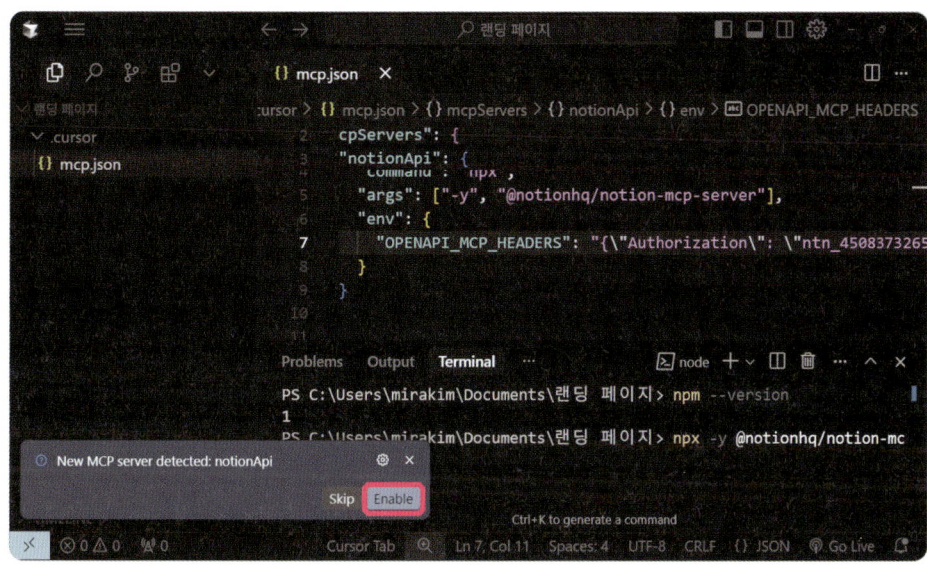

## Step 02 노션 API 키 값 확인하기

01 [노션 …» 설정 …» 연결] 페이지로 접속합니다. 그리고 [API 연결 개발 또는 관리]를 클릭합니다. 이전에 만든 API 키 목록이 보입니다. 이 중에서 한 가지를 선택합니다.

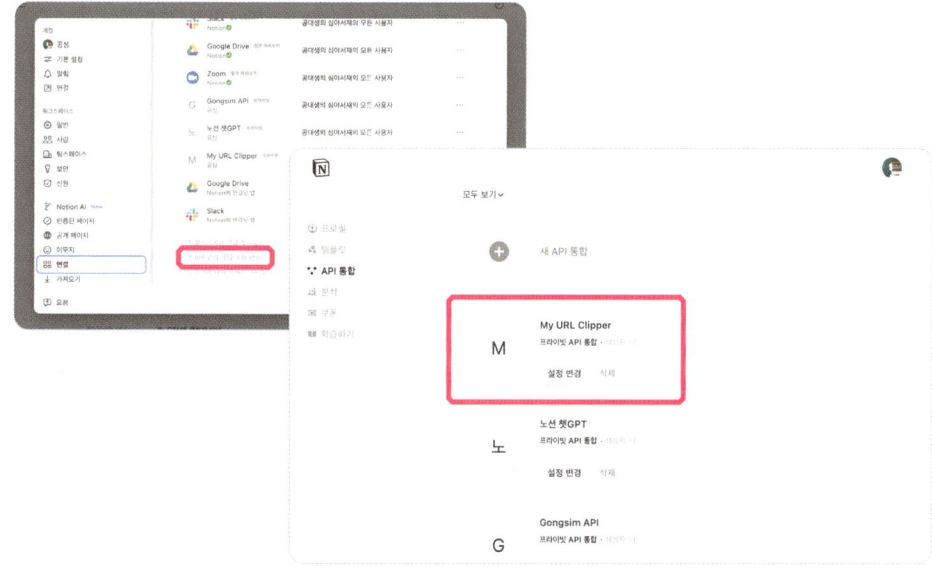

02 프라이빗 API 통합 시크릿에서 [표시하기]를 클릭해서 값을 복사합니다. "ntn_"으로 시작되는 키 값을 잘 보관해 주세요.

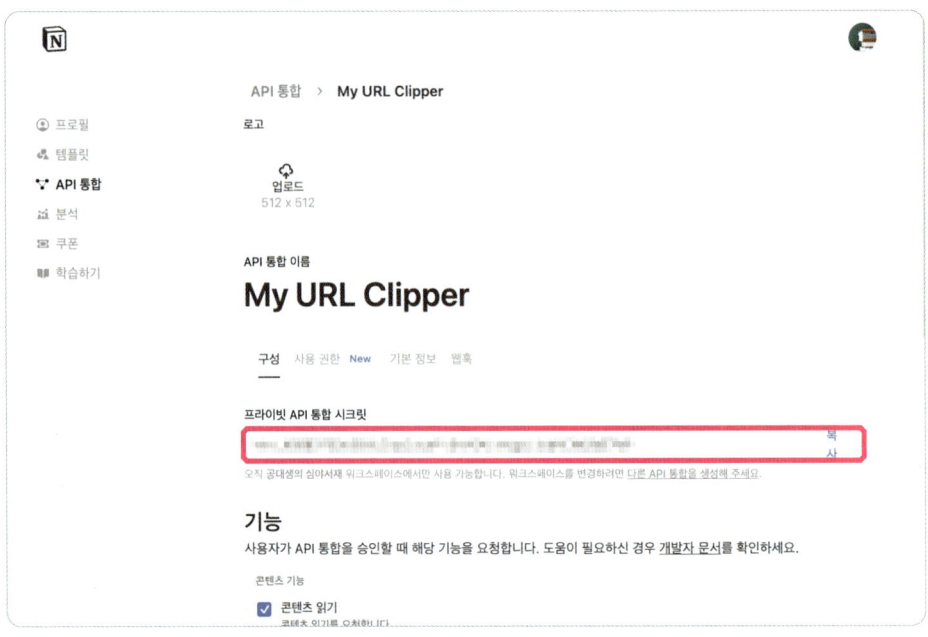

## Step 03 데이터베이스 생성 및 연결

01 노션에서 페이지를 하나 생성하고 데이터베이스를 추가합니다.

02 속성은 기본 속성인 '이름' 외에 URL 속성을 추가합니다. 이름과 URL에 여러분의 SNS를 비롯한 웹 사이트의 주소를 미리 저장해 주세요.

03 상단의 '...'을 클릭하여 [연결 ⋯» My URL Clipper]를 연결해 줍니다.

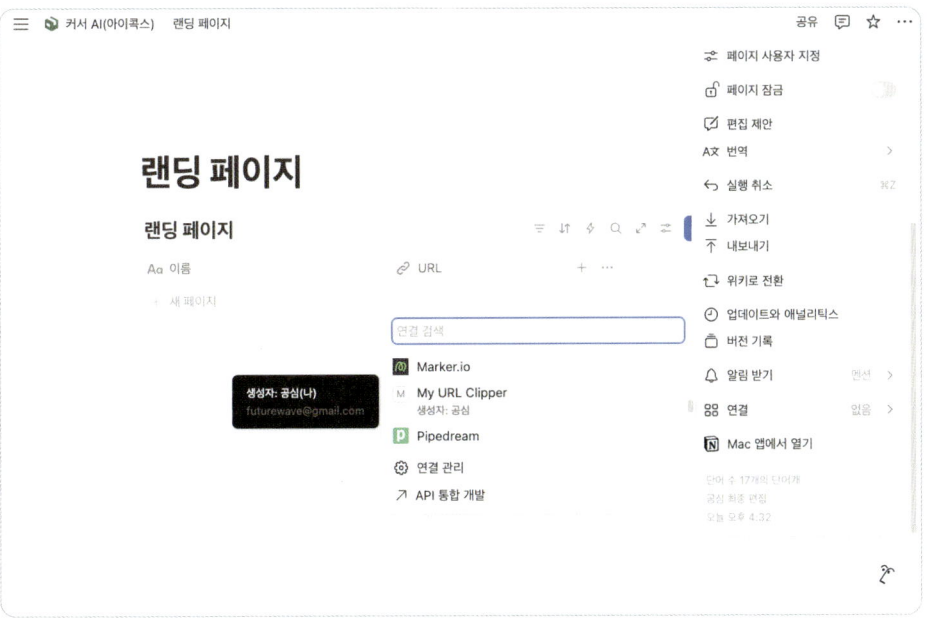

# 슬랙의 Incoming Webhook URL 발급받기

슬랙의 Incoming Webhook URL은 외부 서비스나 애플리케이션이 특정 슬랙 채널로 메시지를 손쉽게 보낼 수 있도록 생성하는 고유한 웹 주소입니다. 이 URL로 정해진 형식의 데이터만 전송하면, 코드 배포 알림이나 시스템 오류 경고 같은 정보를 외부에서 발생했을 때 지정된 슬랙 채널에 자동으로 게시할 수 있습니다.

## Step 01 슬랙 앱 디렉토리 접속 및 검색

**01** 웹 브라우저에서 아래 슬랙 앱 디렉토리의 Incoming Webhooks 페이지로 바로 접속합니다. 슬랙 워크스페이스Workspace에 멤버로 참여해 있어야 합니다.

→ https://slack.com/apps/A0F7XDUAZ-incoming-webhooks

**02** 초록색 [Slack에 추가] 버튼을 클릭합니다.

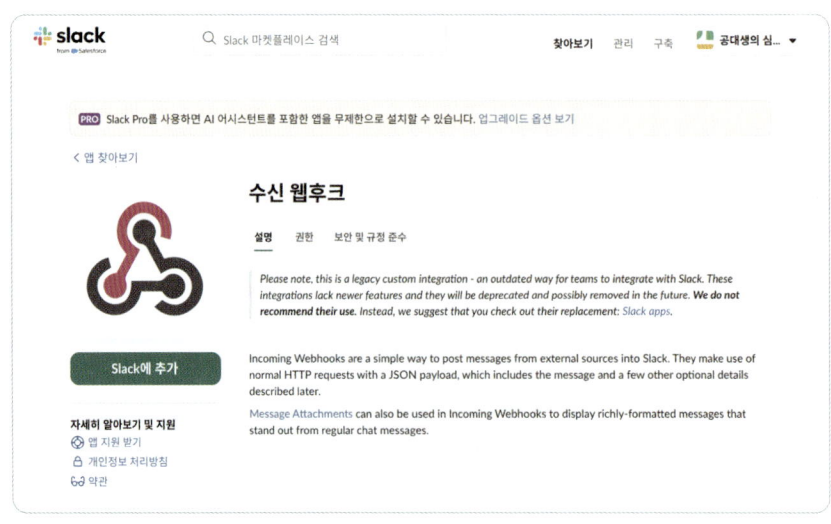

## Step 02 알림을 받을 채널 선택

**01** [Slack에 추가] 버튼을 누르면, 어느 채널에 알림을 보낼지 선택해야 합니다. [채널에 포스트] 밑의 드롭다운 메뉴에서 **메시지를 받고 싶은 채널을 선택**합니다(예 #general, #random). 이 알림만을 위한 새로운 채널(예 #경제-알림)을 미리 만들어두고 선택하면 더욱 좋습니다.

**02** 채널을 선택했다면, 초록색 **[수신 웹후크 통합 앱 추가]** 버튼을 누릅니다.

## Step 03 Webhook URL 복사 및 설정 확인

**01** 성공적으로 추가되면, 설정 페이지로 이동하며 '웹후크 URL' 섹션이 나타납니다.

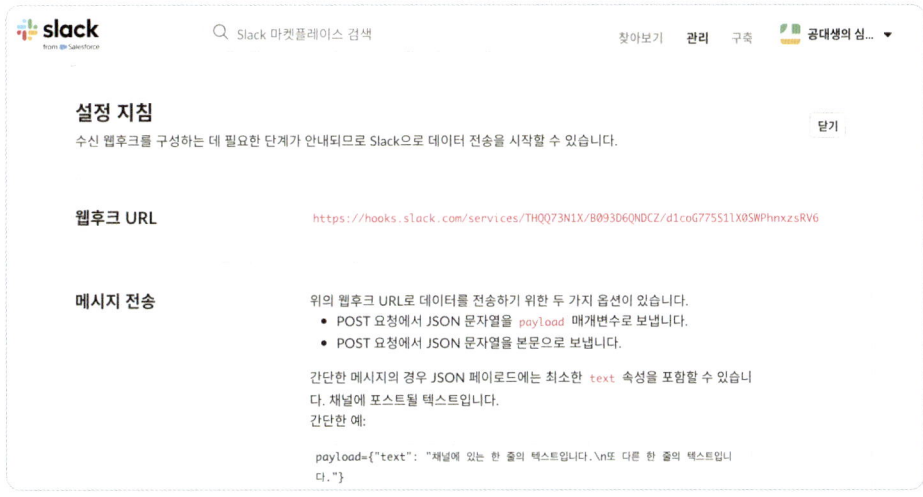

02 **https://hooks.slack.com/services/T0…** 와 같은 형식의 URL이 보일 겁니다. 이것이 바로 우리가 찾던 비밀 통로 주소입니다. [Copy] 버튼을 눌러 복사합니다. 이 URL은 **비밀번호처럼 소중히 다뤄야 합니다.** 외부에 노출되면 누구나 내 슬랙 채널에 메시지를 보낼 수 있게 됩니다.

03 **(선택 사항)** 페이지를 아래로 스크롤하면 이 봇의 이름과 아이콘을 바꿀 수 있습니다. [Customize Name]에 'AI 경제 비서'라고 입력하거나 [아이콘 사용자 지정]에서 원하는 이모지를 선택하면, 나중에 슬랙으로 오는 알림이 어떤 종류인지 파악하기 쉬워집니다.

04 설정이 완료되었으면 [설정 저장] 버튼을 클릭하여 저장합니다.

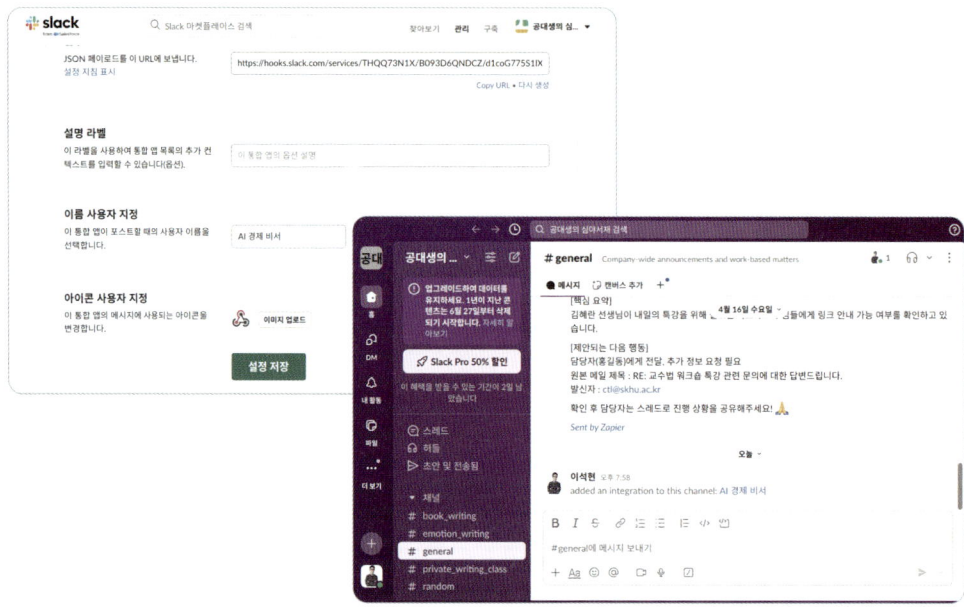

공통 가이드 13 슬랙의 Incoming Webhook URL 발급받기

# Appendices

부 록 A　기본 원칙: 명확하고 구체적으로

부 록 B　코딩 초심자의 '바이브 코딩' 난관 대처법

부 록 C　에러를 해결하는 프롬프트 작성법

# 부록

코딩을 1도 몰라도 AI와 함께라면 무엇이든 만들 수 있다는 기대감이 들었지만, 예상치 못한 오류와 막막함에 부딪히셨나요? 이 부록은 터미널의 낯선 명령어부터 끝없는 로딩까지, 초심자가 마주하는 다양한 난관을 AI와 함께 슬기롭게 헤쳐 나가는 구체적인 대화법과 문제 해결 전략을 안내합니다.

# 기본 원칙:
## 명확하고 구체적으로

커서 AI를 활용해서 원하는 결과물을 얻어내려면 프롬프트를 얼마나 잘 쓰느냐에 달려있습니다. 아래는 20가지의 핵심 원칙입니다. 무엇보다 가장 중요한 것은 커서 AI에게 **명확하고 구체적으로 지시하는 것**입니다.

### 01 긍정적이고 직접적인 지시
"~하지 마"라는 부정적인 표현 대신 **"반드시 ~해 줘"**라는 긍정적인 명령을 사용하세요.

### 02 세부사항 명시
원하는 결과물, 따라야 할 제약 조건, 데이터 형식, 처리해야 할 예외 케이스 등을 명확히 정의하세요.

### 03 모호함과 군더더기 제거
"짧게 요약해 줘"(✗) 보다는 **"3~5 문장의 단락으로 설명해 줘"**(○) 처럼 간결하게 프롬프트를 작성하세요.

### 04 "왜?"라고 질문하기
커서 AI가 왜 그렇게 구현했는지 근거를 물어보세요. 더 나은 대안을 찾는 데 도움이 됩니다.

## 05 역할 부여(Persona)

"**당신은 숙련된 보안 전문가입니다. 문제점을 해결해 주세요**"와 같이 특정 전문가 역할을 부여하면 결과물의 깊이가 달라집니다.

## 06 예시 제공(Few-shot Prompting)

원하는 입력과 출력의 예시(1~3개)를 보여주면, 커서 AI는 훨씬 빠르게 요구사항을 이해합니다.

## 07 구분자(Delimiter) 사용

지시사항과 맥락, 예시 등을 ###, """ 또는 XML 태그(<context>, </context>) 등으로 명확히 분리하여 커서 AI의 혼동을 줄이세요.

## 08 결과물 형식 지정

JSON, Markdown, 주석이 포함된 Python 스크립트 등 원하는 **출력 형식을 명확하게 지정**하세요.

## 09 복잡한 작업은 분할 정복

큰 문제를 한 번에 해결하려 하지 말고, **작고 관리 가능한 단위로 나누어 단계별로 요청**하세요. 예를 들어 '로그인 시스템 구현'보다는 '사용자 모델 생성' ⋯» '로그인 API 엔드포인트 작성' ⋯» 'JWT 토큰 발급' 순으로 요청합니다.

## 10 생각의 사슬(Chain-of-Thought)

커서 AI에게 "**단계별로 생각해서 해결책을 제시해 줘**"라고 요청하면, 복잡한 문제에 대해 더 논리적이고 정확한 답변을 얻을 수 있습니다.

## 11 지식의 한계 인정 유도

커서 AI가 모르는 내용에 대해 추측hallucination해서 기능을 구현하지 않도록, "**모르는 부분은 사용자에게 질문해 줘**"라는 안전장치를 마련하세요.

## 12 점진적 상세화

처음에는 개요나 기본 구조stub를 짜달라고 요청한 뒤, 점차 세부 기능을 구체화하며 살을 붙여나가세요.

### 13 규칙(Rules) 활용

.cursorrules처럼, 프로젝트 전반에 걸쳐 커서 AI가 따라야 할 **코딩 스타일, 언어, 라이브러리 규칙**을 미리 설정해두면 일관성을 유지하기 좋습니다.

### 14 파일 및 심볼 참조

'@' 기능처럼 커서 AI가 특정 파일이나 함수, 변수를 직접 참조하도록 하면 매우 정확한 컨텍스트를 제공할 수 있습니다.

### 15 대화 이력 활용

해결이 계속 되지 않는다면, 새 채팅을 시작하여 커서 AI가 이전 대화의 잘못된 가정에 얽매이지 않도록 하는 것이 효과적일 수 있습니다.

### 16 계획부터 세우기

코딩을 시작하기 전에 **요구사항과 구조를 기획**하고, 이를 바탕으로 커서 AI에게 요청을 시작하세요.

### 17 AI 생성 코드 검토는 필수

커서 AI는 훌륭한 동료이지만 완벽하지 않습니다. **항상 검토하고 테스트**하는 습관을 들이세요.

### 18 반복과 개선

첫 프롬프트가 완벽할 것이라 기대하지 마세요. 결과물을 보고 **지속적으로 프롬프트를 수정하고 개선**하는 과정이 필수적입니다.

### 19 나만의 프롬프트 템플릿 만들기

자주 사용하는 작업(예 API 클라이언트 생성, 테스트 케이스 작성)은 **자신만의 프롬프트 템플릿**으로 만들어 재사용성을 높이세요.

### 20 메타 프롬프트(Meta-Prompting)

**"이 작업을 위한 더 좋은 프롬프트를 제안해 줘"** 라고 AI에게 직접 물어보며 프롬프트 작성 능력 자체를 향상시킬 수 있습니다.

# 코딩 초심자의 '바이브 코딩' 난관 대처법

"코딩 몰라도 AI랑 대화만 하면 된다며?" 라는 부푼 꿈을 안고 커서 AI를 켰지만, 프롬프트 한 줄에 돌아오는 것은 생각과 다른 반응일 때가 많습니다. **코딩을 잘 모르는 일반인이 겪을 법한 난감한 상황들과, 그럴 때 AI에게 어떻게 '헬프!'를 요청해야 하는지 구체적인 케이스로 정리했습니다.**

---
CASE 01

 **공포의 검은 화면, '터미널'이 말을 걸어올 때**

❝ **난감한 상황**

커서 AI가 "터미널에서 npm install 명령어를 실행하세요" 라고 해서 그대로 따라했는데, 갑자기 화면에 빨간색 글씨로 에러가 수십 줄 나타납니다. 뭐가 잘못됐는지, 어디서부터 어디까지 복사해서 물어봐야 할지도 모르겠습니다.

이렇게 요청해 보세요:

> **❝ 초심자용 프롬프트 ✏️**
>
> 터미널에 알려준 대로 명령어를 입력했는데, 빨간색 에러 글씨가 너무 많이 나왔어. 내가 뭘 잘못한 건지 모르겠어. 이 에러 화면 전체를 네가 한번 보고, 무슨 뜻인지, 그리고 내가 다음에 뭘 해야 하는지 아주 쉽게 설명해 줄 수 있어?

📝 **해설**

초심자는 에러의 핵심을 구분할 수 없습니다. 따라서 "전체를 보고 진단해달라"고 요청하는 것이 가장 효과적입니다. '아주 쉽게 설명해달라'는 조건을 붙여 **AI가 기술 용어 대신 비유나 단계별 설명으로 답변하도록 유도**하는 것이 중요합니다.

---

### ◆ CASE 02 — 건드리면 터진다, 'JSON' 파일 수정하기

> **❝ 난감한 상황**
>
> 커서 AI가 data.json 파일을 만들어주며 "이 파일의 내용을 수정하면 홈페이지 글이 바뀝니다"라고 했습니다. 파일을 열어보니 이상한 괄호 { }와 따옴표 " " 뿐입니다. 제 소개 글을 넣고 저장했더니, 갑자기 홈페이지 전체가 하얗게 변하고 아무것도 보이지 않습니다.

이렇게 요청해 보세요:

> **❝ 초심자용 프롬프트 ✏️**
>
> data.json 파일을 수정했는데 홈페이지가 망가졌어. 내가 뭘 잘못 건드린 것 같아. 원래 코드로 되돌려 줄 수 있어?
> 그리고 아래 내 소개 글로 바꾸고 싶은데, 네가 대신 이 파일의 올바른 형식에 맞춰서 수정해 줄래?
> **(여기에 자신의 소개 글 붙여넣기)**

📝 **해설**

JSON은 쉼표 하나, 따옴표 하나만 빠져도 전체 구조가 깨집니다. 초심자가 직접 수정하기보다, '복구'를 먼저 요청하고, **수정할 내용을 프롬프트에 직접 전달하는 것이 가장 안전**합니다.

## 뭘 넣으라는 거야? 'API 키' 대혼란

### 난감한 상황

OpenAI나 구글 클라우드 사이트에서 API 키를 발급받으라는 안내를 따랐습니다. 그런데 사이트에는 'Secret Key', 'Public Key', 'Client ID', 'API Key' 등 비슷한 이름이 너무 많습니다. AI가 "API 키를 입력하세요"라고 하는데, 뭘 복사해서 넣어야 할지 몰라 아무거나 넣었더니 작동하지 않습니다.

이렇게 요청해 보세요:

### 초심자용 프롬프트 ✍️

OpenAI 사이트에서 API 키를 받아오라고 해서 들어왔는데, 이름이 비슷한 키가 너무 많아. 'Secret Key'도 있고 'Public Key'도 있는데, 정확히 어떤 메뉴에서 어떤 이름으로 된 키를 복사해야 하는지 단계별로 알려 줘. 스크린샷이 있다면 더 좋을 것 같아.

### 해설

추상적인 요청 대신 '어떤 메뉴의 어떤 이름'처럼 **AI가 찾아야 할 정보의 구체적인 특징을 명시하는 것이 중요**합니다. AI는 스크린샷을 생성할 순 없지만, 스크린샷이 필요하다는 요청을 통해 최대한 시각적으로 상세하게 설명하려 노력할 것입니다.

## 아무 일도 일어나지 않는다, 'Go Live' 버튼의 침묵

### 난감한 상황

책에 나온 설명대로 'Live Server' 확장을 설치하고 Go Live 버튼을 클릭했습니다. 하지만 아무 일도 일어나지 않거나, "서버를 시작할 수 없습니다" 같은 알림만 뜹니다. 내 컴퓨터가 이상한 건지, 뭔가 잘못 누른 건지 알 길이 없습니다.

이렇게 요청해 보세요:

> **❝ 초심자용 프롬프트** 📝
>
> Live Server를 설치하고 'Go Live' 버튼을 눌렀는데, 웹페이지가 열리지 않아. 혹시 Live Server 말고 다른 방법으로 내가 만든 홈페이지를 확인해 볼 수 있는 방법은 없어? 파이썬이나 Node.js를 이용하는 방법이 있다고 들었는데, 내가 지금 바로 쓸 수 있는 가장 간단한 방법을 알려 줘.

📝 **해설**

한 가지 방법이 막혔을 때, 초심자는 다른 대안을 알지 못합니다. "왜 안 되지?"를 파고드는 대신, "다른 방법은 없어?"라고 질문하여 **AI가 대안을 제시하도록 유도하는 것이 현명**합니다.

---

### ─ CASE 05 ─ "액세스가 차단되었습니다", 구글의 무서운 경고

**❝ 난감한 상황**

구글 캘린더 연동을 위해 구글 클라우드 콘솔에서 시키는 대로 클릭하다가, 로그인 화면에서 "액세스 차단됨 : 이 앱은 Google의 확인을 거치지 않았습니다"라는 무서운 경고창을 만났습니다. 내가 뭔가 해킹이라도 당한 건 아닐까, 내 구글 계정에 문제가 생긴 건 아닐까 싶어 당황스럽습니다.

이렇게 요청해 보세요:

> **❝ 초심자용 프롬프트** 📝
>
> 구글 캘린더 연동을 테스트하는데 '액세스 차단됨'이라는 오류가 떠. 내가 뭘 잘못한거야?
> 책에 보니까 '테스트 사용자'를 등록하라고 되어 있던데, 지금 내 구글 계정을 '테스트 사용자'로 등록하는 방법을 처음부터 끝까지, 내가 따라 할 수 있게 번호를 붙여서 설명해 줘.

📝 **해설**

초심자는 오류 메시지의 진짜 의미를 모릅니다. 따라서 '내가 뭘 잘못했나?'라는 자책 대신, 해결책으로 제시된 '테스트 사용자 등록'이라는 **키워드를 명시하고 그 구체적인 실행 방법을 물어보는 것이 핵심**입니다. 해결 방법의 내용을 근거로 질문하면 AI는 더 정확한 답변을 제공합니다.

## CASE 06
## 똑똑하다더니… 'MCP' 설정의 배신

### 난감한 상황

책을 보고 mcp.json 파일을 어렵게 만들었습니다. 이제 AI가 알아서 데이터베이스를 다룰 줄 알았는데, 이전처럼 또 "Supabase URL과 API 키를 알려주세요"라고 물어봅니다. MCP가 작동하지 않는데, 어디서 잘못됐는지 알려주지도 않습니다.

이렇게 요청해 보세요:

### 초심자용 프롬프트

mcp.json 파일을 만들고 시키는 대로 설정했는데, 네가 계속 API 키를 물어봐. MCP 설정이 제대로 안 된 것 같아.
내 mcp.json 파일 내용을 보여줄 테니, 여기서 틀린 부분이 있는지 검사하고 올바르게 고쳐줄래? 그리고 커서 AI 설정에서 MCP를 활성화하는 방법도 다시 한번 알려 줘.

### 해설

눈에 보이는 에러가 없을 때는 **자신의 작업물(설정 파일)을 AI에게 직접 보여주고 검사**[Audit]**를 요청하는 것이 가장 확실**합니다. AI가 '탐정'이 되어 문제의 원인을 찾아내도록 만드는 것입니다.

## CASE 07
## 숨은그림찾기, 'CSS 선택자' 발굴하기

### 난감한 상황

웹 스크레이핑을 위해 "개발자 도구에서 CSS 선택자를 찾아 복사하세요"라는 지시를 받았습니다. `Ctrl`+`Shift`+`I`를 누르니 외계어로 가득한 창이 열리고, 마우스를 움직일 때마다 파란색 상자가 정신없이 따라다닙니다. 무엇을 클릭하고 복사해야 할지 몰라 엉뚱한 값을 가져왔고, 결국 프로그램은 아무 데이터도 가져오지 못합니다.

이렇게 요청해 보세요:

> 🔰 **초심자용 프롬프트** ✍️
>
> CSS 선택자를 찾으려고 개발자 도구를 열었는데, 코드가 너무 많아서 뭐가 뭔지 하나도 모르겠어. 내가 정보를 가져오고 싶은 웹사이트 주소는 이거야:
> https://en.bab.la/dictionary/korean-english/%EC%A3%BC%EC%86%8C
> 내가 원하는 정보는 '상품 가격'이랑 '상품 이름'인데, 혹시 네가 이 페이지를 분석해서 '상품 가격'과 '상품 이름'의 CSS 선택자를 대신 찾아줄 수 없을까?

📝 **해설**

초심자가 수행하기 **어려운 기술적인 과업은 과감하게 AI에게 위임**하는 것이 좋습니다. '내가 하려니 어렵다'는 상황을 설명하고, 목표 URL과 원하는 정보('상품 가격')를 명확히 알려주면, AI가 웹 분석 능력을 활용해 대신 작업을 처리해 줄 수 있습니다.

## CASE 08
### 그래서 이제 뭐 어떡하라고? (다음 단계의 부재)

> **난감한 상황**
>
> AI가 프롬프트에 맞춰 파일들을 잔뜩 생성하고는 "작업이 완료되었습니다"라며 멈췄습니다. 왼쪽 파일 탐색기에는 index.html, style.css 같은 파일들이 생겼는데, 그래서 이걸로 무엇을 어떻게 해야 내가 만든 홈페이지를 볼 수 있는지 알려주지 않습니다.

이렇게 요청해 보세요:

> 🔰 **초심자용 프롬프트** ✍️
>
> 파일들을 다 만들어 줘서 고마워. 그런데 코딩을 처음 해봐서, 그 다음에 뭐 해야 할지 모르겠어. 내가 방금 만든 이 결과물을 내 눈으로 직접 보려면, 어떤 파일을 클릭해야 해? 아니면 어떤 버튼을 눌러야 해? 컴퓨터 완전 초보가 따라 할 수 있도록 알려 줘.

> 📝 **해설**
>
> AI는 종종 '결과물 생성'을 작업의 끝으로 인지합니다. 그럴 때는 자신이 '초보'임을 명확히 밝히고, **결과물을 확인하기 위한 다음 행동(Next Action)을 구체적으로 물어봐야** 합니다.

## CASE 09
## 내 '바이브'는 이게 아닌데… (디자인 불일치)

> **난감한 상황**
>
> 모던하고 세련된 스타일을 요청했는데, AI가 만든 결과물은 버튼 크기가 제각각이고, 스마트폰으로 보니 레이아웃이 다 깨져 보입니다. 분명 기능은 작동하는데, 전혀 '세련되지' 않습니다.

이렇게 요청해 보세요:

> **초심자용 프롬프트** ✏️
>
> 기능은 잘 만들어줬는데, 디자인이 내가 생각한 거랑 조금 달라.
> - 버튼들이 너무 작은 것 같아. 지금보다 1.5배 정도 더 크게 만들어 줘.
> - 스마트폰으로 볼 때 글자들이 화면 밖으로 삐져나가. 모바일 화면에서도 예쁘게 보이도록 수정해 줄래?
> - 전체적으로 '애플' 홈페이지처럼 아주 미니멀한 느낌이면 좋겠어.

> 📝 **해설**
>
> '세련되게' 같은 추상적인 표현은 AI마다 다르게 해석합니다. 따라서 구체적인 비교 대상('애플 홈페이지처럼')을 제시하거나, 수정할 부분을 명확히('버튼을 1.5배 크게') 지시하는 것이 좋습니다. **시각적인 결과물에 대한 피드백은 구체적일수록 좋습니다.** 덧붙여서 참고할 만한 홈페이지의 주소를 제공하는 것도 좋습니다.

CASE 10
# 끝나지 않는 기다림, 무한 로딩 스피너

> **난감한 상황**
>
> AI 영수증 가계부에서 영수증 이미지를 올렸습니다. 로딩을 나타내는 동그란 아이콘이 빙글빙글 돌기 시작했는데, 5분이 지나도 멈추지 않습니다. 에러 메시지도 없고, 아무런 변화도 없이 그저 아이콘만 돌고 있습니다.

이렇게 요청해 보세요:

> **초심자용 프롬프트**
>
> 영수증 이미지를 올렸는데 로딩 아이콘만 계속 돌아가고 멈추지 않아.
> 어디서 문제가 생긴 건지 알 수 있도록, 코드에 중간중간 확인 메시지를 넣어서 디버깅해 줄 수 있을까? 예를 들어, '이미지 업로드 성공!', 'OpenAI에 분석 요청 시작!', '분석 결과 받음!', '데이터베이스에 저장 시작!' 같은 메시지를 브라우저 콘솔에 표시하도록 코드를 수정해 줘.

> **해설**
>
> 에러도 없고 반응도 없는 프리징 Freezing 현상은 가장 답답한 상황입니다. 이때는 AI에게 '탐정' 역할을 부여해야 합니다. '디버깅', '콘솔에 메시지 표시' 같은 요청은 **AI가 코드의 어느 단계에서 멈춰 섰는지 추적하게 하여, 눈에 보이지 않는 문제의 원인을 찾아내도록** 하는 매우 효과적인 전략입니다.

# 에러를 해결하는 프롬프트 작성법

코딩 과정에서 발생하는 에러는 실패가 아니라, 더 정확한 결과를 구현할 수 있는 구체적인 단서입니다. 바이브 코딩에서 요구되는 핵심 전략은 **"에러가 발생했다면 메시지를 복사해서 커서 AI에게 수정을 요청하라"**는 것입니다. 막연히 "안 된다"고 말하는 것 보다, 에러 메시지가 무엇인지 구체적으로 알려주는 것이 문제 해결의 첫걸음입니다.

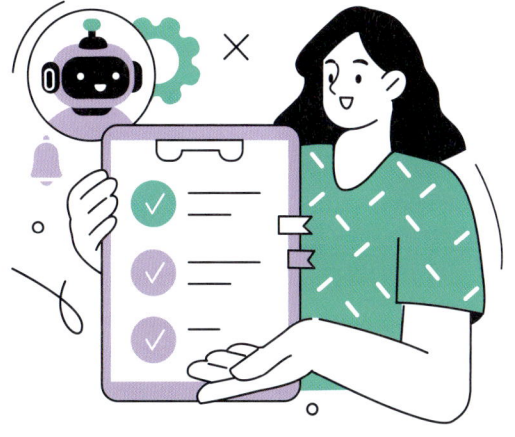

## CASE 01
## 명확한 에러 메시지가 있을 때

가장 흔하고 해결하기 쉬운 상황입니다. 터미널, 브라우저 콘솔, 또는 커서 AI의 **실행 창에 오류 메시지가 명확히 나타나는 경우**입니다.

> **상황**
>
> OKR 관리 앱 제작 중, AI에게 Key Result 제안을 요청했으나 JSON 파싱 오류가 발생했습니다.
> ▶ 발생한 에러 메시지:
> `script.js:541 JSON 파싱 오류: SyntaxError: Unexpected token '', "" ```json ``,{,"""… is not valid JSON`
>
> 이 오류는 AI가 순수한 JSON 객체 대신, 코드 블록을 감싸는 마크다운(```json)까지 함께 반환하여 발생한 문제입니다.

> **나쁜 프롬프트** 👎
>
> AI 제안 기능이 안돼. 고쳐줘.

> **좋은 프롬프트** 👍
>
> 아래처럼 에러가 났어. 수정해 줘.
> `script.js:541 JSON 파싱 오류: SyntaxError: Unexpected token '', "" ```json ``,{,"""… is not valid JSON`

좋은 프롬프트는 다음과 같은 장점을 가집니다.

1. **정확한 오류 제공:** AI가 어떤 문제를 해결해야 하는지 명확히 인지시킵니다.
2. **원인 분석 제시:** 왜 오류가 발생했는지(마크다운 코드 블록 포함) 알려주어 AI의 이해를 돕습니다.
3. **구체적인 해결 방향 제시:** 에러 메시지를 통해 순수한 JSON 객체만 파싱하라는 명확한 내용으로 AI가 헤매지 않고 바로 핵심 로직을 수정하게 합니다.

## CASE 02
## 기능이 의도와 다르게 작동할 때 (논리적 오류)

코드는 실행되지만, **결과물이 기대와 다른 경우**입니다. 예를 들어, 웹 메모장에서 항목을 클릭해도 취소선이 그어지지 않는 상황입니다.

> **상황**
>
> '웹 메모장' 제작 중, 할 일을 클릭했을 때 취소선이 그어지고 삭제도 되어야 하는데, 아무런 반응이 없는 논리적 버그가 발생했습니다.

> **나쁜 프롬프트** 👎
>
> 클릭이 안 먹혀. 확인해 봐.

> **좋은 프롬프트** 👍
>
> 취소선이 그려지지 않고 항목 삭제도 되지 않아. 수정해 줘.
> 현재 코드에서 할 일 목록(li 요소)을 클릭했을 때, 해당 요소에 'completed' 같은 CSS 클래스가 추가되면서 텍스트에 취소선(text-decoration: line-through)이 적용되어야 해. 그리고 삭제 버튼(delete-btn)을 클릭하면 해당 항목이 목록에서 완전히 제거되어야 하는데, 두 기능 모두 작동하지 않아. 이 두 가지 이벤트 리스너의 로직을 다시 확인하고 수정해 줘.

에러 메시지가 없는 상황에서는 기대하는 동작 Expected Behavior 을 최대한 상세하게 설명하는 것이 핵심입니다.

1. **현상 구체화**: "안 된다"가 아니라 "취소선이 안 그어지고, 삭제도 안 된다"라고 명확히 짚어줍니다.

2. **정상 동작 시나리오 제시**: 'CSS 클래스 추가', '취소선 적용', '목록에서 제거' 등 원래 의도했던 정상적인 작동 방식을 순서대로 설명하여 AI에게 목표를 다시 상기시킵니다.

3. **핵심 키워드 언급**: 이벤트 리스너, CSS 클래스 등 관련된 기술 용어를 사용하면 AI가 문제의 범위를 더 빠르게 좁힐 수 있습니다.

## CASE 03
## 결과물이 있지만 원하는 형태가 아닐 때 (UI/UX 불일치)

기능은 정상 작동하지만, **디자인이나 기능이 원하는 결과가 아닌 경우**입니다. 예를 들어, AI 이메일 비서가 이메일 내용에 명확한 일정이 있는데도 '캘린더 추가' 버튼을 생성해주지 않는 상황입니다.

> **상황**
>
> "2025-06-27(금) 주간 회의 참석 요청"이라는 명확한 일정이 담긴 이메일을 생성했음에도, AI가 이를 일정으로 판단하지 않아 '캘린더 추가' 버튼이 나타나지 않았습니다. AI의 판단 기준이 지나치게 엄격했던 것입니다.

> **나쁜 프롬프트** 👎
>
> 왜 버튼 안 만들어 줘? 다시 해봐.

> **좋은 프롬프트** 👍
>
> "2025-06-27(금) 주간 회의 참석 요청" 이라고 내용을 작성했는데 구글 캘린더 연동 버튼이 안생겨. 수정해 줘.
> AI가 이메일 내용에서 일정을 판단하는 기준이 너무 엄격한 것 같아. '날짜', '시간', '요일', '회의', '약속' 같은 키워드가 포함되면 더 적극적으로 일정으로 판단하고 '캘린더 추가' 버튼을 생성하도록 로직을 수정해 줘.

이는 AI의 '판단' 기준을 사용자의 의도에 맞게 조율하는 과정입니다.

1. **구체적인 예시 제공**: 어떤 입력값("2025-06-27(금) 주간 회의…")에 대해 어떤 결과(버튼 미생성)가 나왔는지 명확한 사례를 제시합니다.
2. **문제의 본질 추론**: AI의 '판단 기준이 너무 엄격하다'고 문제의 원인을 추정하여 전달합니다.
3. **해결책 제안**: '더 적극적으로 판단하라'는 방향과 함께 '날짜, 시간, 회의' 같은 구체적인 키워드를 예시로 들어주어 AI가 판단 로직을 수정할 명확한 가이드라인을 제공합니다.

CASE 04
## AI가 길을 잃거나 복잡한 작업을 버거워할 때

복합적인 요청(예 UI 생성 + API 연동 + 데이터베이스 저장)을 한 번에 처리하다가 AI가 **일부 기능을 누락하거나 전체적인 구조를 잘못 이해하는 경우**입니다.

> **상황**
> Next.js로 'AI 푸드 카메라'를 만들 때, 이미지 처리, OpenAI 분석, 노션 저장 등 여러 기술이 얽혀있어 AI가 칼로리 합산 같은 세부 로직을 누락하고 0으로 저장하는 문제가 발생했습니다.

> **나쁜 프롬프트** 👎
> 칼로리 계산이 틀렸어. 전부 다 다시 만들어 줘.

> **좋은 프롬프트** 👍
> OpenAI에서 음식 정보와 개별 칼로리 정보는 가져왔지만, 음식 전체의 칼로리는 0이라고 나와. 이 부분을 수정해 줘.
> 현재 로직은 잘 작동하지만, 한 가지 문제가 있어. OpenAI가 반환한 개별 음식의 칼로리 값들을 합산해서 총 칼로리를 계산하는 부분이 빠졌어. 노션 '칼로리' 속성에는 이 합산된 숫자 값이 저장되어야 해. 기존 analyzeImage 서버 액션 함수에 이 합산 로직을 추가해 줘.

전체를 부정하기보다, 잘된 점을 인정하고 문제점만 정확히 짚어주는 것이 효율적입니다.

1. **긍정적 피드백 활용:** "OpenAI에서 정보는 잘 가져왔지만" 과 같이 잘된 부분을 먼저 언급하여 AI가 기존 코드의 맥락을 유지하게 합니다.
2. **문제점 명료화:** '개별 칼로리의 합계를 구하는 로직'이 누락되었다고 핵심 문제를 정확히 지적합니다.
3. **작업 범위 한정:** '전부 다 다시'가 아니라 '기존 analyzeImage 함수에 합산 로직을 추가'하라고 구체적인 수정 범위와 위치를 지정해 줍니다. 이는 AI가 불필요한 코드를 변경하는 것을 막고, 작업 효율을 높입니다.

### 🎯 성공적인 바이브 코딩을 위한 프롬프트 전략

- » **에러는 대화의 시작점:** 에러 메시지를 두려워 말고, AI에게 보여줄 가장 정확한 '현상' 데이터로 활용하세요.

- » **기대치를 명확하게:** 코드가 어떻게 작동해야 하는지에 대한 '정상 시나리오'를 구체적으로 설명하는 습관을 들이세요.

- » **쪼개고, 확인하고, 나아가기:** 복잡한 기능일수록 한 번에 완벽을 기대하기보다, 작은 단위로 나누어 요청하고 각 단계의 결과물을 확인하며 점진적으로 개발하는 것이 안정적입니다.

- » **현상, 원인, 해결책 제시:** 단순히 "고쳐줘"가 아니라, "이런 현상이 발생했는데(현상), 아마 이것 때문인 것 같으니(원인), 이렇게 바꿔줘(해결책)"의 구조로 프롬프트를 작성하면 AI는 훨씬 뛰어난 문제 해결 능력을 보여줄 것입니다.

## CASE 05
## AI가 설치되지 않은 라이브러리를 사용할 때 (환경 불일치)

AI는 현재 프로젝트의 package.json 파일을 항상 완벽하게 파악하고 있지는 않습니다. 이로 인해 **설치되지 않은 라이브러리를 사용하는 코드를 제안**하여 Module not found 에러를 발생시키는 경우가 많습니다.

> **상황**
>
> 날짜별로 메모를 정리하는 기능을 요청했는데, AI가 date-fns라는 외부 라이브러리를 사용하여 코드를 생성했습니다. 프로젝트에는 해당 라이브러리가 설치되어 있지 않아 즉시 에러가 발생했습니다.
> ▶ 발생한 에러 메시지: `Module not found: Can't resolve 'date-fns'`

> **나쁜 프롬프트** 👎
>
> 에러 났어. date-fns가 없대.

> **좋은 프롬프트** 👍
>
> `Module not found: Can't resolve 'date-fns'` 에러가 발생했어.
> 내 package.json을 확인해보고, date-fns가 없다면 아래 두 가지를 모두 해결해 줘.
> - npm을 사용해서 date-fns를 설치할 수 있는 터미널 명령어를 알려 줘.
> - 설치 후에 바로 사용할 수 있도록, import 구문을 포함한 전체 코드를 다시 작성해 줘.

단순히 에러를 알리는 것을 넘어, 문제 해결에 필요한 모든 절차를 한 번에 요청하는 것이 핵심입니다.

1. **명령어와 코드 동시 요청**: 라이브러리 설치 명령어와 수정된 코드를 함께 요청함으로써, 개발자는 터미널에 복사/붙여넣기 한 번, 코드에 복사/붙여넣기 한 번으로 즉시 문제를 해결하고 다음 단계로 나아갈 수 있습니다.

2. **프로젝트 환경 인지 유도**: package.json을 확인하라는 지시는 AI가 코드 파일뿐만 아니라 프로젝트의 전체적인 환경과 의존성을 고려하도록 유도합니다.

CASE 06

## 프레임워크/라이브러리 버전이 충돌할 때

기술은 빠르게 발전하며, 특히 프레임워크는 버전별로 문법이나 구조가 크게 달라집니다. AI가 **사용자의 프로젝트 버전과 맞지 않는 '구식' 또는 '너무 최신' 코드를 생성**할 때가 있습니다.

> **상황**
>
> Next.js 14 버전(App Router)을 사용하는 프로젝트에서 데이터 목록 페이지를 요청했습니다. 하지만 AI는 구버전 방식인 Pages Router 기반의 getServerSideProps를 사용한 코드를 생성했습니다. 이는 프로젝트 구조와 맞지 않아 원하는 대로 작동하지 않습니다.

> **나쁜 프롬프트** 👎
>
> 이 Next.js 코드 이상해. 고쳐줘.

> **좋은 프롬프트** 👍
>
> 이 코드는 getServerSideProps를 사용하는 것을 보니 Next.js의 구버전(Pages Router) 방식 같아.
> 내 프로젝트는 Next.js 14 버전의 App Router를 사용하고 있어. 이 데이터 페칭(data-fetching) 로직을 App Router 방식에 맞게, 컴포넌트 안에서 async/await를 직접 사용하는 서버 컴포넌트(Server Component) 코드로 다시 작성해 줘.

AI가 잘못된 코드를 생성했을 때, 어떤 부분이 '왜' 잘못되었는지 명확히 짚어주는 것이 중요합니다.

1. **오류의 원인 명시**: '구버전 방식 같다'고 명확히 알려주어 AI가 실수를 인지하게 합니다.
2. **정확한 대안 제시**: 'App Router', '서버 컴포넌트'라는 정확한 키워드와 'async/await를 직접 사용'이라는 구체적인 패턴을 제시하여 AI가 헤매지 않고 올바른 방향으로 코드를 수정하도록 이끕니다.

CASE 07

# AI가 과도하게 복잡한 해결책 Over-Engineering 을 제안할 때

간단한 기능 요청에 AI가 불필요한 라이브러리나 복잡한 디자인 패턴을 적용하여 **코드를 지나치게 복잡하게 만드는 경우**가 있습니다.

> **상황**
>
> 간단한 방명록 작성을 요청했는데, AI가 전역 상태 관리를 위해 Redux나 Recoil 같은 라이브러리를 도입하고, 여러 개의 커스텀 훅(Custom Hook)으로 기능을 분리하는 등 필요 이상으로 복잡한 구조의 코드를 제안했습니다.

> **나쁜 프롬프트** 👎
>
> 너무 복잡해. 간단하게 다시 짜줘.

> **좋은 프롬프트** 👍
>
> 상세한 해결책은 고맙지만, 이 프로젝트에서는 Redux 같은 새로운 라이브러리를 추가하고 싶지 않아.
> 이 방명록을 React의 기본 훅(Hook)인 useState와 useEffect만을 사용해서 리팩토링해 줘.
> 상태 관리 로직은 컴포넌트 안에서 직접 처리하도록 코드를 단순화해줬으면 좋겠어.

이는 AI와의 '협상' 과정입니다. AI의 제안을 무조건 비판하기보다, 명확한 제약 조건을 걸어 원하는 수준으로 유도하는 것이 효과적입니다.

1. **정중한 거절과 제약 조건 제시**: "고맙지만"과 같은 표현으로 AI의 제안을 존중하면서도, "새 라이브러리 추가 금지", "기본 훅만 사용"이라는 명확한 가이드라인을 제시합니다.
2. **구체적인 리팩토링 방향**: '코드를 단순화'해달라는 추상적인 요청에 '상태 관리는 컴포넌트 안에서'라는 구체적인 방향을 더해 AI의 작업 효율을 높입니다.

CASE 08

# 대화가 길어지며 AI가 초기 맥락을 잊을 때 (Context Amnesia)

긴 시간 동안 대화를 이어가다 보면, AI가 **대화 초반에 설정했던 중요한 제약 조건이나 규칙을 잊어버리는 '기억 상실' 현상**이 발생합니다.

> **상황**
>
> 프로젝트 초반에 "모든 외부 API 요청에는 3초의 타임아웃을 설정해야 한다"는 규칙을 정했습니다. 30분 동안 다른 기능들을 개발하다가 새로운 API 호출 함수를 요청했는데, AI가 타임아웃 로직을 빠뜨린 채 코드를 생성했습니다.

> **나쁜 프롬프트** 👎
>
> 타임아웃 빼먹었잖아!

> **좋은 프롬프트** 👍
>
> 이 API 함수는 좋아 보이는데, 우리가 이 대화 초반에 정했던 규칙을 잊은 것 같아. "모든 외부 API 요청에는 3초의 타임아웃 설정" 말이야.
> 방금 만들어준 fetch 요청에 이 타임아웃 로직을 다시 추가해서 코드를 수정해 줘.

AI의 실수를 질책하기보다, 잃어버린 맥락을 부드럽게 다시 주입해 주는 것이 중요합니다.

1. **핵심 규칙 상기**: "대화 초반에 정했던 규칙"과 같이 언제, 어떤 맥락이었는지 짚어주고, 잊어버린 규칙("3초 타임아웃")을 명확하게 다시 언급합니다.
2. **과거 맥락 연결**: 이는 AI가 대화 로그를 다시 참조하여 초기 요구사항을 기억하도록 돕고, 프로젝트의 일관성을 유지하게 합니다.

## CASE 09
## 눈에 보이지 않는 성능 저하 코드를 생성할 때

코드가 에러 없이 작동은 하지만, 비효율적인 로직으로 인해 **사용자가 느리다고 느끼거나 많은 시스템 자원을 소모하는 경우**입니다.

> **상황**
>
> 수백 개의 상품 목록을 검색하는 기능을 구현했습니다. AI가 생성한 코드는 검색창에 글자를 한 자 한 자 입력할 때마다 전체 목록을 필터링하여 UI가 버벅거리는 현상을 유발했습니다.

> **나쁜 프롬프트** 👎
>
> 검색이 너무 느려. 빠르게 해 줘.

> **좋은 프롬프트** 👍
>
> 검색 기능은 잘 작동하지만, 데이터가 많을 때 키보드를 입력할 때마다 UI가 버벅거리는 성능 문제가 있어.
> 현재 로직은 키 입력마다 필터링을 실행해서 그런 것 같아. 이 문제를 해결하기 위해 검색 입력에 디바운싱(debouncing) 기술을 적용해 줘. 사용자의 입력이 멈춘 후 300ms 뒤에 검색이 실행되도록 로직을 수정해 줘.

막연한 불만 대신, 정확한 성능 문제의 원인을 진단하고 구체적인 기술적 해결책을 제시하는 것이 프로의 방식입니다.

1. **문제의 원인 진단**: '키 입력마다 필터링'하는 것이 문제라고 명확히 지적합니다.
2. **검증된 해결책 제시**: '디바운싱'이라는 표준적인 성능 최적화 기법을 구체적으로 언급합니다.
3. **세부 파라미터 지정**: '300ms'와 같이 구체적인 수치를 제공하여 AI가 모호함 없이 명확한 코드를 생성하도록 돕습니다.